日本のドイツ語教育とCALL
その多様性と可能性

岩崎克己

三修社

目次

はじめに 1

1. CALL の歴史と現状 － その多様性と可能性 － 9
1. 1. CALL の背景となる外国語教育理論の変遷と情報技術の革新 9
1. 1. 1. CAI から CALL そして TELL へ 9
1. 1. 2. 三つの時代区分 11
1. 2. CALL 第1期:オーディオリンガリズムと大型コンピュータの時代 ... 12
　　　　　 － ドリル型 CAI 全盛期 －
1. 2. 1. CALL 第1期の教授理論的な背景 12
1. 2. 2. CALL 第1期の情報技術的な背景 14
1. 2. 3. CALL 第1期の事例 16
1. 3. CALL 第2期:コミュニカティブ・アプローチと PC の時代 30
　　　　　 － CAI から CALL へ －
1. 3. 1. CALL 第2期の教授理論的な背景 30
1. 3. 2. CALL 第2期の情報技術的な背景 37
1. 3. 3. CALL 第2期の事例 39
1. 4. CALL 第3期:社会構成主義的学習観とインターネットの時代 54
　　　　　 － CALL から TELL へ －
1. 4. 1. CALL 第3期の教授理論的な背景 54
1. 4. 2. CALL 第3期の情報技術的な背景 61
1. 4. 3. CALL 第3期の事例 69

2. 日本のドイツ語教育における CALL の受容とその展開 81
2. 1. 日本における CALL の受容 81
2. 2. ドイツ語 CAI ドリルの事例 82
2. 3. ティーチャー・プログラマーによるドイツ語 CALL の事例 88
2. 4. インターネットや CMC を利用したドイツ語学習の事例 97
2. 5. 日本型 CALL モデルの成立事情 105
2. 6. 日本型 CALL モデルの一面性からの脱却の動き 108

i

3. 日本のドイツ語教育における CALL の応用例 113
3．1． 統合的な学習環境：外国語教育における６つの部屋のメタファー... 113
3．2． ティーチング機能と CALL 115
3．3． トレーニング機能と CALL 120
3．4． コミュニケーション機能と CALL 161
3．5． 探求型あるいは自己発見型学習と CALL 167
3．6． プロジェクト型学習と CALL 190
3．7． 教員支援の枠組みとしての CALL 205

4. 日本のドイツ語教育における CALL の可能性 207
4．1． 教授理論的に CALL の実践を基礎付けることの意味 208
4．2． 日本のドイツ語教育における CALL の成果と今後の課題 ... 213
4．3． 劣悪な学習条件のもとで実質的な学習時間をどう確保するか ... 215
4．4． 自律した学習者をどう育てるか 220
4．5． 本物のコミュニケーションをどう体験させるか 223
4．6． 学習の動機付けをどう図るか 225
4．7． 多様な学習者のニーズへの対応 225
4．8． 将来的な学習の展望をどう保障するか 226
4．9． 結論として 227

おわりに 231

文末註 232

参考文献 257

事項別索引 282

アルファベット・五十音順索引 293

はじめに

　外国語教育の領域における情報メディアの利用は、この 15 年間に、誰もが認めざるを得ない既成事実となった。少なくとも、CALL（*Computer-Assisted Language Learning* コンピュータ支援外国語学習）という用語は、外国語教育研究者の間に浸透し、国内でも教育へのコンピュータ利用に関する学会や CALL 関係の研究会が次々と発足した[1]。また、高等教育においても、WebCT や Moodle 等の学習管理システム（LMS: *Learning Management System*）の使用が徐々に広がり、外国語教育関係全般に関する研究雑誌の中でも CALL はすでに日常的なテーマの1つとなった。さらには、社会全体としても、ネットワークを利用した英語や中国語の学習ソフトや学習システムの市場が生まれ、その規模も拡大しつつある。

第1の目的：ドイツ語教育において CALL の果たし得る役割を論じる

　その意味で、「CALL の可能性」というテーマは、既に目新しいものではなく、今さら論じる必要のない一般論のように見えるかもしれない。しかし、本書の題名の前半部分が示すように、「日本のドイツ語教育」という限定的な土俵を設定し、そこにおける問題点を克服しようとする試みの中で、具体的に CALL の可能性を論じるのであれば、話は別であろう。これまでの大学等におけるドイツ語教育[2]は、多くの場合、ドイツ語ドイツ文学という一専門領域の学生養成か、主に1年生を対象とする広く浅い教養教育しか行ってこなかった。しかし、グローバル化と多言語社会化が同時進行する現代世界で、英語以外の言語教育に要求されている役割は、それに留まらない。今、重要なのは、すでに多くの人が指摘するように[3]、一方ではそれぞれ異なった専門を持ちながらも、他方ではその内容をそれぞれの言語で発信し、日本の文化圏と当該言語の文化圏の直接の架け橋となれるような高度な言語運用能力を持った人材を、一定数、責任を持って育てていくことである。英語以外の言語を広く学ぶ機会が、事実上、大学等における第2外国語授業に限られている日本の現状では、教養教育における初級ドイツ語授業も、未知の言語文化への入り口を開くという意味で重要であろう。しかし、それにのみ留まっているかぎりは、ドイツ語教育に未来はな

い。教養教育で初めてドイツ語に触れ、その後さらに続けたいと思う学習者、あるいは逆に、各々の分野の専門課程や大学院に進学した後で、研究上の理由や留学などの事情であらためて本格的にドイツ語を学びたいと思う学習者が、現に存在する。彼らが持つ中・上級レベルのニーズにも応え、長期的な学習の展望を示していくことが必要なのである。しかしながら、時間不足、大人数授業等の従来からある問題点に加え、さらに、「英語以外の言語」不要論や予算と定員の大幅削減という近年の逆風の中で、こうした課題に取り組み、しかも目に見える成果も出していかなければならないという点に、より大きな困難さがある。以上のことを踏まえるならば、日本の大学等のドイツ語授業において、今日問題となるのは、大きく言って次のような課題であろう。

＜日本のドイツ語教育が抱える制度的な問題と課題＞

1）授業時間として確保された時間数が極端に少なく、また大人数授業という劣悪な条件のなかで、実質的な学習時間をどのように増やし、どのように授業を組み立てたらいいか。

2）学習時間の少なさに起因する言語知識の不足や言語能力の低さを、様々な学習方略（*Lernstrategie / learner strategy*）で補い、手持ちの言語能力や認知的な能力を最大限に利用しながら、言語コミュニケーションを通じた課題解決を行っていける自律した学習者を、授業の中でどう育てるか。

3）本物の（*authentisch / authentic*）コミュニケーションをどうやって体験させるか、そのための場や機会をどう確保するか、さらには、異文化コミュニケーション能力の養成を言語学習の中でどのように進めたらいいか。

4）学習開始年齢の高さ、学習言語の文化圏の地理的・心理的な遠さ、学習言語を実際に利用する機会の不足などの学習を困難にする様々な社会的・心理的な要因に由来する問題点を克服し、どのように学習の動機付けをはかっていくか。

5）確保できる教員数に限界があるなかで、自習の領域での様々な学習指導を含め、初級から中・上級までの多様な履修メニューをどうやって維持していくか。

6）限られた学習期間の終了後も様々な形で学習を続けていけるような将来的な学習展望をどのように保障するか。

日本のドイツ語語授業における CALL の可能性について論じようとするならば、上記の課題に対し CALL がどのように貢献できるかを、大学等の高等教育機関における具体的なドイツ語授業を念頭に置いて考えていく必要があるであろう。この本を書くにあたっての著者の意図は、まず第 1 に、こうしたドイツ語教育の置かれている危機的な状況の中で CALL の果たし得る役割について考えることである。

第 2 の目的：教授理論的に CALL の実践を基礎付ける

本書執筆の第 2 の意図は、ドイツ語を含む外国語教育全般において、CALL に対する教授理論的に正当な位置づけを与えることである。ここまで述べてきたこととは一見矛盾するようだが、確かにここ数年間に CALL という語が広く認知され、既に述べたように、英語や中国語などの場合は、学習ソフトやシステムに対する大規模な市場が形成されている。しかし、にもかかわらず、CALL は、外国語教育の分野で必ずしも教授理論的な位置づけに基づき受容されて来たわけではなかった。外国語担当教員にとって、CALL との最初の出会いは、多くの場合、上からの、しかもしばしば望まざる強制によることが多い。たとえば、かつての LL 教室に代わる設備として優先的に予算を付ける文部科学省の政策により、CALL 教室などの箱物が先に導入され、そのあとで、外国語担当教員に、その設備を利用した授業をやるようにとの通達が来る等のケースも少なくないのである。それゆえ、教授法に関心を持ち、コミュニカティブ・アプローチなどを実践している教員であればあるほど、CALL に対して方法論的な疑いを持っていることが多い。そして、それには、根拠がないわけではない。CALL は、その歴史的な出発点においては、学習を習慣形成と考える行動主義理論に基づくプログラム学習を機械上に移植した CAI（*Computer-Assisted Instruction*）にさかのぼる。そのせいか、「CALL とはコンピュータが出す問題に対し学習者が答えを打ち込んで行く効率優先の画一的な学習方法」という一面的な理解や、「オーディオリンガル・メソッド時代の学習理論を先進技術で糊塗しようとするものに過ぎず、コミュニケーションを主体とした外国語学習とは相容れない

ものだ」という誤解も根強い。したがって、CALL の歴史的な展開をたどりつつ、「コンピュータを利用したドリル学習」という通常のイメージを越えたCALL の様々な可能性について論じ、今日の教授理論的な要求に応えられるその多様性を明らかにすることは、今なお重要な課題である。

第3の目的：科学技術信仰とCALLを切り離す

　CALL の多様性を明らかにする作業は、また、新しい機械やその応用に対する素朴な科学技術信仰を戒め、CALL によってできることと、できないことを明らかにするという意味でも重要である。というのも、新しい CALL システムの導入に積極的な大学上層部や外国語担当以外の教員の中には、「先進のシステムを入れれば、大きな成果が上がるだけでなく、外国語授業を全て遠隔で行うこともでき、現職の外国語教員数も大幅に削減できる」等の、CALL を合理化の文脈で位置づけようとする考え方も多く見られるからである。こうした傾向の背後にある、素朴な科学技術信仰は、予想以上に根が深い。たとえば、以下にあげるのは、ある引用文の3カ所を空欄に加工したもの(Legutke, et al. 1999, 52)であるが、これを利用して科学技術信仰をめぐる1つの思考実験が行い得る。

> I believe that the ＿＿＿＿＿＿＿＿＿＿ is destined to revolutionize our educational system, and that in a few years it will supplant largely, if not entirely, the use of textbooks in our schools. Books are clumsy methods of instruction at best. … The education of the future, as I see it, will be conducted through the medium of the ＿＿＿＿＿, a ＿＿＿＿＿ized education, where it should be possible to obtain a one-hundred-per-cent efficiency.
> ○○が我々の教育システムを革命的に変革するのは確かで、数年のうちに、学校における教科書の全てとは言わなくても大部分に取って代わると私は確信する。書籍はどう見ても何かを教える際のやり方としてはできが悪い。(一部略) 将来の教育は、私の見るところ、○○という媒体、すなわち○○化された教育を通して行われ、そこでは、100%の効果を得ることも可能になるであろう。（訳　岩崎）

はじめに

すなわち、上記の空欄付きテキストを提示しながら、「下線部にはいずれもほとんど同じ意味の語が入ります。適切と思われる語を入れるとともに、この文章が何年頃に書かれたものかを推測しなさい」という課題を出すのである。これは、1999年7月に文部省とドイツ文化センター（*Goethe-Institut*）主催で行われた現職のドイツ語担当教員を対象とする研修セミナーで招待講師の Dieter Arnsdorf が行なった思考実験である。大部分の回答者は最初の2つの下線部に computer や internet を入れ、書かれた年代として1990年代（後半）を予想した。その後、著者も、自分が担当する CALL をテーマとした広島大学の大学院の講義の最初にこの実験を行ってみたことがあるが、ほぼ同じような結果が出た。ちなみに、種明かしをすると、これは、発明王と言われたエジソン（Thomas Alva Edison 1847-1931）の死後に出版された手記からの引用(Runes 1976, 78) (Ritter 1996, 40)で、最初の2つの空欄には motion picture が、最後の空欄には visual がそれぞれ入る。意図されていたのは映画であり、書かれたのは1922年であった。90年近く前の、トーキー映画出現の直前時におけるこの楽天的な予想は、それ以前にもまたそれ以降も、蓄音機、ラジオ放送、録音テープ、テレビ放送、LL、コンピュータ、ビデオ、インターネット、デジタル音楽プレーヤー、ポッドキャスティング等の新しいテクノロジーが出現するたびに繰り返された「新しいメディアが教育を革命的に変える」という過度の期待の典型例[4]をなし、この点において我々はこの100年ほとんど進歩していないことを示している。現在もそれは例外ではない。たとえば、著者は、先の大学院生を対象とした思考実験の際に、空欄に埋めるべき単語と書かれた年代だけでなく、この見解に対する各人の評価も尋ねてみたが、「そう思う」と「どちらかと言えばそう思う」を合わせると過半数を超えた[5]。将来その大部分が外国語教育に携わるであろう大学院生達のこの反応に見られるように、多くの人が、テクノロジーの革新がそのまま教育を根本的に変革するという未来予想を素朴に信じている現状では、この間の急速な情報化が、外国語教育の在り方の何を変え、何を変えなかったのかについて、実際の場に即して考えることは依然として重要であろう。これが、本書執筆に当たっての第3の意図である。

はじめに

第4の目的：ドイツ語教育におけるこれまでの CALL の成果を振り返る

　最後に、ドイツ語教育を、非英語系外国語教育というより広い観点から見た場合、既に大きな市場が成立している英語とは異なり、日本における非英語系外国語の場合は、中国語以外では商業ベースでの CALL 市場が成立せず、教材開発等を促進する社会的経済的な要因が小さい。そのため、数においても量においてもその多様性においても、教材開発と教育実践の両面で、CALL はまだまだ未発展の段階にある。また、英語以外の言語の場合、その言語や文字表記の特殊性から、追加的な技術的問題を抱えていることも多く、これもこれらの言語教育における CALL の発展を妨げる要因となっている。たとえば、ドイツ語の特殊文字（ウムラウトやエスツェット）の日本語との混在や、MS-DOS、Windows、Macintosh、Linux 等の異なったオペレーティングシステム（OS）（*Betriebssystem / Operating System*）間での互換性の問題など、英語教育における CALL の議論では問題にならないことが、教材作成時におけるプログラミングの際の労力の過半を占めることもまれではない。ドイツ語教育における CALL の可能性について論じる場合は、こうした状況のもとでこれまで行われてきた先人の実践を振り返り、これまでの成果と限界を明らかにする棚卸し（*Bestandsaufnahme / stocktaking*）も重要であろう。これが、本書を書くに当たっての著者の第4の意図である。

はじめに

この本の構成
　本書では、以上のことを踏まえ、第1章では、CALL に対する一面的な理解を払拭するために、過去40年以上にわたる欧米における CALL の歴史を概観し、CAI から CALL へ、そして TELL へと変貌してきた CALL の発展史を、教授法や教育理論の展開と情報技術の発展という2つの観点から振り返る。また、そこから生まれてきた CALL の多様性について提示する。次に、第2章では、それとの対比において、日本のドイツ語教育における CALL の受容とその実践の歴史を振り返り、「日本型 CALL」とでも呼ぶべき特殊な CALL モデルの成立事情とその枠組みからの脱却の動きについて述べる。第3章においては、第1章、第2章における理論的な考察を踏まえ、CALL の貢献すべき分野として6つを挙げ、そのそれぞれに関して、ドイツ語教育におけるその具体例を、著者が関わっている事例を中心に紹介し、考察する。最後に、第4章では、本書執筆の目的としてこれまで挙げてきた4点についての著者の見解を述べ、日本のドイツ語教育において CALL の果たし得る役割と今後の課題について論じる。

第1章:CALLの歴史と現状 － その多様性と可能性 －

1．1．CALLの背景となる外国語教育理論の変遷と情報技術の革新

本章では、主として欧米における CALL の歴史を、外国語教育理論の変遷と情報技術の革新という2つの観点から、3つの時代に区分する。

1．1．1．CAI から CALL そして TELL へ

「はじめに」の中で述べたように、CALL の歴史的な出発点は、行動主義 (*Behaviorismus / Behaviorism*) 時代の CAI システムに遡る。行動主義によれば、学習とは習慣形成 (*Erwerbung einer Routine / habit-formation*) であり、それは、刺激 (*Reiz / stimulus*) とそれに対する反応 (*Reaktion / response*) および適切な反応に対する報酬=強化 (*Verstärkung / reinforcement*) のサイクルによって成り立つ。この考えに立って、スキナー (Burrhus Frederic Skinner 1904-1990) は、個人のペースに合わせて学習のサイクルを保証するティーチング・マシーン (*Lernmaschine / teaching machine*) を構想した(Skinner 1957)。この、誰もが同じようにたどるであろう学習過程を、フレームと呼ばれたひとつひとつの小さなステップからなる直線的な学習プログラムとして、個人のペースで個別化・最適化しながら学習できるように構成したものが、プログラム学習 (*programmiertes Lernen / programmed instruction*) であり(Skinner 1954, 86)[6]、それを大型計算機上で実現したものが、CAI (*Computer-Assisted Instruction*) システムである。こうした CAI の研究は、人工知能研究の一分野としての機械翻訳 (*maschinelle Übersetzung / machine translation*) や各種エキスパートシステム (*Expertensystem / expert system*)[7]の研究および今日のコーパス言語学の先駆けとなった検索用ソフトウェアの開発等とともに、当時は、人文情報学(*humanities computing*)(Jones 1995, 87)と総称され、それまで主として数値計算にのみ使われてきたコンピュータの新しい応用研究として、1960 年代に入りさかんに行われていた。その際、プログラム学習の対象は、言語・数学・物理学・化学・生物学・経済学・政治学等の様々な学問分野にわたり、言語教育はその中の一領域に過ぎなかった。

コンピュータを利用したプログラム学習一般を指した当時の用語とその意味に関しては、Ahmad et al. (1985, 2) や Levy(1997, 77)に、使われた時期や地域と

それぞれのニュアンスの違いについてのまとまった記述がある。たとえば、Ahmad et al. (1985)には、1985年の時点ですでに、CAI (*Computer-Assisted Instruction* あるいは *Computer-Aided Instruction*)、CBI (*Computer-Based Instruction*)、CMI (*Computer-Managed Instruction*)、CDI (*Computer-Directed Instruction*) 等の用語とそれらの instruction の部分をそれぞれ learning に変えた CAL、CBL、CML、CDL 等の用語が使われ、前者は主として北米で、後者はヨーロッパで使われる傾向があったことが述べられている[8]。その際、CAI/CAL とそれ以外の用語 CBI/CBL、CMI/CML、CDI/CDL とを比較すると、後者の方が学習過程におけるコンピュータの主導的な役割を強調し、コンピュータが主導して学習全体の方向付けや管理を行うというニュアンスが強かったと言う。一方、CAI と CAL については、いずれも assisted あるいは aided という形でコンピュータの補助的な役割を示唆し、人間の側の主導的な役割を否定するものではなかったが、CAI の持つ instruction という表現がティーチング機能に偏よったイメージを与えたため、学習全般を表す learning の方がより好まれ、ヨーロッパだけでなく北米においても主として ESL (*English as a Second Language*) 研究者の中では、CAL (*Computer-Assisted Learning*) という用語が徐々に浸透していった(Ahmad et al. 1985, 2)。こうした CAL のうち、特に言語教育の分野に限った用法として、1980年代に入り、CALL (*Computer-Assisted Language Learning*) という用語が生まれ、広がっていく。たとえば、Wyatt(1984b, 4)は、1983年の TESOL (*Teachers of English to Speakers of Other Languages*) 大会に先立つ CAI シンポジウムにおいて、コンピュータを使ったドリル練習や教授機能を示唆する従来の CAI に代わり、外国語学習におけるコンピュータの多様な役割を示すより適切な用語として、今後は CALL を使うべきことが、全体として合意されたことを報告している。このように、1984年頃を境として、CALL を使う研究者が増え始め[9]、その結果、1990年代に入ると、コンピュータを利用した外国語学習一般を指す用語としては、ほぼ CALL が定着し、外国語学習の分野で CAI が使われる場合、それはもっぱらコンピュータにガイドされたチュートリアルやドリル練習という狭い意味で使われるのが普通となった。ただし北米や、日本の一部の研究者の間では、その後も CALL と同じ意味で CAI を使う例も、まだ見受けられる。

なお、Ahmad et al. (1985)より12年後の Levy(1997, 77) では、CALL 以外の用語として、人工知能研究の成果の外国語教育への応用を表す ICALL (*Intelligent*

CALL）や ITS（*Intelligent Tutoring Systems*）という概念[10]が取り上げられている。また、北米において学会の名称として採用された TELL（*Technology-Enhanced Language Learning*）や CELL（*Computer-Enhanced Language Learning*）などの、より新しい用語にも言及されている[11]。ただし、TELL や CELL については、この時点ではそれほど詳しく説明されているわけではない[12]。一方、B. Rüschoff は、外国語教育にはコンピュータ以外にもネットワーク化された様々な情報メディアやデジタル技術が貢献し得るという観点から、CALL よりも TELL という用語のほうが、今日ではより適切であると述べている[13]。このように、CAI から CALL へ、そして 1990 年代に生まれた TELL へという用語の変遷ひとつ取っても、その中に、情報技術を利用した外国語学習の多様化の歴史が反映している。

1．1．2．三つの時代区分

　CALL の歴史をふりかえる過程で、その出発点となった行動主義の学習観やその影響下に成立したオーディオリンガリズム（*Audiolingualismus / Audiolingualism*）に言及している研究者は多い(O'Shea 1983) (Underwood 1984) (Ahmad et al. 1985) (Heermann 1988) (Hart 1995) (Künzel 1995)。なかでも、Underwood は、コミュニカティブ・アプローチの立場から従来の CALL のありようについて反省を加え、教授法の観点から CALL を巡る問題をまとまった形で掘り下げようとした(Underwood 1984)。Levy は、こうした先例を踏まえ、Levy(1997, 13-46) の第２章における歴史的な回顧の中で、CALL の発展の時期を 1960-70 年代、1980 年代、1990 年代の 10 年を区切りとした３つの時期に区分し、それぞれの区分規準として、大型コンピュータ、パーソナルコンピュータの出現と普及、インターネットの登場を挙げるとともに、第１期と第２期についてはオーディオリンガリズムからコミュニカティブ・アプローチへの教授法上のパラダイムシフトについても言及し、各時期を特徴づけるプロジェクトについて各々２つから３つ程度の代表例を紹介している。

　ここでは、Levy(1997)の行った分類の枠組みに依拠して、CALL の歴史を、教授法や教育理論上の変遷と情報技術の展開という２つの観点から、過去 40 年間を大きく３つの時期に分けて簡単に振り返り、CALL の多様性と可能性がどのように広がり、現在に至っているかを考えたい。ただし、Levy がもっぱら情報技術の観点からアプローチしつつ、それを部分的に教授法上のパラダイムシ

フトと関連づけようとしたのに対し、ここでは、逆に、教授法や教育理論上の変遷にまず焦点を当て、特に第3期以降の時期における教育理論の分野での多様な展開にも重点を置いて振り返り、それを情報技術の発展史におけるエポックメイキングな出来事と関連させて論じる。具体的には、Levy(1997)とはやや異なる[14]、以下のような時代区分を考える。

・オーディオリンガリズムの時代（1960年代-1970年代）
・コミュニカティブアプローチの教育現場への浸透の時代（1980年代-1995年）
・社会構成主義的な学習観への転換の時代（1995年以降）

これは、情報技術の発展史の観点で言えば、それぞれ以下の時代とほぼ重ね合わせることができる。
・汎用の大型コンピュータの時代（1960年代-1970年代）
・単体としてのパーソナルコンピュータの時代（1980年代-1995年）
・分散型ネットワークとしてのインターネットの時代（1995年以降）

１．２．CALL 第1期： オーディオリンガリズムと大型コンピュータの時代 － ドリル型 CAI 全盛期 －

　CALL 第1期は、オーディオリンガリズムという言語教授法と大型コンピュータの中央集権的なネットワークに特徴づけられる CAI の時代で、おおよそ 1960 年代から 1970 年代末にかけての時期を指す。情報技術の観点では、コンピュータが従来の数値処理用演算装置の枠を越え、ようやく自然言語を扱えるようになった時代で、コンピュータの教師としての役割に重点が置かれた。今日もなお多く見られる、ドリル型 CAI を利用した学習モデルの原形が作られたのも、この時代である。

１．２．１．CALL 第1期の教授理論的な背景
　オーディオリンガリズムとは、当時の人文科学のほぼ全領域を支配していた行動主義の思潮下にあった言語教授法である。その言語観は、言語は有限の存在であり、言語学習はその構造化されたパターンを身につけることであるとする構造主義言語学（*Linguistischer Strukturalismus / Linguistic Structuralism*）の考

方に基づいている。オーディオリンガリズムは、歴史的には、文法翻訳法（*Grammatik-Übersetzungsmethode / Grammar-Translation Method*）に対立するものとして19世紀末以降たびたび現れたダイレクト・メソッド（*direkte Methode / direct method*）の一種と位置づけられるが、その直接の起源は第2次大戦時のいわゆるArmy Method（ASTP: *The Army Specialized Trainig Program*）(田崎編 1995, 54)であり、アカデミックな教育的背景や学習習慣を持たない多くの兵士に進駐先での実用的な言語能力を付ける必要性から、米軍内で行われた集中的な言語学習方法を戦後に理論化し、体系化したものである。

　Johnson/Johnson(1998, 21)に引用されたRivers(1964)によればオーディオリンガリズムの特徴は、ほぼ以下の4つにまとめられる。

(1) Foreign Language learning is basically a mechanical process of habit formation;
(2) Language Skills are learnt more efficiently if items of the foreign language are presented in spoken form before written form;
(3) Analogy provides a better foundation for foreign language learning than analysis;
(4) The meanings which the words of a language have for the native speaker can be learnt only in a matrix of allusions to the culture of the people who speak that language.

(1) 外国語学習は、基本的には、習慣形成のための機械的プロセスである。
(2) 言語技能は、外国語の個々の項目が文字よりも先に音声の形で提示される場合の方がより効果的に学習される。
(3) 外国語学習にとっては、分析よりも類推のほうが優れた基礎をなす。
(4) ある言語の語が有する母語話者にとっての意味は、その言語を話す人々の文化への様々な関連付けを通してのみ習得できる。（訳　岩崎）

この原則に則り、言語技能の具体的な習得順序は、「聞く」・「話す」・「読む」・「書く」とされ、初めから、できる限り母語を媒介としないことが目指された。また、主たる学習は、1）対話テキストの模倣による暗記と、2）文法のパターンを繰り返し練習するパターン・プラクティス（*Patternübung / pattern practice*）に分けられた。たとえば、対話テキストを使った練習では、最初は文字を見せ

ずにまず聞かせ、その際、初めからノーマルスピードの素材を使い、集中するためしばしば目をつぶらせた。また、口頭練習の際は、イントネーションも含めて完全に模倣させながら暗記させ、間違いは、そのつど直した[15]。一方、パターン・プラクティスでは、解答例のパターンを基に、置き換え、挿入、変形などの口頭練習(その後筆記練習)が行われた。この練習では、解答のパターンを把握し、それに則った回答を、ネィティブの発音に似せてそのまま答えることが要求されるので、入門用教科書の第1課の課題でもかなりむずかしい。しかし、その反面、意味内容は問題ではなく、形式が重要なので、そのパターンさえわかれば、内容がわからなくても答えられることも多く、練習内容に個人の自己表現や感情移入の余地はあまりなかった[16]。

1．2．2．CALL 第1期の情報技術的な背景

こうした方法論を活かす機械として、LL (*Language Laboratory*) が大規模に導入され、パターン・プラクティスの練習に使われた。LL を使えば、学習言語を母語とする情報提供者 (*Informant / informant*) がその場にいなくても音声を聞くことができただけでなく、手本となるパターンの提示や適当なポーズの挿入、リピート機能などにより、パターン・プラクティスを繰り返し行うことができ、その意味で、LL は、オーディオリンガリズムによる学習を補助する理想的な装置と見なされた。しかし、適切な反応の強化という点では、LL は、正解例を事後的に提示したり、録音した自分の発音を聞いて正解と比較したりするという間接的な手段しか持たず、学習者の答に応じてそれが正しいかどうかのフィードバックをすぐに行うことはできなかった。たとえば、Underwood (1984, 35)は、当時の LL の問題点として以下の点を挙げている。

(1) The student must correct herself.
(2) All utterances are prefabricated.
(3) There is no semblance of communication.
(4) The student is passive rather than active.
(5) The program is inflexible.

(1) 学習者は自分自身で誤りを正さなければならない。
(2) すべての発話はあらかじめ作りこまれたものである
(3) コミュニケーションを感じさせるところが何もない。
(4) 学習者は自発的に何かをするというよりは、むしろ受け身的なままである。
(5) プログラムには融通性がない。　　　　　　　　　　（訳　岩崎）

いわば、こうした LL の限界を越えるものとして当時のコンピュータを利用した CAI システムの言語教育への応用に注目が集まったのである(Underwood 1984, 38)。しかしながら、当時コンピュータと言えば、それは普通、汎用の大型コンピュータ（*Großrechner / mainframe*）を指した。また、パンチカードやデータ端末としてのテレタイプで入力された指令を受け取った後に、

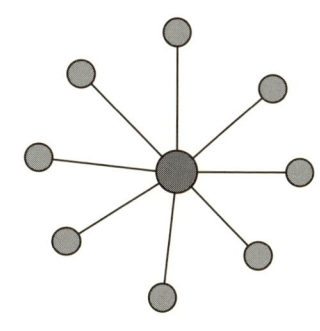

図1：スター型ネットワーク

その機械が行っていた作業も、主として数値計算であり、コンピュータで自然言語を扱うという発想自体がまだ新しいものであった。この時期のコンピュータは、中央にある1台の汎用の大型コンピュータに電話線やその他の専用回線でつながれた複数のデータ端末が接続する図1のようなスター型のネットワークを形成していた。しかし、当初は、各利用者がすべてのデータを束としてまとめて入力した後、コンピュータがそれらの束ごとに逐次的に処理していくバッチモード（*Batchmodus / batch mode*）と呼ばれる一括処理方式が採られていたため、処理の待ち時間も多く、インタラクティブな形で使うことはほとんどできなかった。やがて、1960 年代に入ると、各データ端末からの指令を、時間差を設けて少しずつ処理することで、あたかも個々の端末からの指令にリアルタイムで応答しているかのように見えるタイムシェアリング・システム（TSS: *Time-Sharing-System*）方式が考え出され、これによりはじめて CAI システムの基礎となるインタラクティブ性を備えたハードウェア環境が実現した。ただし、こうした大型コンピュータを動かすことができたのは、依然として、専門のプログラミングの訓練を受けた一部のプログラマーだけであった。したがって、

この時代の CALL の大部分は、今日の時価で数億円もする大型コンピュータを所有あるいは導入し、かつ効率的な TSS を提供することのできた一部の大学や研究機関における大規模プロジェクトという形でしか存在しなかった。北米やヨーロッパにおける 1960 年代から 1970 年代にかけてのプロジェクトには、The Stanford Project、The Stony Brook Project、The Dartmouth Time-sharing System、TICS tutorials、CALLS、ZAP、TICCIT、The PLATO Project、CALIS、The Scientific Language Project などがある(Ahmad et al. 1985, 27) (O'Shea et al. 1983, 67) (Heermann 1988, 4) (Levy 1997, 13) (Ruplin 1995) (Künzel 1995) (Borchardt 1995) (Elling 1995)(Underwood 1984) (Waite 1970)(Allen 1972) (Wyatt 1984a) (Boyle et al. 1976) (Turner 1970) (Nelson et al. 1976)(Desch 1973) (Decker 1976) (Langr/Seybolt 1976)　(Merrill 1983) (Jones 1995) (Hart 1995) (Hammond 1972) (Chapelle/Jamieson,J. 1984) (教育工学研究成果刊行委員会 1977) (Davies/Higgins 1985)。以下、これらの事例の概要を挙げるが、その大部分は、教育全般へのコンピュータの利用を目指したより普遍的なシステムの、言語教育分野への応用事例であった[17]。

１．２．３．CALL 第１期の事例
事例１：The Stanford Project
(Ahmad et al. 1985, 27) (教育工学研究成果刊行委員会 1977)

　アメリカ・スタンフォード大学数学的社会科学研究センターでは、1963 年以来、TSS を利用した専用の CAI システムを構築する研究を行っていたが、それをもとに、1965 年以降、300 台以上のデータ端末を全米各地に設置し、大規模な教育利用を開始した(教育工学研究成果刊行委員会 1977, 284)。この端末のうち６台を利用し、スラブ語学科の、V. Campen らが、中心となり、1960 年代の半ばに始まったのがこのロシア語プロジェクトであり、当時の伝統的なロシア語入門コースをプログラム化した自習用プログラムを提供した。学習者は、ロシア語の単語の活用や文の書き換えなどの課題に対し、アルファベットとキリル文字を入力可能なテレタイプを使って解答することができた。このテレタイプはテープレコーダを制御することもでき、音声による出題も可能だった。また、このシステムは、習熟度の低い学生用に途中から課題を変更できる分岐型の補習プログラムを備え、個々の学生の進捗状況を保存することもできた。学習対象者はスラブ語学科の学生で、単位認定コースを提供した。最初に、ロシ

ア語入門コース（170 時間）が作られ、それをベースに、旧教会派のスラブ語、ブルガリア語、ロシア語の文語史等についての各々40 時間のコースも作られた。

事例2：The Stony Brook Project
(Ruplin 1995) (Elling 1995)(Underwood 1984)

　これは、アメリカ・ニューヨーク州立大学ストーニブルック校のゲルマニストであった F. A. Ruplin や J. Russel が、中心となり、IBM の協力の下に、1960 年代の半ばに始まったプロジェクトである。当時よく使われていた Harold von Hofe のドイツ語教科書のテキストを基に、代名詞化による置き換え練習、活用語尾や必要な単語の補充、話題化による語順の変更、部分翻訳など、主としてドイツ語の文法や語彙の穴埋め問題・並べ替え問題をプログラム化した自習用プログラムを提供した。はじめのうちは、大学内の端末から電話回線により IBM のコンピュータにアクセスしていた。1960 年代のコンピュータの性能が持つ限界もあり、当初は練習のパターンも限られ、複数解を保存できず、学習者に合わせて課題を変えていくような問題分岐機能はなかった。1970 年代に入るとリーディングやディクテーションなどの課題も扱えるようになり(Underwood 1984, 41)、部分的にではあるがオランダ語やフランス語のコースも作られた。当時として、特筆すべきことは、すべての課題の末尾に 60 から 70 文字程度の簡単なコメントを書く機能が付いていたこと(Elling 1995, 129)である。また、学習者のストレスを溜めないよう、3回以上間違えると自動的に正解を表示して他のステップに行く機能や、各項目ごとに 10 問のうち5回以上正解するとこの項目を続けるか次のステップへ移るかを学習者が選択できる機能や、間違えた問題だけを再度繰り返す機能も備えていた。この時代の多くの問題が単純な穴埋め形式であった中で、並べ替え形式などを扱ったことも新しかった。これらの教材は、1978 年から 1980 年にかけてパーソナルコンピュータ上に移植され、1990 年頃まで稼働した。

事例3：The Dartmouth Time-sharing System
(Ahmad et al. 1985, 32) (Waite 1970)(Allen 1972) (Boyle et al. 1976) (Turner 1970) (Underwood 1984)

　アメリカ・ニューハンプシャー州のダートマス単科大学では、1960 年代後半

には、TSS により、個々のデータ端末からの入力に双方向型で対応でき、かつ BASIC により比較的簡単に扱える言語処理可能なシステムが導入されていた。これを基に、最初に作られた外国語教育用プログラムは CARLOS（*Computer-Assisted Review Lessons on Syntax*）と呼ばれ、数十のテレタイプを端末として使い、スペイン語の初心者に対して、教科書に準拠した課題を日々の宿題として出すことができた (Boyle et al. 1976, 429)(Turner 1970, 249)。この時点では、2つの正解と、特別なフィードバックを返す典型的な誤答例を2つ登録することしかできず、それ以外は、誤りを一定数繰り返すと自動的に表示される一般的な解説と、復習すべきページを参照する機能しかなかった。なお、他のシステムが、できる限り詳細な学習履歴を残す方向を選んだのに対し、CARLOS を作った教員達は、学習者が心理的な負担を感じず練習に取り組めるようあえて学習履歴を残さない方向を選んだ。

　その後 1970 年代前半以降、ラテン語・ドイツ語・フランス語・デンマーク語を対象とした新しい語学教育用プログラムが作られ、後には、英語・ロシア語も加わった(Ahmad et al. 1985, 32)。たとえば S. V. F. Waite らは、初級ラテン語を受講する学生のための2種類のコースを開発した。問題形式は通常の穴埋め問題、あるグループに属していないものを選び出す問題、ラテン語の英訳として最も適したものを選ぶ4択問題、すでに導入されたテキストの語彙を基に、ラテン語と英語で片方の語が与えられたとき、それぞれ対応する語を書かせる問題、ラテン語動詞の意味や語幹などを書き換える問題などである。学習者は、解答欄にクエスチョンマークを書くことで、解答を随時表示させることも可能であった。なお、英語学科の P. Bien は、英語の作文に関する一連の教材を作成し、所有格のアポストロフィや、セミコロン・コロンの使い方、主節と従属節の間のコンマの用法などについての教材を作っている。

　このプログラムの特徴の1つは、学習者の回答を判定し、重要な間違いと些細なタイプミス等を区別し、後者を自動的に修正する機能があったことで、無関係な文字や句読点を自動的に消去したり、小文字の l と数字の 1 の間違いを無視したり、余分な空白を自動的に削除するなどの、文の形で答えさせる際に必要となる回答の自動整形機能を備えていた。また、文で答えさせる問題では、間違った箇所のみを指示して直させたり、部分的に合っている場合とそもそも回答の方向が根本的に間違っている場合を区別してガイドできただけでなく、

問題をランダムに出題する機能や学習者の答からその能力を判断して出題を自動的に変更する問題分岐機能、学習者が自分自身の判断で簡単な問題からより難しい問題に移ることできるスキップ機能、回答にかかる時間を計測して学習者に通知する機能も備えていた。また、学習者は、必要に応じ正解をプリントアウトし、持ち帰ることができた(Ahmad et al. 1985, 33) (Allen 1972, 348)。

事例4：TICS tutorials
(Nelson et al. 1976)(Desch 1973) (Boyle et al. 1976) (Underwood 1984)

　アメリカ・マサチューセッツ工科大学では、1965年に、MULTICS（*Multiplexed Information and Computing Service*）と呼ばれるTSSが導入されたが、1970年代の前半に、これを利用して、TICS tutorials と呼ばれる理系の学生を対象としたドイツ語のリーディング用教材とそれに付随するドリル教材が作られた。この教材は、それまで開発されていたシステムが単純な正誤判定をするのみで、コンピュータのインタラクティブ性を充分に利用していないという反省のもとに開発され、1）独文を英訳する際に必要となる語彙や構造を学習者がコンピュータに質問できる機能、および、2）ドイツ語文の語順に関しては、学習者の回答を分析しそれに対する適切なフィードバックを行う機能を持っており、それらを組み合わせることで、あたかも、機械と対話しながら正解にたどり着けるように構成されていた。たとえば、Heute ich muss dem Mann das Buch geben.という誤った語順の答えに対しては、mussの位置がおかしいことを指摘でき、学習者がそれに関し、explainと入力するとドイツ語の語順や枠構造に関する説明を出すなどの形で、限られた範囲内であるとは言え、学習者が問題を解くのに必要な情報をインタラクティブな形で与えることができた。また、同じ種類の出題に繰り返し間違えれば間違えるほど誤りの原因をより細かく分析し、的を絞ったフィードバックを行うこともできた(Nelson et al. 1976, 35)。なお、このプログラムの学習対象者は、学習開始1年から2年までの初級者で、授業を補完したり復習したりする際に使うことを想定して作られていた。

事例5：CALLS
(Boyle et al. 1976) (Underwood 1984) (Langr/Seybolt 1976)

　アメリカ・ミネソタ・ダルース大学では、1970年代前半に、CALLS（*Computer-*

Assisted Language Learning System）と呼ばれる スペイン語の文法ドリルシステムが開発された。このシステムには、文法や語彙に関する前提知識のない初心者も、既習項目の整理や定着を目的とする上級者も使えるよう、広汎な課題が用意され、用途に応じ選べるようになっていた。特筆すべきことは、このコースでも、学習者が管理者にコメントや質問を書く機能を備えていたことで、管理者は学習中に、全ての学習者やある特定の学習者と直接メッセージのやりとりをすることができた (Boyle et al. 1976, 429)。

事例6：ZAP
(Underwood 1984, 42) (Decker 1976, 264)

ZAPは、アメリカ・カリフォルニア大学リバーサイド校で1970年代前半に作られたフランス語の学習システムである。この時代の多くのCAIシステムではあらかじめ問題と正解が登録され、学習者の回答と正解のマッチングによって正誤判定をしていたのに対し、ZAPは、いわゆる生成型プログラム（*generatives Programm / generative program*）と呼ばれたプログラムの一種で、統語的な操作を基に正解を生成し、判定することができた。たとえば、もともとの文の主語を変化させたり、疑問文・否定文・助動詞文などの文に変形したり、時制を変換させたりという統語操作による全文書き換えの課題を出すことができた。その際、既存の文を変形させただけでなく、一定の語彙と文型の範囲内であれば、学習者が自由に書いた文を基にした変形操作の課題を出すこともできた。文の形式的な操作を課しているに過ぎないという意味では、パターン・プラクティスの枠内にとどまるが、学習者の自己表現の欲求や意味のある言語活動を考慮し始めているという点では、過渡的な性格を持ったシステムである。

事例7：TICCIT
(Merrill 1983) (Jones 1995) (Levy 1997)

TICCIT（*Time-Shared, Interactive Computer Controlled Information Television*）は、アメリカ・ブリガムヤング大学を中心に、全米科学財団（NSF: *National Science Foundation*）の資金援助を受けて行われたプロジェクトで、1971年に開始された(Jones 1995)。ケーブルテレビシステムを開発していた私企業であるMITRE社がシステム開発を担当し、教材はブリガムヤング大学で作られた。最初は英語

第1章：CALLの歴史と現状 － その多様性と可能性 －

と数学のコースウエアが作られ、7色表示の可能なカラーディスプレイを備えた128台の端末を制御した(O'Shea 1983, 88)。技術的には、データ端末からテープレコーダだけでなくビデオも制御することができ、マルチメディアを実現したはじめてのシステムと言われている(Levy 1997, 18)。後に述べるPLATO Projectにおいては、教材の提示形式も含めすべて現場の教員がコンテンツを作ることができたのに対し、TICCITでは、インストラクショナル・デザインの分野での代表的な理論の1つである構成要素提示理論（CDT: *Component Display Theory*）(Merrill 1983, 282)[18]に基づき、提示形式はあらかじめ決められており、教員の役割は、その枠組みのなかで教えるべき素材内容を提供することだけに限定されていた。たとえば専用の端末には、Map, Exit, Repeat, Go, Skip, Back, Obj'ctive, Rule, Example, Practice, Hard, Easy, Advice, Help, Att'n[19]の15のキーがあった(O'Shea 1983, 88)が、初めの6つはオリエンテーションのためのキー、次の4つは教材提示に関わるキー、その次の2つは教材の難易度を調整するためのキーで、残りは必要な情報を得るためのキーであった。1979年から大学院コースの学生と共に230の細分化された学習項目からなるドイツ語文法のコースを開発したR. L. Jonesの報告によれば (Jones 1995, 93)、たとえば3格と4格を支配する9つのドイツ語の前置詞の用法を学習する教材の構成では、Objective, Rule, Example, Practiceの各キーを押すことで、学習すべき項目の説明と例、規則の説明、実例、実例を使った穴埋めの練習問題を各々切り替えて提示することができた。TICCITは、この時代の多くのシステムと同様に、プログラム学習の考え方に基づき、学習の過程はあらかじめ論理的に配列され、あくまでそれに従って全課程を学習するように作られていたが、学習者による「学習過程のコントロール」というCDTのコンセプトの下に、課題の構造を見通すMapと呼ばれる概観のページを備え、学習項目を自由に選びキーを使って各ステップを自由に行き来するオリエンテーション機能がついていたり、Adviceキーなどを使ってより詳しい説明を見たり、HardやEasy等のキーを使って難易度を選ぶことができるなど、当時としては例外的な機能が付いていた。そのため、学習者は比較的自由に必要な部分だけを学習したり、必要に応じて復習したりすることができた。教材作成者達が本来望んだことは、こうした個人のレベルに合わせて調整できる機能を加えることで誰もが自分のペースですべての講座をやり終えることであった。しかし、実際には、逆にこの機能が部分的な利用を促した

ため、教材の完遂率は低く[20]、学習者の多くは練習問題にしかアクセスしていなかったことが報告されている (O'Shea 1983, 92)(Jones 1995, 90)。なお、学習の進捗状況は細かく記録され、教員はそれを見ることができた。また、正規登録した学習者は、管理者にメールを送ることができた。

　興味深いのは、すでに述べたように、技術としてはコンピュータによるビデオ制御などの新しい面が強調されたにもかかわらず、実際に開発された外国語教育用教材の大部分は、テキストベースのものであったことである。また、本来のプロジェクトとしては、コンピュータを使った自学自習だけで完結し得る独立した学習コースの構築が目指された(O'Shea 1983, 86)が、語学教材に関して言えば、実際には、授業の場ではよりコミュニケーションに重点を置いた練習を行うことを前提にして、文法などのルーティン的な学習は授業を補う補習の形で行うというコンセプトで教材開発は行われていた(Jones 1995, 91)。このプロジェクトの開始は他のプロジェクトより5年ほど遅く、主要な教材が1970年代後半以降に作られたこともあり、教授理論的なパラダイムシフトが教材の構成原理に多少反映しており、その意味で、第1期と第2期の過渡期のプロジェクトと言える。なお、TICCITは後に、CLIPS (*Computerized Language Instruction and Practice Software*) という名称で、パーソナルコンピュータ上に移植され、1992年以降はMS-DOS上で動くシステムも作られた。

　本プロジェクトでもうひとつ強調しておかなければならないのは、教材作成時における、プログラマーと教育工学専門家と教材開発者の間の役割分担と協働をもとに、教材の開発と改良のための作業が、段階的に行われていたことである。教材の作成後も、監修者によるドイツ語教材としてのチェック、インストラクショナル・デザインの観点でのチェック、プログラマーによるチェック、教材作成者による当初の意図通りに動くかのチェック、数人のモニターを使ったリリース後のチェックなどを行い、その後、運用の過程で小さな改良を加えていく等の手続きが取られていた。

事例8：The PLATO Project

(Hart 1995) (Jones 1995) (Chapelle/Jamieson 1984) (Levy 1997) (Ahmad et al. 1985, 30) (O'Shea et al. 1983) (Wyatt 1984a)

　これは、アメリカ・イリノイ大学で行われたプロジェクトで、その名称は、

第1章：CALL の歴史と現状 － その多様性と可能性 －

Programmed Logic for Automatic Teaching Operations project の略であるが、もちろん哲学者プラトンをもじったものである。1960 年頃から、D. Bitzer や P. Tenczar を中心とした学内プロジェクト（PLATO I～PLATO III）の形で、コンピュータを利用した物理学・生物学・外国語などの様々な分野の学習システム研究の一環としての成果が積み上げられ、その実績をもとに 1969 年の PLATO IV システムの開発からは、TICCIT と共に NSF（全米科学財団）の資金援助を受け、技術的には、Control Data Corporation 社 の協力を受けた大規模プロジェクトとして取り組まれた(Ahmad et al. 1985, 30) (Hart 1995) (Levy 1997, 15)。システムとしては、拡大コアメモリという大容量の特殊な記憶装置を使うことで、待ち時間のジョブを大量に一時記憶できたため、当時としては、非常に効率の良いタイムシェアリングの方式を実現し、1000 以上のデータ端末が接続しそのうち 500 人が一度にアクセスしてもストレスを感じさせずに動かすことができた。しかし、逆にその特殊な方式のため、Control Data Corporation 社製のハードウェア上でしか動かないなどの欠点もあり、これはその後のシステムの他のコンピュータへの移植の際の障害となった。イリノイ大学の語学ラボには、80 台から 100 台の端末を備えた個別ブースが作られ、学生はそこで指定された宿題を行った。また電話回線等を通じ、ブリガムヤング大学をはじめ、全米の約 140 カ所に 950 の端末を(O'Shea et al. 1983, 93)置いて、アクセスできるようになっていた。30 以上の学科に関してコースが作られ、オープンユニバーシティや大学教育に利用され、4 時間の端末を通した学習と質疑応答を含む 2 時間の通常授業が 1 ユニットとなっていた(教育工学研究成果刊行委員会編 1977, 287)。そのうち外国語教材としては、C. Curtain らによるロシア語のリーディング用コースや F. Marty らによる大量のフランス語教材やラテン語教材が作られ、後には、スペイン語、ESL、中国語や、ドイツ語のリーディング用教材、さらには、ヘブライ語、ヒンズー語、スワヒリ語、スウェーデン語などの実験的教材も作られ、1970 年代の後半には、言語教育の分野だけで 1 学期あたり学生 1 人に換算して 50,000 時間分以上の学習用教材を提供することができた (Hart 1995, 30)。これらの教材は、たとえばロシア語のリーディング教材を例に取ると、語彙ドリル、簡単な文法の説明と文法ドリル、一部の単語の書き換えによる翻訳ドリルからなり、そのスコアによって自動的に復習用の問題が課されるようになっていた。

　教材作成の観点で特筆すべきなのは、たとえば、TICCIT などのように、あら

かじめ提示形式が固定されているシステムとは異なり、PLATO の場合、現場の外国語教員が教材のデザインをある程度決められるような TUTOR という教材作成システムを備えていたことである。これは今日で言えばオンライン教材作成用のオーサリングソフト（Autorensoftware / authoring software）に相当するが、「回答後に正解を表示するか」、「復習を可能にするか」等の基本的な機能にパラメータを設定することで、学習者用インターフェースの仕様を変えることができるようになっていた(Hart 1995, 23)。これが、PLATO システムにおいて、大量の教材作成を可能にした理由の1つである。

　また、PLATO IV 以降では、ドリル練習を主とする教材のほかに、息ぬき用としてハングマンやソリティア等の個人ゲームが設けられ、後には、個々の端末同士の対戦型のゲームもできるようになった。また、*personal notes* と呼ばれたコメントを書いて、登録している他の学習者や管理者に送ったり、投稿して公開したりする、今日で言うEメールや電子掲示板の機能を備えていた(Wyatt 1984a, 14)。PLATO の端末は、全米に設置されていたので、まだインターネットもコンピュータ通信もなかった時代には、遠く離れた見ず知らずの他人とのこうしたコミュニケーションは、新しく魅力的なものであったらしく、PLATO 端末の利用者の多くが、学習ではなく、こうした機能を利用するようになり、本来の使用者のために使用制限をかけざるを得なかった(Hart 1995, 27)。学習者とシステム管理者の意見のやりとりを可能にするこのシステムは、マネジメントと教材の改善に生かされた。なお、PLATO では、学習者の行った細かい操作も含め、その学習履歴を残すことができた。

　このプロジェクト自体は、PLATO I から PLATO V まで、20年以上に渡って続けられ、この時期を代表的する最も重要な CALL システムとして TICCIT と並びどの文献でも紹介され、また、与えた影響も大きい。特に技術面でも、常に時代の技術を一歩リードしており、10 文字/秒時のテレタイプの時代に 30-120/秒時の入力速度を実現しただけでなく、他のシステムが文字しか表示できなかった時代に簡単な画像表示を可能にしたり、キーボードが一般化した時期にはタッチパネルを導入するなど、常に時代に先駆けた技術を備えていた(Ahmad et al. 1985, 31)。しかし、その分、非常に高価だったため、後にパッケージとして売り出された際も商業的にはあまり成功しなかった。

事例9：CALIS

(Borchardt 1995)

　CALIS（*Computer Assisted Language Instruction System*）は、アメリカ・デューク大学のL. R. Phelpsの主導のもとに、当時すでに存在していたCAIによる経済学入門コースなどから着想を得て、1970年代の末に大学内の基金やドイツ領事館の援助を得て行われたプロジェクトである。そのプログラムは、大型コンピュータではなくHewlett Packard HP-2000という小型コンピュータ（*Minicomputer / mini-computer*）をHP-BASICで動かしていた。コンテンツは、その年に使われたドイツ語教科書に準拠し、著作権に触れないように単語等を差し替えたかたちで、章ごとに作られ、簡単な質問と単語レベルの穴埋め問題からなっていた。当初は、1つの正解しか登録できなかったが、やがて、5つ程度の複数解の登録ができるようになり、単語レベルの解答ではエラー分析機能を持った穴埋め問題、複数語の答を要する課題、正誤問題、マルチプルチョイス、読解、文の連結などの課題に対応できる問題作成用のオーサリング機能を備えていた。このシステムでは、出題の意図にとって重要でない限り小さなミスを許容して理解の是非のみを問う柔軟な評価とその逆の厳密な評価を選択することができ、辞書機能の他に、学習者、教材作成者、管理者、プログラマーの間でお互いにメールをやりとりする機能も備えていた。1980年代に入ると、さらにシステムが改善され、大文字小文字のチェック、間違えた文字や抜けた文字、余分な文字、繰り返された不要な文字、逆転した2文字などをチェックするスペルチェック機能も備えた。

　このシステムは、モデルとしては、他のシステムと同様に1960年代から1970年代のプロジェクトのタイプに属するが、ほぼ10年以上遅れて始まったこともあり、すでにかつての大型コンピュータよりも性能の良くなっていたより安価な小型コンピュータ[21]上に実現され、後に1980年代にIBMのパーソナルコンピュータ上に移植されただけでなく、Unicodeに対応したWindows版まで作られ、1990年代まで生き延びた。

事例10：The Scientific Language Project

(Ahmad et al. 1985, 33) (Davies/Higgins 1985, 9)

　これは、イギリス・エセックス大学でM. Alfordらが中心になり、1965年から

1969年まで行われたプロジェクトで、ロシア語で書かれた専門的な論文を読む理系の研究者や技術者を対象にした、リーディングを支援するためのシステムであった。当時は、スプートニク・ショックもあり、若手の理系研究者の約10%がロシア語のコースを受講し、文法に関してはかなりの成果を上げていた。しかし、それでも実際にテキストを読む際には、3000語の長さの論文を読むのに8時間を要した。このプロジェクトでは、数千語の単語と意味をコンピュータ上に登録し、論文テキストと、そこで使われたすべての単語の意味を印刷した1枚のプリントアウトと、そのテキストで使われた単語の頻度順リストを使い、まず、頻繁に使われる単語をそれ自体として学習させ、次にそれを論文のコンテキストの中で読ませることでリーディングを支援するためのものであった。なお、このシステムの弱点としては、特殊な用法を含む専門的な語とその意味の辞書登録や当該の論文の登録を入力効率の悪いテレタイプから行わなければならず、課題作成自体がかなり労力を要する作業を伴うものであったことが挙げられる。このプログラムは、その後1980年代に、ミュンヘンのSiemens社で、ドイツ人技術者が英語による報告書を読むための訓練にも使われた。

CALL第1期の事例の意義

以上、簡単に10の事例を見てきたが、最初の9つは、学習者にフィードバックを即座に返すことのできるドリル学習のシステムである。その学習項目は、基本的には、語彙・語の形態変化・文法などの、言語の形式的な側面に関わる部分的な知識を個々に問うものであった。技術的には、コンピュータによるカセットテープの制御を通じた音声の利用、マイクロフィルムやスライドの制御を通じた静止画の利用、ビデオの制御を通じた動画の利用が試みられたが、それは技術的に利用可能だったというに過ぎず、実際に利用されたのはほとんどテキストベースの課題のみであった[22]。また、理論的には人間の教員に代替し得る理想的なプログラム学習システムと称されたが、使われ方を見る限り、主たる学習対象者は初級者であって、通常の授業が別にあることを前提にしたうえで、それを補完する宿題や復習のための利用がほとんどであった。

一方、こうしたシステムに対する同僚の教員からの評価は、PLATO IVなどの一部の例外を除けば、システムの融通性のなさに対する冷笑や、人間の教員に置き換わるティーチング・マシーンの概念に対する拒絶など、必ずしも高くな

かった(Ruplin 1995, 141) (O'Shea 1983 92)。それに対し、学習者の方からは、LLに対する明らかにネガティブな評価とは対照的に、積極的な評価が多い(O'Shea 1983 96) (Elling 1995 131) (Ruplin 1995, 140) (Turner 1970, 250)。また成果に関しても、個々のシステムを作成した研究者からは、文法や語彙のテストやその他の言語能力における顕著な伸びなどが報告されている(Ahmad et al. 1985, 29; 30; 32)(Turner 1970, 250) (O'Shea 1983, 92)(Underwood 1984, 94)。ただし、これらの報告で語られている文法や語彙の穴埋めテスト等における点数が外国語の能力の評価規準として適切かどうかという問題もあり、練習させた問題と同じ種類の問題を出せば、練習した分だけ点数があがるのは当然なので、今日の観点から見れば、その成果を額面通り受け取ることはできないであろう。しかしながら、少なくとも学習者にそれほどの心理的な負担を感じさせることなく、文法や語彙のトレーニングを自習の形で行わせることができたという事実だけは、確かであろう。これはパターン・プラクティスや文法テストの繰り返しが外国語学習におけるトレーニングとして適切であるかどうかとは別の問題である。一方、忘れてならないのは、自習用の学習システムにとって、今日でも必要とされる仕組みや技法の多くが、この1960年代から1970年代のCAIシステム中で、試みられ、開発されてきたことである。それらを簡単にまとめると以下のようになる。

自習用学習システムが備えるべき機能
1）穴埋め、マルチプルチョイス、並べ替え、マッチング等の多様な問題形式への対応
2）単なる正誤判定や正解表示だけでなく、ヒントや解説などの表示、
3）問題や選択肢等のランダム出題
4）学習者がストレスを溜めないよう、誤答が一定回数以上続く際の正解と解説の自動表示
5）学習者の些細なタイプミスを自動的に修正する入力文の自動整形
6）正解・不正解の度合いに反応した分岐による課題の変更
7）学習履歴の記録
8）教員が簡単に教材を作成できるようなオーサリングツールの提供
9）学習者の答の分析に基づく細かなフィードバック

10) 学習者の質問に答える形でのインタラクティブな学習補助
11) 一定の範囲内ではあれ、学習者の自由な入力を可能にするオープン・クエスチョンの出題
12) 学習の見通しを付けられるような概観の付与
13) ページと教材内を自由に移動できるオリエンテーリング機能
14) 学習の際の学習者の情動面の配慮
15) 教材における練習とテスティングの区別

　これらの各項目は、いずれも上記に紹介した事例の中の1つないしは、複数のシステムで実現されている。このうち、1) から8) までの機能は、自習用教材や教材作成に普遍的な技法上の問題である。また、主として 1970 年代以降のシステムに見られる9) から 15) の特徴は、あらかじめ定められた理想的な学習過程を個人のペースで進んでいくというプログラム学習や従来のパターン・プラクティス越え、インタラクティブ性や学習者の自己コントロールを認める新しい学習観を一定程度反映したものである。

　1960 年代から 1970 年代の CAI システムは、「CALL＝コンピュータに向かって行うドリル練習」という今もなお流布しているネガティブなイメージを作り出したという点で、今日では、否定的に見られることが多い。しかし、この時代のシステムに初めて見られた多くの試みは、プログラム学習によるパターン・プラクティスという古い学習モデル自体が否定されても、なおその重要性を失ってはいない。今日の教授法の理論的な枠組みにおいても、外国語学習におけるトレーニングの側面をどう支援するかという課題は依然として重要であり、その意味では、コンピュータプログラムを利用した外国語学習の必要性は変わっていないからである。それは、ちょうど、オーディオリンガリズム時代の古いコンセプトによってデザインされた LL が、パターン・プラクティスの時代を生き延び、コミュニカティブな聴解練習やシャドーイング練習用の機器として、今日もなお使われ続けていることに似ている。機器自体の持つ技術的な限界はあるが、問題は、結局どのようにそれを用いるかという教授理論上のコンセプトにかかっている。

　1960 年代から 1970 年代の CAI システムに関して、もう1つ重要なことは、大型コンピュータを中心とするスター型のネットワークを構成していたことを

前提に、今日の電子掲示板やEメールのような、ある種のコミュニケーション機能を発展させたことである。当初は、学習者からのコメントを集めてプログラム改善に役立てるという学習履歴取得の一環としての情報集めの装置に過ぎなかったようだが、やがて、質問に答えたり学習者に情報を流したりする機能を持つことにより、まず学習者と教員（管理者）との間の双方向的なメディアになり、さらに、学習者同士の間でのコミュニケーションが可能になるに及んで、協調的な学習環境を作る手段に成長していった。たとえば、PLATO IV でのように、本来の学習そっちのけで、電子メッセージのやりとりにはまる学習者 (Hart 1995; 27)の姿は、電子メディアのコミュニケーション媒体としてのポテンシャルを示して余りある。それらは、1990 年代以降に、コンピュータ媒介コミュニケーション（CMC: *Computer-Mediated Communication*）の枠組みにおいて重要となるEメールや電子掲示板の先取り(Levy 1997; 16)として重要なだけでなく、個人として取り組む自学自習システムにおいても教員を含む学習者間のコミュニケーションを通じた学習者コミュニティや協調的な学習環境を構築することの可能性と重要性を示唆していた。

　最後に、10 番目の事例である The Scientific Language Project にも触れておきたい。これは、他の事例とは異なり、学習プログラムというよりは、今日でいう翻訳メモリ[23]や手軽に使える電子辞書の発想に近く、初期の機械翻訳（コンピュータによる自動翻訳）の研究の限界も意識されていた[24]。コンピュータに教師やチューター（*Lehrer, Tutor / teacher, tutor*）としての役割を期待する CAI システムの研究が全盛であったこの時代に、コンピュータを道具（*Werkzeug / tool*）として外国語学習に利用しようとする CALL のもうひとつの側面を代表する試みが、すでになされていたことは、注目に値する。

　CAI の時代の意義は、コンピュータのチューターとしての可能性を初めて示し、しかも自習の領域におけるトレーニング機能の強化にそれが有効であることを示した点である。さらに、そうしたドリル型プログラムのプロトタイプとそれが備えるべき機能についてもほとんどこの時代に明らかにされたのである[25]。

1．3．CALL 第2期： コミュニカティブ・アプローチと PC の時代
― CAI から CALL へ ―

　コミュニカティブ・アプローチの教育現場への浸透とパーソナルコンピュータの登場に特徴づけられるこの時代は、おおよそ 1980 年代から 1990 年代半ばにかけてであり、CAI に代わり、CALL という用語が現れ、定着していく時代でもある。またこの時代の後半には、デジタル情報の形でマルチメディアを統合的に扱う技術が発展し、ハイパーメディアが本格的に出現する。

1．3．1．CALL 第2期の教授理論的な背景

　新しい時代をもたらした第1の要因は、すでに 1960 年代の末頃から顕著となっていたオーディオリンガリズムの退潮と 1970 年代半ばから 1980 年代にかけてのコミュニカティブ・アプローチの登場により、時代遅れの教授理論に依拠した CAI システムに対する疑念(Hart 1995; 32)が大きくなり、CALL の分野でも新しいモデルが模索されるようになったことである。外国語教授法の分野におけるオーディオリンガリズムの退潮の背景には、初めての科学的教授法であると宣伝されたわりには期待したほどの成果が上がらなかった[26]ことに対する失望感や、LL で行う練習に対する受動的で退屈だとする学習者からの不評もあった(Richards/Rodgers 2001; 65) (Johnson/Johnson 1998; 22) (Underwood 1984; 35) (名柄/茅野/中西 1989; 57)。しかし最も大きかったのは、オーディオリンガリズムがそれに依拠していた言語観のレベルでのパラダイムシフトである。チョムスキー（Avram Noam Chomsky 1928- ）の登場とその影響力の拡大により、言語を習慣形成という機械的プロセスを通じて獲得された有限の表現の集まりと見なす構造主義的な言語観が否定され、個々の表現を無限に産み出す人間の言語能力の方がクローズアップされる。それにより、言語教育の観点でも、機械的模倣ではなく、意味のある言語活動を主体的に行うことに、重点が置かれる。もっとも、チョムスキーらの生成文法（*Generative Grammatik / generative grammar*）は、古い言語観を破壊する局面では大きな役割を果たしたが、それ以降の言語教育の分野では、生成文法で言う統語構造に関わる言語能力に留まらず、言語の社会的な運用の能力の方に、より関心が向けられて行く。その結果、生成文法よりは、むしろ機能言語学（*funktionale Linguistik / functional linguistics*）や社会言語学（*Soziolinguistik / social linguistics*）、あるいは当時新たに登場してきた語用

論（*Pragmatik / pragmatics*）や談話分析（*Diskursanalyse / discourse analysis*）にその理論的な基礎付けが求められた。たとえばコミュニカティブ・アプローチの中心概念であるコミュニケーション能力（*Kommunikationsfähigkeit / communicative competence*）という概念も、良く知られているように、もともとはチョムスキーの言語能力（*Sprachkompetenz / linguistic competence*）に対立する概念としてハイムズ（Dell Hathaway Hymes 1927-）により提案された(Hymes 1972, 278)ものである。そこでは、言語構造の正確さでなく言語使用の適切さが問題とされた。

広い意味でコミュニカティブ・アプローチと総称し得る当時の具体的な動きとして、3つの主な潮流を挙げることができる。1つ目は、ヨーロッパ市民の相互理解と相互交流を促進するため、ヨーロッパ評議会の委託を受けて1971年に開始されたModern Languages Projectである。これは、「外国語の学習・教育・評価のためのヨーロッパ共通参照枠」（CEFR: *Common European Framework of References for Languages*）(Council of Europe 2001)に代表される今日のヨーロッパ同盟の言語政策の出発点としても重要であるが、教授理論的に見ても大きな転換を含んでいた。J. A. van Ek やD. A. Wilkins らが中心となったこのプロジェクトにおいては、それまでのような文法シラバスや場面シラバス[27]ではなく、言語が表すことやもの（＝概念）と言語を使って行う言語行為（＝機能）の観点からコミュニケーション能力を定義し、それに必要な文法・文型・語彙などを整理する概念・機能シラバス（*Notional-Functional Syllabus*）の提案がなされた(van Ek 1975)(Wilkins 1976)。その後、この枠組みを出発点に、談話の中で意味のある言語活動を行えるような能力を伸ばすための学習活動をいかにするかが具体的に構想(Widdowson 1978)され、それがタスク中心型の（*aufgabenbasiert / task-based*）教授法へとつながって行く。2つ目の流れとしては、教授方法のレベルで、それまで主流でなかったTotal Physical Response、the Silent Way、Community Language Learning、Suggestopedia 等が時期を同じくして各々脚光を浴び、一定の影響力を与えたことがあげられる。さらに3つ目として、第2言語習得研究の方からは、1970年代後半から1980年代にかけて、いわゆるインプット理論（*Input-Theorie / input theory*）などの言語習得に関する5つの仮説(Krashen/Terrell 1983)[28]を理論的な根拠としたナチュラル・アプローチ（*Natural Approach*）が登場する。これらの3つの潮流は、各々その背景や方法論における相違点も多く[29]、特に Total Physical Response、the Silent Way、Community Language Learning、 Suggestopedia

等をコミュニカティブ・アプローチに含めることには、若干異論があるかもしれない。たとえば、Richards/Rodgers (2001, 71)では、これらは、オーディオリンガリズム退場後のコミュニカティブ・アプローチに先行あるいは並行する alternative approaches and methods として別個にまとめられている。しかし、Underwood (1984)や Ahmad et al.(1985)や Higgins/Jones(1984)に代表される同時代の CALL 専門家や現場教員にとっては、これらも含め、「形式から意味へ」、「文からテキストやコンテキストへ」、「正確さから流暢さへ」という標語で表現された1つの大きな教授理論上の転換のうねりとして受け止められていたようである。Richards/Rodgers(2001, 156)では、上記の第1の潮流に属する M. Finocchiaro や C. Brumfit らが、Finocchiaro/Brumfit(1983)の第4章の方法論に関する議論の中で、Functional-Notional Methodology と称する自らの立場に共通する目的、言語学習観、学習活動、教材、教員や学習者の役割などを、オーディオリンガリズムと対比させながら列挙した以下のような箇所(Finocchiaro/Brumfit 1983, 91)を引用している。これは、コミュニカティブ・アプローチと総称される教授法の特徴をわかりやすく示した1種のマニフェストと見ることができる。

No.	Audio Lingual Method	Functional-Notional Methodology
1.	Attends to structure and form more than meaning.	Meaning is paramount.
2.	Demands memorization of structure-based dialogs.	Dialogs, if used, center around communicative functions and are not normally memorized.
3.	Language items are not necessarily contextualized.	Contextualization is a basic premise.
4.	Language Learning is learning structures, sound, or words.	Language Learning is learning to communicate.
5.	Mastery, or "over-learning" is sought.	Effective communication is sought.
6.	Drilling is a central technique.	Drilling may occur, but peripherally.
7.	Native-speaker-like pronunciation is sought.	Comprehensible pronunciation is sought.

8.	Grammatical explanation is avoided.	Any device which helps the learners is accepted — varying according to their age, interest, etc.
9.	Communicative activities only come after a long process of rigid drills and exercises.	Attempts to communicate may be encouraged from the very beginning.
10.	The use of student's native language is forbidden.	Judicious use of native language is accepted where feasible.
11.	Translation is forbidden at early levels.	Translation may be used where students need or benefit from it.
12.	Reading and writing are deferred till speech is mastered.	Reading and writing can start from the first day, if desired.
13.	The target linguistic system will be learned through the overt teaching of the patterns of the system.	The target linguistic system will be learned best through the process of struggling to communicate.
14.	Linguistic competence is the desired goal.	Communicative competence is desired goal (i.e., the ability to use the linguistic system effectively and appropriately).
15.	Varieties of language are recognized but not emphasized.	Linguistic variation is a central concept in materials and methodology.
16.	The sequence of units is determined solely by principles of linguistic complexity.	Sequencing is determined by any consideration of content, function, or meaning which maintains interest.
17.	The teacher controls the learners and prevents them from doing anything that conflicts with the theory.	Teachers help learners in any way that motivates them to work with the language.
18.	"Language is habit" so errors must be prevented at all costs.	Language is created by the individual often through trial and error.

19.	Accuracy, in terms of formal correctness, is a primary goal.	Fluent and acceptable language is the primary goal: accuracy is judged not in the abstract but in context.
20.	Students are expected to interact with the language system, embodied in machines or controlled materials.	Students are expected to interact with people, either in the flesh, through pair and group work, or in their writings.
21.	The teacher is expected to specify the language that the students are to use.	The teacher cannot know exactly what language students will use.
22.	Intrinsic motivation will spring from an interest in the structure of the language.	Intrinsic motivation will spring from an interest in what is being communicated by the language.

No.	Audio Lingual Method	Functional-Notional Methodology
1.	意味よりも構造と形式により注意を払う。	意味が最重要である。
2.	構造に基づいて作られた対話の暗記が必要とされる。	対話は、使われる場合もコミュニケーション上の機能を中心にしたもので、通常、暗記は要求されない。
3.	個々の言語項目は必ずしも文脈へ埋め込まれる必要はない。	文脈への埋め込みが基本的な前提である。
4.	言語学習は構造や音声や語を学ぶことである。	言語学習はコミュニケーションの仕方を学ぶことである。
5.	熟達や習熟後も学び続けることが求められる。	効果的なコミュニケーションが求められる。
6.	ドリルは中心的な学習技法である。	ドリルはなされてもいいが、周辺的なものである。
7.	母語話者のような発音が求められる。	理解可能な発音が求められる。

8.	文法の説明は避けられる。	学習者の助けになるならどのような方策も受け入れられる－それらは学習者の年齢・興味等により様々である。
9.	コミュニケーション活動は、厳密なドリルと練習の長期的な過程を終えた後でのみ行われる。	コミュニケーションしようとする試みは、再初歩の段階から奨励される。
10.	学習者の母語の使用は禁じられる。	母語の賢明な使用はそれがふさわしいケースでは受け入れられる。
11.	翻訳は初期の段階では禁止される。	学習者がそれを必要とするか、それによって得るものがある場合は、翻訳もなされて良い。
12.	リーディングやライティングは、スピーキングがマスターされてから行われる。	もし要望があれば、リーディングやライティングは最初の日からはじめることもできる。
13.	目標とする言語の体系は、その体系の持つパターンを明示的に教えることを通じて学習される。	目標とする言語の体系は、コミュニケーションしようと努力する過程で最も効果的に学習される。
14.	言語能力が獲得目標である。	コミュニケーション能力（すなわち、言語体系を効果的かつ適切に使うことのできる能力）が獲得目標である。
15.	言語の多様性は、それとして認められるが、強調はされない。	言語的な多様性は教材と方法論における中心的な概念である。
16.	個々の単元の学習順序は、言語学的複雑さという原理によってのみ決定される。	学習順序は、関心を維持するために必要な学習内容や言語機能や意味について少しでも考慮すべきことがあればそれらによって決定される。
17.	教員は学習者をコントロールし、どんなことでも学習者が理論に反することをしないようにする。	教員は、どのような方法であれ言語を使った作業の動機付けになるなら学習者を助ける。

18.	"言語は習慣である"。よって誤りは何があっても避けられなければならない。	言語は個人によって、しかもしばしば試行錯誤を通じて、生み出される。
19.	形式的な正しさという意味での正確さが主要な目的である。	流暢で理解され得る言語が主要な目的である。すなわち、正確かどうかは、抽象的な概念としてではなく、文脈において判断される。
20.	学習者には、機械または統制された教材によって具現された言語システムと相互行為を行うことが期待される。	学習者には、直接のペア練習やグループ練習を通して、あるいは書いた物を通して、人々と相互行為を行うことが期待される。
21.	教員には、学習者が使うべき言語を指定することが期待される。	教員は、学習者がどの言語を使おうとするかは厳密にはわからない。
22.	内的な動機は、言語構造に対する関心から生じるものだ。	内的な動機は、言語によってコミュニケーションされているものに対する関心から生じるものだ。

(訳　岩崎)

　上記の引用からもわかるとおり、コミュニケーション能力の養成が言語教育における最大の目的となることにより、学習活動の具体的な中身も、テキストの暗記と文構造習得のためのパターン・プラクティスを中心としたものから、コミュニケーションに重点を置いた対話練習や学習者に即したそのバリエーション、ロールプレイ、言語学習ゲームなどへと多様化する。また、学習者のコミュニケーション上の欲求や関心が考慮され、教員に対しても、すべてをあらかじめ把握し学習内容を専権的に決定する理想の教師（*idealer Lehrer / ideal teacher*）や厳格な監督（*Zuchtmeister / taskmaster*）ではなく学習支援者（*Moderator / facilitator*）の役割が求められた。これに伴い、理想の教師や厳格な監督の役割を機械上に移して作られた CAI システムの概念自体も上記の表の 20 番目の特徴記述にあるように、否定の対象となる。こうした流れに対し、CALL の側から

答えようとすれば、CAI モデルとは異なるコンピュータの新しい役割を模索する必要があったのである[30]。

１．３．２．CALL 第２期の情報技術的な背景

　1960 年代から 1970 年代の旧 CAI システムが没落していった第２の要因は、技術的・コスト的なものである。それは、大型コンピュータから小型コンピュータへのダウンサイジングが、価格の低下や性能の向上と並行して進み、その果てに、ネットワークを必要とせず、各個人が独立して動かすことのできるパーソナルコンピュータ（PC）という新しいコンピュータの形態が 1970 年代後半に突如として登場[31]してきたことである。大型コンピュータと専門のプログラマーを必要としたそれまでの CAI システムは、もともと費用がかかるうえ、投資に見合うだけの効果を持つ実用システムを作るためには、多くの端末を用意せねばならず、これらの大規模投資のせいで、非常に高価なシステムであった[32]。そのため、ほとんどのプロジェクトはそれらを開始あるいは支援した予算措置が切れた時点で、財政的な問題に直面した[33]。特に、当時、端末からコンピュータにアクセスするには、電話線や専用回線を使わねばならず、ハードウェアの価格は時とともに急速に下落していたのに対し、ネットワークに支払う料金はいっこうに下がらず (O'Shea 1983 98)、この相対的に高いネットワークの使用料が CAI システムの維持・運用を経済的に圧迫した[34]。これに対し、PC は、本体価格が安いだけでなく、ネットワーク使用料を必要としなかったので、システムの維持・運用にかかる経費にも格段の差があった。1975 年に PC が組み立てキット形式ではじめて売りに出された(Beatty 2003, 23)頃は、今日から考えればまだおもちゃのようなレベルに過ぎなかったが、やがて、次々に PC が売り出され[35]、たとえ性能はまだ比べものにならないほど低くても、将来的には既存のシステムと同等かそれ以上の可能性が見込めるようになると、大型コンピュータに留まる理由はもはや無かった。こうして、すでに教授理論的にも時代遅れとなっていたかつての CAI プログラムの多くは、既存の大型コンピュータシステムの機種更新の際に、それらと一緒に廃棄されるか、たとえ内容に改良が加えられて生き残れた場合も、PC に対応していくかのどちらかの道をたどることになった。

　一方、1970 年代の末から 1980 年代初頭にかけ、ハードウェア環境のレベルで、

第1章:CALLの歴史と現状 ― その多様性と可能性 ―

PC への転換がこのように急速に進んだことにより、それに対応するソフトウェアや新しい CALL のモデルがハードウェアの進化に追いつけないという状況が産み出された(Davies/Higgins1985, 9) (Underwood 1984, 43)。この中で、現場の教員の中には、小規模ながら、自ら CALL 教材を作成し、自分たちの授業で試用しようとする一群の人たちが現れ、彼らは後にティーチャー・プログラマー (*teacher programmer*) と呼ばれることになる。当時、市販された PC の多くには、BASIC などのプログラミング言語が標準で付属しており、ティーチャー・プログラマーの多くは、これを使ってゼロからプログラミングするか、ドリル教材の場合は問題データを枠に流し込む形で比較的簡単に問題の作れる PILOT や MICROTEXT (Davies/Higgins 1985, 72)などのオーサリングソフトを使った。しかし、数の上からは、相変わらず、簡単なドリルプログラムも多く、コミュニカティブ・アプローチなどを踏まえた CALL 教材のプログラミングもそのアイデアを実現するための技術的な環境は、まだまだ貧弱なものでしかなかった。特に、初期のパーソナルコンピュータのシステムでは、表示できる文字の種類の限界や一度に表示できる文字数の限界、処理速度の遅さ、メモリの不足、データを蓄えるハードディスクなどの大容量外部記憶装置の欠如、カセットテープなどの外部音声装置の制御精度の低さなど、10 年以上前の CAI 時代初期の大型コンピュータにおいてプログラミング上の阻害要因となった技術的な問題が再び繰り返された(Wyatt 1984b, 47)。また、CAI 時代の理論的・技術的な成果が生かされず(Ahmad et al. 1985, 36)、プログラミング技術の低さ、教授理論的な無知などもあり、たとえば依然として数多く作られたドリル形式の教材においても、正解を1つしか許容できなかったり、正誤判定をするだけできちんとしたフィードバックを行えなかったりするなど、CAI 時代よりも質の悪いプログラムもあった。特に、この時代には、「市場」の空白を補うように市販のプログラムも大量に作られ、市場に出回った(Davies/Higgins1985, 56)[36]。しかし、バーゲン等の形でコンピュータショップに並ぶそうしたプログラムの中には、技術的にも教授理論的にも CAI 時代よりもさらに後退したものも多く、専門家の間での CALL の信用を落とすのに"貢献"した。

　この時期の CALL を取り巻く状況は、このように、多くの問題を伴っていたが、それでも、専門のプログラマーではない教員によるプログラミングは、それまで大型コンピュータを利用できる一部の機関に限られていた CALL の裾野

を広げることに貢献しただけでなく、教育現場に浸透してきたコミュニカティブ・アプローチを踏まえた新しい CALL のモデル作りに貢献した。なお、この時代にも、そうした新しいモデルに基づく初級・中級の語学コースをワークステーション上でのマルチメディア環境を利用して作ろうとした Athena Language Learning Project (Beatty 2003, 26) (Levy 1997, 27)(Morgenstern 1986)やメキシコのある村を訪問するシミュレーション・プログラムを、ビデオディスクを制御して構築した Montevidisco Project (Beatty 2003, 25) (Wyattb 1984, 102) (Davies/Higgns 1985, 41) (Schneider/Bennion 1983)などの幾つかの大規模プロジェクトはあった。しかし、その後の時代に与えた影響を考えると、この時代の CALL の新しさは、そうした大規模プロジェクトにではなく、ティーチャー・プログラマーによってプログラミングされ、ネットワークから独立した単体としての PC 上で実現された外国語学習用プログラムの多様性と、コンピュータを道具として意識的に利用しようとした試みの新しさの方にある。以下では、Wyatt(1984b, 102)、Davies/Higgins(1985, 41)、Higgins/Johns(1985)、Underwood(1984)、Kenning/Kenning(1983)、Ahmad et al.(1985)、Levy(1997)によりつつ、テキスト操作プログラム、ゲーム、シミュレーションプログラム、人工知能研究の応用などの項目ごとに、当時作られた CALL 教材のタイプとその利用方法について見て行く[37]。

１．３．３．CALL 第２期の事例
事例１：テキスト操作プログラム

　テキスト操作プログラムには大きく３つのタイプがあった。１つ目は、クローズテスト (*Cloze Test*) をコンピュータ上で実現したもの、２つ目は、いわゆるテキストの再構成プログラム (*Textrekonstruktion / text reconstruction*)、３つ目はテキストレベルの並べ替えプログラム (*Jumbler*) である。

　標準的なクローズテストでは、通常、テキストの導入部の数文はそのままにして、それに続くテキストから、5 語から 11 語（理想的には 7 語とされる）の間隔で機械的に単語を抜いて空欄にし、そこに入る語を見つけだすことを課題とする[38]。これらは、総合的な読解力を養う、あるいは評価する手段として、以前から行われていた。CLOZEWRITE (Graham Davies 作) は、こうしたクローズテストのコンピュータプログラムを簡単につくることのできる代表的なオー

サリングソフトであり、18 行（約 120 語）までのテキストを扱うことができ、学習者自身が 2 語から 9 語の範囲での空欄の間隔と空欄作成の開始場所を指定することができた。また、CLOZEMASTER（Chris Johns 作）も、スクロール機能を使って画面表示の限界をカバーすることで 50 行（約 300 語）までのテキストを扱うことができ、5 語から 15 語の範囲で空欄の間隔を指定することができた (Davies/Higgins 1985, 113)。

　2 つ目の、テキスト再構成プログラムは、このクローズテストの原理を極限まで押し進めたもので、開始時点では、コンマやピリオド等の記号を除き、テキストのすべての単語はそれを構成する文字数分のティルダ（"~"）やダッシュの連鎖と単語の切れ目を表すスペースに置き換えられている。このタイプのプログラムで最初に作られたのは TEXTBAG（Tim Johns 作）であるが、これには、すべて隠されたテキストに加えて、テキストの内容に基づく短い質問が 1 つ付いていた。学習者は、最初はティルダの数や位置などを手がかりにして、後には周りの再構成された単語も利用して、隠されている単語を推量し、書き込みながら、質問に答えるのに必要なテキストの箇所を再構成していく。はじめに一定の持ち点があり、推量が当たると持ち点が増える。逆に、綴りが長くて当てにくい語や、ここがわかれば他もわかるというような手がかり語などは、持ち点を払って買う（＝表示させる）こともできた。自ら単語を当てたり、表示させたりしながら質問の答を探していくが、できるだけ早く、質問に答えれば獲得できる点数も高くなるので、学習者はテキストのどこを再構成すれば、求める情報に最も早く到達できるかの方略を立てながら作業することになる。最初の質問に答えると 2 つ目の質問が表示され、すべての質問に答え終わるまで、得点を競うゲーム形式で同じような作業を繰り返す (Higgins/Johns 1985, 56)。この種のプログラムの中で最も広く使われたのは、STORYBOARD（John Higgins 作）というプログラムである。ここでも、最初は、テキストはすべて隠されている。学習者がその中の 1 つの単語を正しく当てると、ハングマン（*Hangman*）[39]と同じ原理に基づき、テキストのそれ以外の箇所でも同じ単語が使われていれば、それらの単語はすべて自動的に再表示される。最初の手がかりとして、テキストのタイトルだけは表示されているので、トップダウン型の学習方略を適用して内容に関する予想を立てながら、ジグゾーパズルのようにあちこちで表示された単語や文字数を手がかりに作業をすることになる。また、ヒントボタ

ンを押すと、カーソルを当てて指定した特定の語の最初の文字を表示したり、特定の接頭辞や接尾辞だけをすべての箇所に渡って表示したりすることもできた。STORYBOARD は、様々なコンピュータに対応したバージョンが作られ、それ自体が広く使われただけでなく、同じ原理に基づく類似のソフトが作られ、後には専門のプログラマーによって機能も多様化され、フリーズやバグの無いより安定したプログラムが作られるなど[40]、この時期を代表するソフトウェアに成長した(Levy 1997, 24)。また、テキストを用意すれば STORYBOARD と同じプログラムを簡単につくることのできる COPYWRITE (Graham Davis/John Higgins 作) というオーサリングソフトも作られた(Higgins/Johns 1985, 57) (Davies/Higgins 1985, 133)。作者の John Higgins は他にも CLOSE-UP という別のタイプのテキスト再構成プログラムを作っている。そこでは、たった1つの語だけを残してあとは消されている短いテキストとその8つの可能な表題の候補とが表示される。最初は、たった1つ表示されている単語とその他の単語の文字数の情報等を基に、単語を当てていく。TEXTBAG と同じ原理で、当たれば、点数がもらえ、わからない語は点数を払って買う（＝表示させる）ことができる。できるだけ早く8つの候補の中から正しい表題を当てることが目的であり、ここでも予測を立て、それを検証しながら読んでいく方略の適用が求められる(Higgins/Johns 1985, 57) (Davies/Higgins 1985, 112)。

　テキスト加工プログラムの3つ目のタイプは、もともとのテキストをバラバラに並べ替え、本来の語順を再構成させるという課題である(Davies/Higgins 1985, 50)。単語を並べ替えて、正しい語順の文を作らせる課題などは、すでに CAI 時代の The Stony Brook Project 等でも行われていたが、これは、そのコンセプトをテキストレベルに拡張したもので、ヨーロッパの各国語に対応した SENTENCE SEQUENCING (Aconrsoft/ESN 刊) やその指示文をドイツ語に変えた SATZSALAT 等が作られた[41]。これらは、一連の指示を含む1つの短いテキストの中の文をシャッフルし、学習者に正しい文の順番を回復させようとするものであった。同じコンセプトの JUMBLER (Tim Johns 作) の場合は、雑記帳 (*scratchpad*) と呼ばれた表示欄を用意し、最終的な答えを入力する前に、様々な可能性を試せるようになっていた[42]。一方、SHUFFLER (John Higgins 作) は、2つのテキストを混ぜてシャッフルしたもので、学習者が1つのテキストを選ぶと、プログラムが自動的に2つ目のテキストを選び、1) 単に2つのテキストをバラバラに

切って個々のテキストの内部での順番は変えずに2つ混ぜる、2）片方のテキストは順番は変えないがもうひとつは、順番もシャッフルして混ぜる、3）2つのテキストをすべてシャッフルして混ぜるという難易度の異なる3つのモードで提示することができた(Higgins/Johns 1985, 58)。また同じ作者が作ったDIALOGUE-SHUFFLER は、まず対話の最初の部分を与え、それに後続する部分については、正しい答えと他の対話の箇所からランダムに採った2つの部分を合わせた3つの選択肢を提示して選ばせ、正しいものが選ばれればそれが新たに付け加えられ、また次の部分とランダムに採った2つの部分からなる選択肢を作り同じ操作を繰り返すという形で、少しずつ対話全体を再構成させていくプログラムであった。

　以上見てきたように、これらのテキスト操作プログラムで問われているのは、それまでの CAI システムが主として扱ってきた文レベルでの文法や語形変化についての知識ではなく、テキストレベルでのつながりを追った意味理解に基づくトップダウン型の推論、読解の方略の意識的な適用、テキストレベルや個々の文レベルでの文法的・意味的な手がかりを基に空欄に入る語を推定し適切な形で投入する作文能力などの総合的能力であった。

事例2：シミュレーション型プログラム

　シミュレーション型プログラムは、もともとは、今もそして当時も多く作られていたコンピュータゲームなどを外国語学習に利用しようとしたことから始まったものである。コンピュータゲームには、その走りとなったインベーダーゲームのように瞬時に反応しなければならないリアルタイム型のものと、アドベンチャー・ゲームのように各段階ごとに、プレーヤーが立ち止まって進むべき方向を決めるシミュレーション型のものがあり、後者では、それぞれの段階ごとに様々な条件が記述され、それらをもとに与えられた選択肢の中から次の段階へ進む道が選ばれる。その際、それぞれの段階で何を行うかの役割に重点を置いたものはロールプレイングゲーム（*Rollenspiel / role playing game*）と呼ばれ、プレーヤーがどの選択肢を選ぶかによって展開が変わっていく物語に重点を置いたものはブランチングストーリー（*eine sich verzweigende Geschichte / branching story*）と呼ばれた。こうしたアドベンチャーものは、本来外国語学習用にではなく母語話者を想定して作っており、言語使用領域（*Register / register*）が偏っ

ていたり、文法的誤りやスペルミスが多かったり、語彙の分野が中世の冒険、ホラーもの、サイエンスものに偏っていたりなど、すべてのゲームが外国語学習に適していたわけではない。しかし、その中でも、ドレーク提督によるイギリス最初の世界周航を題材とした DRAKE や地底探検による宝探しをテーマとした CLASSIC ADVENTURE、フランス語のアドベンチャー・ゲーム THE DARK CASTLE などは、比較的外国語学習に向くものとして使われた。当時はコンピュータ自体がまだ高価で導入された台数も少なく、こうしたゲームへの取り組みもグループ作業で行われた。これらのゲームについては、特に、表示された指示や選択肢をグループ全体でわかるように読み上げたり、説明したり、判断を巡って議論したり、説得したり、キーボードへの入力担当者に指示を出したりというグループ内での学習言語を使った本物の (*authentisch / authentic*) コミュニケーションが持つ学習効果についても報告されている (Davies/Higgins 1985, 40) (Higgins/Johns 1985, 64) (Wyatt 1984b, 89)(Underwood 1984, 94)[43]。シミュレーション型ゲームにおけるロールプレイをモデルとして作られた CALL ソフトウェアには、あるイベント会場におけるファーストフードの屋台経営を競う FAST-FOOD (Davies/Higgins 1985, 118)、ロンドン市内の探訪をシミュレーションした LONDON ADVENTURE (Davies/Higgins 1985, 46)等の British Council が作った英語学習用ソフト、フランスの Granville という町で休暇を過ごす観光客となって買い物や見物等の様々な活動をシミュレーションするフランス語学習用ソフトの GRANVILLE（Cambridge Micro Software 刊）(Davies/Higgins 1985, 28)、殺人現場に呼ばれた警察署長になって、複数の容疑者に対し、どこにいたのかという質問と誰といたのかという質問をし、1人だけうそを言っている犯人を見破っていく MURDER（John Higgins 作）などがあった(Higgins/Johns 1985, 69)。また読者の選択により次々にストーリーが変わっていく創造的な読み (*kreatives Lesen / creative reading*) に重点を置いたものとしては、読み進めながら各々の課題の選択において適切な判断をすることで最終的に物語の迷路から抜け出すことを目的とした ACTION MAZES（Mario Rinvolucri 作）などの text mazes と総称されたプログラム群が有名である(Davies/Higgins 1985, 29)(Higgins/Johns 1985, 65)。なお、これらの分岐型物語を作るためのオーサリングソフトとしては、STORYWRITER や BRANCHING STORY(Davies/Higgins 1985, 133; 111)などがあった。これらのソフトでは情報の多くは言語情報として与えられるので、ゲー

ムをすることを通して、学習者は、その動機と集中の度合いを高めつつ、かなりの量のテキストの中から必要な情報に焦点を当てて読んでいく読解のトレーニングを行うことができた。ロールプレイに重点を置いたものの一部には、言語的情報の少ないものもあったが、それらも、学習者の母語が異なるインターナショナルクラスの場合は、グループ作業を通じてどのような判断を下すべきか議論させるなどの会話の契機として利用可能であった。

事例3：ゲーム型教材

　ゲーム型の教材ソフトとしては、様々なタイプのクロスワードパズルやハングマン（*Hangman*）がプログラム化されただけでなく、単語の綴り替えゲームである ANAGRAM や WORD SEQUENCE、およびそのドイツ語版である ANAGERM や WORTSALAT など(Davies/Higgins 1985, 109; 138; 139)、主として語彙学習（*Wortschatzlernen / vocabulary learning*）を目的としたものが多く作られた。また、Goethe-Institut が作った、神経衰弱方式でコンピュータと競いながらペアになる単語を当てていく MEMORY (Davies/Higgins 1985, 126)や、コンピュータ上に線画されて行く絵が何であるかを当てる早さを競う NAME THE OBJECT (Davies/Higgins 1985, 128)なども知られている。その他にも、ギャンブル性や偶然性をより強めたものとして、同じ形容詞の原級・比較級・最上級や動詞の3活用形を各々並べたり、あるいは3つの単語からなる1つの熟語を作ったりする JACKPOT（Chris Jones 作）などのスロットマシーンの形式のゲームもあった(Higgins/Johns 1985, 47)。言語による指示と画像等の視覚的情報をリンクさせたものとしては、言語で入力した情報を元に顔を描かせる FACEMAKER（ASK 社刊）(Higgins/Johns 1985, 118)や、同じコンセプトで作られたそのフランス語版やドイツ語版ソフトの QUELLE TETE や KOPFJÄGER（Homerton College 制作）があった。その他に、最初に数秒間表示されるだけで消えてしまった顔の絵を、入力した指示に従って顔の形、髪、目、耳、鼻、口、髭などのパーツからなるモンタージュ写真の形で再生する PHOTOFIT（John Higgins 作）なども作られた。PHOTOFIT では、ある程度再生できた時点で、compare というコマンドを打ち込むと比較級などを使った文の形で違いを指摘できた。言語による指示と画面の変化を関連させたこの種の言語学習ゲームソフトは、Word Picture Type と総称(Wyatt 1984b; 101)されたが、Total Physical Response と同様に、言語

という1つの経路で伝達された情報の理解度を別の経路におけるタスクの形で確認しようとする task transfer の考え方(Widdowson 1978; 98)に則ったものであった。しかし、当時のコンピュータ環境には、技術的な限界のため、それを充分に実現するだけのマルチメディアの表示力がなかっただけでなく、大部分のプログラムは学習者が文の形で入力するコマンドをきちんと処理できるだけの自然言語処機能を持っていなかった。そのために、初期の時点では、そのアイデアの斬新さと多様さにもかかわらず、それを充分に活かしきることはできなかった。

事例4：Intelligent CALL

　CALL 第2期に作られたプログラムの中には、50 年代以降行われてきた人工知能研究の成果である自然言語処理技術やエキスパートシステムの研究成果を応用した実験的なものもあった。これには大きく2つのタイプがあり、1つ目は、人間とコミュニケーションできる（正確には、コミュニケーションしているかのような振りを装うことのできる）システムで、そのモデルとなったのは、ワイゼンバウム（Joseph Weizenbaum 1923-2008）が 1966 年に作った人工知能研究の分野では有名な ELIZA である。その1つのタイプである DOCTOR と呼ばれたシステムは、キーボードを通じて悩みや精神的問題を抱えた患者に対して精神分析のカウンセラーのように振る舞って応答を返すことができた(Weizenbaum 1976)。もともと、このシステムは、コンピュータが「知性」を持っているかどうかの判断基準としてチューリング（Alan Mathison Turing 1912-1954）が提唱したチューリングテスト（*Turing Test*）(Turing 1950)を念頭において作られている。すなわち、1つの部屋に被験者を置いて、離れたところにいる人間またはコンピュータとある限られた専門分野に関し、キーボードを通じて対話させたとき、被験者が、自分の話し相手が人間であるかコンピュータであるか判定できるかどうかを基準として、コンピュータが知性を持っているかどうか判断しようとしたテストである[44]。この基準を少しでも満たすために、ELIZA や DOCTOR などのプログラムは、限られた範囲内ではあれ、入力された文を構文解析し、その中にある名詞や動詞などに反応して、それに関連する答えの文を生成したり、あらかじめ想定した特定の単語がある場合は、準備しておいた定形表現を使って答えたり、入力文が分析できない場合には、聞き返

したり話題を変えたりするなどの仕方で、ある程度の長さのやりとりをすることができた。これらの技法を使って、たとえば、スペイン語で自分の家族についてある特定の分野の話題に限った自由な対話（をしているように見せかけること）ができる FAMILIA（John Underwood 作）(Underwood 1984, 75)や、西ベルリン空港から町までの道順を探り出すためのドイツ語対話ができた SPION（Ruth Sanders 作）などが作られた。また、こうした自然言語処理の技法は多少とも自由な入力を許容するプログラムの一部としても組み込まれた[45]。

　人工知能研究の成果を利用したもう１つのタイプは、単なる構文解析に留まらず、その文の意味することをモデル化した仮想世界を内部に持ち、その世界の状態の推移を参照しながら言語による質問に答えられるような意味理解システムである。そのモデルとなったのは、ウィノグラード（Terry Allen Winograd 1946-）が 1972 年に作った有名な SHRDLU(Winograd 1972)で、これはテーブルの上にあるいくつかの大きさや色や形の異なる物体の配置をコンピュータに指示して仮想上で１つずつ動かすことのできたプログラムである。たとえば、今テーブルの上に円錐、円柱、立方体、四角錐等が並べて置いてあるとして、円柱の上に立方体を載せたと聞けば、我々は、頭の中で、円柱の上に立方体が載ったところをイメージする。また、その立方体にさらに四角錐を載せろと言われれば、頭の中で円柱、立方体、四角錐が下から順に積み上げられた状態を想像できる。したがって、円柱の上に四角錐は載っているかと尋ねられれば、円柱と四角錐の関係は直接に言及されなくても、心の中でイメージした世界像を参照することで「はい」と答えることができるし、立方体を動かせるかと聞かれれば、まず四角錐をどけなければすぐ動かせないこともわかる。これは視覚イメージを伴った例であるが、同じことは推論を含む論理関係でも言える。A が B の父であるという情報と C が A の母であるという情報が与えられれば、我々はそこから推論して、その関係が直接言及されていない C と B についても祖母と孫の関係であることを理解できる。我々が言語を通じて何かを理解できるのも、言語情報を手がかりに世界の状態やその変化について頭の中で刻々と変化する心的イメージ（世界像）を持ち、常にそれを参照しながら受け答えしているからである。もちろん、我々の心的イメージは非常に複雑に構造化されており、その裾野は意識化できない領域や暗黙知等を含む広大なものであり、時間の経過や空間的位置の変化、内的推論、意識化や焦点化、身体感覚などの言語

以外の要素を通じても変化していくだけでなく、それらのイメージが何らかの論理的意味表示からなるのか、空間的イメージなどを含むのか等まだわからないことだらけである。ただし、その分野と範囲を限定すれば、こうした心的イメージに相当するものをシステム内部に構築することができ、それをもとにすれば、ある非常に限られたスモールワールドの中では、特定の話題に関し、言語を使って知的に対話できるシステムを作ることができる。これを明らかにしたのが、ウィノグラードの SHRDLU システムを使った実験であった。この原理に基づき、言語学習用の対話システムとして作られたプログラム群は GRAMMARLAND と総称されたが、たとえばその中の1つである JOHN AND MARY（John Higgins / Tim Johns 作）では、台所に向かうドアが開いた部屋にジョンとメアリという2人の男女がおり、ドアを開閉したり、人物を部屋から台所へ送ったりする指令を出すことで、2人の空間的な位置関係やドアの状態を変化させ、それを線で描画させることができ、また、幾つかの質問について現在の状態を基に答えさせることもできた。同じようなコンセプトで、ある部屋に何があるかに関して質問に答えられる QUESTION（John Underwood 作）(Underwood 1984, 72)というソフトもあった。一方、人気クイズ番組「二十の扉（Twenty Questions）」のように、学習者があらかじめ何かあるものを想定して、コンピュータの質問に「はい」か「いいえ」だけで答えていくことで、コンピュータがそれを当てるというプログラムもあった。その代表格は ANIMALS で、学習者が頭の中で考えている動物をコンピュータが当てるというものであった。コンピュータは、最初は、象と雌牛という2つの動物とそれらを特徴づけて区別する1つの文しか知らないので、それ以外の動物を想定するとすぐに答えられなくなる。その時点でコンピュータは降参し、1）学習者が想定していた動物の名前、2）その複数形、3）その動物をコンピュータが最後に想定した動物（たとえば象）と区別する文は何かを尋ねてくる。それに対し、学習者は、キーボードから情報を打ち込む。この方式でデータを入れていけば、二者択一式で必ず1つの結果だけに到達していくような形でコンピュータの中に動物名のデータベースが徐々に構築され、コンピュータはだんだん"賢く"なり、やがて少しずつ多くの動物を当てられるようになる。それに従い、コンピュータに"教えている"学習者の方も教え甲斐が出て面白くなってくる。つまりこのプログラムを使った学習の重点は、コンピュータの知識を増やしていく作業の

側にある。ANIMALS の改良版の JACKASS は、同じ形式で、動物、もの、都市名、人物などの４つのトピックから１つを選んだ推量ゲームを行うことができた(Higgins/Johns 1985, 81)。また、GETRÄNKE という、ドイツ語の飲み物をテーマとした同じタイプのゲームもあった(Ahmad et al. 1985, 112)。

構文解析などの自然言語処理の技術を一部取り入れたこれらのプログラムの入力処理は、あらかじめ蓄えられている答えと学習者が入力した回答が合っているかどうかをパターンマッチで判断するか、せいぜい回答に整形処理を加えた後に部分的に一致しているかどうかを判断していたに過ぎないそれ以外のプログラムと比べると、より高度なものにはなっていた。しかし、まだ複雑な文や省略（*Ellipse / ellipsis*）等を含む非文法的な文をきちんと解析できるほど高度なものではなかった。また、SHRDLU をモデルとしたスモールワールド内部での生成型プログラムも、対話の内容は、特定の分野に限った単純な指令や質問のやりとりに留まり、また世界像の生成や参照にプログラミングと処理のリソースの大部分を奪われ、その反面、入力文の構文解析処理がプリミティブなものも多かった。そのため、原理的な新しさはあったが、現実的な成果という意味では、実用以前の実験的なシステムに留まった。また、それにもかかわらずプログラミングは複雑で多くの時間を要したため、その後も一部の研究者を除けばあまり広がらなかった

事例５：自己発見型学習用プログラム

上記のもの以外にも、自己発見型あるいは探求型（*explorativ / explorative*）と呼ばれた一群のプログラムがあった。これらは、学習者が、「○○をしたらどうなるか」という仮説を立てて、実際にそれを調べるために利用したプログラムで、あらかじめ保存されている答えを返すのではなく、入力した情報をもとに回答を生成するいわゆる生成型プログラムである。入力できる情報は単語や数字などに限られているものが多いが、中には、構文解析などの Intelligent CALL 機能を組み込んでいるものもあった。形態論（*Morphologie/ morphology*）のレベルでは、学習者が、たとえば、自由に動詞や名詞を入れるとそれを複数形の形や３人称に変えてくれる S-ENDING（John Higgins / Tim Johns 作）や名詞を入力すると適切な不定冠詞の形を返してくれる A/AN（Tim Johns 作）などがあった(Daies/Higgins 1985, 109, 131)。また統語論（*Syntax / syntax*）のレベルでは、共通

の単語を含む簡単な単文を幾つか入力すると、それらをまとめた関係文を合成してくれる WALTER（Mike Sharples 作）というプログラムもあった(Ahmad et al. 1985, 111)。その他にも、語用論（*Pragmatik / pragmatics*）のレベルを考慮し、借りるべき金額（1ペンスから100ポンドまで）と相手との関係（兄弟から銀行の支店長まで）を入力すると、それらの条件にふさわしい形式を選択して、借金を申し入れる文章を返してくれる LOAN（Tim Johns 作)(Higgins/Johns1985, 73)や、同じようなコンセプトで様々な場面と遅刻時間を入れると適切な謝罪形式を与えてくれる APOLOGIES（John Higgins 作）(Higgins/Johns1985, 73)などのプログラムも作られた。これらは、Intelligent CALL 型のプログラムと同様、学習者にある程度自由な入力を許すため、プログラムの回答が常に適切だったわけではないが、それを逆手にとって、言語意識（*Sprachbewusstsein / language awareness*）〔ここでは言語規則についての自覚〕を促すための契機とするような道具的な使い方もされた。たとえば、A/AN では、コンピュータがきちんと分類できないような例を探すことを目的として使わせたり、S-ENDING ではコンピュータの間違いを基に複数形の語尾や3人称単数の変化の作り方の規則を考えさせたりするなどの使い方である (Davies/Higgins 1985, 52)。

　探求型プログラムのもう1つのタイプは、もともとパーティ等の余興として広く行われている MADLIB というゲームをコンピュータ上に移したもので、名詞・形容詞・動詞などを自由に入力するとあらかじめ決められた文のスロットにそれらを適当に活用させて入れて、文法的には正しいが意味的にはおかしな文を自動的に生成させることができた。この種のソフトは、ナンセンスさと意外性を楽しみながら、既習の語彙を活性化したり定着させたりすることなどに役立てられた。

事例6：リスニング

　CALL 第2期には、オーディオリンガリズムの時代とは異なり、「意味のあるインプット」(Krashen/Terrell, 32)の重要性が強調され、個別技能としてのリスニングそれ自体に焦点を当てた学習活動も行われるようになる。また概略的聴取（*allgemeines Zuhören / global listening*）、選択的聴取（*selektives Zuhören / selective listening*）、集中的聴取（*intensives Zuhören / intensive listening*）などのリスニングの様態の違いを意識した教材もコンピュータ上で作られた[46]。その多くは、外部

のカセットテープなどをコンピュータで工学的に制御するかあるいは手動で動かしながら課題を聞いて、問題の方にはコンピュータ上で答えるという形式が採られた。たとえば、概略的聴取や選択的聴取の課題では、その理解内容を問うマルチプルチョイスや書き込み問題を解かせたり、ディクテーションのような集中的聴取の場合は、クローズテストや STORYBOARD 形式で、聞き取ったテキストを再現するなどの教材も作られた。しかしながら、1980 年代は、まだコンピュータにデジタル音声を取り込んでマルチメディアとして扱うには、コンピュータの性能も低く、外部記憶装置の容量も足りなかったので、かつての CAI システムの時代と同じように、外部の音声機器を工学的に制御するという方法が採られていた。しかしこれは、制御の精度も低く、聞きたい箇所の頭出しをして何度も繰り返し聞くというのはそれほど簡単ではなかった。この時期のリスニング用プログラムの大部分は、比較的高価な市販のものが多かったこともあり、数的にはそれほど多くはなかった。また、外部のビデオディスクや音声機器を制御することでより品質の高い映像や音声を提供するという技術面の向上に重点が置かれ、教材の質に問題のあるものや、なかには、かつての CAI 時代のドリルに音声を付けただけというものもあった。

事例7：ワープロソフト

今日の我々には母語であろうと外国語であろうとまとまった長さの文章を書く際には、ワープロソフトを使うことは自明である。しかし、いったん書いたテキストを保存し再利用できるだけでなく、カット＆ペーストで、様々な構成やレイアウトを試せるワープロの登場は、当時としては画期的であり、外国語授業を支援する重要な道具として、多くの外国語教員によってかなり早い時期から、ライティング授業に取り入れられた。また、今日から見ればその性能は低かったが、スペルチェッカーやオンライン辞書などもこの頃に登場している。

その他の萌芽的事例

独立した単体としてのパーソナルコンピュータを利用した CALL が中心であった CALL 第2期には、一部の大規模プロジェクトを除けば、パーソナルコンピュータをネットワークで繋いだ LAN (*Local Area Network*) やワークステーションの利用には、大きな関心が払われなかった。ネットワークが無くなること

によって、たとえば、CAI 時代とは異なり、中央のホストコンピュータに残された学習履歴を参照する形での成績管理ができなくなったことに対しても、履歴を残さない方が、間違えることに対する恥ずかしさや不安が無くなり、自由に学習できるという側面が強調された。当時のネットワークがホストコンピュータを中心とする中央集権型のネットワークであったことから、成績管理自体を、たとえばオーウェル（George Orwell 1903-1950）が『1984 年』で描いたような個人のプライバシーの領域を許さない高度情報管理社会の危険性をはらむものとして、ネガティブに捉える風潮も強かった(Higgins/Johns 1985, 28)(Ahmad et al. 1985, 115)。しかし、この時代にも、大学内の複数の場所にある LAN で繋がれた端末からの E メールによる教員と学習者の相互コミュニケーションや、電話線経由でのネットワーク利用について、ごく少数ではあるがその事例が報告されている(Underwood 1984, 66)(Staton 1983)(Wyatt 1984b, 113)。また、コーパスを外国語教育に利用するアイデアなどもすでに、この時期に紹介されている(Higgins/Johns 1985, 88)。これらは、いずれもインターネットに代表される新しい形のネットワークモデルが登場し、プロジェクト型学習や自己発見型学習に重点の置かれる 1990 年代以降の CALL を先取りしたものと言える。

マルチメディア環境の出現と HyperCard の登場

　以上、見てきたように、まずある 1 人のティーチャー・プログラマーが、あるアイデアで 1 つのパーソナルコンピュータ上で動くプログラムを作ると、それを同僚や他の教師達が、改良したり他の機種のコンピュータ上でも動くように改変したりすることで使用者が広がっていき、やがてその中の一部は市販され、専門のプログラマーの手でより洗練されたものになっていく、というのが、この時代のソフトウェアの典型的な発展のサイクルであった。このサイクルを通し、様々なプログラムのプロトタイプが作られた。しかし、1980 年代も後半に入ると、新しいものが生まれない中だるみの状況がやってくる。たとえば、Farrington(1989, 68)は、1980 年代の CALL を、専門家でない趣味的プログラマー（*hobbyist programmer*）による DIY CALL（*Do It Yourself CALL*）の時代と呼び、ほぼそのプロトタイプは出尽くし、その時代は終わったとさえ断定した。しかし、このころ、コンピュータの OS のレベルでは、キャラクタユーザインターフェース（CUI: *Kommandozeile / Character User Interface*）に基づく MS-DOS に替

わり、グラフィカルユーザインターフェース（GUI: *Grafische Benutzer-oberfläche* / *Graphical User Interface*）型の OS が登場し、マルチメディアを統一的に扱う新たな環境が生まれつつあった。その中でも、80 年代後半に登場した HyperCard という汎用のオーサリングソフトは、複数のページにまたがるテキスト、音声、画像などを統一的に扱い、それらを画面上でアニメーションさせたりリンクさせたりする柔軟なプログラム開発環境を提供することができた。こうした新しい開発環境の登場は、いったん中だるみの観のあったティーチャー・プログラマーの活動に再び刺激を与え、1980 年代後半から 1990 年代半ばにかけて、その裾野を爆発的に広げ、この時期にゲーム型教材を中心に非常に多くの教材群が新たに作られた。

　HyperCard は、Apple 社のコンピュータの付属ソフトとして 1987 年に登場した。HyperCard には、プログラミングに必要なパーツがすでに用意され、あたかもプラモデルを組み立てるようにそれらを組み合わせるだけで、素人でも数時間の訓練で、比較的簡単にマルチメディア型のソフトウェアをつくることができた。HyperCard の全体はスタックと呼ばれ、多くのカードとその背景となるバックグラウンドからなっていた。ソフトウェアの画面上に現れるページは常に、背景にある1枚のバックグラウンドとその前に置かれた透明のレイヤー（*Ebene* / *layer*）としての1枚のカードの組み合わせで表され、バックグラウンドとカードの組み合わせを変えることで紙芝居のように画面を変化させることができた。扱うことのできたオブジェクトは、文字を書くことのできるテキスト領域の「フィールド」、画面を変化させる操作を引き起こす「ボタン」、円、四角形、直線・曲線、読み込み画像などの「グラフィック」、画面上は見えないがボタン等で制御できる「サウンド」などであった。これらは、カード上あるいは、バックグラウンド上に配置できた。たとえば、簡単なドリル型教材の場合なら、複数のカードに共通した1枚のバックグラウンドに問題用の枠や選択肢用の枠だけをグラフィックとして描いておいて、問題文や選択肢は、それぞれの問題ごとに、問1ならカード1、問2ならカード2と異なった透明なカードに書いておけば、背景にあるバックグラウンドの前におくカードを1から2へと差し替えるだけで、問題文や選択肢の中身を問1から問2と変化させることができた。また、すべてのオブジェクトは、ピクセル単位でその位置を変化させることができ、マウスでドラッグしたり、簡単なプログラムで位置を変化させるこ

とができたので、学習者が言語で与えられた指示に従って画面上の物体を動かしたりすることのできる Cyber Physical Response[47]型の教材や、その逆に学習者が打ち込んだ言語的指示に従ってプログラム自体が画面上の物体を動かしたりする Word Picture Type と呼ばれた教材(Wyatt 1984b, 101)を比較的簡単に作ることができた。HyperCard は、また、中学生程度の英語力があれば理解できるような簡単な英語からなる HyperTalk と呼ばれるオブジェクト指向型のスクリプト言語を持ち、

1）単語や文字レベルでの文字列処理
2）カード間の移動、オブジェクトの画面上での表示・非表示の切り替え、オブジェクトの位置の変更という3種類の機能の組み合わせによる柔軟な画面変化
3）if 文や repeat 文を組み合わせた条件分岐による複雑な作業の自動的処理
4）random 関数による偶然性やギャンブル的要素の利用
5）各種数値計算機能によるスコアリング
6）時間計測用の関数群を使った時間制限

など、マルチメディア型教材の作成に必要な多くの機能を簡単に提供することができた。Farrington(1989)が指摘したように、確かにアイデアのレベルでは、すでに 1980 年代半ばまでに CALL 教材の様々なプロトタイプは出尽くしていた観がある。しかし HyperCard やそれに類する GUI をベースにしたオーサリングソフトが登場する前までは、そうしたアイデアを充分に活かすだけの技術的な環境が必ずしもあったわけではなかった。たとえば簡単な三角形の描画ひとつとっても、スラッシュやハイフンの位置を少しずつずらして繋げることで線画とするそれまでの描画方法と、三角形のベクトル画像を使って大きさや形を自由に変えられた GUI のグラフィックとでは格段の差があった。また、HyperCard 等のオーサリングソフトの登場により、それまでの BASIC によるプログラミングでは不可能であったり、たとえ可能であっても長時間の訓練の末にしか獲得できず、非常に高度な技術を持った一部の専門家にしか作れなかったようなプログラムを、多くの教員がより簡単に作れるようになった。その意味で、1980 年代後半から 1990 年代半ばにかけての時代は、新しい CALL の可能性に技術的な環境がようやく追いついてきた時期と言える。

CALL 第2期の事例の意義

　CAI から CALL への用語の転換に象徴されるこの時代の CALL の意義は、コミュニカティブ・アプローチという教授理論と初めて自覚的に結びつけられた形で、コンピュータの利用の可能性が模索されたことである[48]。それを通じ、第1に、ネットワークの本格的利用を除くほぼすべての CALL のプロトタイプが、この時期に試されたことである。当時のパーソナルコンピュータが提供できた技術的な環境とその性能の限界からみれば、その想像力の多様性は驚くほどである。また、第2に、単に CALL 教材が各種作られただけでなく、それらをパートナー作業やグループ作業などの学習形態において、どのように使うかという教授法上の位置づけのもとに授業への投入が図られたことも重要である。また、第3に、コンピュータを理想の教師と見なした CAI 時代のチューターモデルとは異なり、コンピュータを道具として使うというあらたなツールモデル (Levy 1997, 178) が登場したという意味でも重要な時期であった。

1．4．CALL 第3期： 社会構成主義的学習観とインターネットの時代
－ CALL から TELL へ －

　1990 年代半ばから今日に至る CALL の第3期は、コミュニカティブ・アプローチがすでに自明の前提となりつつも、認知科学の領域における社会構成主義 (*Sozialkonstruktivismus / social constructivism*) 的なパラダイムの登場を背景にして外国語教育理論の重点が学習者中心の学習観へと移って行く時代である。他方、情報技術の面では、インターネットの登場とその爆発的な普及により、単体として利用されていたパーソナルコンピュータが再び分散型のネットワークにより結合され、世界的な規模での情報交換・情報共有とマルチメディアを特徴とする統合的な情報環境が形成されてくる。それは、こうした情報環境を利用すれば、新たな認知科学のパラダイムが要求する学習環境を時間や空間の制約を乗り越えて作ることができる時代がやってきたことを意味した。

1．4．1．CALL 第3期の教授理論的な背景
学習者の自律性

　この時期から今日に至る外国語教育理論を特徴付けるのは、学習者の自律性

(*Lernerautonomie / learner autonomy*)、自律型学習（*Autonomes Lernen / autonomous learning*）および学習者中心（*Lernerzentriertheit / learner-centeredness*）等の諸概念であろう。これらの概念は、しばしば誤解されるような、単なる授業外における自学自習や個別学習に切り縮められるものではない。学習過程全体において学習者を中心に置き、そのニーズ・関心・学習スタイル・学習履歴等における多様性を尊重するとともに、学習している言語にはどのような特質があるのか、それをどのように学んでいるのか、なぜこれを学ぶのか、どのような学び方が自分に合うのか等のメタ認知的な問いについても学習の過程で学習者自身が考えつつ自分にあった学習スタイルを選択できるような自己責任を持った学習者を育てようとする試みである。したがって、その実践においても言語学習方略の獲得からプロジェクト型学習や自己発見型学習の組織までを含む広い概念である[49]。

学習者の自律性とコミュニケーション能力

　学習者の自律性をめぐる議論は、教育現場における教師と学習者の間の権威と従属の関係に対する批判から出発しているが、学習者の自主性を尊重しようという単なる道徳的反省ではない。学習者が、実際に言語を使う場面では、頼るべき教師はいない。また、外国語学習が何らかの制度的枠組みで行われる以上、学習時間には必ず限度があり、原理的に言っても、学習項目は現実のコミュニケーション状況で必要なすべてを網羅できるわけではない。したがって教えられたことを覚え、わからないことは教師に聞いて判断し、作業するということを繰り返している限りは、頼るものがいなくなった状況や、習っていないことが出てくる現実の言語コミュニケーションに対応できない。そもそも従来型の授業で教授やトレーニングの対象とされ、テストなどの形でその習熟度が評価されてきた文法・文型・語彙・発音・対話パターンなどの知識が本当に実際のコミュニケーション能力に転化するかどうかということ自体も、脳の活性化状態を視覚化する技術を用いた最近の脳科学研究[50]やその他の経験的な研究の知見から自明ではなくなってきた。したがって、実践的なコミュニケーション能力の獲得という目標を真剣に考えるのであれば、原理的には日々の学習活動の中においても本物の素材や場面と本物の課題やインタラクションを含む言語コミュニケーション自体を体験させ、その中で自ら判断しコミュニケーション

上の問題を解決していけるような学習者を育てることが重要になる。こうしたことから、具体的には、1）他の学習者集団との交流、2）適切な言語学習方略（Sprachlernstrategien / language learning strategies）の養成、3）学習者が目標や手段を自律的に選択しながらコミュニケーション上の課題解決や創造的な作品制作等を目指すプロジェクト型学習活動（Sprachlernprojekt / language learning project）の組織、4）本物のデータの観察や分析を通じた仮説の立案と実験的な手法によるその検証からなる自己発見型の学習（exploratives Lernen / explorative learning）の試み、などが1990年代以降クローズアップされ、日々の授業の中にも少しずつ組み入れられるようになって来た。まさに、そのための手段として情報技術を積極的に利用しようとする動きがこの時期のCALLに見られる新しい特徴なのである。たとえば、遠隔コミュニケーションの手段として、またプロジェクト型学習や自己発見型の学習遂行のための情報検索や情報交換の手段として、あるいは学習成果をまとめるための作品制作や編集の手段として、さらにはその成果を発表する情報発信の手段として、コンピュータやネットワークの多様な役割に目が向けられるようになった。

学習者の自律性と個別化

さて、学習者の自律性や学習者中心という概念が強調されるようになった背景には、第2に、社会の多様化に伴い外国語学習のニーズが多様化し、従来型の画一教育への反省から、「個別化」＝学習者の個々のニーズへの対応（Individualisierung / indiviualization）が求められるようになってきたことも挙げられる。たとえば、学習内容に関してもあらかじめ決められている伝統的な先行シラバス（a priori syllabus）でなく、ある程度は、学習者の意向や自己決定権を尊重し、教師の側が既に扱うべき内容として用意しているものとの間で調整しながら作っていく交渉シラバス（negotiation syllabus）のような考え方が出てくる。あるいは、学習内容として提供すべきものの多様化が図られ、大学などでもESP（English for Specific Purposes）やEAP（English for Academic Purposes）等の表題の下に、アカデミック・プレゼンテーション（akademische Präsentation / academic presentation）、ノートテイキング（Notizen machen / note taking）、ディベート（Debatte / debate）、パラグラフ・ライティング（Paragraph Writing / paragraph writing）などの細分化された授業が提供されるようになる。また、同じ一斉授

業の中でも学習者ごとに異なったきめ細かな個別対応（*Binnendifferenzierung / internal differentiation*）をどうするかが問題になっただけでなく、さらには、各個人が必要とする学習内容や到達レベルのニーズに授業だけでは対応できないことを前提として、個別学習や授業外での自学自習を支援するための環境整備にも重点が置かれるようになる。こうした学習メニューの多様化や自学自習環境の整備のための手段という観点でもコンピュータの役割が改めて注目されるようになったのである。

学習者の自律性と学習における情動的側面

　さらに、こうした流れの背景には、第3の論点として学習者のニーズを尊重し、自己の学習に対して責任を負わせることを通し、学習者の学習に対する心理的な準備の度合い（*Lernbereitschaft / readiness*）や内的な動機付け（*intrinsische Motivation / intrinsic motivation*）も高められ、それが学習効果にもポジティブな影響を与えるという事実が改めて注目されるようになったことも挙げられる。たとえば、Otmar Schießl はアメリカの社会心理学者フェスティンガー（Leon Festinger 1919-1989）を引用しつつ、学習における情動が、認知や行動[51]とともにその効率を左右し、ネガティブな感情を抱きながらストレスのある状況で学習したものはそのストレスが続いている間は記憶として維持されても、テスト等が終わってそのストレスがなくなると心理的な平衡を取り戻そうとするため、より忘れやすい傾向があること、「難しすぎる」「○○が人生にとって何の役に立つのか」というような情動面での不満のサインが出ているときは、心理的な揺り戻し（*Gegenreaktion/ backlash*）によって、学習が阻害されることなどを報告している(Vorbereitungsausschuss des 1. Didaktikseminars für japanische Germanisten 1993, 28)。また植村は、脳科学者の観点から、概念中枢のうちの抽象的な記号操作の処理に関わる左脳を使った受動的な記憶型の学習だけでは記憶が脱落しやすいので、視覚的具体的情報の処理に関わる右脳や運動中枢などの脳全体を活性化するような多面的な学習が重要であることを強調するとともに、記憶に関わる海馬が感情興奮中枢の中にあり、記憶が感情的体験と強く結びついていることなどをもとに、言語学習における情動的側面の重要性を強調している(植村 1993, 1995)(Vorbereitungsausschuss des 1. Didaktik-seminars für japanische Germanisten 1993, 32)。このように、学習者自身に、学習に対する自己責任を持たせ、多様な

学習の形を保障する枠組みを作ることは、学習の際の情動面での積極性や内的な動機付けを強め、脳の多様な側面を活性化するため、長期的な学習効果を高めることにもつながる。この点でも、コンピュータは、魅力に満ちた外の世界と教室を直接つなぎ、多様な学習環境（*reiche Lernumgebungen / rich learning environments*）を提供することで、外国語学習に貢献することができる。

社会構成主義的な学習観の登場

　ところで、以上述べてきた外国語学習における学習者への重点移動の背景には、実は、外国語教育学だけにとどまらない、哲学を始め心理学や教育学、さらにはコンピュータ・サイエンスも含む認知科学の分野全般において既に1980年代の後半から始まっていた大きなパラダイムシフトも関係している。すなわち、知識の効率的な伝達と蓄積に重点を置いた従来型の学習観ではなく、学習を社会的な協同の中における知識の主体的な組み替えと考える社会構成主義的な学習観の登場である。

　今日の社会では学問や科学の分野は限りなく細分化し、たとえ1つの学問分野に関してではあれ、1人の人間が、すべての知識を学び取るということはもはやできなくなりつつある。しかも、学んだ知識が陳腐化するスピードが増し[52]、分野によっては過去に学んだ知識が数年で役に立たなくなり、学び直す必要が出てきている。こうした状況では、いずれ陳腐化してしまう情報（*Information / information*）そのものが問題ではなく、どのようにそれを主体的に適用可能な知識（*Wissen / knowledge*）として自分のものにするか、また重要なものをどのように見きわめ学んで行ったらいいかという「学び方を学ぶ」ことの方が重要になる。したがって、従来のように、あらかじめ定まった教えるべき情報をそれが得られた実際の文脈から切り離された抽象的な単位として細分化し、それを如何に効率よく伝達するかという伝達あるいは教授（*Anweisung / instruction*）に重点の置かれたこれまでのアプローチでは、新しい状況に対応するための多様なニーズと学習スタイルを持ち日々学ぼうとする学習者に対応できない。そのうえ、白紙（*tabula rasa*）に情報を書き込んでいくような経験主義に由来する伝達・蓄積型の学習観自体が心理言語学的に見ても、実際の学習過程を充分考慮していないこともわかってきた。すでに、スイスの発達心理学者ピアジェ（Jean Piaget 1896-1980）はその認知的な発達理論に基づき、人間はその各々の発展段階にお

いて、既存の認知的な枠組み（*Schema / scheme*）を通した外界と主体的な相互作用を通して知識を自分の中に構成するという構成主義的な学習観を提示していた。しかし、こうした知識の構築（*Konstruktion / construction*）は、現実には、抽象的な個人の観念の世界で行われるのではなく、知識を適用する具体的なプロセスの中で、それも社会的な存在としてお互いに助け合う協調的（*kollaborativ / collaborative*）なプロセスの中でもっとも効果的に行われる。したがって、新しい状況に対応しようとする学習者が、教師や他の学習者の助けも借りながら、新情報を処理（*Informationsverarbeitung / information processing*）し、それをこれまでの知識体系と合わせて自分の中で新しい知識として再構築（*Wissenskonstruktion / knowledge construction*）していく、創造的で社会的な協調学習（*kollaboratives Lernen / collaborative learning*）を、どのように支援するかということが学習理論における中心課題となってきた(Wheatley 1991) (菅井 1993) (Wolff 1994, 1999, 2002a, 2002b, 2003) (Müller 1997) (Rüschoff/Wolff 1999) (Gergen 1999) (久保田 2000) (Rüschoff/Ritter 2001)。たとえば、1980年代になると、20世紀初頭の旧ソ連邦の心理学者兼児童学者ヴィゴツキー（Lev Semenovich Vygotsky 1896-193）が再発見され、子供が誰の助けもなく「ひとりで問題を解くことにより認められるような実際の発達の水準と、大人の支援とか能力のある同年齢者との共同活動によって問題の解決が図れるという可能性を有した水準との距離」〔(Vygotsky 1930-1935, 197; 86)、(バーク/ウィンスラー 2001, 23) より重引〕として最近接発達領域（*Zone der nächsten Entwicklung / zone of proximal development*）があるとする彼の理論が、社会的な協調学習を基礎付ける理論として取り上げられ、1990年代に入るとブームを巻き起こす。また、従来型の学習モデルに代わる認知的徒弟制（*kognitive Lehre / Cognitive Apprenticeship*）などの新たな学習モデル(Collins/Brown/Newman 1989) (Lave/Wenger 1991) (高木 1996), (佐藤公治 1996) も注目を浴びるようになる。これは、徒弟制度における見習いの実地学習をもとに作られた教授・学習モデルで、徒弟が親方や先輩の作業を見ながら学ぶのに相当する「モデル化」（*Modellieren / modeling*）、手を取って教える段階に相当する「指導」（*angeleitetes Üben / coaching*）、徒弟にできることを少しずつ手助けしながら自立させていく過程に相当する「足場掛け」（*als Lerngerüst Hilfestellungen geben / scaffolding*）、徐々に手助けの部分を減らしながら完全に独り立ちさせる「減衰」（*schrittweises sich Zurückziehen des Lehrenden /*

fading) などの段階からなる。そこでは、学習すべき内容を具体的な状況から切り離された抽象的な知識として体系化し、それを効率よく教えるという従来型の学習モデルとは異なり、学習の対象は常に具体的な場に結びつけられた適用可能な能力であり、学習も教えてもらうことを通してだけではなく、自ら学び取ろうとする観察の段階やそれを実地に適用していく段階を含む全体的なプロセスの中で成立すると考えられている。なお、1990年代には、社会構成主義の考え方をさらに一歩進めて、学習そのものを、常に何かの行動として、あるいは何かを作り出すプロセスとして積極的に組織しようとする社会構築主義 (*Sozialkonstruktionismus / social constructionism*) 的な考え方(Papert 1991)も生まれ、広い意味での社会構成主義の重要な一部をなすようになる。

社会構成主義的な CALL

1990年代以降、こうした社会構成主義や社会構築主義の原理に基づく新たなCALL のコンセプトを自覚的に追求してきた Rüschoff は、Rüschoff/Ritter(2001, 224)の中で、自分たちの学習観を以下のようにまとめている。これは、CALL 第3期の新しい特徴を基礎付ける教授理論的なマニフェストとして捉えることができる。

社会構成主義の学習観

- learning must be regarded as an active and collaborative process of knowledge construction;
- learning is to be seen as an autonomous process, to be regulated by the learners' expectations, goals, existing schemata and intensions;
- learning is a process of experimentation based on previous knowledge and experience;
- learning is a process of socially negotiated construction of meaning;
- learning is a process which must be supported by a rich learning environment rooted in real life and authentic situations.

・学習とは積極的で協調的な知識構成のプロセスである。
・学習とは、学習者の持つ期待・目標・既存のスキーマや意図によって
  調整される自律的なプロセスである。
・学習とは先行する知識や体験に基づいて行われる実験的なプロセスである。
・学習とは社会的な交渉を通して意味を構築していくプロセスである。
・学習というプロセスは、現実の生活と本物の状況に根ざした多様な学習環境
  に支えらなければならない。　　(Rüschoff/Ritter 2001, 224)　（訳　岩崎）

　すでに述べたように、外国語教育の分野においても、1990 年代以降、学習者中心、学習者の自律性、学習方略（*Lernstrategien / learning strategies*）、プロセス重視型学習（*prozessorientiertes Lernen / process-oriented learning*）、タスク中心型学習（*aufgabenbasiertes Lernen / task-based learning*）、自己発見型学習、協調学習、素材とタスクの本物らしさ（*Authentizität/ authenticity*）等の概念が強調され、その重要性が唱えられて来た。これらの概念と Rüschoff/Ritter(2001)における上記の学習観の対応関係が示すように、これらもまた、これまで述べてきた認知科学全般における大きなパラダイムシフトの外国語教育の分野における現れと見なすことができる。その意味で、1980 年代に始まった社会構成主義的な学習観へのパラダイムシフトは、外国語教育の分野でも理論のレベルでは、1990 年代にはほぼ完了していたと言ってよい。しかし、こうした理論的な展開が実際に、教育現場に入ってくるまでには、常にタイムラグがあり、それを実現するための技術的・社会的な環境の成熟も必要とする。その点から考えれば、1990 年代の半ばに、教育全般に対して、したがってまた CALL に対しても新しい流れをもたらした情報技術上の最も大きな出来事は、やはりインターネットの登場とその爆発的な普及・発展であろう。新たに登場したインターネットは、既に理論的には準備されていた新しい教授理論のモデルに対し、それを実現するための様々な可能性を提供することになった。

１．４．２．CALL 第３期の情報技術的な背景
　CALL の展開にとってのインターネット登場の意味を考える際に重要な点は、それにより、1）従来の中央集権的なネットワークとは根本的に異なる分散型の新しいネットワーク観が登場し、自律的な個人が時間と空間の制約を越えて

第 1 章：CALL の歴史と現状 — その多様性と可能性 —

協調学習するための技術的な基盤が作られたこと、2）ハイパーメディアという新しい知識構成の原理がグローバルな規模で実現されることで原理的には全ての個人が世界中のあらゆる学習資源を利用できるようになり、自律型学習に不可欠である多様な学習環境を誰もが手に入れられるようになったこと、の2つであろう。以下では 1990 年代半ば以降の CALL を特徴付けたこの2つの技術的な前提について順を追って見ていきたい。なお、この前提は、技術的には、ネットワークとしてのインターネット（広義のインターネット）とデータ転送方式としてのインターネット（教義のインターネット）という2つの側面にそれぞれ対応している。

分散型ネットワークとしてのインターネット

既に良く知られているように、ネットワークとしてのインターネットの歴史は古く、その出発点は冷戦時代に遡る。1957 年のスプートニク打ち上げによって、アメリカは、自分がまだ持たない核兵器の運搬手段、つまり大気圏外から一方的に核攻撃を加える戦略爆撃の力をソ連が持ったという事実に直面する。それは、当時スプートニク・ショックとして、アメリカや日本を始め西側諸国の理科系の教育のカリキュラム全面見直しをもたらすほどの社会的事件であった。こうした冷戦時代の戦略的防衛の観点から見ると中央にある大型のホストコンピュータに各端末がぶら下がるというそれまでのスター型ネットワーク（図1）は確かに効率的な管理運営ができるが、逆にこのホストコンピュータを局所攻撃されただけでネットワーク全体がダウンしてしまうという致命的な弱点があった。

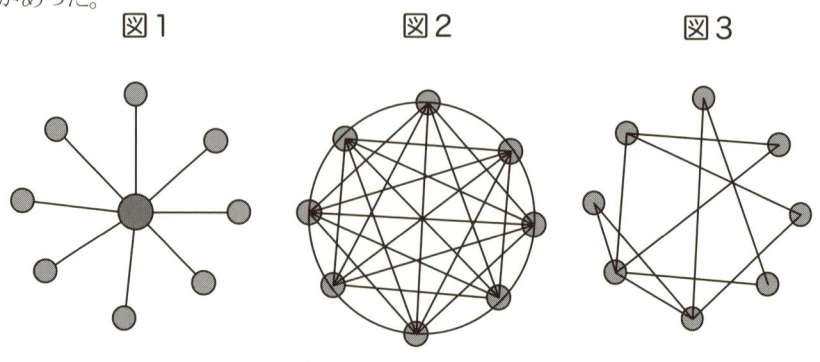

図1　図2　図3

したがって、将来予想されるソ連からの核攻撃に備え、どのようにコンピュータに蓄えられた情報とシステムを守るかという課題を解決するため、アメリカではそれ以降、攻撃に強いネットワークの研究が行われる。1969 年に米国防総省高等研究計画局（ARPA: *Advanced Research Projects Agency*）よる「弱い」ネットワークの実験プロジェクトとしてはじまった ARPANET もその１つである(吉田純 2000)(脇 2003)。アメリカにおけるこの ARPANET こそが、ネットワークとしてのインターネットの最大の源流と見なされている。ところで、ここで言う「弱い」とは、１つのコンピュータをそれ以外のすべてのコンピュータに直接リンクする図２のような「強い」結合に対比されて使われた概念で、一定数のランダムなリンクによる図３のような緩やかな結合のことを言う。強い結合は、確かにあるリンクやノードを攻撃されてもそれ以外のノードはいっさい影響を受けないので、局所的な攻撃に対する耐性はもっとも強い。しかし、N 個のノードの結合に必要なリンクの数は N *(N-1)/2 となり、たとえば、たった 50 個のノードをすべて結合し合うだけでさえ、それに必要なリンクの数は 50×49÷2=1225 本になる。これが千個のノードであれば 49 万 9500 本、3 万個のノードであれば 4 億 4998 万 5000 本と、ノードの数が増えれば増えるほど幾何級数的に増えていき、経済的・物理的な理由で、実現することは事実上不可能であった。それに対し、グラフ理論では、ある一定の数 N のノードをランダムにリンクする際、すべてのノードを結合させるのに最低何本のノードが必要であるかの比率が N の自然対数 N となることがわかっており(ブキャナン 2005, 356)、それによれば、50 個の場合、「弱い」結合が必要とするリンク数は「強い」結合の 8%程度だが、1000 個の場合、それが、1%以下になり、この比率は、ノード数が増えれば増えるほど下がっていく(ブキャナン 2005, 50)。したがって、このすべてのノードを結合できる最低限のランダムリンクによる「弱い」結合こそが、局所的な攻撃に対する耐性と経済性を兼ね備えた現実的ネットワークモデルとしてまず研究の対象となったのである。

市民の自律した活動を支える分散型ネットワーク

この ARPANET プロジェクトでは、まず最初にスタンフォード研究所、カリフォルニア大学ロサンゼルス校、同サンタバーバラ校、ユタ州立大学の４機関が回線で結ばれ、各種の通信実験が行われた。しかし、国防省の援助による研

究とはいえ、比較的自由な実験や個人利用にも開放されたため、ここから、今日の電子メール、メーリングリスト、遠隔ログイン（TELNET[53]）、ファイル転送（FTP[54]）等の技術が生まれた(吉田純 2000, 31)(脇 2003) (坂村 2000, 152)。また、当時のヒッピー文化の担い手達が、この新しいネットワークを利用して、レコード店などの人の集まるところに端末を設置し、電子掲示板とコンピュータ通信のような形で情報を共有するコミュニティーメモリ・プロジェクト（*Community Memory Project* 1973 年）なども行われた(吉田純 2000, 33)。他方、ARPANET と並び、アメリカにおけるインターネットのもう1つの源流となったのは、1979 年に Unix とネットワークに関心のある若手研究者らの作った USENET である。Unix は、もともと 1969 年 AT&T の BELL 研究所で最初に開発され、後に USENET に接続する OS としてソース・プログラムが公開され発展したものである。吉田によれば、USENET の担い手もまたヒッピー文化の洗礼を受けた世代の大学に残った大学院生や若手研究者らで、デューク大学とノースカロライナ大学の間の電話回線を使った接続によるネットワークを通して、今日で言う電子会議室を運営するためのアプリケーションなどが開発された(吉田純 2000, 34)。やがて、これらのネットワークやその他の商業的なコンピュータ通信のネットワークが統合され、基幹となっていた ARPANET も、その管轄が 1986 年に NSF に移されて NSFNET となり、全米規模のネットワークが作られていく。このように、アメリカにおけるインターネット空間の形成は草の根民主主義としてのハッカー文化(吉田純 2000, 32)と結びつき、これまで個人を圧迫する体制や権力機構の象徴と考えられていた中央集権型ネットワークのモデルに代わり、自律的な個人を担い手とするコミュニティをサポートする新たな分散型ネットワークモデルの可能性を示すことになった。

　他方、日本の場合は、1984 年に当時東京工業大学助手だった村井純が東京工業大学と慶應義塾大学を結んだネットワーク接続の実験を始め、JUNET（*Japan University Network*）を作ったのが最初である(力武 1992)。その後、大規模なネットワークとして、1987 年以降、東大・京大を中心とする学術情報ネットワーク「学情ネット」が作られ、それが 1990 年以降に実質的に稼働し、地方の大学も各地域の基幹大学にぶら下がるという形でネットワークに参加していく。やがてこれらが、アメリカやヨーロッパのネットワークなどと結合されて国際的なネットワークの一部となっていく[55]。このように、日本の場合、ネットワークの

整備では大学や官庁が先行し、それが 1994 年にようやく民間に開放されたあと
もまず企業などがアクセスし、民間のプロバイダーや電話線経由のコンピュー
タ通信等を介して個人がアクセスできるようになったのは比較的遅く、インタ
ーネット空間の形成は、官庁・企業による政策的な観点での、上からのネット
ワーク化という形で進行した。そのせいか、日本に限れば、市民レベルでのネ
ットワークの形成は、もっぱら電話回線経由でのコンピュータ通信の場で行わ
れ、インターネットに体現される新しいネットワークが個人の力の強化につな
がるという側面が、当初は必ずしも十分に理解されていたとは言い難い面もあ
った。しかし、市民レベルでインターネットが普及するに伴い、日本でも、個
人の力を強め、コミュニティをサポートするネットワークの可能性が徐々に見
直されることになる。

ハイパーメディアとしてのインターネット

　以上見てきたように、ネットワークとしてのインターネット（広義のインタ
ーネット）は、すでに 35 年以上の歴史を持つ。他方、今日の我々が知る、マウ
スでクリックすれば、ブラウザ経由で誰もが、世界中の様々なサイトにアクセ
スできるインターネット（狭義のインターネット）が突如として登場してきた
のは、1990 年代の半ばである。この狭義のインターネットは、TCP/IP
（*Transmission Control Protocol/Internet Protocol*）と呼ばれる通信プロトコルと
HTML（*Hyper Text Mark-up Language*）という言語を基礎としたデータの表示方
式からなり、正式には WWW（*World Wide Web*）とも呼ばれるが、これは世界的
な広がりを持つ新しい知識構成の原理の実現形態と捉えることができる。HTML
にもとづく今日のインターネット・ブラウザの原型は、もともと 1989 年に、Tim
Berners-Lee が、時限の研究センターであった欧州素粒子研究所 CERN における
電子化された研究文献の共有のための形式として開発した Enquire というソフト
ウェアに遡る。これを 1994 年に Illinois 大学の Mark Andreessen が画像を扱える
よう改良して Mosaic というブラウザを作り、これをモデルにして作った Netscape
を、1995 年 Netscape 社を設立し売り出したところ大ブレイクしたというのが、
今日のいわゆるインターネット（WWW）の始まりである。(坂村 2000, 161) (バ
ーナーズ＝リー 2001)。たとえば日本の場合、インターネットという用語は 1995
年の前半にはまだほとんど新聞にすら登場しなかったが、1995 年後半になると

連日のようにマスコミを賑わし、ついには「がんばろう KOBE」、「安全神話」、「NOMO」、「官官接待」などと並んで 1995 年の流行語大賞のトップテン[56]に選ばれる。また、翌 1996 年は「インターネット元年」とまで称された。

新しい知識構成の原理としてのハイパーメディア

　WWW の特徴は、たとえば、ブラウザで 1 つのテキストを読んでいる際、ハイパーリンクまたはリンクと呼ばれる特定箇所をクリックすることで、そのリンクに記述されている一義的に定義された WWW 上の住所 URL（*Uniform Resource Locator*）を手がかりに、世界中のサーバの指定されたデータに瞬時にアクセスすることができる点である。これは、線条的に（*sequentiell / sequentially*）読むことしかできなかった従来型のテキストとは異なり、リンクをクリックすることで、ある用語からその説明に飛んだり、関連事項を次々にたどったりという、いわば順序にとらわれることなくあらゆる方向における自由な読みを可能にする新しいテキストの形であり、通常、ハイパーテキスト（*Hypertext*）と呼ばれている。この仕掛けは、たとえば、アルファベット順の見出し項目の整序や、書籍におけるページ・目次・索引などと並んで、情報を構造化して蓄え、必要な情報に自由にアクセスできるようにするため有史以来人類が考えだしてきた知識構成の原理における新しい技法の 1 つと捉えることができるが、たとえば、機械的なアルファベット順の情報整序に較べると人間の脳における連想に類似したより柔軟な仕掛けと言える。このハイパーテキストの概念を最初に提唱したのは、情報科学の関係者の中ではよく知られているようにネルソン（Theodor Holm Nelson　1937 -）である。彼は、Nelson (1965)の中で、人類の叡智の結晶をすべて集め、原著作者に一定の使用料を払いさえすれば、誰もがテキストや各種メディアのリンクを通じて世界中のあらゆる情報に自由にアクセスし、情報交換できるザナドゥ（*Xanadu*）と呼ばれるシステムの構築を提唱し、そうしたテキストをハイパーテキストと呼んだ。またテキストだけでなくさらに画像や音声や動画などの媒体を同様に、組み合わせたものを総称してハイパーメディア（*Hypermedia*）という概念を作り出した[57] (脇 2003, 82)(若林 1996, 32)(坂村 2000, 162)(バーナーズ＝リー 2001, 15)(浜野 1990, 151)。世界中の叡智を、誰もが相互参照できるようなハイパーメディア型のリソースとして構造化するという理想主義者ネルソンの夢は、彼の手ではかなわなかったが、それから 30

年後のインターネットの登場によって、ようやく実現のための一歩を踏み出した[58]。しかし、ある種のボタンやテキストの箇所をクリックすることで、他のテキストや各種メディアに飛ぶというハイパーメディアの原理自体は、1980年代から90年代半ばにかけてのCALLの第2期の時代に登場した代表的な教材作成ソフトHyperCardによっても、すでに部分的には実現されていた。ただし、HyperCardにおいては、参照できるメディアは、そのソフトで教材作成する際にあらかじめ組み込んでおいたローカルなデータでしかなかった。CALLの第2期にはネットワークという発想がそもそも否定されていたこともあり、それぞれの教材の中に含まれているリソースを共有することや教員相互間のコラボレーションも容易ではなく、それどころか作成された教材の配布方法自体も独自に考えねばならず、限られたリソースを結合する仕掛けとしてのハイパーリンクはあっても、それによって世界中のリソースを結合するというネットワークの前提はまだなかった。WWWによってインターネット上で実現されたハイパーメディアの原理は、これらの問題を一挙に解決するものであった。それゆえ、1987年の登場後にティーチャー・プログラマーのすそ野を広げ、CALLの発展の第2期を特徴づける最も重要なソフトウェアであったHyperCardが1990年代の半ば以降、その絶頂期においてインターネットの登場と入れ替わるように急速にその影響力を失い、数年のうちに消えてしまったことは決して偶然ではない。確かに、HyperCardの突然とも言える消滅には、1990年代後半にApple社が発売した新しいPowerMacシリーズのコンピュータの仕様にHyperCardが一部マッチせず、それまでのようなMacintoshコンピュータとの抱き合わせによる配布が中止されたこと、HyperCardがコンピュータディスプレーのカラー化に十分対応できなかったことなどのいくつかの付随的な要因もある。しかし、従来のHyperCardが持っていた不具合を克服し、カラー画像やデジタル音声への対応、高度なテキスト処理機能の実現、データベースの操作など、当時のオーサリングソフトに対する技術的な要求をほぼ満たし、MacintoshだけでなくWindows系のOS上で動作する教材を作成することもできた画期的なHyperCard型ソフトであったOMO (*Oracle Media Objects*) すらもが、1995年に新たに登場してから2年もたたないうちに販売中止に追い込まれ、市場から姿を消してしまっている。このことは、世界的なネットワークをもったグローバルなハイパーメディアとしてのインターネットの圧倒的な影響力に対して、ローカルな形でのハイ

パーメディアの展開がほとんど太刀打ちできなかったことを示している。それゆえ、HyperCard の突然の消滅は、CALL の歴史における第2期と第3期の交替を象徴する出来事でもあった。これ以降、それまで HyperCard 型オーサリングソフトで教材を自作していたティーチャー・プログラマーたちの一部は、インターネットに対応できるプロ仕様のオーサリングソフト Director[59]や Flash[60]などによる教材開発へ移行するか、インタラクティブなホームページを作るプログラミング言語 Perl[61]などを使った CGI[62]や JavaScript[63]などによるプログラミングを試みるようになった。しかし、その大部分は、より簡単な HTML によるホームページの作成へと移行していった。ただし、その際、既存学習ソフトの単なるオンライン化が図られただけでなく、既に述べた教授理論的な展開や、分散型ネットワークを利用したハイパーメディアというインターネットの特徴をふまえ、教材データの公開やリンク集作成などによる学習リソースの共有、電子掲示板やメールの機能を利用した CMC（*Computer-Mediated Communication*）や学習成果の発信等の様々な試みもなされた。

統合的な情報環境の出現

なお、1990 年代も後半になると、動画や音声を含むマルチメディアのインターネット上での統一的な制御も技術的にほぼ実現され、回線の整備とともにその品質も実用レベルに向上する[64]。また、旧来のテレビ・ビデオ・カセットなどのアナログのメディアも、デジタル放送、DVD、ハードディスクプレーヤーなどの形でデジタル化され、そのデータをインターネット上でやりとりすることが可能なデジタル情報機器に変わっていく。さらに、90 年代の後半に爆発的に普及した携帯電話[65]も、電話での会話以外に、メールの送受信、各種情報検索や電子辞書、GPS を利用した道案内、インターネット端末と、その機能が多様化し、事実上のウエアラブル・コンピュータ端末へと発展しつつある。こうして、インターネットは単なるコンピュータのネットワークから、それらに接続可能なマルチメディア機器やそこでやりとりされるデジタル情報などをすべて含んだ統合的な情報環境へと変わっていき、外国語教育にとっても、本書の「はじめに」の中で述べたように、CALL（*Computer-Assisted Language Learning*）よりも TELL（*Technology-Enhanced Language Learning*）という用語の方がふさわしい状況が出現した。

1．4．3．CALL 第3期の事例

　すでに、CALL が日常的な外国語学習の一形態となっていることを背景にして、90年代半ば以降今日に至る CALL の事例は、数限りがなく、網羅的に挙げることはできない。また、第3章において著者自身が、ドイツ語教育の分野で実践している今日の事例について論じるので、ここでは、1990年代後半以降の典型的な例として、以下の4つの事例を挙げるに留める。

　　1．CMC を利用した Tandem 学習
　　2．オンライン型教材作成用オーサリングソフト HOTPOTATOES
　　3．コーパスを利用した自己発見型学習
　　4．WWW 上のリソースを利用したリサーチプロジェクトの支援
　　　サイト WebQuest
　　5．協調学習のプラットフォームとしての WebCT や Moodle

事例1：CMC を利用した tandem 学習

　タンデム学習[66]とは、もともと、異なった言語圏にいる学習者たちが、相互に、手紙などを通して、あるいはそれぞれの言語圏の直接訪問という形で、パートナーとしてお互いに外国語を教えあったり、交流したりする学習形態を広く表す用語である。こうした実践は、特にヨーロッパにおける学校やクラス単位での隣国の学習者たちとの交流やパートナーシップなどの形で 1980年代以降、広く行われてきた。1990年代以降、これらの活動を、メールなどの新しい情報コミュニケーション技術を利用して、より簡便にまた相互訪問の難しい遠隔地域の言語との間でも行えるようにするための試みがなされ、クラス単位あるいは個人単位のタンデム学習のサポートが行われるようになった。そうした支援サイトの中で最も大規模かつ有名なのは、ドイツ・ボーフム大学を中心にして 1993年に設立された eTandem (*International Tandem Network*)[67]であろう（図4参照）。ここでは各言語の組み合わせとして 130種類以上のタンデム学習が可能だが、各々の学習希望言語、年齢、利用可能なメディア（メールまたは電話）などの条件を指定して登録すると、その情報を基に、お互いに条件にあったパートナーを見つけてくれる。参加者は、そのパートナーとのメール交換や電話での会話を通して、相互にお互いの言語を教え合うとともに、また、共通のフォーラ

ムでの議論や意見交換も行う。

図4：eTandemのドイツ語のポータルサイト

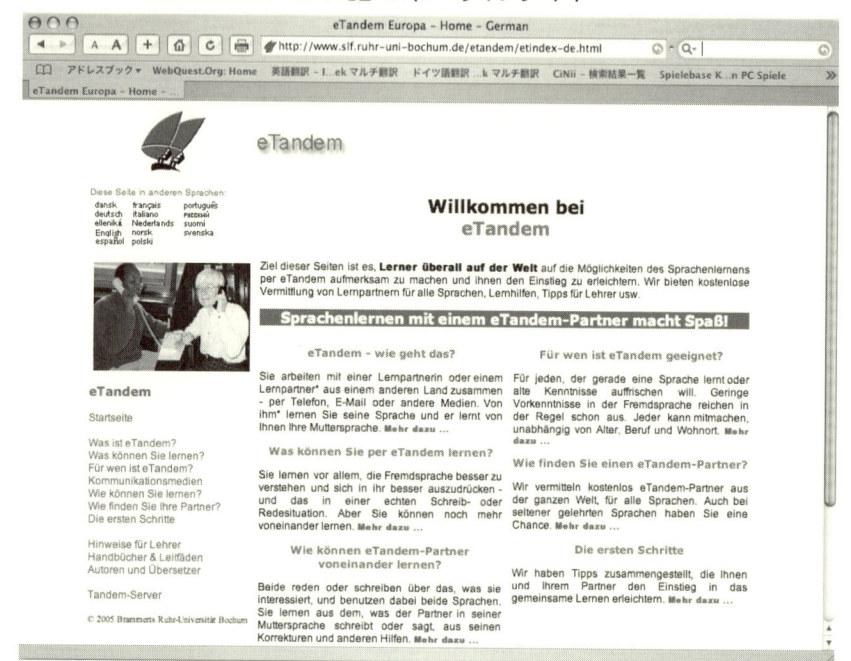

タンデム学習の際に必要なのは、一方的に教えてもらうだけの関係ではなく、お互いに助け合うという協調学習の原則と、自分の学習については自分で責任を持つ自律の原則である。eTandem本部は、これまでに培ったノウハウを通じて、タンデム学習がうまく機能していくような様々なサポートやアドバイスを参加者に与える。たとえば、サポートのページには、最初のメールの70パーセントは自国語（つまりパートナーにとっての学習言語）で書いた方がよい、相手の書いた文章を直すときはすべて完璧に直すのではなく相手や自分自身の負担を考え10カ所以内にとどめた方がよい、添削した文章は別メールで送った方が見やすい、相手の質問にはできるだけ答えた方がよい、等の基本的なアドバイスや、最初のメールに適した具体的な話題例が提供されている。また、キーワードを書き、それに5W1Hで肉付けするとわかりやすい文章が書ける等の基

本的な文章の書き方に対するアドバイスも含まれている。創設以来の実績では、すでに10万人以上のタンデムパートナーをカップリングし、現在も毎月数百人の規模でパートナーを紹介している。タンデムの手引き書は、1997年に金沢大学竹内義晴・志村恵らを中心とするインターネット・タンデム・外国語学習研究会によって日本語に訳されている[68]。

事例2：オンライン型教材作成用オーサリングソフト HOT POTATOES

　HOT POTATOES[69]は 2000年にカナダのビクトリア大学で開発されたオンライン教材作成用のオーサリングソフトである。次ページ図5に挙げたポータルサイトからダウンロード[70]することができ、教育目的であればオンライン登録するだけで、無料で使うことができる。このポータルサイトには、非常に丁寧なチュートリアルや、各言語で書かれた解説の他に、このソフトを使って作成された外国語学習用サイトのリンク集なども置かれている。他の同種のオーサリングソフトの場合とは異なり、HOT POTATOES では、CAI 時代に主流であった穴埋め問題やマルチプルチョイスだけでなく、マッチング問題、単語や文の並べ替え問題、クロスワードパズル、クローズテストなどの、CALL への転換期に登場してきた新しいタイプの多様な課題も作成することができる。また、プログラミング言語として JavaScript を採用しているので、特別なサーバやサーバ管理技術を必要とせず、WWW のホームページ用アカウントさえあれば、誰でも教材をオンラインで提供できる。HOT POTATOES で作成できる課題は、いずれも CALL 発展の第2期までに出尽くしていた問題のプロトタイプに属するが、1) それを特別なプログラミング技能を有しない普通の教員でも使えるようにしたこと、2) それを誰でもオンラインで簡単に提供できる仕組みをいち早く作り出したこと、3) それらの機能を無料で提供するとともに、ポータルサイトの運用を通じ、教材リソースの共有や教員の教材作成におけるコラボレーションを可能にしたこと、などにその新しさがある。そのほかにも、4) テキストや静止画だけでなく、動画、音声、リンクなどのハイパーメディアを問題作成時の媒体として組み込むことができること、5) タイマーの利用や付随するテキストの表示・非表示の切り替え、問題提示モードの変更などの各種カスタマイズ機能を有していること、6) 他に先駆けてユニコード (Unicode) を全面採用[71]することで、マルチフォントを実現し、欧米語だけでなく日本語・韓国語・

中国語・アラビア語なども共起させた多言語対応型の外国語学習ソフトを作成できることなど、新しい時代のオーサリングソフトの特徴を備えている。

図5：Hot Potates のポータルサイト

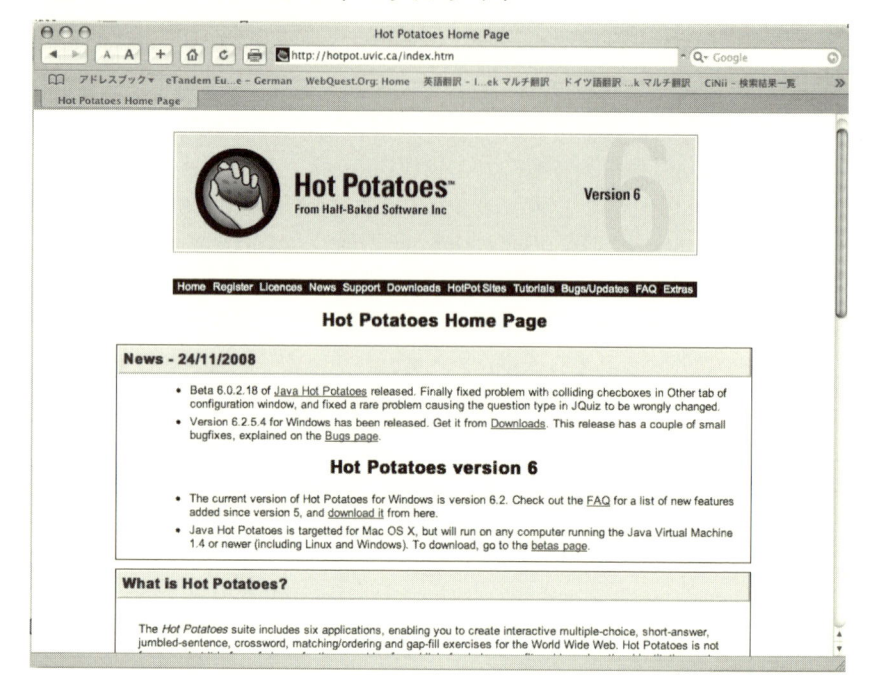

事例3：コーパスを利用した自己発見型学習

　コーパスの外国語学習への応用に関する最初期の言及は、すでに述べたように1980年代半ばのCALL第2期に見られる(Higgins/Johns 1984, 88-94)。そこでは、コーパスの持つ語彙分析の機能が教材作成の際の科学的な基礎データとして役立つことや、特に教員の言語直感の不十分さを補うための道具としてその用例検索機能を利用できることが、英語の強意副詞とそれによって強められる形容詞の連語関係を例にして述べられている。しかし、当時は、コーパスを利用するにはまだ大型コンピュータとその専用端末が必要であり、一般の学習者が日常的な授業等の場で使うことは困難であった。このため、Higgins らも、コーパスを通し学習者が実際の言語データと向き合うことは教師がそれを使う以

上に価値があると指摘する(Higgins/Johns 1984, 93)だけに留まっていた。それに対し、Hardisty/Windeatt(1988)では、コーパスを学習者に直接利用させることを前提にした教案が初めて提案されている。この本は、当時の CALL 授業の様々なコンセプトをまとめたいわばアイデア集で、全部で 87 個ある事例中に、コーパスを利用したグループ学習の事例が5つ挙げられている（*if* 文のタイプ分け、*some/any* の使い分け、蓋然性の助動詞 *may/might/could* の使い分け、受動文の分析、自分たちの書いた作文の相互分析）。この時期にすでに、データを基に仮説を立て、さらなるデータでそれを検証していこうとする、コーパスを利用した帰納的なアプローチと自己発見的な学習方法が提案されていることは注目に値する。しかし、当時の教室の情報環境から考えて、これらのアイデアが実際にどこまで実践に移されていたかは定かではない。コーパスの外国語学習への具体的な実践は、安価なハードディスクの普及により PC レベルで大規模なテキストデータが扱えるような技術的環境が整い、PC 上で利用可能な検索ソフトが登場する 1990 年代以降に始まる。初期の時代の最も重要な事例はTribble/Jones(1990)に紹介されているもので、KWIC（*Key Word in Context*）[72]形式のデータのワークシートを利用した、以下の7種類の事例が具体的に報告されている(Tribble/Jones 1990, 61)。

1）文脈を利用した検索語の推理
2）一連の関連した語のコーパス検索を通じた文法的特徴の研究
3）同音異義語や類義語の研究
4）コーパスで検索した結果を分割して、グループごとに分析させ、後にクラス全体に報告させるようなグループ作業
5）検索語を空欄に置き換えて作った穴埋め問題の作成
6）検索語の左右の文脈を分割・シャッフルして作った並べ替え問題の作成
7）学習者自身が書いたものを利用した補習課題の作成

他方、ドイツ語の分野でも、たとえばDodd(1997)では -*nah*、-*fern*、-*freundlich*、-*gerecht*、-*bar* などの特定の語尾を持つ形容詞の用法や意味を調べさせたり、*Unterschied* と *Differenz* のような類義語の違いを両者の検索データを基に発見・分析させたり、与えられた文法規則を実際のコーパスデータを見ていく中で検

証し、時にはそれをさらに修正・補足したりするような課題についての報告がある。またコーパスのほかに電子百科事典等を利用した言語学習方略の学習については、Rüschoff/Wolff(1999)でも触れられている。

事例4：リサーチ型プロジェクト支援サイト WebQuest

　1990年代後半以降のCALLの最大の特徴は、いわゆるリサーチの手段や学習成果の発表の場などの形で、プロジェクト型学習支援ツールとしてのコンピュータ、とりわけインターネットの利用事例が急増したことである。たとえば、一定の予算と日程の枠組みを基に、インターネット上の飛行機や電車等の時刻表サイト、各地の観光局のサイト、ホテルや宿泊施設のページなどを参考に、仮想の旅行計画をたてるバーチャル旅行プロジェクトなどがその代表例である。これらは、それまで、各地の観光局のパンフレットを取り寄せたり、旅行ガイドや時刻表などを用意したりして、紙の形の資料を使って行われていたプロジェクトを、インターネット上のリソースを利用することで、より簡単かつリアルに、しかもアクチュアルなデータを基に実現できるようになった例である。しかも、それらの学習成果を発表する際、これまでのような教室単位でのプレゼンテーションや成果発表に留まることなく、インターネット上で発表することを通じて、社会に対して広く発信することができるようになったことも新しい。他にも、目標言語の言語圏における語学研修などの際によく行われるプロジェクトとして、教室の外に出て通行人などにインタビュー等をしながら何らかのリサーチ課題を解決していく都市探訪型プロジェクトなどがあるが、これらもインターネットやEメール等を使えば、自分の国にいながら行うことが可能である。

　しかしながら、こうしたインターネットを利用したリサーチ型プロジェクトは、新しいメディアを使った外国語での情報検索を具体的にどう進めたらいいかというノウハウだけでなく、まだ比較的なじみの少ないプロジェクト型授業そのものをどのように進めるかという課題を含み、多くの場合、学習者だけでなく指導する教員にとっても初めての経験である。実際、「インターネットで○○について調べて発表しなさい」という漠然とした指示を与えるだけでは、学習者は何をして良いかわからず、むやみやたらにサイトを覗いて時間を浪費したり、外国語で書かれた本物の情報の洪水を前にとまどうばかりであろう。

図6：WebQuest のポータルサイト

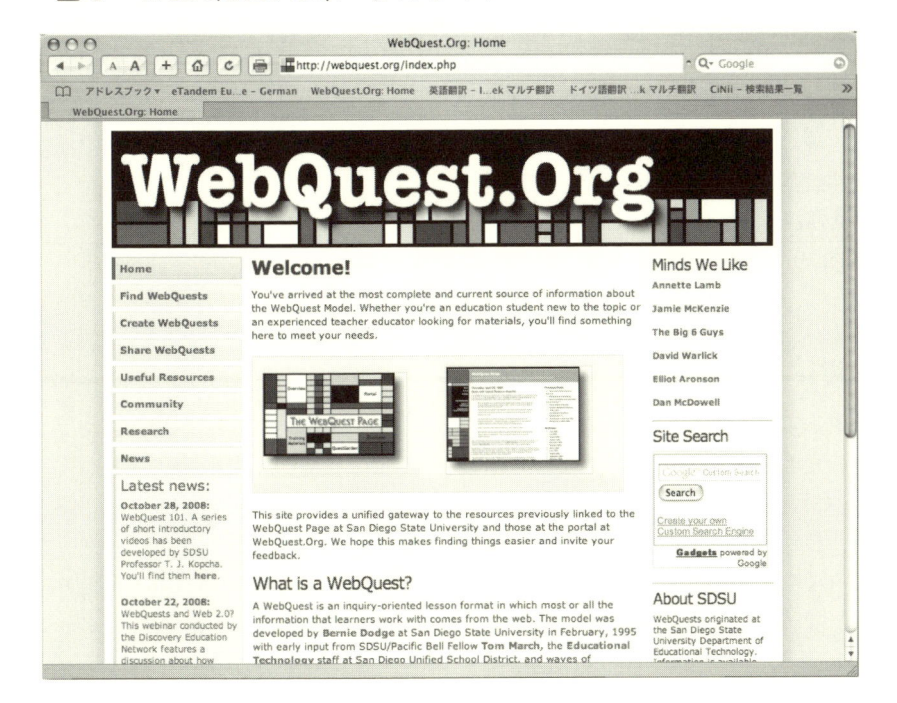

1995年にサン・ディエゴ州立大学の Bernie Dodge と Tom March によって始められた WebQuest は、こうした問題に答え、インターネットを使った新しいプロジェクト型学習を支援するための足場を提供することを目的に作られたサイト（図6参照）であり、またそうしたプロジェクトの成果発表の場でもある[73]。WebQuest のプロジェクトには、せいぜい3回程度までの授業の枠内で実行可能な短期プロジェクト（*Short Term WebQuest*）と、1週間から1ヶ月のより長い期間をかけて行う長期プロジェクト（*Longer Term WebQuest*）の2つがある。短期プロジェクトの目標は、既知の情報と関連づけて新しい情報を学び、それを自分の知識体系の中に統合し利用できるような形で獲得することで、これは Marzano の思考の次元モデル（*Dimensions of Thinking Model*）[74]の第2タイプとされている「知識の獲得と統合（*acquiring and integrating knowledge*）」に相当する(Marzano 1992)。それに対し、長期プロジェクトの目標は、知識を深め、創造的

な成果の形で理解したことを表現していけるようになることで、第3レベルとされている「知識の拡張と精密化 (extending and refining knowledge)」および4レベルとされている「知識の有意味な使用 (using knowledge meaningfully)」に相当する[75]。使われている用語は、異なるが、ここにも、社会構成主義的な学習観と、タスクの実現や作品の創造を学習のより進んだ段階において目指す社会構築主義的な考え方が明確に現れている。

　WebQuest の中の既存プロジェクトの発表のページには、導入、課題設定、課題実現のためのプロセスの記述、必要なリソースのリンク、すでに行われたプロジェクトの評価や成果がまとめられ、検索可能なデータベースの形で蓄えられている。学習者は、たいていの場合クラス全体を数人のグループに分けた共同作業の形で、これらのページにアクセスし、同じようなプロジェクトを行ったり、こうしたプロジェクト実行の枠組みを利用して新たなプロジェクトを行い、その全過程の記録を新たに登録したりすることができる。たとえば、短期プロジェクトの1つである Claudia's Trip to southern Germany のページには、南ドイツ在住のおばさんに招待された Claudia という女性になり代わって、そのために必要な情報を集めてまとめるという課題があるが、1) 課題の一般的な説明、2) 具体的にどんな情報が必要なのかを間接的に読みとることができる Claudia のおばさんへの手紙 (ドイツ語)、3) 調べるべき情報を疑問文の形でまとめた質問リスト、4) 情報検索用のオンライン辞書や様々なリソースへのリンク、等がまとめられており、このステップに従って作業することで、初めての学習者 (あるいは教員) でも、この種のプロジェクトを追体験できる。

　このほか、インターネット上のリサーチプロジェクトを新たに組織しWebQuestとしてまとめようと考えている学習者や教員のためのチュートリアルのページや、実際に WebQuest を作るための専用オーサリングツール QuestGarden なども用意されている。

事例5：協調学習のプラットフォームとしての LMS

　遠隔による対面型授業の支援 (Hybrides Lernen / blended learning) にも、独立した遠隔学習 (Fernlernen / distance-learning) にも使える学習管理システム (LMS: Learning Management System) として、WebCT[76]の開発がブリティッシュ・コロンビア大学のコンピュータ・サイエンス学科で始まったのは、1995 年であり、

第1章：CALL の歴史と現状 － その多様性と可能性 －

最初の実用的なバージョンが出回ったのは、1997 年である。また、日本語対応版は当時の名古屋大学助手梶田将司によって作られた(梶田 2001)。

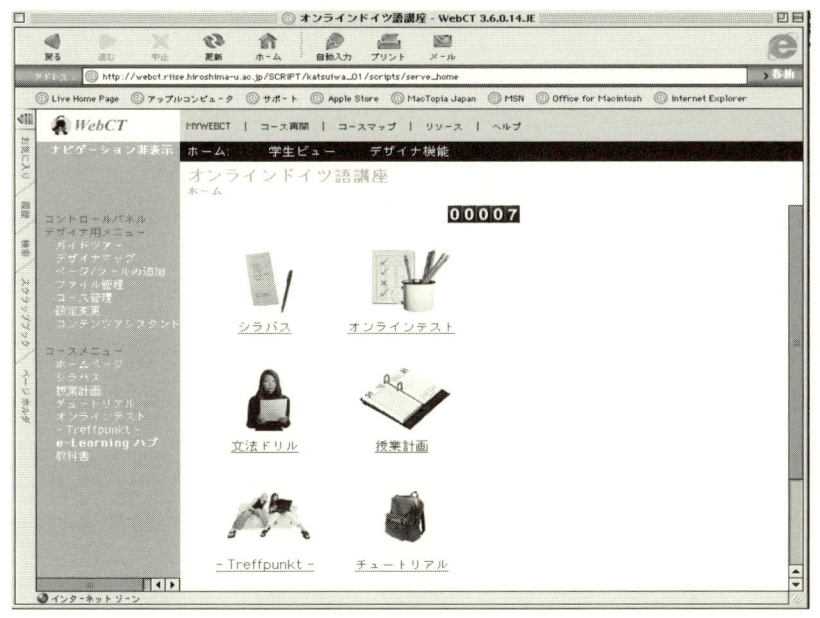

図7：WebCT で作られた遠隔学習用サイトの例

もともと、大学等における高等教育機関の情報公開や社会的アカウンタビリティの一環として、シラバスの公開や、授業用の資料並びに予習復習用の課題などを一定の形で公開することはそれまでも行われてきた。それを、誰もがアクセスできるよう、新たに登場してきたインターネット（WWW）上に作るという形で実現されたのが、WebCT や同種の LMS ツールの始まりである。WebCTには、シラバス、カレンダー付きの日程表、簡単なオンライン課題やオンラインテスト、資料、リソース、電子掲示板、フォーラム、メール送受信などの機能があり、授業と自習をつなぐ共通のプラットフォームとしてそれらを利用できる。また、HOT POTATOES と同様、すでにユニコードにも対応している。WebCTは、通信制の授業や e-Learning などの遠隔学習のサイトとしてだけでなく、通常の授業のサポート用のプラットフォームとして、LMS の中でも最も多く利用

されており、シラバスや授業管理用のソフトとして大学単位で採用しているところも多く、1999年からは、ユーザによる国際会議も毎年開かれている。

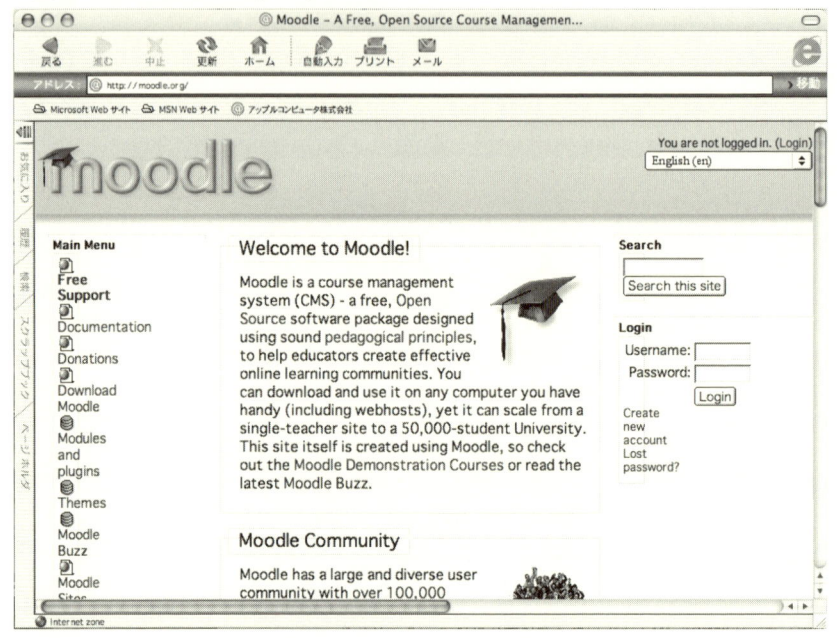

図8：Moodle のポータルサイト

問題点としては、もともと講義系の課目の支援を想定してデザインされており、各種の連絡や、講義の前後に参加者がディスカッション等を行うためのフォーラムの機能はあるが、全体としてコミュニケーション機能がやや弱いこと、講義の理解の度合いなどを問う簡単なマルチプルチョイステストなどには充分対応できるが、外国語教育を想定した様々なタイプの課題への対応や音声や動画などの柔軟な制御は難しく、その点はたとえば、前述の HOT POTATOES[77]やストリーミングビデオ用のソフトウェア類などと組み合わせて使う必要があること、また、2000年代に入ると、その使用料が年々高騰し、以前のように簡単には使えなくなってきたことなどが挙げられる。しかし、最近では、無料で使える Moodle[78]（図8）や Xoops[79]等のオープンソースの LMS ツールも登場してきている[80]。特に Moodle は、その開発者 Martin Dougiamas が当初から、社会構築

主義的な学習観を実現する協調学習のためのプラットフォームを作るという明確な方針のもとに開発を行っており[81]、WebCT と比較しても、使いやすいだけでなく、コミュニケーションツールや学習の自己管理のための側面が強化されている。また、オープンソースのコンセプトにより、ボランティアの参加で、様々な部分モジュールが作られ、今後の発展が期待される。

CALL 第3期の事例の意義

以上、見てきた事例が示すように、インターネットの外国語学習における役割として、本物の情報の源としての側面、公的な表現空間としての役割、様々な学習ソフトやテストのオンラインによる提供、CMC による遠隔コミュニケーションなどが挙げられる。しかし最も重要なのは、最後の事例で挙げたように、これらの諸機能をすべて統合するような形で、1990 年代の末頃から、完全な遠隔学習だけでなく通常の対面型授業の支援にも利用可能な WebCT、Blackboard、Moodle、Xoops などの LMS が登場してきたことであろう。これらを使えば、教材・資料・課題等を学習者が適宜、閲覧・参照したり、自ら調べてその結果を発表したり、レポートなどの課題提出や各種の練習・テストをオンラインで行ったりできるだけでなく、自由に投稿して議論のできるフォーラムや、個別にあるいはグループ単位でコミュニケーションできるメッセージ交換機能や、そこに置かれた素材の共同編集等の機能を通じて、それぞれの参加者が別の場所で別の時間に作業しながら全体としての協調学習が可能になる。すでに、1980年代の後半には、コンピュータ等の情報技術を協調学習の支援に利用しようとする「コンピュータ支援協調学習」（CSCL: *Computer Supported Collaborative Learning*）という概念が登場し、その実現例の1つとして複数の人間による問題解決や共同作業を行うためのグループウェアと呼ばれるソフトウェアの開発なども行われていた(佐伯 1997)(三宅 1997)(Koschmann 1996)。しかし、協調学習のプラットフォームとして機能するインターネット上での LMS の登場により、CSCL がようやく日常的な現実となってきたと言える。

第2章：日本のドイツ語教育における
　　　　CALL の受容とその展開

　第1章では、欧米における CALL の歴史的な展開を、3つの時期に分けて詳しく見たが、ここでは、その時代区分を念頭に置きつつ、日本のドイツ語教育において、CALL が歴史的にどのように受容され、この間どのような実践が行われてきたかを、見ていきたい。

2．1．日本における CALL の受容
　日本における CALL の歴史は、一部の例外的な事例を除くと、BASIC や HyperCard 等の普及し始めた 1980 年代の後半に、PC 上でのプログラミングに個人的な関心を持ったティーチャー・プログラマーの実践というかたちで始まり、市販の教材が出回り CALL 教室が作られていく 1990 年代半ば以降に、急増する。日本のドイツ語教育における CALL の始まりは、論文の形で公表されたものを規準にするならば、小坂(1983)、原(1987)、本多(1990)、佐伯(1990)、塩川 (1990)[82]が、その最初である。他方、以下に述べるように、ドイツ語 CALL をめぐる議論が、単なる実践報告の水準を超えて、理論的基礎付けの面でも成熟してくるのは、1990 年代末頃からである。それはまた、CALL がドイツ語教育における日常的なテーマとして定着し、実践の数が格段に増えだす時期とも重なる。そこで、本章では、日本のドイツ語教育における CALL の創成期である 1980 年代後半から 2000 年頃までの期間を中心に、第1章で挙げた3つの時代区分をふまえて振り返ることにする。ただし、日本のドイツ語教育における CALL の受容は、それが遅れて始まったこともあり、第1期（CAI 時代）の特徴と第2期（CAI から CALL への転換期）の特徴を持つ試みが各々1980 年代後半にほぼ同時に始まり、CALL 発展の第3期の特徴を持つ試みのみが、インターネットの爆発的な普及が世界同時的な現象であったことを反映して欧米と同様 1990 年代半ばに始まる。すなわち、欧米においては異なった時期に見られた事例や、歴史的過去に属するような事例が、しばしば最新の情報環境のもとでほぼ同時並行的に現れるのである。そこで、ここでは、それぞれの時期の特徴を持つ CALL の事例を、各節ごとに分けて取り上げ、その範囲内でのみ編年体で時間を追って記述するという形を取ることにしたい。また、最後に、CAI と CALL という2つ

の用語の使用法と解釈の変化を例にとって、日本のドイツ語教育における CALL 実践の理論的な基礎付けがどのように深化してきたかを振り返りながら、CALL 教室での実践という形で始まった「日本型 CALL」（*Japanese-style CALL*）とでも呼ぶべき特殊な CALL モデルの成立事情とその変容についても触れる。

2．2．ドイツ語 CAI ドリルの事例
PC 上で動く日本初の本格的ドリル型ドイツ語教材：PC マスター

　PC マスターは、名古屋市大の別所良美らが、1988 年度文部省情報処理教育補助金の支援を受けて、数学系教員と外国語系教員との共同研究の中で開発したオーサリング・システム[83]を利用して作った、自作のドイツ語 PC 教材である。別所らは、これを用い、1990 年以降、名古屋市大のコンピュータルームを利用して CALL 授業を始めたが、当時、彼らは、自らの実践を CAL（*Computer Assisted Learning*）と呼んでいた(別所 1991)。彼らが自作した教材は、QUICK BASIC によって書かれたドリル型教材で、翌 1991 年に PC マスターという名称の日本初のドイツ語 CAI 教材として郁文堂から発売された。それは当時日本国内で最もシェアの大きかった NEC の PC9801 シリーズの各種 PC とその互換機上で動作した[84]。PC9801 シリーズのオペレーティングシステムであった日本語 MS-DOS Ver. 3.30 は、当時はまだ CUI の時代で、この教材も、上下左右の矢印キーでカーソルを制御し、カーソル位置に文字を打ち込んでリターンすることで答えを入力した。PC マスターには文法別に問題を整理した初級篇と単語や熟語別に問題を整理した中級編があり、全部で 36 課 900 題ほどの課題が含まれていた。問題のタイプは、重要な文法項目や覚えるべき熟語や単語を含んだキーセンテンスを基にして作られた単純作文、全文書き換え、括弧内の穴埋め、括弧内の書き換えなどの書き込み問題で、リターンキーを押すと正誤判定することができ、誤りがあった場合は、誤った最初の文字の位置にカーソルが移動し、「誤り」という赤色反転文字が表示された。当時は、まだ PC の個人レベルでの普及率が低く、日本人の学習者のタイピング能力を前提にすることができなかったので、ある程度のタイピング能力を付けさせるため、このソフトにはドイツ語の文例を使ったタイプ練習の機能が付いていた。なお、このソフトの一番の特徴は、作文・書き換え練習といっても、通常の練習とは異なり、課題の難易度により時間は異なるが、問題提示とともに数秒から十数秒程度の間、解答すべきドイ

ツ語の正解例が始めに表示されたことである。解答の際には、一時的に提示されていた正解例を「口ずさんで記憶しながらタイプ入力」(別所 1991)することが推奨され、ヒントを手がかりにして作文できる語彙力や構文力だけでなく、提示されたものを思い出す記憶力も重要であった。その意味では、通常の作文・書き換え練習というよりは、重要な構文や表現を使ったキーセンテンスを覚えるための仕掛けという性格が強い。また、PC マスターは音声を提示する機能を持たなかったが、別所らは外国語学習における音声の重要性を自覚しており、上述のようにタイプ入力時に発音することを指導するだけでなく、課題となるキーセンテンスを一定時間提示したあといったん消して、再び一定時間後に正解確認のために提示するという操作を通して、発音や暗唱訓練をひとりですることができる問題文自動連続提示モードも用意していた[85]。問題は順番に提示することも、ランダムに出すことも選択でき、それまでの成績がある程度以上の場合は、自動的にランダム出題となった。同じく、作文のための単語のヒントも表示・非表示を切り替えることができた。ドイツ語の特殊文字に関しては、画面上の表示は可能であり、入力する際には、たとえば、ü を u@、ß を s@ のように、@記号を使って入力させてから変換処理していた。学習履歴は、フロッピーディスクに残し、学習した日時と得点と課題の番号を記録できた。なお、教員が独自の課題を作るためのオーサリングツール『PC マスター (教師用)』も同時に発売された。

　別所らの実践は、ドイツ語教員による PC ベースでの自作教材という意味では、アメリカにおける 80 年代初頭のティーチャー・プログラマーの時代の CUI ベースによる初期の実践に類似している。しかし作成教材のコンセプトとしては、むしろそれ以前の CAI 時代の文法・語彙ドリルのバリエーションと捉えることができる[86]。ただし、そのドリルの形式は、基本文法を解説しながら、ある程度の発音規則を教え、キーセンテンスの暗誦と暗記を通してドイツ語の基礎を習得させるという日本の大学における典型的な文法授業の現実を反映したものとも言える。なお、すでにこの時点で、テキストのみによる教材の限界は強く意識されており、別所は数年後に、Director を使った音声や画像を含むマルチメディア型教材の作成を試みる。

大型コンピュータを利用した典型的なドリル型 CAI：
同志社大学ドイツ語 CAI

　1991 年後期から実験的に始まった同志社大学におけるドイツ語CAIの実践は、BASIC と FORTRAN を使って書かれた大型のホストコンピュータ上のプログラムを、それにスター型のネットワークを通じて接続された各端末から呼び出して使うという点で、CAI 時代の古典的なスタイルに基づくドリル型 CAI であった(鈴木/橋本 1993) (鈴木/橋本 1994)。これは、もともと同大で開発され、1988 年から英語教育に使われていたドリルシステムのコンセプトを鈴木潔・橋本兼一らがドイツ語の問題データを提供しつつドイツ語に移植したものである。開発されたプログラムは、前回の学習結果や当日の課題・宿題について連絡する掲示板、ドイツ語単語や動詞の三基本形等を用いたタイプ練習、初級文法・語彙・講読・作文などの課題を扱うマルチプルチョイスや書き込み式の問題（穴埋め・単語並べ替え・誤文訂正・文の完成）、語彙練習、一時的に提示されたテキストを暗記して再生するテキスト再生問題、試験用課題などで、学習結果は、学習者名、点数、アクセス日時、所要時間等の情報とともにホストコンピュータに蓄えられた。学習プログラムは、音声は利用できない CUI ベースの単純なドリル型プログラムで、正解の場合は sehr gut あるいは gut の表示が出て[87]次の課題に進み、誤答の場合はヒントが表示され、それに基づいて再度解答し、2 回間違えると自動的に正解が表示された。指定された制限時間内に一定の正解率に達した場合のみ、解答データをホストコンピュータに送信し次の問題ファイルに移ることができたが、そうでない場合は、同じ問題をもう一度はじめから行わなければならず、その意味では、学習過程を完全にコントロールする典型的なプログラム学習の枠組みに基づいていた(鈴木/橋本 1994, 2) (鈴木/橋本 1993)。もちろん、彼らも、学習者の誤りの種類をより細かく分析したり（たとえば、たんなるタイプミスなのか、本質的な間違いなのか）、学習者のレベルに合わせて学習内容を変えていく分岐型プログラム(浜野 1990, 35)を組み込んだりする必要性を感じてはいた。しかし、こうした大幅な改善は、大型コンピュータ上でのプログラミングを情報の専門家に依存していたため、当初は簡単には実現できなかった。なお、英語用の教材配信プログラムをそのまま転用していたため、当初このシステムでは、ウムラウトは入力することも表示することもできず、たとえば、ü を ue 、ß を ss のように、翻字して表示せざるを得なか

った。ただし、1993年以降は、PC マスターと同様@を併用する方式で入力・表示ができるようになった。

なお、このシステムは、その後、改良が加えられ、後には、問題のタイプとしても音声や画像を利用した問題、長文読解問題やゲーム型教材などを配信できるようになっただけでなく、端末も GUI ベースの Windows に変わった。2003年以降、さらに WWW 対応型になり、現在も稼働中である[88]。

ワークステーション端末を利用した外国語自動学習システム：
慶應義塾大学湘南藤沢キャンパス

同じ時期のもう1つの事例は、1990年に新設された SFC（慶應義塾大学湘南藤沢キャンパス）での、キャンパスネットワークを利用した「外国語自動学習システム」(関口 1993, 127-146)である。教材は、MS-DOS 上で動くアスキー社製のオーサリングツール Hands-On を使って作られ、「文法パターン演習用教材」と「聴き取り演習アンサーシート用教材」の2種類があった。これらは、原則として週1時間の学習が義務づけられていた自習用教材で、学生たちは、メディアセンター内にあるオープンスペースのワークステーション室に行き、そこの端末から、自由な時間に問題を呼び出して練習した。その評価は、実際に学習したかどうかのチェックも含め、授業前に10分程度行われる小テストを通じて行われた。「文法パターン演習用教材」では、文法の説明と例文が最初に数ページ程度示され、その後ひとつずつ質問が提示され、それらに対し、与えられた単語を使って答えとなるドイツ語文を書きこむ、という形で作文練習が行われた。「聴き取り演習アンサーシート教材」では、ワークステーション端末が視聴覚機器とセットになっている LL ブースで、まず指定されたカセットやビデオを視聴し、それに関連する質問に対する答えのみを端末から入力しながら学習するという形式であった。ウムラウトは扱うことができたが、どちらの教材も、解答として入力できる文字数は半角で30字以内に過ぎず、扱える問題の形式もマルチプルチョイス、穴埋め、文の完成問題等に限られた。「文法パターン演習用教材」に限って言えば、その内容は CUI ベースの伝統的な作文ドリルに留まっていた。したがって、週8時間のインテンシブ教育、発信型技能の重視、パートナー学習やグループ学習の導入、プロジェクト型学習の実践等の先駆的試みで、当時全国的に注目された SFC の外国語教育改革の他の諸側面と比

較すると、そのコンセプトは、教授理論的な面ではやや見劣りする。しかし、今日で言う自学自習の枠組みにおける取り組みとして、カリキュラムの中に明確に位置づけられていた点は新しい。また、語彙、文法、作文などの機械的なドリル練習しか提供されていなかった同じ時期の他の事例とは異なり、技術的には直接制御できなかったとはいえ、ビデオやカセットなどの視聴覚機器の使用と組み合わせ、リスニングの方略の学習も意識した課題をコンピュータ上で実現しようと試みていたことも、注目に値する。なお、SFC の外国語教育のカリキュラム設計にも重要な役割を果たした関口一郎は、今後の課題の 1 つとして、「マルチメディアによる自動学習の可能性，将来の技術革新への事前の対応」を挙げ、たとえばシミュレーション型ソフトあるいは、アドベンチャー・ゲーム型ソフトのコンセプトを活かした会話教材などの将来的な可能性に言及している(関口 1993, 70)。

その他の CAI の事例

時間は前後するが日本のドイツ語教育における CAI の最初の事例は、名古屋大学の小坂光一が 1985 年に日本独文学会春季研究発表会で発表した BASIC による実験的なプログラムである(原 1987, 280)。小坂の作った CAI プログラムには、2 種類のタイプがあり、ひとつは、質問と応答からなる対話形式の文の中でそれぞれ疑問詞・前置詞・動詞・助動詞・冠詞類・人称代名詞の部分を空欄にしたものを埋めさせる穴埋め問題、もうひとつは、約 80 語からなるドイツ語のテキストを一定時間提示して、その後テキストに対する質問が 7 題提示される読解問題であった。前者の穴埋め問題では、単に正誤判定をして、「Gut!!」や「Falsch!!」と表示するだけで、誤りに対して解説やヒントを提示するような機能はなかった。また後者の読解問題も、質問に対する答えは紙に書かせ、最後にテキストを再度表示し自分で解答を確認させる形式であった(小坂 1983) (原 1987)。彼の試みは、日本におけるドイツ語教育だけでなく、英語を含めた語学教育全般においても、他の実践に先駆けた最初期の事例である。しかしプログラムとしては、問題文やテキストの提示機能と単なる正誤判定の機能しか持たなかったこと、実践の規模としても「何人かの人（教官、学生）に回答を試みてもらう」(小坂 1983, 102)程度に過ぎなかったことなど、あくまで実験的なものにとどまった。ただし、意味理解に重点を置いた CALL 第 2 期の特徴を持っ

た読解用のプログラムの作成をすでにこの時期に試みていたこと、コミュニカティブ・アプローチのもとでの多様な学習活動の一部としてコンピュータを使った学習が位置づけられていたことなど、この時期に見られた他の実践に比べ、その先見性は特筆に値する。

　他方、小坂の学会発表に触発され、京都学園大学の原周三も、1985 年以降、BASIC を使い、自分の執筆した文法の教科書(原/青山 1986)をもとに、NEC の PC9801 シリーズの PC 上で動く簡単な学習プログラムの作成を試みている(原 1987)。ただし小坂の場合とは異なり、原の試みの中には、CAI 型の実践を越える要素は見られない。彼は、4種類のプログラムを作ったが、その第1のものは、人称と数を縦横の軸にして配列した規則動詞 wohnen の人称変化形のリストをもとに、そのうちの 1 カ所の活用形をランダムに空欄にして、画面上に指定した解答欄に書かせるという典型的なドリル型 CAI であった。2つ目のプログラムは、wohnen の活用だけを空欄にした文を提示し、主語を見ながら正しい活用形を解答欄に書かせるという穴埋め問題で、正解なら、「Gut!! 次の問題です」という指示文が、不正解ならば、たとえば「主語が ich のとき、語尾は-e」等のあらかじめ組み込まれている一般的なヒントが表示された。問題文は 10 題作られ、出題する際は、その 10 題を使い回してランダムに表示するという単純なアルゴリズムを使っていたので、同じ問題が2度続けて出されることもあった。3つ目のプログラムは、2つ目と同じ形式の穴埋め問題だが、今度は wohnen の活用形だけでなく、lieben、wachen、kaufen、gehen、kommen、sprechen などの他の動詞の活用形すべてから出題されているところが異なっていた。4つ目のタイプは、文を1つ提示して、そこで使われている活用形の動詞を見ながら、その原形を解答欄に書き込ませるという形式であった。2つ目や3つ目のタイプに関しては、他に haben や sein 動詞の問題も作られたが、これらは全て動詞の活用を練習する典型的な CAI ドリルであった。なお、このプログラムでは、ウムラウトやエスツェットは、表示も入力も不可能であり、そのためどちらも使わないで済むような問題文のみしか作れなかった。原は、これらのプログラムを 1986 年前期の授業以降、自分が担当する1年生約 50 人からなる文法クラスで実際に使っている。その際、授業の前半 90 分を使って文法の解説を行い、後半 30 分のみ学生をコンピュータ室に移動させ、ドリル練習させた。しかし、当時 14 台しか PC がなかったので、週ごとに 14 人ずつローテンションで使わせ、

残りの学生には、紙の形で課題を与えるという方式をとらざるを得ず、そのため、実際にコンピュータで練習するのは平均1ヶ月に1回強だった。また、その際の教員の役割は、壁に沿って8台と6台に分かれ2列に並べられたコンピュータに向かって作業する学生を肩越しにのぞきこみ、個々に何が問題なのかを解説したり、適宜指示を出したりすることであった。また、プログラム自体に学習の履歴を保存する機能がなかったので、学生の作業を観察しながら、典型的な誤りや与えるべきヒントについての、あるいは問題の妥当性についての情報を集めることが必要であった。

　その他の CAI の事例としては、東京女子大学の大塚貞子が、1988 年に、大型コンピュータ HITAC M-660/140E 上で動く CAI/TSS という専修大学で開発されたオーサリングシステムを使い、初級文法の CAI コースを作成した事例がある(大塚 1989, 1992)。これは、当時東京女子大で使われていたドイツ語の初級文法の教科書(中島/平尾 1987)を基にした文法学習用プログラムで、1988 年後期に第1外国語としてドイツ語を選択した初級クラスの学生を対象とした実験授業で使われた。このシステムは、大型コンピュータを利用した文法ドリルという意味で典型的な CAI の事例であったが、翌 1989 年には CAI/TSS が故障することで中断され、本格的に稼働したものではなかった。その後大塚は、1991 年に、当時の普及型ワークステーション日立 2020 上でオーサリングツール「MIGHTY CAL2 教材作成支援・学習実行支援・成績集計支援 V1.1」を使い、前回と同様、中島/平尾(1987)を基に、項目ごとにドリル練習になじむ課題だけを取り出し、穴埋め・並べ替え作文・マルチプルチョイスの3種類の問題形式を含む CAI プログラムを作成している[89]。

2．3．ティーチャー・プログラマーによるドイツ語 CALL の事例
HyperCard 型オーサリングソフトによる教材の作成とその利用

　1986 年以降、GUI をベースとした Macintosh コンピュータの日本語への対応が始まるが、すでに第1章でも触れたように、1987 年になると、ティーチャー・プログラマーのすそ野を広げた HyperCard がそれに無料で付属配布されるようになる。東北学院大学の佐伯啓は 1989 年頃からこの HyperCard による教材作成を開始し、1989 年後期の初級ドイツ語授業からは、前期の授業で習った文法項目と発音規則を復習するためのソフト Multi-Kurs や自作の練習問題ソフトを利

用した授業を試み始める(佐伯 1990, 14)。Multi-Kurs は Anette というドイツ人女性が自分や家族を紹介しているハイパーテキストを基にした教材で、テキストをクリックすると、当該箇所の文の音声が流れ、意味が表示された。またあらかじめ、発音練習モードを選択しておくと、クリックした箇所に関連する発音規則の復習のページに跳ぶことができ、また、文法練習モードを選択しておくと、クリックした箇所に関連する文法事項の説明や変化表を出すことができた。このソフトの特徴は、タイピング能力はなくても、マウスをクリックするだけでテキストを読み進めながら、文法や発音を復習することができた点である。佐伯は、授業の際には、Multi-Kurs を用いた解説の後、自作の練習問題ソフトを使ったドリル練習も個々に行わせたが、その際に必要となるタイピング能力を付けさせるため、授業の始めに毎回、市販のタイピング練習用ソフトも用いており、授業の組み立ては、おおよそ以下のようになっていた。

1．タイピング練習　　　　　　　　　10 分
2．Multi-Kurs を主にした文法復習　　30 分
3．その日の文法項目に関する問題練習　30 分
4．予備時間（操作ミスなどの指導）　　10 分
　　　　　　　　　　　(計 90 分[ママ])　　　(佐伯 1990, 16)

上記の授業の組み立てから見る限り、彼の行った CALL 実践の重点は、ハイパーメディアとしての HyperCard を利用した全体授業でのわかりやすい解説と問題練習ソフトを使った個人作業での集中的なドリルにより、文法中心の伝統的なスタイルの授業で行われてきた文法と発音規則の習得を効率化するところにあったようである。佐伯はまた、Matthias という名のドイツ語入門用教材も作っているが、これは、ドイツ人男性 Matthias のジェスチャーを交えた自己紹介から始まる導入部と、Multi-Kurs のようにテキストを読み進めながら発音練習や文法の確認ができる第 1 章と、ドイツの街角の風景のイラストによってドイツ旅行のシミュレーションができる第 2 章からなる遊び心のあふれたハイパーメディア型教材で、やはりマウスクリックだけで使うことができた。なお、このソフトは、1990 年に、マックライフ誌主催の第 2 回日本語ハイパーカードスタックウェアコンテストの CAI 賞を受賞している(塩川 1990, 8)。

第2章：日本のドイツ語教育における CALL の受容とその展開

　1991 年になると、東京芝浦工業大学に Macintosh をベースとした CALL 教室が初めて作られ、力武（塩川）京子は上述の Matthias や同じく HyperCard を使って自ら作成した HalloMalte! GraMalte!などの教材と EGWord^{90}を組み合わせて使った CALL 授業の実践を開始する(塩川 1990, 1992)。力武の作成した HalloMalte!は対話形式のドイツ語ハイパーテキストを基にした教材で、音声を聞かせたり、アンダーラインや文字飾りの部分をクリックすることで文法項目の説明などの解説等を表示させたりする機能があった。また各章には「コラム」と「表現」が用意されており、たとえば現在人称変化の項であれば、表現欄には、Ich komme aus England. Und woher kommen Sie? という表現が、コラム欄には、Deutschland, Frankreich, Spanien, Italien(…), NB: (die) Schweiz, (die) Türkei (…) という国名が登録されていて、ペアワークなどでの置き換え練習ができるようになっていた。ちなみに、NB の部分は隠しボタンで、これをクリックすると die Schweiz や die Türkei などの一部の国名には定冠詞が必要であることが、それらを使った例文とともに表示された(塩川 1992, 43)。ここで使われた自作の CALL 教材には、従来型の文法訳読方式に代わり 1980 年代後半から徐々に増え始めた、対話型のテキストや対話パターンを利用したペアワークを組み込んだドイツ語授業のスタイルがある程度反映している。力武はまた、HyperCard の持つ作品制作やマルチメディア・コンテンツ編集機能にも注目し、ドイツ語学習の成果の１つとして学習者にドイツ語単語帳、文法ノート、旅行会話集などを HyperCard を使って作らせることも試みている。これは、ドイツ語の CALL 授業におけるプロジェクト型学習の最も早い時期の実践の１つである(塩川 1992, 47)。

　他方、当時琉球大学にいた吉田光演も、1991 年頃から、HyperCard を利用した紙芝居型の簡単な教材の作成を開始し、1992 年 3 月に沖縄で行われた教授法ゼミナールで、コンピュータを使った教材のデモを試みている。この時点で、彼が自作した教材は、絵に合うドイツ語文を完成させる動詞などの穴埋め問題、マルチプルチョイス、マウスによるドラッグ＆ドロップにより部屋の中の物体を動かすことで場所の前置詞の用法を学ぶ Cyber Physical Response 型教材、指示にしたがって絵を見ながら質問に答え、画面上の物品を運びつつ移動していく「ドイツ語の大冒険」という名のシミュレーション型教材などであった。当時の琉球大学には、まだ CALL 教室はなく、彼の実践も共同研究室にあった１台の Macintosh のコンピュータを使って学生に試させ、感想を聞くという実験的な

第2章：日本のドイツ語教育における CALL の受容とその展開

ものに留まったが、吉田による教授法ゼミナールでの発表は、その後 CALL に関わり始める教員の枠を広げることに貢献した。それまでは、研究にコンピュータを使っていた一部の研究者がそれを教育にも使えないかという発想で始める場合が多く、その大部分はドイツ語情報処理研究会[91]の中の一部のメンバーに限られていたが、これ以降は、教授法の改善に関心のある研究者の中にも、教育上の観点から CALL の将来的な可能性について関心を持つ教員が出てくる[92]。吉田の発表が教授法の改善に関心を持っていた教員の中で反響を呼んだ理由は、それが単なる実践報告に留まらず、当時の吉田が、ドリル型の CAI の限界を踏まえたうえで、HyperCard によって実現されるマルチメディアやゲーム型あるいはシミュレーション型の教材が、コミュニカティブ・アプローチに基づく授業の多様な展開に役立つことや、たとえば HyperCard を使って学生にドイツ語の作文レポート集を作らせるなど、「人間の思考を支援する道具」としてのコンピュータの可能性について指摘できていたことが挙げられる(吉田 1992a, 1992b)。この時点での吉田の理論的なバックボーンの形成には、それまでのドイツ語教育における研究実践の蓄積[93]や浜野(1990)などの文献研究を通じてスキナー流のドリル型 CAI の限界とハイパーメディアの歴史的な展開の意味と可能性について論じることができたこと、および彼が 1990 年から加入していたコンピュータ通信 NIFTY-Serve のフォーラムを通じて、HyperCard のコミュニティに加わり、他のティーチャー・プログラマーとディスカッションしたり、NIFTY-Serve 経由でアメリカのフォーラムにアクセスし、そこで公開されていたフリーウェアのプログラムを解析したり改作したりすることで、それまでに蓄積されてきたマルチメディア教材のコンセプトやプログラミング技術を吸収できたことなどが大きい。やがて吉田は 1993 年秋に広島大学に移り、1994 年 4 月以降は、当時国立大学で初めて導入された CALL 教室 (Macintosh 44 台) を使い、本格的な CALL 授業の実践を開始する。

他方、1989 年以降、HyperCard で Multi-Kurs や Matthias 等を作り CALL 授業を続けてきた佐伯は、1994 年になると初級文法の教科書『引用で学ぶドイツ語』（白水社）付属のソフトウェアとして本格的なドリル型教材 DdZ (*Deutsch durch Zitat*) を開発し、フロッピーディスクを媒体として配布しはじめる(佐伯 1994a, 1994b)。DdZ は、各課 4 セクションからなる 12 課 48 セクション分のドリル型教材で、各セクションごとに「音読ジム」、「語彙ジム」、「文法ジム」の 3 種類

の練習問題を含み、各課ごとにその練習成果をチェックする「定期試験」モードがあった。また、それらとは、別にプログラム上の3人の回答者と早押しで答えを競うゲーム的性格の強い教養クイズとドイツ縦断クイズがついていた。DdZ はまた、画面上に仮想のキーボードを持ち、そのキーをクリックするという形で、特殊文字を簡単に入力・表示できるようになっており、初めのうちは高度なタイピング技術がなくても教材に取り組めるよう、クリック等だけでも解答できるようになっていた。このように、佐伯は、日本のドイツ語教育の分野においてかなり早い時期から HyperCard による教材作成を試みただけでなく、単なる「自己流の教材開発」(佐伯 1994b, 29)にとどまることなく、教育工学的な観点から教材設計と教材の教育効果を評価し実証的なデータを基に改善する形成的評価（*Gestaltungs-Evaluation / formative evaluation*）(鈴木 1987)の重要性を論じ、また実践した。たとえば、教材の作成の際に考えておくべきポイントひとつとっても、鈴木/佐伯(1996)では以下の5つが挙げられている[94]。

1. 全体の構造を考える
2. 利用者の制御に配慮する
3. 出題方法を工夫する
4. 情報提示の仕方を工夫する
5. 回答処理とフィードバックを考える　　　　　(鈴木/佐伯 1996)

鈴木/佐伯(1996)では、上記の各ポイントごとに、細かい評価規準も記述している。紙幅の関係ですべてを引用することはできないので、ここでは特に重要な、ポイント2の「利用者の制御に配慮する」とポイント5の「回答処理とフィードバックを考える」についてのみそれを引用することにする[95]。

ポイント2：利用者の制御に配慮する

1. いつでも前の画面、あるいはメニュー画面に戻れるか
2. いつでも中断・終了し、途中から再開することができるか
3. ヒントや補足説明を見るオプションが用意されているか
4. 関心に応じて例を選んだり、パラメータを変えたりできるか
5. 練習問題の数や回答制限時間などを自分で設定できるか
6. 学習のやり方について利用者自身で決められることがどの程度あるか

ポイント５：回答処理とフィードバックを考える

1. キーボードに不慣れな使用者に対しては、マウスのみの入力、テン・キーだけのキーボード利用、あるいは画面上のソフトキーボードなどの簡単な回答方法を用いる。
2. コンピュータ教材を使ううちに、自然な形で入力技術が向上するように配慮する。
3. 回答が正解の場合は「ほめる」、不正解の場合は「助ける」ことが、フィードバックの基本である。
4. 誤答に対するフィードバックがない練習は「テスト」という。練習では、誤答に対してヒントを与えてもう一度回答させるなどの方法で、間違えながら学ぶことを許す。
5. 多肢選択方式の場合は、誤答の種類を予測し、それに対応した「誤答への情報付加的フィードバック（どこが違うかの説明）」を用意する。
6. 自由回答方式の場合は、入力ミスによるものと、誤った理解による誤答を区別して予測し、それに対応した処置をする。(鈴木/佐伯 1996)

こうした設計思想は、佐伯が作成した DdZ にも生かされていた。DdZ それ自体は、通常のドリル型教材ではあったが、音声やカラー写真や画像などの当時としては新しいメディアを取り込んだだけでなく、上述した教材作成論に基づくきめ細かなフィードバック機能を持つなど、インタラクティブ性も高く、その後、この種のインタラクティブ型ドリル教材のモデルケースとなった[96]。なお、この頃、獨協大学の金井満も、ドリル型ではない、マルチメディアとインタラクティブ性を兼ね備えた、「ゲーム・シミュレーション型」ソフトウェアの基本コンセプトと制作上の問題点について大まかなスケッチを試みている。(金井 1994)。

1994 年以降、本格的に CALL 授業の実践を始めた吉田は、教養教育ドイツ語の授業の中で、市販のマルチメディア型の語彙学習教材 Rosetta Stone[97]のドイツ語版を使うとともに、上記の DdZ を利用した。また、DdZ の中に一部含まれていたオーサリング機能を独立させて改良し、ドイツ語教員がテキストファイルの形で問題データを流し込むことで、ヒントやアドバイスなどのフィードバック機能を含むドイツ語のマルチプルチョイスと穴埋め問題を簡単に作ることの

できる「ランダムドリル」を作り、フリーウェアとして公開する。また、教科書の音声をデジタル化して HyperCard に取り組み、全体的な状況を理解できるように絵を加え、クリックひとつで繰り返し簡単に聞けるようにするとともに、大まかな理解をチェックする選択問題と細部の聞き取りをチェクする3段階の難易度の穴埋め問題を組み合わせて聞き取り用の教材を作り、学部の専門学生を対象としたリスニングの授業の中で使っていく(吉田 1994, 1995a, 1995b)。吉田は、また、1994 年以降、広島大学の他言語の担当教員らとともに、CALL 研究会を立ち上げ、その中で、CALL について共同の勉強会をするとともに、現実の外国語授業における個々の現場の教員の要望を踏まえ、それを実現するための技法を考えるという形で教材作成にアプローチした。それにより、たとえば、時間の経過とともにテキストが前から消えていく速読用のリーディング教材 Speed Reading Ver. 1.0 などが生まれた。吉田らは、これらの自作教材の多くをフリーウェアとして広く公開したため、他大学の教員の中にもこれらを利用するものが出てきた。たとえば、後に、『マルチメディア時代のドイツ語教育』の中で、いくつかのドイツ語教材のレビューを行う九州大学の田畑義之らも、この頃から吉田らが作成した教材を利用したCALLの授業を試みている(田畑 1998, 1999) (田中/田畑 2000)。吉田は、さらに 1995 年秋、鹿児島で開かれた西日本ドイツ語教育学会の招待講師として、マルチメディアを使った教材の紹介やCALL 授業の可能性について触れ、一般のドイツ語教員の間に CALL を広めることに貢献した。同じ 1995 年には、猪股正廣も CALL によるドイツ語授業実践報告の形で、市販のドイツ語ソフト TextArbeiter についてのレビューをしている(猪股 1995)。TextArbeiter は、1990 年に Goethe-Institut と Verlag für Deutsch が共同制作した「テクストの読解法と合成語の知識習得を眼目とするドイツ語学習ソフト」(猪股 1995)で、IBM 互換機上で動いた。全体は、テキストの内容推理 (*Texterschließung / reading comprehension*)、テキストを使った作業 (*Textarbeit / reading*)、テキスト再構成 (*Textrekonstruktion / text reconstruction*) および単語集からなり、タイプとしては、CALL 発展の第2期に現れたテキスト加工プログラムのバリエーションで、段階的な作業を通じ、テキストの読解の方略を学ぶことができる新しいタイプの学習ソフトであった。しかし、指示文がドイツ語または英語であったため、授業等での適当なガイダンスがなければ、学習対象者となる初・中級の学習者にはひとりで使いこなすことは難しく、また当時の

日本で主流であった、NEC の PC9801 シリーズやその互換機上でも、また Macintosh 上でも動作せず、実際に利用できる環境が限られていたため、日本のドイツ語教育で広く使われることはなかった。それと対照的だったのは、既に述べた市販の語彙教材の Rosetta Stone で、方法論的には直示法の一種であった段階式直説法（GDM: *Graded Direct Method*）の延長線上にあるが、Macintosh 上で動き、音声を聞いて、絵をクリックするという単純な操作で使うことができ、また、モジュール化されており、授業の一部の時間に限定して使うことができたので、Macintosh のある環境では比較的広く使われた。

　当時、ドイツ語分野での CALL の関係者の多くがドイツ語情報処理研究会かドイツ語教育部会に所属していたのに対し、秋田大学の浅沼大海はそれらとは独自に、1994 年頃から HyperCard を使い、ドイツ語文法の初歩をチェックするための課題を作り始めていた(浅沼 1996a)。そして、それを核に、5 つのジャンルの文法問題と語彙チェックおよび作文／並べ替えの課題からなる自習用教材「ドイツ語トレーニング」を作成し、授業の一部や自習あるいは再試験の一部として使っていた。これは基本的には、伝統的な語彙・文法ドリル問題であったが、前置詞の課題では、アニメーションを使うなど、視覚的な情報を利用したものも一部あった。大部分の問題はプルダウンメニューから選んだり列挙された単語群の中から該当するものをクリックしたりすれば、自動的に入力できるようになっており、タイプ入力で解答する場合は、「上級用ボタン」を押して切り替える仕掛けになっていた。また見出し語の形で与えられた単語を使って作文する課題も、学習者がむずかしいと思えば、ヒントボタンを押すことで与えられた単語をすべて活用形に変換し、より解答が容易な並べ替え形式の課題に変えることができた。また学習の際も、ヒントを提示したり、誤りに対するフィードバックを行ったりする機能を備えていた。なお、この「ドイツ語トレーニング」の最大の特徴は、練習モードと試験モードを選択でき、試験モードでは学習の履歴と成績を保存することができ、学習履歴を成績順あるいは日付順でソートしたり、過去 10 回の正答率の変化をヒストグラムと折れ線グラフの形で視覚的に示したりすることができるなど、学習の自己管理のための機能にも重点が置かれていた点である。

　1996 年になると、当時麗澤大学から立命館大学に移った岩居弘樹も HyperCard を利用して作ったドイツ語文法問題スタック german を公開する(岩居 1995)。こ

れは、吉田による「ランダムドリル」と同様の文法問題作成用ソフトだが、設問がドイツ語でも日本語でもボタンを押すだけで切り替えられたので、単語や熟語の穴埋め式ドリルだけでなく、作文問題も簡単に作ることができた。また、Apple talk に対応した Macintosh のサーバがあれば、ネットワーク経由で成績をサーバに自動集計することができたのも他のものにはない特徴だった。

翌 1997 年には広島大学に岩崎克己が赴任し、Macintosh だけでなく Windows 系の OS でもマルチメディア教材を簡単に自作できる HyperCard 型オーサリングソフト OMO を使って、吉田が作った「ランダムドリル」を Windows 上に移植したり、タイピングの技能を必要とせずマウスクリックとドラッグ＆ドロップだけで使えるゲーム型教材の実験を始めたりする(岩崎 1998、1999b)。吉田・岩崎は、1997 年末には、入門用ドイツ語教科書『ドイツ語でジャンプ』(白水社)の副教材として OMO と HyperCard を使い、タイピング練習・インタラクティブな文法ドリル・対話練習用教材・ドイツ語クイズなどを組み合わせた CALL 教材 *Sprung in die deutsche Welt* を作成し、フロッピーディスクの形で配布した(吉田/岩崎 1997)。しかしこの頃には、ドイツ語教育の分野でも、すでにインターネットを取り入れた新しい動きが始まっており、ネットワークに負担をかけないよう CD-ROM 教材などの形にせざるを得なかった一部の動画教材を除けば、こうしたスタンドアローン形式の教材作成は、時代遅れのものとしてその後あまり行われなくなっていく[98]。

これまで見てきたように、日本におけるティーチャー・プログラマーの活動においては、欧米におけるその先行例と比較して、ドリル型教材の開発や利用の比重が際だって大きい。もちろん、これには、大人数授業のもとでの限られた学習時間の中で、文法をある程度まとまった形で教えることを余儀無くされているという日本的な事情もあり、文法ドリルの反復練習を個人作業で効率よく行なわせることにより、授業の他の局面においてパートナー練習やグループ作業などのコミュニカティブな活動のための時間を捻出する手段として位置づけられている場合も多かった[99]。しかしながら、授業や自習におけるティーチングやトレーニングの効率化のために、学習者がひとりで端末に向きあって行うドリル型学習に重点が置かれ過ぎていたことは否めず、欧米における CALL 第２期に現れたような、クローズテスト、テキストの再生・加工、並べ替え問題などの意味の理解を前提にした課題や言語学習ゲームなどの様々タイプの教材

作成の試みや、コンピュータをコミュニカティブな学習活動の道具として使うような発想は、一部の例外(塩川 1992)(吉田 1992a, 1992b, 1997)(岩崎 1998)を除けばほとんど見られず、CAI 型モデルと CALL 型モデルの境界は曖昧であった。

２．４．インターネットや CMC を利用したドイツ語学習の事例
メール・チャットなどの CMC を利用したドイツ語学習

　WWW を直接利用したものではないが、日本でも、インターネット上のメールの送受信などの CMC（*Computer-Mediated Communication*）を外国語学習に利用する動きは、1990 年代の半ばには始まっていた。eTandem 設立の１年後である 1994 年には、そのドイツ語・日本語間のサブネットワークである Deu-Nih が、当時静岡大学にいた Martina Gunske von Kölln らによって開設される。その後、金沢大学の志村恵・竹内義晴・中祢勝美、法政大学の新田清吾、愛知学院大学の糸魚川修、および Gunske von Kölln らや彼らに影響を受けたドイツ語教員により、授業の一環として、あるいは個人学習の仲介という形で、タンデムを利用したドイツ語学習が試みられる(大河内 1996) (Gunske von Kölln 1997)。彼らはまた、インターネット・タンデム・外国語学習研究会の名で 1998 年に『インターネットによるタンデム学習のための手引き』(*Leitfaden für das Sprachenlernen im Tandem über das Internet*) を日本語に訳し、ネット上で公開するなど、その後も日本におけるタンデム学習の広がりに貢献した。他方、岐阜高専の佐藤修司や高原清司らも、1995 年頃から初級の学習者を対象にドイツ人学生のホームページから１人を選ばせ、その人に実際にメールを書かせるというような形で、メールを利用したプロジェクト型授業を展開していた(佐藤/高原 1996) (佐藤 1996) (高原 1998)。このように、CMC を利用したドイツ語学習は、インターネット（WWW）の登場以前から始まっていたが、本格的に行われるのは、そのための技術的な敷居が下がるインターネットの普及以降である。

　メール以外の手段での CMC 技術のドイツ語教育への応用事例としては、九州大学の岡野進らを含むグループによって 1999 年から３年間に渡って続けられた Laputa Project がある(岡野 2001, 2002)。これは、野村総研が作った 3D-IES（*3D Interactive Education System*）[100]という、インターネット上での３次元 CG 技術によって作られた仮想空間内を、参加者がアバターと呼ばれる登場人物になって移動し、その仮想空間上の他の参加者たちとインターネット経由でチャット（遠

隔地にいる複数の相手との文字によるグループまたは一対一の会話）をすることができるシステムであり、発想的には、MOO[101]のバリエーションであった。これは、チャット機能自体が、本物のコミュニケーションが持つ条件をある程度満たすうえ、仮想空間上を移動して様々な出会いを疑似体験ができるなどの特徴を備えていたので、上級レベルのドイツ語学習者同士が一斉に入って自由対話や特定のテーマに関する議論を試みたり、仮想空間上で敵味方に別れてある種のゲームをさせるなど、学習対象者のレベルと学習形態を工夫すれば、流暢さと大量に書くことに重点を置いたコミュニケーションの道具として使えないわけではなかった。しかし、3次元 CG で再現されたローテンブルクの街角をただ見学させたり、お店の前に移動して Was kostet der Apfel? 等の機械的な対話練習を文字を打ち込む形式で行わせたりなどの実際の使い方を見るかぎり、無料でも提供されているチャットプログラムを利用したり、ドイツの風景の画像やビデオを見せたりするのと変わらないばかりか、実際の対話練習なら、たとえどんなに機械的なものでも最低限ドイツ語を口に出す練習にはなるのに対し、それさえも文字で打ち込ませることしかできないなど、初級段階の学習者を対象とした同一教室内での一斉授業で、こうした高価なシステムを導入することが、本当に意味があるかどうかは疑問であった。その意味では、チャットなどの CMC が外国語学習の分野で持ち得る可能性を示唆する[102]ものの、それ自体は、あくまで実験的なプロジェクトに留まった。

インターネット（WWW）を利用したドイツ語学習

　インターネット（WWW）の登場と爆発的普及以前にも、日本におけるドイツ語教員の間には、学術情報センター（NACSIS）が運営する学術情報ネットワークの外国語関連フォーラム（DDJ）や NIFTY-Serve などのコンピュータ通信を通じて、すでに 1990 年頃からメールの送受信や各種フォーラムへの参加などの遠隔コミュニケーションを体験していた人たちがいた。その中には、その後日本のドイツ語教育における CALL に関わっていくものも多く、たとえば先に挙げた佐伯、吉田、力武、岩居、佐藤の他にも、成蹊大学の境一三（その後、慶應義塾大学に移る）らを挙げることができる。彼らの多くは、また、NIFTY-Serve を通じて、アメリカの学術ネットワーク上のフォーラムに参加したり、WWW が登場する前から、遠隔ログイン（TELNET）やファイル転送（FTP）やテキス

ト検索（GOPHER[103]）などの形でネットワークとしてのインターネットを通じた情報検索の経験を積んだりしていた(力武 1994a, 1994b, 1995a) (岩居 1994a, 1994b)。それゆえ、WWW の登場とほぼ同時に、インターネットの研究・教育における可能性に着目し、ドイツ語圏におけるインターネットで得られる情報の紹介(力武 1995b)、日独英対照のインターネット用語集の作成(岩居 1995b)、当時まだインターネットにアクセスできなかった多くの私立大学教員のための NIFTY-Serve 経由でのインターネットアクセス法の解説(境 1995)などの仕事を相継いで行うことができた。WWW を利用したドイツ語 CALL の実践は、翌 1996 年頃から本格化するが、既に述べた他の CMC 機能を利用した事例を除くと、それには大きく以下の3つのタイプがあった。

1）学習リソースとしてのインターネットの利用
2）学習成果の表現・公開手段としてのインターネットの利用
3）オンライン学習手段としてのインターネットの利用

学習リソースとしてのインターネットの利用

たとえば、1996 年 12 月に当時の京都ドイツ文化センター（Goethe-Institut Kyoto）が主催し、立命館大学で行われた教授法ゼミナール MEDAK96 において講師を務めた岩居は、多くのドイツ語教員の前で、ドイツ語学習に有用な様々なサイトをまとめた大規模なリンク集を紹介し、学習リソースとしてのインターネットの役割を印象的な形で示した。それには、たとえば Deutsche Internet Übungen[104]のようなドイツ語のオンライン学習サイトからプロジェクト用の課題やドイツ語圏のオーセンティックな情報に至る様々なリソースが含まれていた。当時、大多数のドイツ語教員がインターネットにおいてまず最初に注目したのは、そのリソースとしての機能で、彼らの中には、情報を利用するだけでなく、やがて自らが編集したドイツ語学習用リンク集をホームページ上で公開する動きが急速に広がる。たとえば、関西大学の永井達夫が運営しているドイツ語コムなどもその例[105]である。また、Goethe-Institut も早くから、ドイツ語圏に関する様々な情報のリンクを提供しているが、その中には、授業にそのまま使えるように半ば加工（*Didaktisierung / adaptation*）された情報もある。その1つの例は、Wolfgang Hieber が制作・運営・管理し、1998 年以降 Goethe-Institut によって提供されているランデスクンデのサイト Kaleidoskop - Alltag in Deutschland -[106]

である。Kaleidoskop は、儀礼と祝祭（*Rituale und Feste*）、日常の断片（*Alltagstelegramme*）、「現」場（*"Tat"-Orte*）、好み（*Geschmack*）、人々（*Menschen*）、方向を定める（*Orientierung*）、意見（*Meinungen*）、印象（*Eindrücke*）という８つのメニューと Web カメラ（*Internet-Kameras*）のリンク集とからなり、それぞれのメニューはさらに、40 ピクセル四方の小さな画像リンクからなる数個から十数個のサブメニューに別れており、そのひとつひとつが現代ドイツの人と社会の断片をなしている。これらの断片の形の情報を出発点に、リンクをたどりながら、それらが埋め込まれているより大きな枠組みを追ってサイト上の短いテキストを読み進めていくうちに、現代ドイツの本物の日常を少しずつ発見できるような構成になっている。また、学習者が、自分たちの感想や意見を述べたり調べたことを発表したり、関連テーマに関する議論を書き込んだりすることのできる掲示板が付いており、他の学習者たちとの双方向型コミュニケーションが可能であった。Kaleidoskop を利用したドイツ語学習の初期の例としては、北里大学の野村廣之やシオン短期大学の細谷瑞恵らの実践がある(野村/細谷 1999)。彼らは、Kaleidoskop の中から学生に自由にテキストを選ばせ、読んでディスカッションさせたり、あるいは、たとえばメニュー「人々」の中のサブメニューである小さな顔の画像から数人を選び、１）その画像を基にその人物の年齢・職業・性格などを推測させる、2）それが当たっているかどうか Kaleidoskop のサイトで実際に確認させる、3）各自選んだ人物とその関連情報について他のインターネットの検索・情報サイトなども利用して調べて報告させるなどの形で２年生以降の学生を対象としたリーディングの授業などで Kaleidoskop を利用した。また、広島大学の吉田も、1999 年以降、１年生のドイツ語授業で、メニュー「儀礼と祝祭」の中から、クリスマスを取りあげ、学生にその情報がどこにあるか捜させたり、クリスマス市（*Weihnachtsmarkt*）、クリスマスツリー（*Weihnachtsbaum*）、クリスマスのクッキー（*Plätzchen*）等のクリスマスに関連する個々のテーマを扱ったテキストをグループごとに自由に選んで読ませ、インターネットで集めた関連情報とともに発表させるプロジェクト型授業を実践している(吉田 2000)。これらの授業実践において興味深いのは、授業時間中に常にインターネットにアクセスできるような環境がなくても、それらが実現できたことである。たとえば、野村/細谷(1999)の報告例は、その大部分が CALL 教室や情報処理室でなく、普通教室で行われた授業実践であった。

学習成果の表現・公開手段としてのインターネットの利用

　吉田は、上記のようなインターネットのリソース機能の他に、HTML それ自体がドイツ語学習者のプロジェクト型学習の表現・公開の手段として持つ可能性にも着目した。彼は、かなり早い時期からドイツ語による自己紹介用の HTML ページを作らせたりした(吉田 1996, 44)だけでなく、1997 年以降は、プロジェクト型授業としてそれまで、紙と鉛筆を使って行われてきた物語作り（Märchenerzählung / story telling）を HTML 上で行うなどの試みを始める(吉田 2000)。吉田は、それ以前にも、たとえば HyperCard のスタックの形で、自己紹介の作文集を作らせたり、自作のイラストや既存の絵を利用したドイツ語のメルヘンの紙芝居を作らせたり、あるいはワープロソフトで書いた作文を編集・印刷してクラス新聞のような作品を作らせたりするプロジェクト型の授業を行っていた(吉田 1997)。しかし、1997 年以降は、その表現媒体として HTML を使い、それを HP 上で公開するプロジェクトを始める。吉田の同僚の岩崎もインターネット上の電子掲示板を公共的な発表空間と位置づけ、1999 年頃からメールや電子掲示板を利用した様々なテーマのドイツ語課題作文プロジェクトを 1 年生を対象とする初級ドイツ語授業の一環として行い始める(岩崎 2000)。同じ頃、奈良高専の桐川修もスウェーデンの LernNetz Deutsch[107]で行われていたバーチャルドイツ旅行のコンセプトを初級ドイツ語の授業で行うプロジェクト型学習として取り入れ、学生を 3 名から 4 名の小グループに分けて、インターネット上の時刻表やホテル・宿泊施設のサイト、各地の観光局のサイトなどの情報を利用し、日本からドイツへの旅行計画を立てて作文させるプロジェクトをはじめる(桐川 1999, 2000)。桐川は初級の学習者を対象としたプロジェクトがスムーズに進められるよう、旅行計画に必要なリンクをあらかじめ用意しただけでなく、それに役立つ語彙リストや、作文に必要な文法練習などを 1 つのサイトにコンパクトに組み込むなどの工夫をした[108]。この時期の桐川・吉田らの実践は、1999 年 7 月の文部省とドイツ文化センター（Goethe-Institut）の共催によるドイツ語夏期ゼミナールなどの場でも発表され、若手のドイツ語教員に影響を与えることになる。たとえば、桐川が紹介したバーチャルドイツ旅行は、その後、今日に至るまで、インターネットを利用した典型的な学習プロジェクトとして、様々な教員によって試みられ、その一部は、論文や実践報告などの形でも発表されている(Schlak 2002, 2003, 2004) (吉田 2000) (岩崎 2004) (Gunske von

Kölln 2005)[109]。

オンライン学習手段としてのインターネットの利用

インターネットはまた、オンラインによる学習のためのプラットフォーム（*Lernplattform / learning platform*）として、学習ソフトを利用した学習の利便性にも大きな影響を及ぼした。HyperCard 等によって作られたそれまでのスタンドアローンのソフトは、作成した教材をコンピュータごとに1台ずつインストールせざるを得ず、また、当時のオーサリングソフトの大部分は各々、Windows か Macintosh のどちらかのコンピュータ上で動く教材しか作れず、手元に学習ソフトがあってもコンピュータの機種によっては使えないことも多く、誰もがいつでもどこでも自由に学習できるという状況ではなかった。また、遠隔地の学習者に配布する場合はフロッピーディスクや CD-R などの物理的な媒体に移し替えて送らねばならなかった。そのうえ、多くの労力をかけて作ったり集めたりした教材データも教材ごとにオーサリングの際に使用したデータのフォーマットが異なっていたため、その教材が古くなって使われなくなると死蔵されるか放棄され、新しい教材を、またゼロからデータを集めて作り直すということも多かった。それに対して、WWW を教材提供のためのプラットフォームにする場合は、インターネットに接続したコンピュータさえあれば OS に依存せず、どこからでも教材にアクセスしたり、教材を配布したりできるだけでなく、1度ネット上で公開すれば、何年でも続けて利用でき、問題データの再利用も可能だった。こうしたインターネットが提供する新しい学習環境にいち早く着目していた岩居は、岩居(1997a, 1997b)の中で、WWW を利用した語学教材の技術的可能性について触れ、WWW 教材のその時点での問題点として、「反応時間とデザイン」、「特殊文字の問題」、「ページ・レイアウトと効果の演出」などを個々に取りあげ、JavaScript などを使ってどんなことが可能なのかをスクリプトも公開しながら論じた。また北海道大学非常勤講師の塩谷幸子も、インターネット上で誰もがアクセスできる初心者用の初の本格的な文法チュートリアル『電脳独語教室』を 1997 年に開設する。同じ頃、岩崎は、HyperCard 型オーサリングソフトの OMO が発売停止になったのを契機に、それまで OMO や HyperCard を使って自作してきたスタンドアローンのゲーム型教材を、プロ使用のオーサリングソフト Director を使って作り直し、オンラインで使える形式に改作しはじめ

る。また1998年には、Perlによる CGI を使ったマルチプルチョイスと穴埋め問題を含むオンライン型のドイツ語文法自動採点ドリル900題を公開する(岩崎 1999a)[110]。また、立教大学の宮内敬太郎も同様のオンラインドリルのサイトを1998年以降公開している(Miyauchi/Kobayashi 1999)。しかし、単純な CGI では、それまで HyperCard や OMO などを利用して実現されてきたインタラクティブ性の高い学習プログラムを提供することはまだ技術的に非常に困難であった。また上記の CGI によるオンラインドリルはいずれ

図1：Web Exercise の一画面

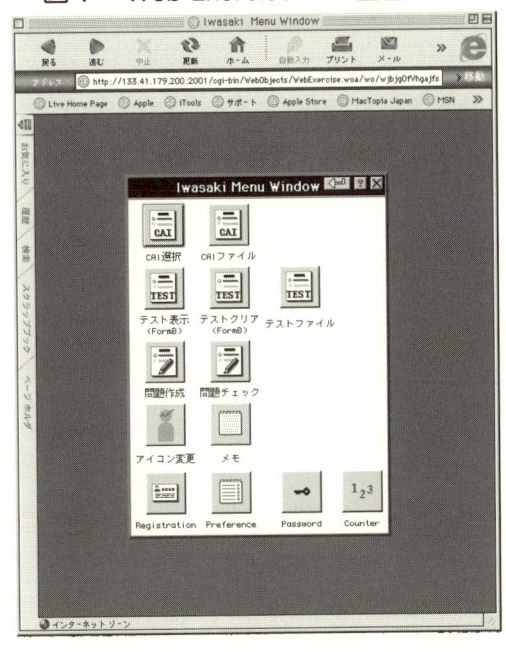

も単純な自動採点と解説を返す程度のことしかできず、当時すでに自明の前提となりつつあった学習者自身に学習状況や成績を自己管理させるための機能もなかった。こうした状況を受けて、佐伯は、インターネットの長所を生かしつつもより質の高い学習環境を構築できるよう、プログラミングの専門家であった児島伸明と協力しつつ、外国語学習に特化させたオンライン問題を簡単に作成・配信できるシステム Web Exercise（図1）の開発に乗り出し、1998年頃から運用を始めた(佐伯啓 2000)。このシステムは、2000年以降、佐伯の所属していた東北学院大だけでなく、東北大学、慶應義塾大学、広島大学、九州大学などでも採用され、WWW ベースでのオンライン学習のためのプラットフォームとしてその後広く利用された。

他方、インターネットのブラウザ経由で提供されるメディアの種類に関しても、1990年代の後半以降、従来のテキスト・静止画・音声に加え、VOD (*Video on Demand*) による動画のストリーミング配信も可能になり始める[111]。そして、そ

れが契機となり、この頃から工学的な研究者の主導によるいわゆる「マルチメディア型語学教材」配信システムの研究が増え始め、それにドイツ語教員が関与するというようなケースも出てくる(井本/丸岡/中川/栗山他 2000) (中川/栗山他 2000) (栗山 2000)。ただし、教材のオンラインによる配信システムがいくら高度になり、またメディアが多様化しても、それ自体は、教材の質を保証するものではなく、提供されたコンテンツによっては、その後比較的良質ものも生まれた[112]が、中には、正誤判定しかできない旧式のドリルにビデオが付いただけというものも見られた。なお、高品質なビデオ画像のオンライン配信やマルチメディアを利用した学習環境の工学的・技術的な研究の面では、90年代の後半以降、大阪大学の細谷行輝も重要な役割を果たした。もともと、日本独文学会のオンラインデータベースの構築プロジェクトのメンバーであった細谷はドイツ語教員の中では傑出したプログラミング技術を持ち、2000年の大阪大学サイバーメディアセンター設置を通じた改革の中で京都大学・千葉大学などとも連携した様々な CALL プロジェクトに関わってきた。その1つである、大阪大学で開発されたコミュニケーションツール「新世界」は、大学における授業だけでなく、池田市と協力して開設された市民講座「サイバー・ユニヴァーシティ」オンライン語学教室を通し、1998年以降は、市民にも開放された[113]。

　この時期の試みでは、多くの場合、オンライン学習用コンテンツを作成し配信するための新しい環境をいかに開発するかということに重点が置かれていた。しかし、こうしたコンテンツの配信だけでなく、CMC による学習者コミュニティの創出、本物のリソースへのアクセス支援、オンライン辞書や検索ツールに代表される学習補助などの諸機能を統合することで協調学習のためのプラットフォームを作ることの意義も、それを利用した自律的な外国語学習モデルのあり方についても、まだ充分に意識されていた訳ではなかった。こうした動きは、学習用コンテンツを配信するための新しい環境開発の試みの中からというよりは、むしろ WebCT や Moodle をはじめとする既存の LMS を利用した授業実践の中で、2000年以降に徐々に生まれて来る[114]。

2．5．日本型 CALL モデルの成立事情
日本のドイツ語教育における CALL の概念の受容

　以上、1980 年代後半から 2000 年頃にかけての、日本のドイツ語教育における CALL の初期の実践の歴史を振り返ってみたが、次に、CALL の多様な展開と理論的な基礎の関わりという観点から、CAI と CALL という 2 つの用語の使用法と解釈の変遷を例にとって、日本のドイツ語 CALL の関係者の間で CALL の実践の理論的な基礎付けがどのようになされてきたかを見てみたい。

　すでに、第 1 章の冒頭で、欧米の CALL 関係者の間では、旧来のドリル型の学習ソフトを使った実践とコミュニカティブな CALL の実践を区別する形で、1984 年頃を転機に徐々に CALL という用語が浸透していった経緯について述べた。そこでは、用語の変化は CALL の実践内容の多様化とその理論的な基礎付けにおける深化を伴っていた。日本のドイツ語 CALL の関係者の場合はどうだったであろうか。文献から振り返る限り、大塚(1992)と新井(1994)を除けば 1994 年まではいずれもすべて CAI または CAL という用語を用いており[115]、1995 年以前には CALL という用語は登場しない。たとえば、初期の CALL 関係者の中では理論的な側面に関して最も多く言及している吉田の場合は、吉田(1992a)の中で、浜野(1990)によりつつ、教える側よりは学ぶ側の視点を考えるならば、Instruction を使った CAI よりは Learning を使った CAL の方が良いという主張もあることは紹介している(吉田 1992a, 92)。しかし、実践全般を指す用語としては CAI という用語をその後も使い続けており、従来からあった狭い意味で使う場合のみそれを「ドリル型の」CAI という表現で限定するにとどまっていた。

　日本語で書かれた文献で、CALL という用語が繰り返し使われた最も初期のものは、町田/柳/山本/スタインバーグ(1991)である。ここでは、CALL が Computer-Assisted Language Learning の略語であることがすでに述べられている (町田/柳/山本/スタインバーグ/ 1991, 48)。ただし、内容的には、CALLL (*Computer-Assisted Language Learning Laboratory*) における語学教育実践という形で CALL が定義されており(町田/柳/山本/スタインバーグ/ 1991, 3)、LL の発展形である CALL 設備と関連させて CALL を捉える日本人の CALL 関係者特有の考え方がここに最初に登場している。その後、文部科学省の政策的な支援もあり、1990 年代の半ば頃から、各大学に CALL 教室が導入され始めるが、それに伴い、CALL という用語は CALL 設備を利用した教育実践というこの理解内容

とともに、CALL 関係者の間で広がっていく。ドイツ語教育の場合もその例外ではない。たとえば、1994 年に広島大学で CALL 研究会を立ち上げた吉田らの場合、同研究会の中心メンバーが 1994 年末に行った座談会の記録を見る限り、まだ主として CAI という用語が使われており、「パソコンネットワークを使用する CAI (*Computer Assisted Instruction*) 機能と従来からある語学演習用の LL を融合させたシステム」(澤田/西田/山崎/吉田/村上 1995, 45)やそれを利用した教育実践という意味でのみ CALL という用語も使われ始めている。ただし、教育実践のレベルでは CAI と CALL は内容的に区別されていない。他方、同じ頃、中央大学の新井裕も「コンピュータ教室に視聴覚教室と LL 教室をドッキングさせた」「現代の CAI」として CALL を捉えている(新井 1994, 15)。こうした理解をもっと明快に表明したのは細谷で、彼は、「CALL（コンピュータ支援外国語学習環境）とは：LL に新たに CA（コンピュータ支援）を付加したもの，すなわち CA-LL である」[116]と定義した。CAI と CALL という 2 つの用語の分布に関して言えば、1995 年から 1996 年頃にかけて突如 CALL という用語が従来の CAI とともに、論文の中で使われはじめ、1997 年以降は、CAI にかわって CALL の方が優勢になる。たとえば、吉田の場合、吉田(1994, 1995a)では、まだ論文のタイトルに CAI が使われているが、吉田(1995b)になると CAI と CALL が同じ概念として併記され、吉田(1996)以降に書かれた論文では、ほとんどすべて CALL の用語に統一される。岩居の場合も同様に岩居(1995)ではまだ論文のタイトルに CAI が使われているが、岩居(1997)になるとほぼ CALL という用語だけになる。ただし、1997 年の時点では、単に用語が切り替わっただけで、そこには内容的な変化はまだ見られない。たとえば、後にドイツ語教育の分野における CALL の理論的な基礎付けで重要な役割を果たす境も、境 (1997)中で、それまでの自分が CALL を Computer-Assisted Language Laboratory だと誤解していたと述べているが、改めて Computer-Assisted Language Learning という略号が表す正確な表現は引用しながらも、この時点での理解は「コンピュータによって支援された言語学習」という用語の直訳にとどまり、外国語学習の分野における従来の CAI という用語に比した内容的な意味での CALL 概念の深化は見られない[117]。当時の状況を象徴的に示した例を挙げるならば、1997 年のドイツ語情報処理研究 9 号では、特集として CALL が取りあげられ、目次では、「特集：CALL」という表題になっているが、本文の表題はすべて「特集：CAI」のままであった。ここ

にも両者の用語の未分化な使用状況が見て取れる。

対面講義型CALL教室の導入と日本型CALLモデルの成立

　以上見てきたように、当時のCALL関係者の考え方に共通する特徴は、CALLをCALL教室における教育実践というように設備の側から定義する傾向と、新しい用語へと「乗り換え」ながらも、内容的には、CAIとCALLの区別が無い点である。しかし、後者の特徴はある意味で前者の帰結に過ぎない。1990年代半ば以降CALL教室が各大学において相継いで導入されたことについては既に述べたが、その背景には、文部科学省の政策的な支援があった。当時、文部科学省は、情報技術を積極的に利用することで人件費をかけずに外国語教育の成果を上げることを期待し、「高度情報化のための私学助成制度」や各種「IT活用事業」を通じ、あるいは各大学からの概算要求に対する「指導」の形で、CALL教室の設置を財政的に後押ししていた。しかし、その際、学生定員数と教室サイズに関して面積あたりの収容人数が多い講義教室をモデルに算出した総面積の大枠がきまっていたこと、当時は端末の導入台数が大学の教育面での努力を評価する指標の1つとなっており、それを気にかける大学上層部が導入台数を増やそうとしたことなどから、限られた大きさの教室に予算が許す限りできるだけたくさんの端末が詰め込まれるケースが多く、教員と学生がフロンタルに向き合う旧来の対面型講義教室のデザインがCALL教室にそのまま持ち込まれた。

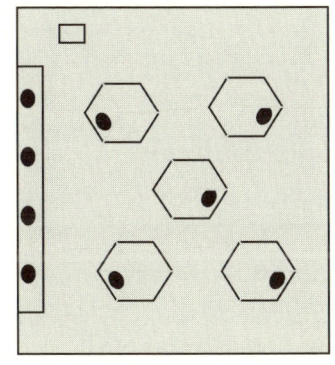

図1：島型の教室レイアウト　　図2：対面型の教室レイアウト

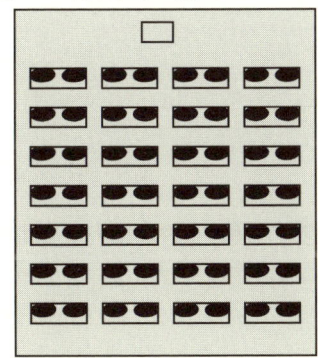

欧米の場合、前ページ図1のように、コミュニカティブな授業に適した、島型に机の配置された通常の外国語教育用教室に1台また1台とPCが徐々に導入されたため、当初からパートナー学習やグループ学習などの作業形態を前提としたコミュニカティブなCALLモデルをどう考えるかが問題となり、それがまたCALL第2期の実践を支えた技術的な条件であった。それに対し、日本のCALL教室は、前ページ図2のようなそのレイアウト自体からもわかるように、対面型授業や個人作業のみを前提にし、コミュニカティブな授業や協調的な学習と親和性のある教室環境ではなかった[118]。このように行動主義の流れをくむLL設備の延長上に対面講義型CALL教室がある日突然作られ、そこでの教育実践という形でCALLが広がった[119]という事実は、日本におけるCALLが、その用語とは裏腹に、旧来のCAI型のCALLモデルを主に受容し、学習者が、最新の情報機器とドリル型のソフト（多くの場合 e-Learning 教材と称されるコースウェア）を利用しつつひとりで端末に向き合って行うトレーニング学習と講義型授業の組み合わせに重点をおく日本型CALLとでもいうべき特殊なCALLモデルを生み出す要因となった。日本におけるティーチャー・プログラマーの実践において、ドリル型教材が偏重されていたことについては既に指摘したが、それも、こうした事情と無縁ではない。80年代の半ばには、すでに、コミュニカティブ・アプローチが日本のドイツ語教育の現場にも入りはじめ、90年代の前半には、多くの教員が従来の文法翻訳型の授業とは異なるスタイルの授業を試みはじめる。しかし、その時期の日本のドイツ語教育におけるCALL実践はそれらの授業改革の動きとは必ずしも関係のないところで行われていた。そのため、「はじめに」の中でも指摘したように、コミュニカティブな授業に積極的に取り組んでいる教員の側からは、「コミュニケーションを主体とした外国語学習とは相容れない」という批判を受けることにもつながった。

2．6．日本型CALLモデルの一面性からの脱却の動き

こうした状況が変化し、それまでの実践の理論的な整理の上に立って、CALLという用語の理解が深化しはじめるのは、ドイツ語CALLの分野では1997年から1999年頃にかけてである。その1つの理由は、インターネットの普及が進み、ネットワークに接続したコンピュータを使える環境さえあれば、CALL教室が無くてもプロジェクト型授業を含むCALLの様々な実践が可能になったことに

より、CALL 設備に引き寄せて定義する仕方が、直感的にも合わなくなり始めたことである。また、インターネットの持つ本物のリソースとしての側面、公的な表現空間や作業空間としての役割、CMC による遠隔コミュニケーション等の機能を利用した CALL 第3期の実践を通して、明確に理論化されてはいなくても日本型 CALL モデルに収まらない新しいタイプの実践が始まったことも挙げられる。他方、もう1つの決定的な要因は教授理論の変遷と情報技術の発展という2つの観点から過去35年ほどの CALL の歴史を概括した Levy(1997)などの新しい文献が登場し、それに触発されて、ドイツ語教育における CALL の過去の実践と将来展望についても、同じような観点から理論的に捉え返すような作業が個々の研究者においてこの時期になされていったことである[120]。その結果が端的に現れたできごととしては、1999 年秋季日本独文学会（徳島大学 10/16-17）において、境、吉田、岩居、桂、岩崎、細谷らが行ったシンポジウム『コンピュータ支援ドイツ語学習（CALL）の現状と展望』を挙げることができる。これは、CALL をテーマとした全国学会レベルでの初めてのシンポジウムであったが、そこにおいて、吉田と境は、それぞれ、ドリル型 CAI から、コミュニカティブな CALL へ、そしてインターネットとマルチメディアを利用したプロジェクト型 CALL へというこれまでの CALL の歴史的な展開を踏まえ、必ずしも大規模設備を必要としない CALL の多様な可能性に触れる（吉田）とともに、日本におけるドイツ語教育（DaF）の理念や実際のカリキュラムとの関連で CALL の役割を議論する必要性や、それを前提にした CALL 教材の開発支援や評価体制の整備の必要性（境）などの CALL の抱える問題点を論じた。この2人の問題提起に限って言えば、ほぼこの時点で、日本のドイツ語教育における CALL を巡る議論が、単なる実践報告や実践のタイプの分類、コンピュータの有用性や利便性の指摘という従来の水準を超え、ようやく国際的なレベルに追いついてきたと言える。2000 年には、さらに、当時の関西ドイツ文化センター（Goethe-Institut Kansai）の語学部長であった Michael Müller-Verweyen と吉田光演が世話人となり、当時の EUROCALL の会長であった B. Rüschoff を講師として招き、「インターネット時代の外国語教育」をテーマとした2日間に渡るシンポジウムとワークショップが広島大学で開かれた(岩崎 2001)。そこでは、CALLを単なる方法論（Methodik）のレベルでとらえるのではなく、インターネットに代表される高度情報化社会における外国語学習の枠組みそのものを問いなお

し、社会的協働を通して知識は構成されていくと考える社会構成主義的あるいは社会構築主義な学習観の下で、外国語学習が持つべき様々な機能を補助するために情報コミュニケーション技術がどのような形で貢献できるかが問題とされた(Rüschoff/Wolff 1999) (Rüschoff/Ritter 2001)。また、各地でCALLに取り組んでいるドイツ語教員の授業紹介や交流および情報交換がおこなわれ、これまで、各教員の個人的な関心や問題意識で行われてきた実践がようやく線として結びつき始めることになった。このシンポジウムの意義は、既に展開されていたインターネットを利用したプロジェクト学習や協調学習などの実践を教授理論上の新しい展開と結びつけて理論的にも基礎付ける道筋を開いたことであろう。境は、このシンポジウムを契機として、エッセン大学のRüschoffの研究室に客員研究員として招かれ、その後ヨーロッパにおけるCALLの最新事情を広く紹介するとともに、自らの実践と、若手研究者や大学院生に対する教員研修・再研修を通じて、ドイツ語教育の分野でのCALL研究と啓蒙活動を主導していく[121]。こうした事情を今日振り返るならば、1999年と2000年の両シンポジウムの時期を１つの区切りとして、創成期の試行錯誤の時代が終わり、日本のドイツ語教育におけるCALLも日本型CALLの一面性から徐々に脱して、それ以外のCALLモデルも共存する[122]新しい段階に入って行ったと言えるのではないだろうか。

　もちろん、2000年以降も各地の大学でますます加速したCALL設備の設置を背景として、工学的なアプローチで開発されたいわゆる「マルチメディア外国語学習システム」や「e-Learnigシステム」の導入に引きずられる形での日本型CALL事例も多く、CALLやCAIの用語ひとつ取っても混同は依然として続いている。また、日本のドイツ語教育の現場を踏まえたうえでのCALLの多様な実践と評価法の確立、またそれを基礎付けるCALLの教授理論的・歴史的な研究もこれからであり、文献を見ても玉石混淆の状態は否めない。にもかかわらず、新しい段階に来ていると言えるのは、たとえば2005年までの５年間だけに限ってみても、以下の論文が示すように、2000年以降、ドイツ語授業においても何らかの形で情報コミュニケーション技術を利用することは当たり前の事態となり、各教員のレベルでも様々な試みがなされて来たこともあって、CALLはドイツ語教育や教授法の分野における日常的なテーマとして完全に定着したからである (浅沼 2000) (市岡 2000) (岩居 2000a, 2000b, 2002, 2003) (桂 2000) (栗

山 2000) (境 2000, 2001, 2003, 2004) (塩谷 2000, 2001) (Tabata 2000) (中村 2000, 2002) (吉田 2000) (岩井 2001) (佐々木 2001) (金井 2001) (坂野 2001) (武次 2001) (永井 2000, 2002, 2003, 2005) (太田 2000-2001) (岡野 2001, 2002) (保坂 2001) (安藤 2002) (Iwai/Jaspersen 2002) (岩崎 2002a, 20002b, 2003, 2004a, 2004b, 2005a, 2005b) (大阪大学言語文化部他編 2002, 2003) (Schlak 2002, 2003, 2004) (田畑 2002, 2005) (岩居/市岡 2003) (倉田 2003) (北原 2003) (Tanaka/ Seino 2003) (田畑/田中 2003) (細谷 2003, 2004) (小野/舟杉 2004) (Sakai 2004) (山本 2004) (吉田/田中 2004) (渡辺2004a, 2004b) (渡辺/西平2004, 2005a, 2005b) (尾方 2005) (Gunske von Kölln 2005a, 2005b, 2005c, 2005d, 2005e) (坂間 2005) (杉浦 2005) (濱野 2005)。また、CALL の知見がドイツ語教員養成プログラムの不可欠の一部と見なされるようになってきた(吉島/境 2003)ことも重要である。たとえば、2005 年春の日本独文学会主催のドイツ語教授法ゼミナールにおいて、「外国語学習における情報コミュニケーション技術」（*Informations- und Kommunikations-technologie (ICT) beim Fremdsprachenlernen*）というテーマの下に初めて CALL が主要課題として取りあげられたことなども、それを象徴するできごとの１つであった。

第3章：日本のドイツ語教育における CALL の可能性

　前章においては、CALL の歴史的な展開とその多様な事例を振り返りながら、外国語教育理論の発展とそれが目指すものを実現可能にする新しい情報環境の出現について論じてきた。本章では、そうした議論を踏まえ、今日のドイツ語教育における CALL の事例について具体的に紹介する。

3．1．統合的学習環境：外国語教育における6つの部屋のメタファー

　第1章および第2章では、今日の CALL 実践の背後にある社会構成主義的な学習観について触れたが、こうした教育全般におけるパラダイムの転換は、実際の外国語授業のありようを、具体的にどのように変えていくのであろうか。たとえば、Rüschoff/Ritter(2001)は、社会構成主義的な観点から、今日の外国語教育に必要とされる統合的な学習環境の機能を、Legutke(1998)に依拠して、図1のような6つの部屋のメタファーで表している。

図1：統合的学習環境：外国語教育における6つの部屋のメタファー

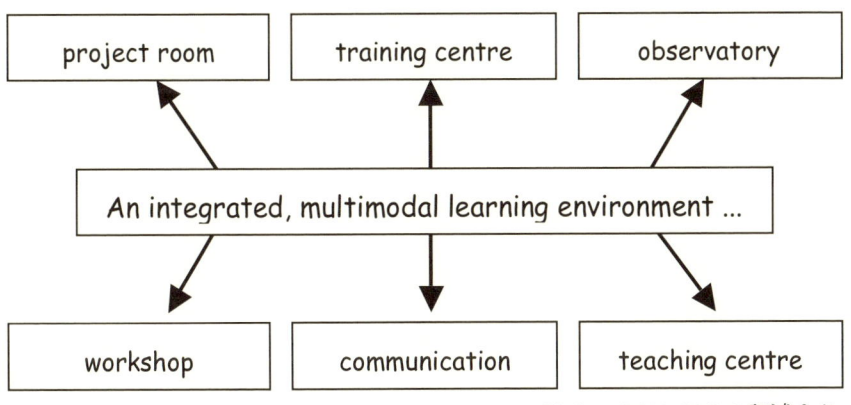

```
project room    training centre    observatory
        ↖           ↑           ↗
     An integrated, multimodal learning environment ...
        ↙           ↓           ↘
   workshop      communication    teaching centre
```

Rüschoff/Ritter (2001, 230)の記述より

　ここで、teaching centre という比喩で表されているのは、伝統的な言語授業のなかで中心を占めていた、いわゆる教えたり説明したりするティーチング機能のことである。また、training centre は、言語授業が持つ繰り返し練習やトレー

ニングの機能を表しており、歴史的には、オーディオリンガリズムの時代にその重要性が強調された領域である。communication centre は、授業におけるコミュニカティブな活動の側面で、いわゆるコミュニカティブ・アプローチのなかで提案された学習活動のタイプを意味し、言語学習ゲームなどの枠組みによる本物のタスク (Aufgabe / task) を持った教室活動から、メール等を使ったタンデムやビデオ会議などの実際のコミュニケーションを含む。observatory (観察室) という比喩では、本物のデータを観察・分析し、それを基に仮説を立て、実験的な手法でそれを検証するという自己発見型学習により言語意識 (Sprachbewusstsein / language awareness：たとえば、言語構造や言語の持つ規則性についての意識的な把握など) や言語学習意識 (Sprachlernbewusstsein / language learning awareness：たとえば自分にあった学習法の発見など) を高めていこうとする側面が問題となっている。それに対して、project room は、学習活動の中心となるべきプロセス重視のプロジェクト型学習の側面を表し、workshop という比喩は、教室がそうしたプロジェクトを実行しそこでプレゼンテーションまでできるような様々な道具や環境をそろえた工房兼発表空間としての性格を持つべきであることを示している。

　これまでの伝統的な外国語授業では、ティーチングとトレーニングに重点が置かれ、それに少しはコミュニケーションの側面も加わるというケースが多かった。しかし、Rüschoff らは、この6つの側面を外国語学習の初級の段階から、バランスよく行うことを主張している。それどころか、ティーチングやトレーニングの側面は、多くの場合プロジェクト型学習における具体的な目標の実現や特定のコミュニケーション活動の遂行に必要な下位の目標として位置づけられ、それ自体は必ずしも自己目的とされていない。言葉を使って実際に何かを実現したり、意味のあることを体験したりすることそのものが、最初から、学習の中心とされているのである。また、従来は、主にティーチングを通じて行われていた文法学習などの分野でも、たとえばコーパスを利用して作った例文シートを使った文法規則の自己発見(Tribble/Jones 1997)など、課題の組み立てを工夫することで自己発見型の学習にシフトできるものは、それを目指しており、ティーチングと言っても伝達型の学習モデルを前提にしているわけではない。Rüschoff らによる提案は、今日の外国語教育のあるべき姿をどう考えるかという本質的な問題に関わる。したがって、CALL を単なる授業技術の問題として

ではなく、外国語教育の本質に関わる問題として把えるならば、このレベルに立ち戻って考える必要がある。以下では、CALL がこれらの側面のそれぞれにおいてどのような貢献できるかを具体的な事例を挙げて考えていきたい。

3．2．ティーチング機能と CALL

すでに多くの大学ではインターネット上でのシラバス提供を行っているが、ティーチング機能の分野における CALL の貢献例としては、そうしたシラバスなどのサイトにリンクさせる形で、授業で扱った学習項目を簡単にまとめた復習ページなどの学習用サイトが挙げられる。一般に、学習用サイトにおける学習項目の説明は、1）ステップごとの解説、2）例の提示・ヒントやオンライン辞書などの支援機能、3）フィードバック機能を備えた確認問題、の3つをセットにし、学習者が受け身的にならず、理解したことを確認しながら段階的に進める形が望ましいとされている。ただし、これらは、既に多くの e-Learning システムにおいても実現されており、コンセプト的にも行動主義時代のプログラム学習の域を出るものではなく、Present-Practise-Produce paradigma (Rüschoff/Ritter 2001, 223)という古い伝達型の学習モデルに基づくものに過ぎない。この方式は、学習すべき項目を細切れにして少しずつ扱うことで学習しやすくしてはいるが、基本的には、記憶力（＝概念的な知識の記憶）にのみ極端な負担をかける学習方法であって、一部の学習者タイプには向くが、すべての学習者にとって最善の方法ではない。しかしながら、日本人のドイツ語初級者が利用できる文法の教科書やドイツ語学習用のオンラインサイトの大部分が、文法規則の骨格の簡単な説明とせいぜいそれに付随したドリルを各項目ごとに数題程度しか提供してくれない現状では、たとえ古いタイプのものでも、学習したことを段階的に確認できるサイトを作ることは1つの前進である。授業で習ったことを復習する際の概念的なまとめということであればこうした形式のサイトを作ることの意義は少なくない。また、教科書や通常の副教材とは異なり、紙幅の制限がないので、かなり網羅的な情報を関連リンクの形でたたみ込んで載せ、必要な場合にのみ、それを呼び出せるような構成も可能である。そのうえ、説明すべき事柄を、文字による説明や、視覚的な情報や、音声などの複数の経路で同時に提示できることも CALL ならではの利点である。

第3章：日本のドイツ語教育における CALL の応用例

図1：「電脳独語教室」より

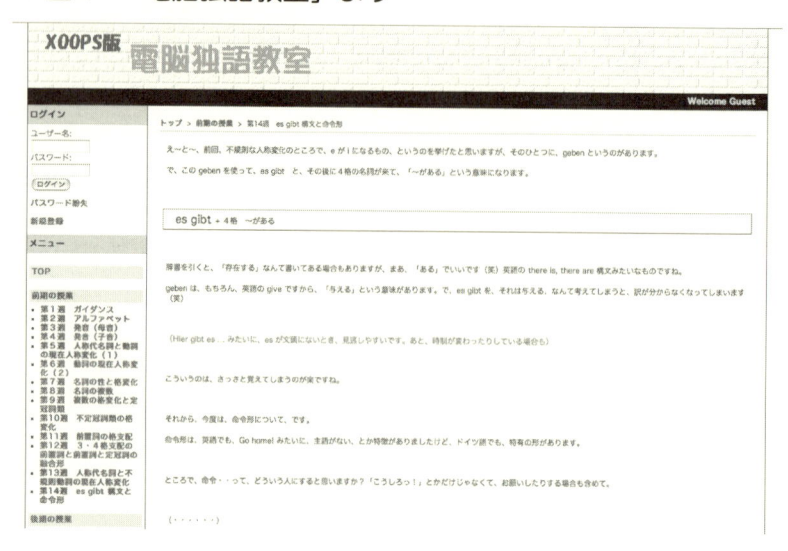

図2：「CALL ドイツ語」より

第3章：日本のドイツ語教育における CALL の応用例

図3：「ドイツ語発音・聴き取りクリニック」より

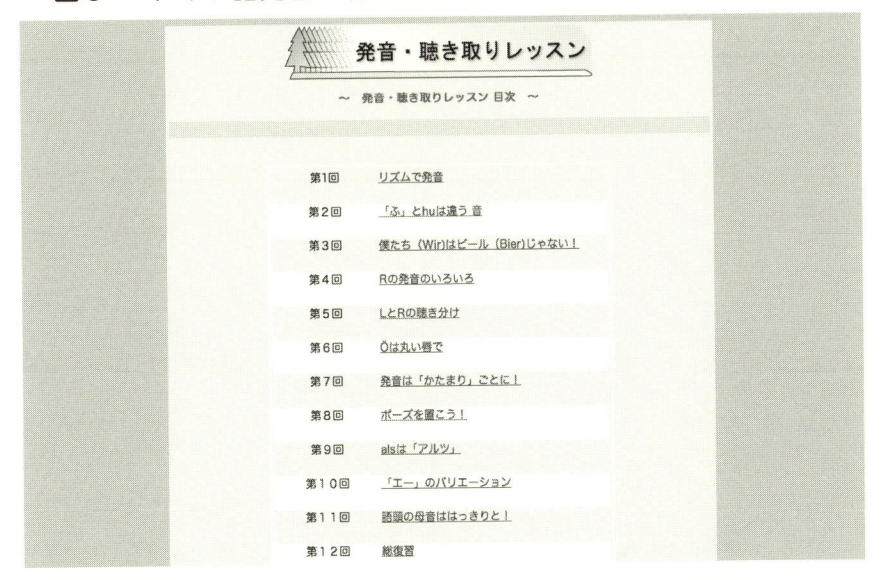

発音・聴き取りレッスン
～ 発音・聴き取りレッスン 目次 ～

第1回	リズムで発音
第2回	「ふ」とhuは違う音
第3回	僕たち（Wir）はビール（Bier）じゃない！
第4回	Rの発音のいろいろ
第5回	LとRの聴き分け
第6回	Öは丸い唇で
第7回	発音は「かたまり」ごとに！
第8回	ポーズを置こう！
第9回	alsは「アルツ」
第10回	「エー」のバリエーション
第11回	語頭の母音ははっきりと！
第12回	総復習

図4：「ドイツ語スピーキング講座　文字と発音の基礎」より

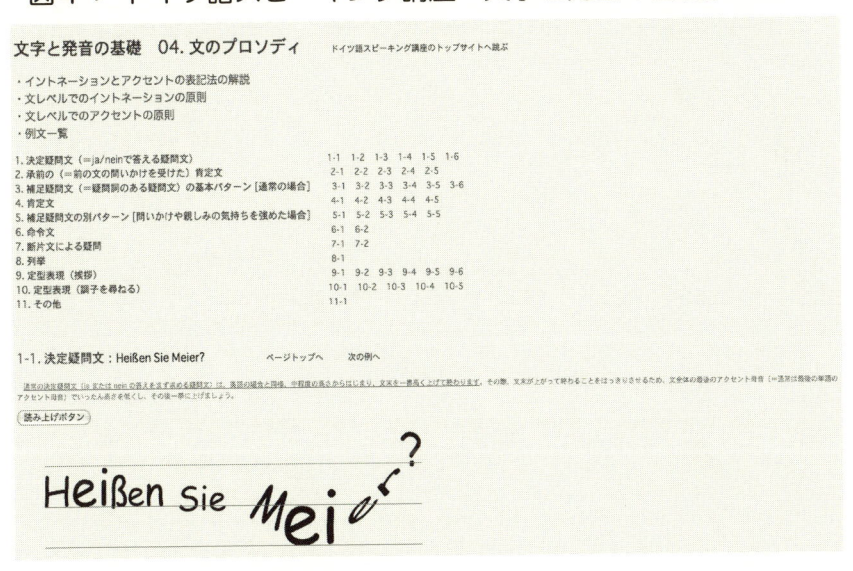

文字と発音の基礎　04. 文のプロソディ　　ドイツ語スピーキング講座のトップサイトへ跳ぶ

・イントネーションとアクセントの表記法の解説
・文レベルでのイントネーションの原則
・文レベルでのアクセントの原則
・例文一覧

1. 決定疑問文（＝ja/neinで答える疑問文）	1-1　1-2　1-3　1-4　1-5　1-6
2. 承前の（＝前の文の問いかけを受けた）肯定文	2-1　2-2　2-3　2-4　2-5
3. 補足疑問文（＝疑問詞のある疑問文）の基本パターン [通常の場合]	3-1　3-2　3-3　3-4　3-5　3-6
4. 肯定文	4-1　4-2　4-3　4-4　4-5
5. 補足疑問文の別パターン [問いかけや親しみの気持ちを強めた場合]	5-1　5-2　5-3　5-4　5-5
6. 命令文	6-1　6-2
7. 断片文による疑問	7-1　7-2
8. 列挙	8-1
9. 定型表現（挨拶）	9-1　9-2　9-3　9-4　9-5　9-6
10. 定型表現（調子を尋ねる）	10-1　10-2　10-3　10-4　10-5
11. その他	11-1

1-1. 決定疑問文：Heißen Sie Meier?　　ページトップへ　　次の例へ

通常の決定疑問文（ja または nein で答えをまず求める疑問文）では、語気の補佐の隆盛、中程度の高さからはじまり、文末までー貫して上げて終わります。その際、文末が上がって終わることをはっきりさせるため、文全体の最後のアクセント母音（＝通常は最後の単語のアクセント母音）でいっそう大きく書を高くし、その後一挙に上げましょう。

(読み上げボタン)

Heißen Sie Meier?

こうしたサイトの例としては、文法解説では、「XOOPS 版　電脳独語教室[123]」（図1）や「CALL　ドイツ語[124]」（図2）などがあり、発音解説等では、「ドイツ語発音・聴き取りクリニック[125]」（図3）や「ドイツ語スピーキング講座[126]」（図4[127]）などがある。ただし、忘れてはならないのは、これらにより、文法・文型・語彙・発音などの知識を細分化した規則の形で伝達することはできても、それが実際の運用能力に転移するかどうかは保証の限りではなく、この部分を補う活動は、トレーニングやコミュニケーション活動を通じて別途考える必要があることである。

以上に挙げた例は、あくまで Present-Practise-Produce paradigma という伝達型の学習モデルに基づくものであるが、それとは異なり、Observe-Hypothesise-Experiment cycle (Rüschoff/Ritter 2001, 223)を利用した自己発見法的なコンセプトに基づく学習の形を取り入れれば、文法学習等においてもある程度は実際の運用能力と結びついた形で規則等を学ぶことができる。

図5：「ああそうなんだ、ドイツ語」より

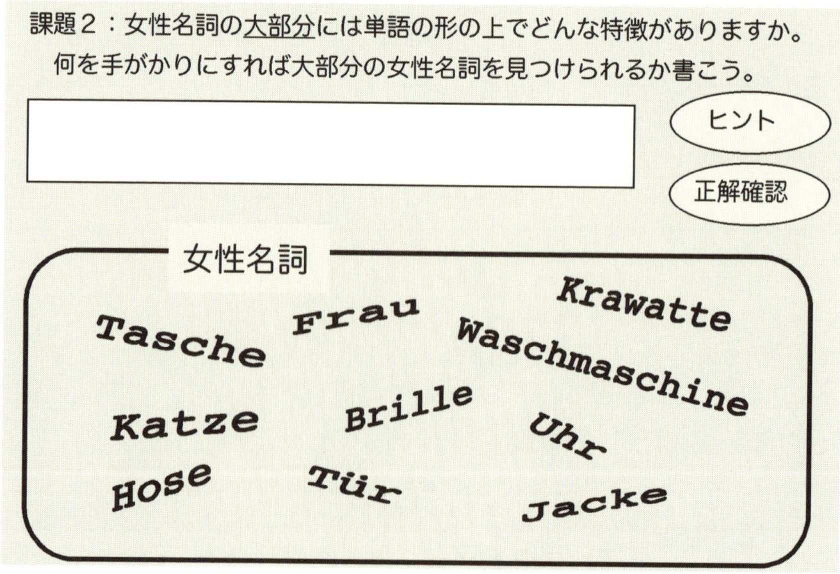

課題2：女性名詞の大部分には単語の形の上でどんな特徴がありますか。
何を手がかりにすれば大部分の女性名詞を見つけられるか書こう。

ヒント
正解確認

女性名詞
Tasche　Frau　Krawatte
　　　　　Waschmaschine
Katze　Brille　Uhr
Hose　Tür　Jacke

第3章：日本のドイツ語教育における CALL の応用例

図5はその一例であるが、たとえば、ドイツ語の名詞の性の学習の際に、「女性名詞は形態的な特徴として e で終わるものが多い」等の、比較的簡単に見つけられる大まかな実用的規則 (*Daumenregel / rule of thumb*) を自己発見型の学習活動を通じて教えるために著者が作成した CALL 教材の一部である。これは、時間もほとんどかからず比較的簡単に規則性を発見できる例であるが、実際に手を動かす作業を通して規則を学んで行くので、一斉授業において単に規則を説明し、覚えておきなさいと指示する場合に比べ、記憶に残りやすい。なお、この種の規則発見型の学習において、次のステップとして特に重要なのは、学んだ規則を実際に自由に試せるような実験的な仕掛けもまたオンライン上に用意しておくことである。たとえば、図5で挙げた名詞の性の場合であれば、ドイツ語のテキストを自由に入力できるフォームと分析用のボタンを用意し、そこに直接ドイツ語を書き込んだり他のテキストをカット＆ペーストで貼り付けて各種の分析用ボタンを押すと、テキストの中から男性名詞・中性名詞、中性名詞、複数形をそれぞれ浮き彫りにさせたり、e で終わる女性名詞のように特徴的な語尾のある名詞と語尾の部分だけをマーキングしたりするようなサイトである。これらは、技術的には、第2章で触れた CALL 発展の第2期に見られた生成型のプログラムの応用例だが、WWW 経由で提供するという発想と、入力データを参照分析するための辞書情報を備えたデータベースの存在を前提にしているところが新しい。この種の実験用サイトの活用分野としては、他にも、ドイツ語の文法における最大の難関と言われている冠詞類や形容詞の活用などが挙げられる。冠詞類の活用を単に表の形で提示して「覚えなさい」と指示するだけではなく、前置詞や名詞を入れて冠詞や形容詞を指定するとそれらを自由に活用させてくれるような文法シミュレーションプログラムなどがその例である[128]。

　自己発見的な方法による学習といっても、学習対象者のタイプや与えられた時間と学習目標によっては、常にそれが最適とは限らない。また、学習時間の限られた日本の高等教育機関におけるドイツ語学習という文脈で考えた場合、すべてをそのような方法で学習するというのは、現実的でもなく、この観点からのみ学習項目の全体を順序立てて組み立てることは不可能である。したがって、一般的なドイツ語の学習者を対象にした学習用サイトを作るのであれば、Present-Practise-Produce paradigma に基づき個々の学習項目をモジュール化してど

こからでも始められるようにしたうえで、項目ごとに段階的に学習する形を基本にしつつ、Observe-Hypothesise-Experiment cycle に基づく自己発見的な方法で導入可能な部分はそれに置き換えていくという妥協的なコンセプトを取らざるを得ない[129]。そしてそれを補う形で学習した知識を自ら実験的な手法で試せるような様々な仕掛けを用意するというあたりが現実的な方策であろう。なお、ある時点で必要な学習項目やその学習順序は学習者や教員に依存するので、個々の学習項目のモジュール化に留まらず、体系化された全体の単元の中で、いま、どのモジュールを学習しようとしているのかが、学習者にわかるようなシラバス、サイトマップ、索引、FAQ 等を用意することも必要である。そのうえで、さらに個別の質問やカウンセリングが可能になるよう、教員と学習者あるいは学習者相互がオンラインでやりとりできる LMS 上のフォーラムや質問掲示板など、双方向性と公開性のある学習環境を保障しておくことも重要である。なお、学習すべき項目をある程度網羅的にまとめたような学習用サイトは通常の授業支援のほかに、授業を休んだ学生が復習の形で未修項目を補ったり、授業についていくのが難しい学生をフォローしたりするリメディアル教育や、逆に能力と学習意欲のより高い学生のための追加学習等にも利用できる。

3．3．トレーニング機能と CALL

外国語学習においてトレーニングの側面は避けて通れない。それは繰り返し行う必要があるために時間を要する作業であり、また人により習得のテンポが異なるため、学習者ごとに異なった項目や難易度や量の学習メニューが必要である。しかしながら、教養課程におけるドイツ語授業のように、ただでさえ少ない授業時間の中で、しかも一斉授業形式を前提として授業をする場合、個々の学習者が必要とする内容と形式のトレーニングを行うための時間を充分に確保することは難しい。特に、限られた授業時間の中において、コミュニケーション活動や自己発見型学習やプロジェクト型学習のような授業の中でしかできない学習活動に重点を置こうとするならば、教授機能の一部やトレーニング機能の大部分は、授業外に移さざるを得ない。したがって、CALL におけるトレーニング型学習は、原則として授業の中では課題と目的と使い方を説明して試させる程度に留め、残りは自習の場で個々に取り組ませて継続的にサポートするという扱い方をすべきであろう。ただし、課題を与え、自分で自由にやりな

さいと指示しても、実際には続かない。やはり、カリキュラム全体の中で、内容や到達目標を含むきちんとした位置づけが必要である。また、何らかの内的な動機付けも重要で、そのためには、たとえば、こうしたトレーニングの必要性を学習者自身が納得できるようなプロジェクト課題やコミュニケーション上の目的等を、より大きな枠組みとして授業の中で設定することも効果的である[130]。CALL によるトレーニング型学習は自習が前提になるので、技術的には学習者がインターネット経由でどこからでも自由にアクセスでき繰り返し練習できることが最低限の条件であり、課題にはヒントやフィードバックなどの支援機能も必ず付けなければならない。また、単に学習履歴を教員が見られるだけでなく、学習者自身が確認できることも、学習に対する動機付けと学習者による自己責任の促進という観点から重要である。継続的に学習をサポートするためには学習者が教員に自由に質問しオンラインでやりとりできるような機能も不可欠である。さらに、作成および管理運営という観点からは、オンライン上で、教材作成・編集管理ができることが望ましい。それによって複数の教員のコラボレーションが可能になり、教材作成にかかる労力も分散できる。

これまでは、教材作成ソフトや配信ソフトの限界もあり、かなりの費用を投じて専門業者等に委託して作り込まない限りは、作成・配信できる問題のタイプも伝統的なマルチプルチョイスや穴埋め問題に限られていた。しかし、最近では、外国語教育に特化した様々な問題タイプ(Neuner et al. 1981)やマルチメディアにも対応した、HOT POTATOES のような WBT システム（*Web-based Training System*）[131] もあれば、品詞や活用等を分析する辞書機能と多様な問題作成機能を持つ LingoFox[132]のような教材作成ソフト等もあり、トレーニング型 CALL 教材の作成に対する技術的な敷居は低くなって来ている。

なお、こうしたトレーニング型のソフトが適する技能の分野は、文法、発音、リスニング、リーディング、文レベルでの和文独訳、音声データを使った定型的な対話練習等である。ここでは、こうしたトレーニング用サイトの実例として和文独訳用サイト「サッと独作」と文法課題作成システム DGSG を挙げることにする。これらは、いずれも著者らが広島大学で開発したものである。

第3章：日本のドイツ語教育における CALL の応用例

事例1：オンライン型和文独訳課題「サッと独作」

　「サッと独作」は、安田女子大学の西村則久氏が開発したインターネット上で動く欧文自動添削ソフト「サッと英作」[133] (西村/明関/安村 1999)を利用して作成された和文独訳の課題集[134]である。著者は 2002 年秋から実際に広島大学の教養教育ドイツ語の授業でこれを使っている。

　一般に、「本」・「イス」・「食べる」のような、認知的に最も特徴的 (*salient*) な基礎概念 (*Basiskonzept / basic concept*) (Kleiber 1993, 55)レベルの名詞や動詞等に関しては、ドイツ語と日本語の場合でもそれほど語彙の違いはない。しかし文のレベルになると、欧米語と日本語の間では事柄に対する概念把握の枠組みが異なる場合が多い。また副詞や形容詞の語場のずれは、単語レベルでもかなり大きい。したがって、日本語から類推してやみくもに作文するのではなく、日本語の表現に対応するドイツ語のイディオムを必要に応じてヒントなどの形で受け取り、それらをもとにドイツ語らしい文を作るトレーニングを通してドイツ語らしい表現のパターンを学ぶことが、目標とすべき自由作文（＝パラグラフのレベルでのライティング）能力の養成のための、不可欠のステップである。また、ドイツ語のライティングにおいては、英語に比較して多様な語形変化や、文脈やニュアンスによって変わる語順の問題などを考慮せざるを得ず、語彙だけでなく、特にこれらの2点に焦点を絞った練習も必要となる。

　著者らが「サッと独作」を作るに当たって利用したオンライン版欧文添削ソフト「サッと英作」には、こうした要求に応えることのできる以下のような特徴がある。

1）原理的には数万通りの解答のバリエーションに対応できる。

　従来型のドリルソフトでは、あらかじめ登録した解答と文字通り完全に一致するかどうかを基準として正誤判定がなされるため、別解のある場合は、それをそのまま全て登録しなければならない。そのため、たとえば、HOT POTATOES のように複数解を上限無しに登録できる問題作成ソフトではあっても、ひとつひとつ別解を登録する方式では、登録できる解答は実用のレベルでは1つの問題文につき、数個からせいぜい 10 数個程度が限度である。それに対し、「サッと英作」は、代替可能な表現を角カッコの中に列挙したり、省略可能な表現を丸カッコで囲んだりする、BUD 言語という特別の表記法を使うことで、細部の微妙な表現の違いの組み合わせによって生じる十数個以上の正解例を1行のデ

ータで簡潔に登録できる。そのため、問題登録の労力を考えた実用のレベルでも 10 行程度の記述で3桁のオーダーの多様な解答を登録でき、正誤判定にかかる時間を考慮しても原理的には数万通りの正解のバリエーションに対応できる。

BUD 言語の仕様[135]

そのまま：最も単純なＢＵＤ言語は、正解例をそのまま書いたものです。
ただし、文頭も小文字で書きます。

BUD	it was 8. it was eight. it was 8 o'clock. it was eight o'clock.	正解	it was 8. it was eight. it was 8 o'clock. it was eight o'clock.

交換可能：そのまま書いた中で、交換可能な語句を[ ]記号で囲んでカンマ","で区切ります。

BUD	it was [8, eight]. it was [8, eight] o'clock.	正解	it was 8. it was eight. it was 8 o'clock. it was eight o'clock.

省略可能：省略可能な語句を( )記号で囲みます。

BUD	it was [8, eight] (o'clock).	正解	it was 8. it was eight. it was 8 o'clock. it was eight o'clock.

多重括弧：[ ]記号や( )記号は、多重表現ができます。

BUD	he took his child(ren) to the [forest, wood(s)].
正解	He took his children to the forest. He took his child to the forest. He took his children to the woods. He took his child to the woods. He took his children to the wood. He took his child to the wood.

下のようにＢＵＤ言語をちょっと書き加えると正解例はどんどん増えます。

BUD	he took his [child(ren), kid(s)] to the [forest, wood(s)].
正解	He took his children to the forest. He took his child to the forest. He took his kids to the forest. He took his kid to the forest. He took his children to the woods. He took his child to the woods. He took his kids to the woods. He took his kid to the woods. He took his children to the wood. He took his child to the wood. He took his kids to the wood. He took his kid to the wood.

呼応関係：呼応する語句は、＜＞記号で囲んでカンマで区切ります。対応する順に書きます。

BUD	unless <one is, you are, we are> aware of the need to change <one's, your, our> behavior, <one, you, we> will never do so.
正解	Unless one is aware of the need to change one's behavior, one will never do so. Unless you are aware of the need to change your behavior, you will never do so. Unless we are aware of the need to change our behavior, we will never do so.

```
移動語句：文中の異なる場所で存在可能な語句は、{ }記号で囲みます。
```

BUD	{also,} you can {also} take out the foods{, also}.
正解	Also, you can take out the foods. You can also take out the foods. You can take out the foods, also.

```
排他関係：同時に存在できない語句には、*記号を付けます。
```

BUD	the (decisive*) home run made the team's victory [definite, decisive*, certain].
正解	The decisive home run made the team's victory definite. The home run made the team's victory definite. The decisive home run made the team's victory decisive. The decisive home run made the team's victory certain. The home run made the team's victory certain.

The decisive home run made the team's victory decisive. が排除されています。

(以下　略)

2）正解例を基準とした添削機能を持った唯一のソフトである。

　「サッと英作」は学習者が入力した作文と BUD 言語から生成された数多くの解答との間の類似性を、「両者の中で使われている同じ単語を各々線で結んだとき交差しない線が何本引けるか」という形式的な基準だけを使って瞬時に序列化し、一番類似性が高いと判断された解答をまず正解として選び出す(西村/明関/安村 1999, 4391)。次に、学習者が入力した作文とその正解との違いを通常の添削スタイルで指摘していく。したがって、学習者の側からすれば、自分が書いた作文例に最も近い正解をもとに教員が行う赤ペンによるチェックと同じような「添削指導」を受けられることになる。

3）独作文には並び替えモードと作文モードがある。

　「サッと英作」には、あらかじめ全ての単語を与えて並べ替えさせる並び替えモードがあるが、HOT POTATOES における並び替え問題とは異なり、並び替

えた個々の単語をさらに書き換えることが可能なので、あらかじめ与える語彙として不定形の動詞や活用前の冠詞などを使えば、語順と語形変化を中心とする文法的な知識の実践的な適用に重点を置いた課題を作成することができる。

4）ヒント機能とフィードバック機能が充実している。
　登録しておいた一般的な指示やヒントをあらかじめ表示したり、正解後に一般的な解説を表示したりできるだけでなく、表題付きのヒントボタンを複数用意することができる。また、あらかじめ想定した特定の誤りのパターンが、学習者の書き込んだ作文に見られた場合、そこに焦点を絞った特定のフィードバックを返す機能がある。回答を許容する回数は、問題作成者が、あらかじめ指定することができる。たとえば、回答の回数を2回と指定した場合、最初の回答に対する添削と、誤りのパターンに即したフィードバックをもとにさらに作文を自分で直すことが可能である。なお、最終的なチェックの後には、添削によって「たどり着いた」正解例以外にも、複数の他の正解例が表示される。

5）教員へメールを送る機能がある。
　最終的に指定された回数内に正解にたどり着けず、添削による正解例が表示された場合も、添削結果に納得がいかなければ、「私の答えでもいいんじゃないでしょうか」と書かれたボタンを押すことで、自分の回答をサイトの管理者である教員に自動的にメールすることができる。

以下では、これらの機能を利用して作られたオンライン和文独訳課題集「サッと独作」の添削例について具体的に見ていく。

図1：ログイン画面

以下を記入してください。

学籍番号	u1234567890
メールアドレス	katsuiwa@hiroshima-u.ac.jp

（スタート）

第3章：日本のドイツ語教育における CALL の応用例

　図1は、ログイン画面である。ログイン画面の「学籍番号」は、メールアドレスとの組み合わせで学習者を識別する際の登録名である。管理者の側で特定の範囲の学籍番号にあらかじめ指定しておくこともできるが、そうでない場合は、学籍番号でも名前でも自由に登録できる。メールアドレスは、「私の答えでもいいんじゃないでしょうか」ボタンを押して教員（管理者）へ質問メールを自動送信する際の返信用アドレスになるので、正確に書かせる必要がある。毎回同じ学籍番号（あるいは登録名）とメールアドレスでログインすれば、学習者は、それまでの自分の学習履歴を見ることができる。図2および図3はそれぞれ、並び替えモードと作文モードの課題一覧画面を一部抜粋したものである。並べ替えモードの方は、原則として必要な語彙は全てそのまま与え、その課題において特に考えさせたい語形変化がある場合のみ、それを含む単語だけを不定形や基本形の形で与えている。

図2：並べ替えモードの課題一覧(一部抜粋)

Q062：私の趣味はカードゲームで、ポーカーが一番好きです。
(Hobby, „ ich, Poker, spielen, „ Kartenspielen, liebsten, und, mein-, am, sein)（広島大学）

Q063：君は、将棋が上手ですか。
(„ du, spielen, Schach, gut, ?, Shogi, japanisches)（広島大学）

Q064：君たちは、いつ買い物に行きますか？
(wann, ihr, einkaufen, ?, gehn)（広島大学）

Q065：私は切手を集めています。
(ich, sammeln, Briefmarken, .)（広島大学）

Q066：君は旅行が好きですか。
(reisen, du, gerne, ?)（広島大学）

Q067：私の趣味はインターネットサーフィンです。
(ich, gerne, im, „ surfen, Internet)（広島大学）

図3：通常の作文モードの課題一覧(一部抜粋)

Q226：当時私は100メートルを12秒台で走ることができた。（ドイツ語作文：初級）

Q227：ここに座っても良いですか。（ドイツ語作文：初級）

Q228：この本はどこへ置いたら良いですか。（ドイツ語作文：初級）

Q229：そんなはずがない（＝それが本当であるはずがない）。（ドイツ語作文：初級）

Q230：彼はドイツに行ったことがあると主張しています。（ドイツ語作文：初級）

　図4の1から図4の3まではそれぞれ、「私の趣味はカードゲームで、ポーカーが一番好きです。」という日本語文の並べ替えによる独訳の例で、図4の1は最初の出題画面、図4の2は1回目の回答として、単語を並べ替えたあと3カ所の単語を活用させた時点での回答中の画面である。図4の3は、上の画面が第1回目の添削例で、下の画面が、その添削指導を受けて書き直した答えに対する2回目の最終的な回答例である。図4の1の出題段階では、まずコンマやピリオドを含む作文に必要な単語が am / spielen / sein / , / und / Hobby / Kartenspielen / . / Poker / ich / mein- / liebsten のようにシャッフルされて与えられ、「並べ替えるだけでなく、何カ所か書き換える必要もあります」という一般的な注意が表示される。また、表現や文法項目に関する「一番好き」、「Kartenspielen」、「sein 動詞の活用」という3つのヒントボタンが用意され、どの段階でも必要ならボタンを押してヒントを得ることができるようになっている。単語の並べ替えは単語の板をドラッグして行うが、図4の2は並べ替えたあとさらに、所有冠詞 mein- と sein 動詞を活用させ、最後に一般動詞 spielen の活用を書いている最中の画面である。書き換えの際は、書き換えたい単語の板をクリックして、「書き換え」ボタンを押すとその箇所が入力可能になる。図4の2からもわかるように、単語の書き換えが確定するまでは、「元に戻す」ボタンと「書き変え」ボタン以外は、一時的に不活性状態になる。

第3章：日本のドイツ語教育におけるCALLの応用例

図4の1：並べ替え問題の出題例

Q062：私の趣味はカードゲームで、ポーカーが一番好きです。

```
並べ替えるだけでなく、何カ所か書き換える必要もあります。
2回チャレンジできます。

[am] [spielen] [sein] [,] [und] [Hobby] [Kartenspielen] [.] [Poker] [ich] [mein-]
[liebsten]

ヒント
    [ 一番好き ]
    [ Kartenspielen ]
    [ sein 動詞の活用 ]
                                                              [添削]
```

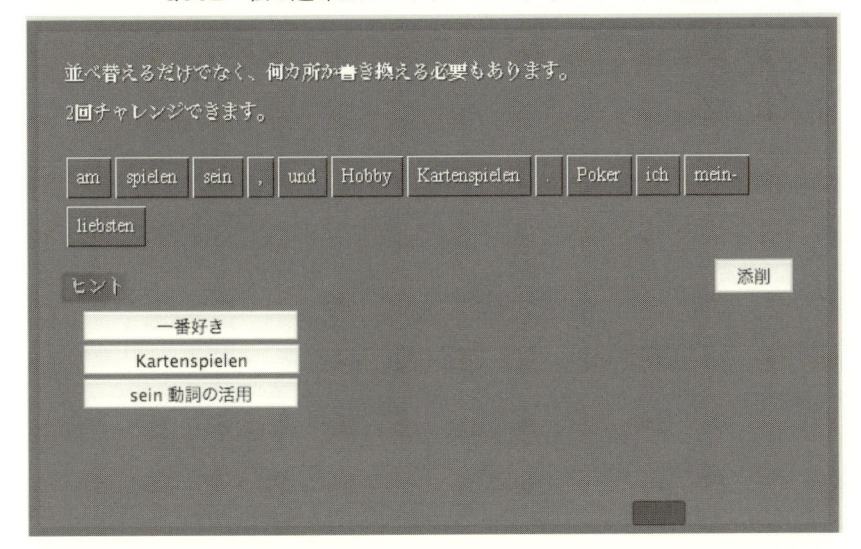

図4の2： 並べ替え問題の1回目の回答例

Q062：私の趣味はカードゲームで、ポーカーが一番好きです。

```
並べ替えるだけでなく、何カ所か書き換える必要もあります。
2回チャレンジできます。

[Meine] [Hobby] [ist] [Kartenspielen] [,] [und] [spiele] [ich] [am] [liebsten] [Poker]
[.]

ヒント                               [元に戻す] [書き変え]    [添削]
    [ 一番好き ]
    [ Kartenspielen ]
    sein 動詞の活用    →   ich bin / du bist / er ist / Sie sind / wir sind / ihr
                            seid / sie sind
```

129

図４の３：並べ替え問題の１回目および２回目の添削例
Q062：私の趣味はカードゲームで、ポーカーが一番好きです。

Mein<u>e</u> Hobby ist Kartenspielen , und spiele ich am liebsten Poker .

"meine"は活用語尾が違っています。Hobby は中性名詞です。

"und spiele ich"は語順に問題有り。語順の問題では und と aber は例外的にカウント外です。したがって、他の要素が来ないなら und ich spiele の語順にしてください。

直すべきところを記しました。これは1回目です。あと1回チャレンジできます。

| Meine | Hobby | ist | Kartenspielen | , | und | spiele | ich | am | liebsten | Poker |
| . |

ヒント　　　　　　　　　　　元に戻す　　書き変え　　　　　　　添削

一番好き
Kartenspielen

sein 動詞の活用　→　ich bin / du bist / er ist / Sie sind / wir sind / ihr seid / sie sind

---

Mein Hobby ist Kartenspielen , und ich spiele am liebsten Poker .

正解です。なかなかやるね。

並列接続で主語が異なるときは、und の前にもコンマが必要です。

正解例　"Mein Hobby ist Kartenspielen, und ich spiele am liebsten Poker."
正解例　"Kartenspielen ist mein Hobby, und am liebsten spiele ich Poker."
正解例　"Ich spiele gern(e) Karten, und (ich spiele) Poker am liebsten."

なお、この学習者は、mein の活用語尾を間違えるとともに、und が語順に影響を与えない並列接続詞であることに気付かず、語順の点でも誤って回答している。そのまま「添削」ボタンを押すと、図4の3の上の図のような添削画面が出る。添削の際の記号は、人間が行うそれに準じ、下線や挿入記号などが使われ、図4の3の例では、それぞれの間違いに対して、「"meine"は活用語尾が違っています。Hobby は中性名詞です」や「"und spiele ich" は語順に問題有り。語順の問題では und と aber は例外的にカウント外です。したがって、他の要素が来ないなら und ich spiele の語順にしてください。」という間違いに即したフィードバックが返される。図4の3の下の図は、指摘をもとに書き直して、再度「添削」ボタンを押したときに出る2回目の添削例である。ここでは問題がなくなったので「正解」を示す丸が表示され、最後に「並列接続で主語が異なるときは und の前にもコンマが必要です」等の「最終コメント」が出される。また、この和文独訳課題での他の正解例も、最大3つまで表示される。

　以上の並べ替えモードに対し、「この傘は実用的ではなくて、私には気に入りません。」という和文独訳課題を作文モードで行った場合の画面が、次ページ以降の図5の1から図5の3である。図5の1の出題段階では、学習者が全て自分で作文しなければならないので、基本的な語彙にあたる「実用的な」、「傘」、「～に気に入る」の3つのヒントボタンを用意し、必要な場合には、語彙と用法を参照できるようにしておく。図5の2はヒントボタンを1つだけ押して参考にした回答者が、Das Regenschirm ist unpraktisch, ich gefalle es nicht. という回答を打ち込んだ時点での画面である。この回答には、2つの問題点がある。すなわち、Regenschirm（雨傘）を中性名詞と誤解している誤り、および、本来は事物を主語にし、人などの3格と使う gefallen の用法を誤解し、英語の like のように人を主語にして使っている用法上の誤りである。図5の3上段の1回目の添削では、問題のある箇所をマークするとともに、上述の2つの誤りを適切に指摘したフィードバックを行っている。図5の3の下段の添削例は、1回目のフィードバックを基に直しながらも、さらに、ich の3格 mir の代わりに4格 mich を使う新たな誤りを起こした学習者に対する、2回目の添削例である。

第 3 章：日本のドイツ語教育における CALL の応用例

図 5 の 1：通常の作文問題の出題例
　　　　Q189：この傘は実用的ではなくて、私には気に入りません。

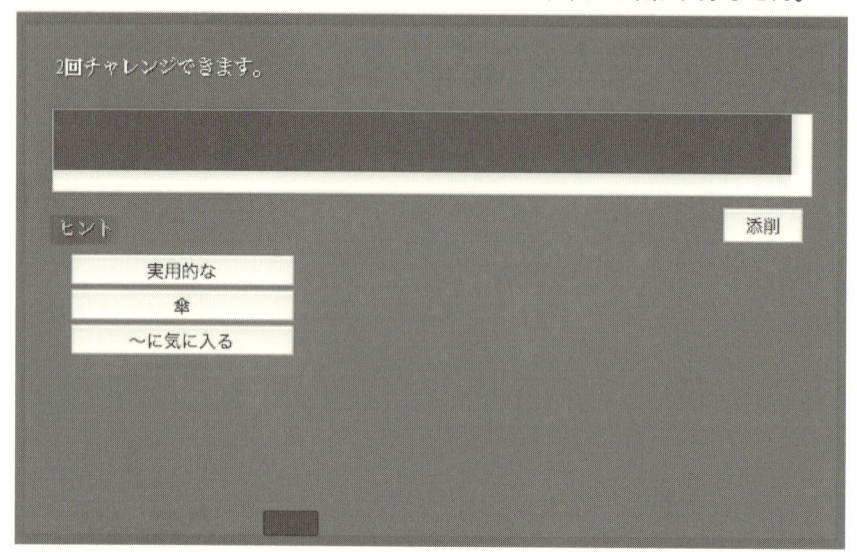

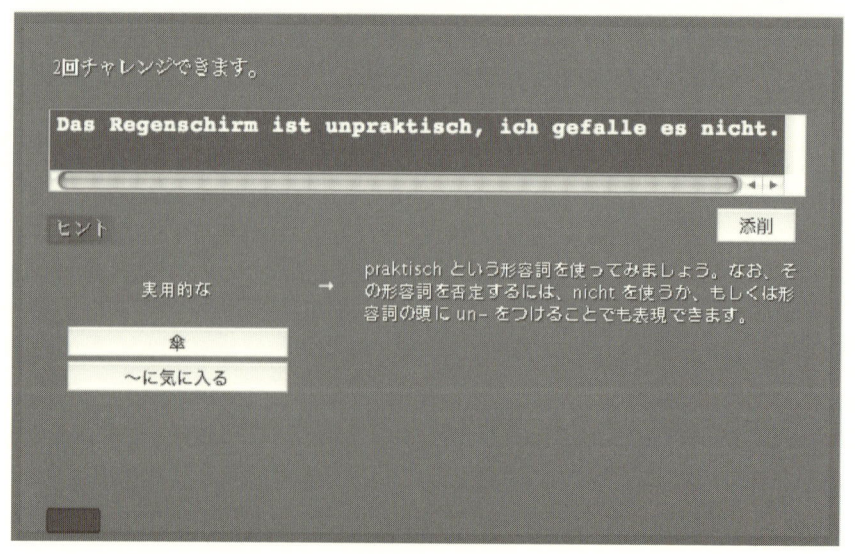

```
2回チャレンジできます。

[                                                    ]

ヒント                                          添削
    [ 実用的な ]
    [    傘    ]
    [ ～に気に入る ]
```

図 5 の 2：通常の作文問題の 1 回目の回答例
　　　　Q189：この傘は実用的ではなくて、私には気に入りません。

```
2回チャレンジできます。

Das Regenschirm ist unpraktisch, ich gefalle es nicht.

ヒント                                          添削
    [ 実用的な ]    →    praktisch という形容詞を使ってみましょう。なお、そ
    [    傘    ]          の形容詞を否定するには、nicht を使うか、もしくは形
    [ ～に気に入る ]      容詞の頭に un- をつけることでも表現できます。
```

第3章：日本のドイツ語教育における CALL の応用例

図5の3： 通常の作文問題の1回目と2回目の添削例
Q189：この傘は実用的ではなくて、私には気に入りません。

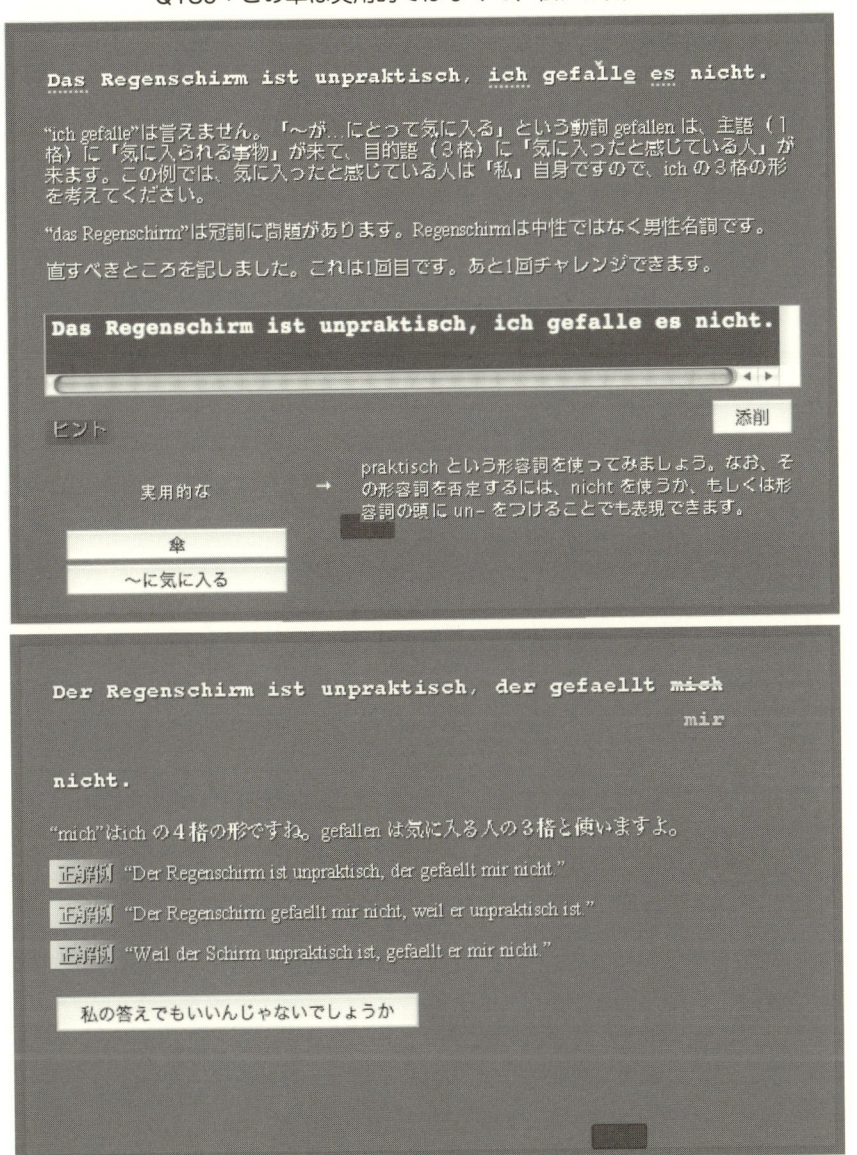

Das Regenschirm ist unpraktisch, ich gefalle es nicht.

"ich gefalle"は言えません。「～が...にとって気に入る」という動詞 gefallen は、主語（1格）に「気に入られる事物」が来て、目的語（3格）に「気に入ったと感じている人」が来ます。この例では、気に入ったと感じている人は「私」自身ですので、ich の3格の形を考えてください。

"das Regenschirm"は冠詞に問題があります。Regenschirm は中性ではなく男性名詞です。

直すべきところを記しました。これは1回目です。あと1回チャレンジできます。

Das Regenschirm ist unpraktisch, ich gefalle es nicht.

ヒント 　　　　　　　　　　　　　　　　　　　　　　添削

実用的な　　→　praktisch という形容詞を使ってみましょう。なお、その形容詞を否定するには、nicht を使うか、もしくは形容詞の頭に un- をつけることでも表現できます。

傘
～に気に入る

Der Regenschirm ist unpraktisch, der gefaellt ~~mich~~
　　　　　　　　　　　　　　　　　　　　　　　　mir
nicht.

"mich"は ich の4格の形ですね。gefallen は気に入る人の3格と使いますよ。

正解例　"Der Regenschirm ist unpraktisch, der gefaellt mir nicht."
正解例　"Der Regenschirm gefaellt mir nicht, weil er unpraktisch ist."
正解例　"Weil der Schirm unpraktisch ist, gefaellt er mir nicht."

私の答えでもいいんじゃないでしょうか

この例では、あらかじめ、作文のチェック回数を2回に設定しているので、2回目では、誤りの箇所を指摘するだけでなく、正解例を示してこの課題を終了させている。回答の際に書き直し可能な添削の回数は、管理者が自由に設定できることは既に述べたが、通常、添削回数が1回というのはテストなどとして使う場合のみで、練習課題として出す場合は、最低でも2回から3回は書き直しできるようにしておく必要がある。逆に書き直し可能回数を余り増やし過ぎると、あらかじめ登録したヒントボタンの数や特定の誤答に対するフィードバックの量によっては、何度書き直しても新しいヒントを得られず回答にたどり着けないまま終わるなどの問題が生じ得る。そのため、1つの課題につき最大でも3回程度までが現実的な添削回数であろう。

なお、次ページの図6は、図5で挙げた作文課題の管理者用の問題登録・編集画面である。問題番号189の下に、「この傘は実用的ではなくて、私には気に入りません。」という日本語の問題と独文の解答データの他に、「ヒント」が3件、「誤り指摘」が10件登録されている。これらの登録件数は、「more」ボタンを押すことで増やすことができる。「最初コメント」と「最終コメント」の欄が空欄になっているのは、出題時の一般的なヒントとしての最初のコメントも正解時の追加的な解説としての最終コメントもこの課題には特に登録されていないからである。解答データは、全部で14行だが、前述のBUD言語も使って書かれており、実際に展開した場合の正解のバリエーションは、118通りである。「ヒント」3件は、ヒントボタンの数を表しており、左側の欄に書かれたものがヒントボタン上に表記されるボタン名で、右側がそれを押したときに表示されるヒント情報である。「誤り指摘」10件は、特定の誤りが、学習者の解答に見られた場合、それに応じて返すべきフィードバック情報を登録したもので、左側の欄にトリガーとなる誤りが、右側にそれに応じて与える個々の解説が登録されている。添削ソフトとして役立つかどうかは、「解答データ」に登録する正解例の種類と量だけでなく、「ヒント」と「誤り指摘」にどれだけ適切な情報が登録されているかに、かかっている。欧文添削ソフト「サッと英作」には、学習者が、どのヒントボタンを押したか、そのつどどのような解答をしたか、最終的に何らかの正解にたどりつけたか等についての詳細なログを取り、それらを表計算ソフトで読み取り可能な形式で出力する機能がある。

第3章：日本のドイツ語教育における CALL の応用例

図６： 作文課題の登録・編集画面（管理者用）の例

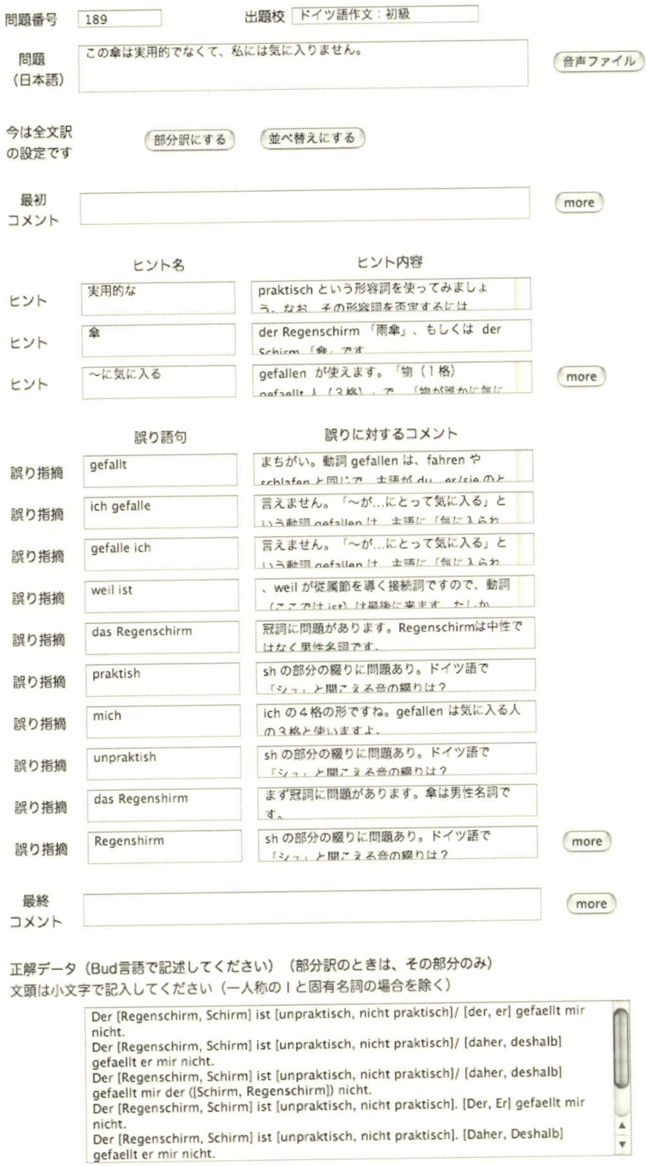

| 問題番号 | 189 | 出題校 | ドイツ語作文：初級 |

問題
（日本語）：この傘は実用的でなくて、私には気に入りません。　[音声ファイル]

今は全文訳の設定です　[部分訳にする]　[並べ替えにする]

最初コメント：＿＿＿＿＿＿＿＿＿＿＿＿　[more]

	ヒント名	ヒント内容
ヒント	実用的な	praktisch という形容詞を使ってみましょう。なお、その形容詞を否定するには
ヒント	傘	der Regenschirm「雨傘」、もしくは der Schirm「傘、…
ヒント	〜に気に入る	gefallen が使えます。「物（1格）gefaellt人（3格）…「物が誰かに気に… [more]

	誤り語句	誤りに対するコメント
誤り指摘	gefallt	まちがい。動詞 gefallen は、fahren や schlafen と同じで、主語が du, er/sie の…
誤り指摘	ich gefalle	言えません。「〜が…にとって気に入る」という動詞 gefallen は、主語に「気に入られ…
誤り指摘	gefalle ich	言えません。「〜が…にとって気に入る」という動詞 gefallen は、主語に「気に入られ…
誤り指摘	weil ist	、weil が従属節を導く接続詞ですので、動詞（ここでは ist）は最後に来ます。たしか…
誤り指摘	das Regenschirm	冠詞に問題があります。Regenschirmは中性ではなく男性名詞です。
誤り指摘	praktish	sh の部分の綴りに問題あり。ドイツ語で「シュ」と聞こえる音の綴りは？
誤り指摘	mich	ich の 4 格の形ですね。gefallen は気に入る人の 3 格と使いますよ。
誤り指摘	unpraktish	sh の部分の綴りに問題あり。ドイツ語で「シュ」と聞こえる音の綴りは？
誤り指摘	das Regenshirm	まず冠詞に問題があります。傘は男性名詞です。
誤り指摘	Regenshirm	sh の部分の綴りに問題あり。ドイツ語で「シュ」と聞こえる音の綴りは？ [more]

最終コメント：＿＿＿＿＿＿＿＿＿＿＿＿　[more]

正解データ（Bud言語で記述してください）（部分訳のときは、その部分のみ）
文頭は小文字で記入してください（一人称のIと固有名詞の場合を除く）

```
Der [Regenschirm, Schirm] ist [unpraktisch, nicht praktisch]/ [der, er] gefaellt mir nicht.
Der [Regenschirm, Schirm] ist [unpraktisch, nicht praktisch]/ [daher, deshalb] gefaellt er mir nicht.
Der [Regenschirm, Schirm] ist [unpraktisch, nicht praktisch]/ [daher, deshalb] gefaellt mir der ([Schirm, Regenschirm]) nicht.
Der [Regenschirm, Schirm] ist [unpraktisch, nicht praktisch]. [Der, Er] gefaellt mir nicht.
Der [Regenschirm, Schirm] ist [unpraktisch, nicht praktisch]. [Daher, Deshalb] gefaellt er mir nicht.
```

したがって、日常的な運用によって得られたログを分析することで、学習者が、どのようなヒントを使ってどんな方略で作文しようとしているか、学習者が犯しやすい典型的な誤りにはどんなものがあるか等のデータを得ることができる。これを基に、「誤り指摘」を充実させたり、ヒントの内容を改善したりすることが可能になるので、運用を通じて、オンライントレーニングプログラムとしての実用性を高めることができる。なお、プログラムの改善にとってのもう1つの有力な手段は、学習者から送られてくるメールである。たとえば、図5の3の下段の図が示すように、最終的に不正解とされた場合も、学習者はそれに納得できなければ、「私の答えでもいいんじゃないでしょうか」ボタンを押すことで、管理者に図7のような報告メールを自動的に送り、直接問い合わせることができる。

図7： 報告メールの例

ディレクトリ	：dokusaku
フォルダ名	：dokusaku
問題番号	：189
問題	：この傘は実用的でなくて、私には気に入りません。
解答	：Der Regenschirm ist unpraktisch, der gefaellt mich nicht.
学籍番号	：XXXX

これらのメールを通して、システムのバグ、あるいは登録した解答例やヒントやフィードバック情報の不備がわかることも多い。また、学習者が自分の誤りに気付かずにこうしたメールを送って来る場合も、なぜわからないのかを手がかりに、プログラム全体を改善することができる。なお、このメール機能は、学習者の側から言えば、常に教員（管理者）とコンタクトが取れ、サポートが受けられることを意味する。その意味では、「サッと独作」を自学自習の領域で利用するための不可欠の機能である。

「サッと独作」の問題点

　ここで、「サッと独作」の問題点についても簡単に触れておきたい。現状での最大の問題は、それが利用している欧文添削ソフト「サッと英作」が元々英語仕様であり、英語と日本語文字以外の特殊文字に原則として対応していないことである。そのため図5や図6に見られるように現状では、Ä/ä/Ö/ö/Ü/üや ß などの特殊文字をそれぞれ e を使った Ae/ae/Oe/oe/Ue/ue や ss などの形で翻字表記せざるを得ない。もちろんこうした一定の約束事さえ守れば、作文練習ソフトとしての実用上の問題はないが、語の視覚的イメージに関する既存情報を利用できない（あるいは歪めかねない）ことや正書法の学習の阻害要因になりかねないことなどの問題点は残る。その他の問題としては、既に述べたように、添削作業はあくまで入力データと正解例の形式的な類似性に基づいて行われており、このソフト自体が構文解析等の人工知能的な機能を持っているわけではないため、人間の教員なら普通はしないような不適切な添削結果が出ることが、時々起こり得る点である。ただし、どのような条件でどの課題にどのような不適切な結果が現れるかを、試験運用を通じてあらかじめ調べ、問題文や解答データ等の登録の際に、データの重要度を考慮してその配列を変えたり、学習者の起こしやすい誤りを細かく想定してプログラムを調整したりすれば、この問題の大部分は解決できる。

「サッと独作」の利用と評価の事例

　著者は、数年前から、初級ドイツ語授業における夏休みなどの長期休暇中の宿題の一部として「サッと独作」の課題を 150 題から 200 題程度出している。以下は、2006 年の夏休みに、広島大学の 1 年生を対象とした教養教育ドイツ語授業「ベーッシクドイツ語」（週2回）のクラスで 174 題の「サッと独作」課題を出した後、夏休み明け（2006 年 10 月 3 日）に実施した学生アンケート（39名）の結果である。

図8：サッと独作アンケート集計結果

1. この宿題を全部やるのにだいたいどれくらいかかりましたか？
    - 4時間以内　　　：3人　　　　8.1%
    - 4〜5時間　　　：5人　　　　13.5%
    - 6〜7時間　　　：8人　　　　21.6%
    - 8〜9時間　　　：6人　　　　16.2%
    - 10時間以上　　：3人　　　　8.1%
    - その他・未回答：12人　　　　32.4%

2. この宿題の難易度についての感想を聞かせてください
    - とても大変だった：19人　　　51.4%
    - 少し大変だった　：14人　　　37.8%
    - 普通にやれた　　：3人　　　　8.1%
    - その他・未回答　：1人　　　　2.7%

3. この宿題の量（174問）についての感想を聞かせてください
    - 多すぎた　　　：27人　　　　73.0%
    - 少し多かった　：6人　　　　 16.2%
    - 適当だった　　：2人　　　　 5.4%
    - 少なすぎた　　：1人　　　　 2.7%
    - その他・未回答：1人　　　　 2.7%

4. 正解が出るまで2回添削しましたがこの回数はどう思いますか？
    - 2回でちょうど良い　：33人　　　89.2%
    - 2回以上トライしたい：4人　　　 10.8%（全員が3回を希望）

5. 添削の質はどうでしたか。自分の答えを出発点に正解に向かって導かれている気がしましたか？
    - そう思う　　　　：16人　　　43.2%
    - ある程度そう思う：18人　　　48.6%
    - 全然そう思わない：1人　　　　2.7%
    - その他・未回答　：2人　　　　5.4%

6. 自分では納得のいかない添削結果もありましたか。
  全然なかった　　　　　　：7人　　　18.9%
  あまりなかった　　　　　：13人　　　35.1%
  ときどきあった　　　　　：13人　　　35.1%
    (うち、8人は、その比率が1割以下と回答)
  よくあった　　　　　　　：3人　　　8.1%
  その他・未回答　　　　　：1人　　　2.7%

7. ヒントボタンは役に立ちましたか？
  役に立った　　　　　　　　　　　：34人　　91.9%
  役に立つ時と立たない時があった　：3人　　 8.1%

 役に立つと答えた人へ、どんな点で役に立ちましたか？
  使うべき単語や熟語がわかった　　　：36人
  単語をどう使うかがわかった　　　　：6人
  文法がわかった　　　　　　　　　　：2人

 役に立たないと答えた人へ、どんな点で役に立ちませんでしたか？
  熟語だけ示されても使い方がわからなかった　：1人
  ヒントのせいでかえって混乱した　　　　　　：1人
  ヒントの量が少ない　　　　　　　　　　　　：2人
  本当に知りたいヒントがなかった　　　　　　：2人

8. 誤りに対して表示されるアドバイスは役に立ちましたか？
  役に立った　　　　　　　　　　　：25人　　67.6%
  役に立つ時と立たない時があった　：8人　　 21.6%
  役に立たなかった　　　　　　　　：3人　　 8.1%
  その他・未回答　　　　　　　　　：1人　　 2.7%

9. [私の答えでもいいんじゃないでしょうか] ボタンを押して質問メールを教師に送ったことはありましたか？
  ない　　　　　　　　　　　：30人　　81.1%
  ある　　　　　　　　　　　：7人　　 18.9%

図8：サッと独作アンケート集計結果（続き）

```
        メールを送ってみて、この機能は役に立つと思いましたか？
            思った                   ：5人
            思わなかった             ：0人

10. 添削画面が出るまでにかかった時間はどうですか？
            気にならない             ：22人        59.5%
            あまり気にならない       ：11人        29.7%
            少し遅すぎる             ：2人         5.4%
            遅くていらいらした       ：1人         2.7%
            その他・未回答           ：1人         2.7%

11. それ以外にシステム上・機械上のトラブルはありましたか？
            ほとんど無かった         ：22人        59.5%
            あまり無かった           ：3人         8.1%
            時々あった               ：8人         21.6%
            良くあった               ：2人         5.4%
            その他・未回答           ：2人         5.4%

12. 学習の際に何か参考にしましたか？
            何も見ずにやった         ：11人        29.7%
            普通の辞書を使った       ：10人        27.0%
            電子辞書を使った         ：3人         8.1%
            教科書を見た             ：13人        35.1%
            友達に聞いた             ：4人         10.8%
            ノートやプリントを見た   ：13人        35.1%

13. 通常の宿題と比べ学習の際に機械上に成績等が蓄積されることは
    気になりましたか？
            テストの時のように評価が気になった ：4人    10.8%
            普通の宿題と同じ程度には気にした   ：14人   37.8%
            全然気にならなかった               ：18人   48.6%
            その他・未回答                     ：1人    2.7%
```

---

14. 今回の自動添削を使った夏休みの課題に対する全体的な評価を教えてください。

   面白くてドイツ語の勉強になった　　　　：14人　　37.8%
   面白くはないがドイツ語の勉強にはなった：18人　　48.6%
   面白いがドイツ語の勉強にはならなかった：1人　　 2.7%
   面白くなくドイツ語の勉強にもならなかった：4人　　10.8%

その他、自由な感想があったら聞かせてください。

 肯定的意見：ゲーム感覚／この宿題はおもしろかった／パソコンで添削されるのが面白いので楽しくできた／楽しくて余り勉強という気はしませんでした／手軽にできるから／量は多かったけど、良い復習になったと思う／言い復習になったし、自分が忘れていた点などが理解できた／忘れていたことを思い出すことはできたから／忘れていた部分を思い出せた／思い出すのにちょうどいい／文法の確認ができた

 否定的意見：量が多すぎて機械的な作業になりかけた／多すぎる／やろうという気はあったがやりきれなかった

「サッと独作」の全般に関する質問では、添削の質を問う問5に対して、91.8%が、自分の作文を出発点に正解に導かれていると添削プログラムの機能を肯定的に受け止めている。他方、納得のいかない添削結果があったかを問う問6に対しては、「全然なかった」と「あまりなかった」がそれぞれ18.9%と35.1%で、54.0%と過半数を越えたものの、「ときどきあった」と「よくあった」も35.1%と8.1%で4割程度あり、問題点が浮き彫りになった。なお、このアンケート後の、回答者に対するインタビューを通じ、納得のいかないケースには4つのパターンがあることがわかった。1つ目は、添削は適切だが、なぜそれが誤りなのかを学習者に充分納得させることができなかったケースで、フィードバック

の改善を要する。2つ目は、回答データの中のスペルミスや登録すべき解答例を忘れていたなどのプログラミング時の単純なミス、3つ目は、文頭における大文字・小文字の処理の際に特定の条件下で起こる添削システム自体のバグであった。この2つは、いずれも同じようなケースが繰り返し現れており、ミスを直したり解答データの登録方法を変えたりすることで、ほとんどの問題は解決できた。しかし4つ目として、学習者が違和感を覚えるような「不適切な添削例」が時々現れる現象は、そのつど手当をしても完全には避けることができなかった。プログラム全般の評価に関する最後の質問として問14で、このプログラムを使った学習の有用性について尋ねたところ、「面白くてためになった」が37.8%、「面白くはないがためにはなった」が、48.6%と、学習プログラムとして役に立つと判断した学習者は86.4%に達したが、やっていて面白いと判断した学習者は、4割に留まり学習の動機付けという点では大きな問題を残した。

プログラムの諸機能に関する質問では、ヒントボタンは役に立ったかという問7に対しては、91.9%が役に立った答え、全員がその理由として「使うべき単語や表現がわかった」ことを選んでいる。他方、誤りに対して表示されるアドバイスは役に立ったかという問8に対しては、役に立ったが67.6%に対し、「役に立つときとたたないときがあった」が21.6%あり、フィードバックのさらなる改善が必要なこともわかった。

学習の際の情報環境に関する質問では、問10で添削画面が出るまでにかかった時間」についての評価を、問11でその他の機械上のトラブルについての評価を、それぞれ聞いた。表示にかかる時間に関しては、「少し遅すぎる」5.4%と「遅くていらいらした」2.7%を合わせても、8.1%でそれほど多くはないが、システム上・機械上のトラブルについては、「ときどきあった」の21.6%と「よくあった」の5.4%で合わせて27.0%になり、とオンラインによるアクセスという面では、問題が残っていることがわかった。アンケート後のインタビューでも、自宅のPCからのアクセスで問題が起こったというケースがほとんどで、同じ時間帯にアクセスした他の学習者が問題なく作業していることを考えると、問題配信サーバのトラブルというよりは、個々のPCで使われているブラウザの設定で「サッと独作」を動かすのに必要なJavaがたまたま使える状態になっていなかったことやメモリが足りないことなどが原因として考えられた。どうしても改善しなかったケースは39人中1人だけで、課題達成の期限を特例として夏休み

明けに延ばし、大学の自習室からアクセスさせるなどの対応をした。以上見てきたように、面白かったという評価が 40%強 という意味では動機付けの面で問題は残すが、90%以上の学習者が、プログラムによって行われた添削を肯定的に捉え（問5）、85%以上が学習にとって役立つと評価している（問 14）ことから、人間の教員が行う作業を肩代わりするオンライン型添削課題としては充分機能していると考えられる。実際、仮に1クラス約 40 人として、150 題の課題に対し、1題につきヒントボタンのチェック回数が平均2回で添削回数が2回とすると、これにより、1クラスあたり 40×150×4=24000 回分の個別指導をほぼ自動化できる。それに要する教員の負担と時間数を他の作業に振り向けられることを考えれば、このシステムの意義は大きい。また、同時に、誤用データを含む 12000 個（上述の条件の場合）の作文データを自動的に収集できることも、教材開発の観点では重要である。なお、前述の条件で運用した際の教員の主たる仕事は、学生からの質問に対するメールを通じたカウンセリングである。条件によっても異なると思うが、著者の経験では夏休みの宿題などとして出した場合、メールでのやりとりの回数は1クラス 40 人あたり平均 10 件程度であった。

　「サッと独作」によって実現できることは、ドイツ語らしい表現の基本を身につけるための作文という言語の形式的な側面に重点を置いた限られた練習に過ぎない。しかし、情報コミュニケーション技術をうまく利用することで、紙の上での自習ではけっしてできないような学習環境を自習の形で実現している。トレーニング機能の分野での CALL の貢献を考えるときには、たとえ参考資料や解答や解説を充実させたとしても紙の上でのドリルでは実現できないような機能も提供できる学習環境の設計が重要である。その意味で、複数正解登録のための柔軟な解答表記法や添削機能などの「サッと英作」が持つ諸機能は、たとえば、それを応用して添削指導を可能とする書き込み問題を作るなど、今後のオンラインによる学習環境設計のための示唆を含むものでもある。

事例2：アラカルト方式によるオンライン文法課題生成システム DGSG

　ドイツ語教育におけるトレーニング機能分野での貢献に関する2つ目の事例は、著者が、同僚である吉満たか子氏や Axel Harting 氏らとともに、広島大学で開発中の文法練習課題生成システム「自分で作ろうドイツ語課題！」（DGSG:

Deutsche Grammatikübungen selbst gestrickt!）である。

　DGSG は、ドイツ語文法の基本的な学習項目によって分類された、数千題から将来的には数万題の規模の問題を登録できるオンライン型の問題データベースを備えた文法練習課題生成システムである[136]。文法項目や出題数、問題文の主語などの条件を指定することで、学習者が自分に合ったオーダーメードの四択問題や筆記問題を生成し、それをオンライン上の自己採点型練習ドリルや診断テストの形で行うことができる。その主たる対象は、ドイツ語学習歴１年から２年程度の初・中級の学習者である。図９は、トップページの学習者用ログイン画面である。学習者用のアカウント名はメールアドレスで、パスワードは登録したメールアドレスに自動的に送られる。そのため、メールアドレスさえあれば誰でも自由に登録できるので、教員の側には、一括登録等の余分の負担は生じない。なお、学習者は、同一のアカウントとパスワードを使ってログインすれば、自分自身の過去の学習履歴を見ることもできる。

図９： DGSG の学習者用ログイン画面

　図 10 は、問題データを登録したり、学生からのメッセージをチェックしたりする教員用のログイン画面である。教員用のパスワードはスーパーユーザである管理者が複数発行できる。遠隔地にいてもオンライン上での教材作成・登録・編集管理ができ、複数の教員によるコラボレーションが可能である。

図10： DGSG の管理者・教員用ログイン画面

図 11 は管理者や教員が図 10 の状態からログインしたときの最初の画面例である。

図11：管理者や教員がログインした後の最初の画面

図 11 の左側のメニューにある「主語」と「問題分野」は、教員が文法問題をデ

ータベースに登録していく際の分類条件である。これは、学習者の側から言えば、データベースから問題を抽出する際の手がかりともなる。「主語」に関する分類条件の値として、具体的には、「ich/du/er/sie/sie(pl.)/wir/ihr/Sie/es/das/疑問詞の主語 (was/wer など)/主語の無い文」の 11 個が登録されている。文法練習の際に常に主語を意識する必要があるわけではないが、たとえば、動詞や助動詞の人称変化の練習などの場合は、特定の主語の場合にのみ不規則変化形が現れるので、問題を抽出する際に「主語」に関する条件を学習者が指定できるようにした方が効率的な学習が行い得る場合も多い。他方、「問題分野」は、それぞれの文法問題の中で主に扱われる文法カテゴリー（文法項目）である。この文法カテゴリーは上位項目と下位項目からなっており、上位項目をクリックするとその下の下位項目も表示することができる。上位項目の数は、動詞の現在人称変化・話法の助動詞・疑問詞・代名詞・名詞の性・冠詞・動詞の格支配・前置詞・副詞と不変化詞・語順・命令形・基数・序数・名詞・完了形・過去形・未来推量・未来完了形・過去完了形・分離動詞・不定詞・形容詞・従属接続と副文・等位接続・再帰・受動態・関係文・接続法・その他の 29 個であり、その各々に 1 個から 10 数個の下位項目があり、下位項目の数は全部で 175 項目にのぼる[137]。各項目ごとに平均で 20 題の課題が登録されるので、核となる最初の問題データベースの登録課題数は 3500 題程度になる。

図12：問題分野としての文法カテゴリー（上位項目と下位項目の一部）

001-014 動詞の現在人称変化 (Konjugation)	
	001 規則動詞の現在人称変化(ich/du/Sie)
	002 規則動詞の現在人称変化(er/sieを含む)
	003 規則動詞の現在人称変化(彼らのsieを含む)
	004 規則動詞の現在人称変化(wirを含む)
	005 規則動詞の現在人称変化(ihrを含む)
	006 規則動詞の現在人称変化(sammeln/angeln型)
	007 規則動詞の現在人称変化(heißen/tanzen/reisen型)
	008 規則動詞の現在人称変化(arbeiten型)
	009 不規則動詞の現在人称変化(essen/sehen型)
	010 不規則動詞の現在人称変化(fahren型)
	011 不規則動詞の現在人称変化(haben型)
	012 不規則動詞の現在人称変化(sein型)
	013 不規則動詞の現在人称変化(werden型)
	014 不規則動詞の現在人称変化(wissen型)

図 12 は、図 11 で「問題分野」のメニューを開いたときに提示される文法カテゴリーのうち、「001-014 動詞の現在人称変化（Konjugaiton）」のみを、下位項目の文法カテゴリーも開いて表示させたリストである[138]。

図 11 の左側にあるメニューのうち、「四択問題／登録／一覧」および、「筆記問題／登録／一覧」は、それぞれ四択問題や筆記問題をデータベースに登録していくためのメニューである。以下の図 13 は四択問題のデータ一覧画面の一部である。問題の一覧画面は、5題ずつグループ化されて表示されるようになっており、どの問題グループが表示されるかは、図 13 の下に一部見えているグループ番号で指定される。一覧画面には、1）各四択問題の日本語訳、2）空欄を*****でマークした問題文、3）4つの選択肢（ちなみに先頭のものが正解）がそれぞれ表示されていて、各問題横の delete を選ぶと当該の問題をデータベースから削除でき、edit を選ぶとデータベースの中の当該問題データを変更できる編集画面が開く。なお、新しい四択問題を新規登録したいときは、図 13 の左側メニューの「四択問題／登録」を直接クリックする。次ページに挙げる図 14 は、問題番号 221 番の四択問題の実際の編集画面を、一例として示したものである。

図 13：四択問題のデータ一覧画面（部分）

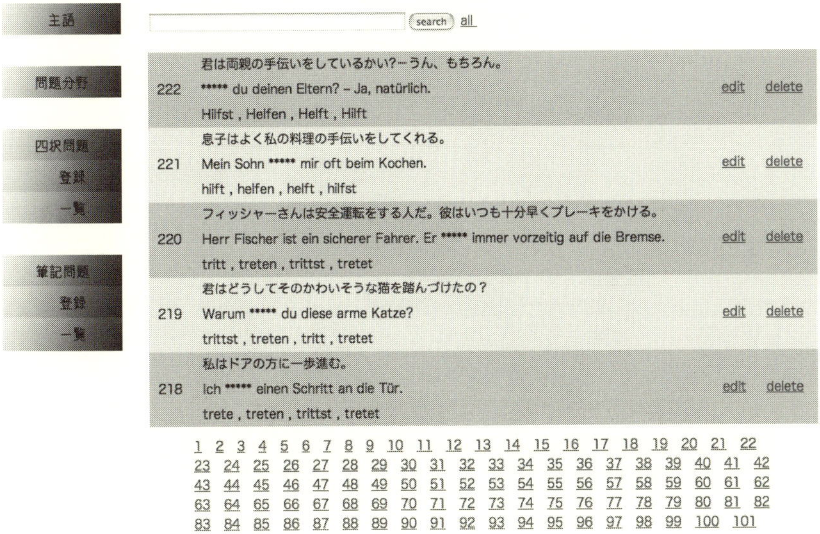

第3章：日本のドイツ語教育における CALL の応用例

図 14：四択問題のデータベースへの編集登録画面の例

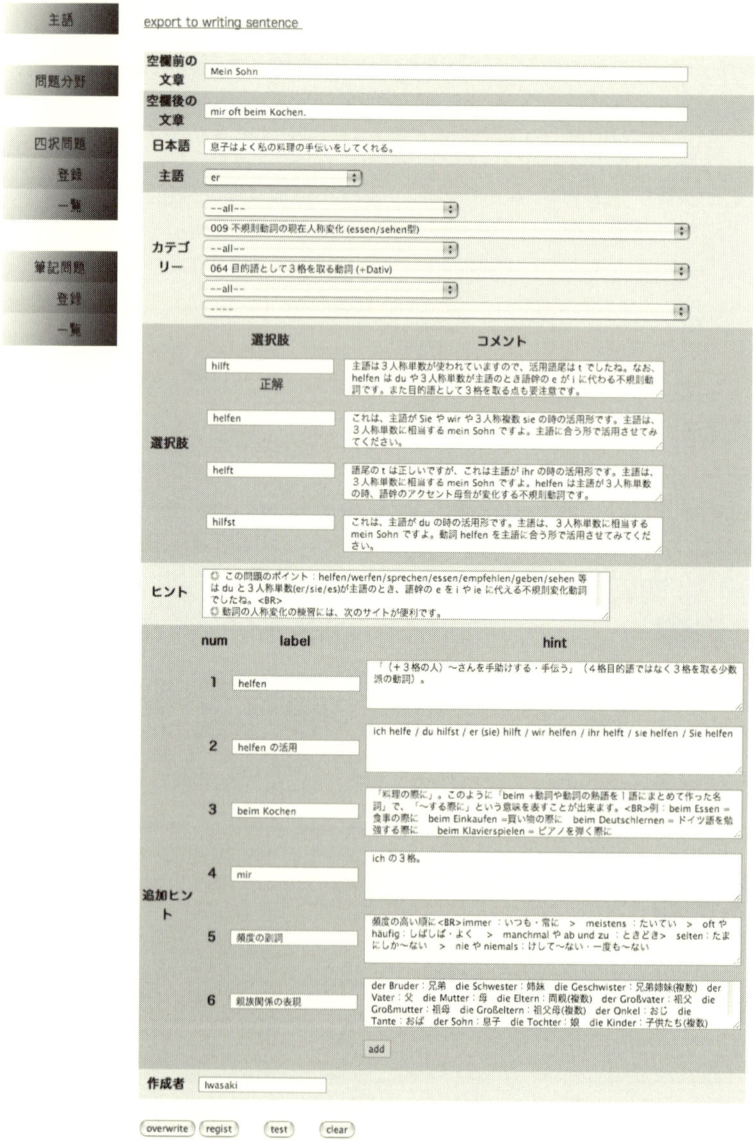

図14の「空欄前の文章」、「空欄後の文章」欄には、それぞれ問題文が空欄を境に分割された形で登録され、「日本語」欄には、正解時の問題文の日本語訳例が登録されている。「主語」欄のプルダウンメニューは、すでに述べた問題文の主語に関する分類条件を指定するためのもので、ここでの具体的な値は、erになっている。同様に、「カテゴリー」の欄のプルダウンメニューも、先ほど触れた175個の文法カテゴリーを登録するためのものであり、文法カテゴリーは1つの問題につき最大で3つまで登録できる。ここでは動詞 helfen の形態的・統語的な（*morphosyntaktisch / morphosyntactic*）特徴を考慮し、「009 不規則動詞の現在人称変化（essen/sehen 型）」と「064 目的語として3格を取る動詞（+Dativ）」という2つの値が指定されている。図14の「選択肢」欄とその横の「コメント」欄には、この問題の4つの選択肢と、練習モードでそれぞれの選択肢を選んだ場合に返されるフィードバックが登録される。「ヒント」欄は、最終的に正解した後に表示される一般的な解説用で、普通は追加的な情報やこの問題で学習した項目のまとめなどが登録される。それに対し、「追加ヒント」欄は、ドリル練習の際に学習者が必要に応じて利用できるヒントボタン作成用で、「label」欄にはヒントボタン名を、その横の「hint」欄にはそのボタンを押した時に表示されるヒント情報を、それぞれ登録する。このヒント欄は問題ごとに自由に増減できる。図14の問題の例では、「helfen」、「helfen の活用」、「beim Kochen」、「mir」、「頻度の副詞」、「親族関係の表現」という6つのヒントボタンが登録されている。原理的には無制限の数のヒントボタンを登録できるので、この例のように当該の課題を解くために必要な文法や表現をヒントとして与えるだけでなく、たとえば語彙を体系的に増やしていくために同じ語場に属する単語を参照させるなど、学習者のニーズやレベルの多様性を考慮した様々な情報が登録できる。なお、図14の一番下の作成者欄には、当該問題を作成した教員名が入る。以上、四択問題の登録画面を例にとって説明したが、筆記問題の登録画面も、「選択肢」欄の代わりに「正解」欄と誤答アドバイスを出すための「よくある間違い」欄が来ることを除けば、四択問題の場合と変わらない。たとえば、次ページの図15は、問題番号56番の筆記問題の実際の編集画面を、一例として示したものである。

第 3 章：日本のドイツ語教育における CALL の応用例

図 15：筆記問題のデータベースへの編集登録画面の例

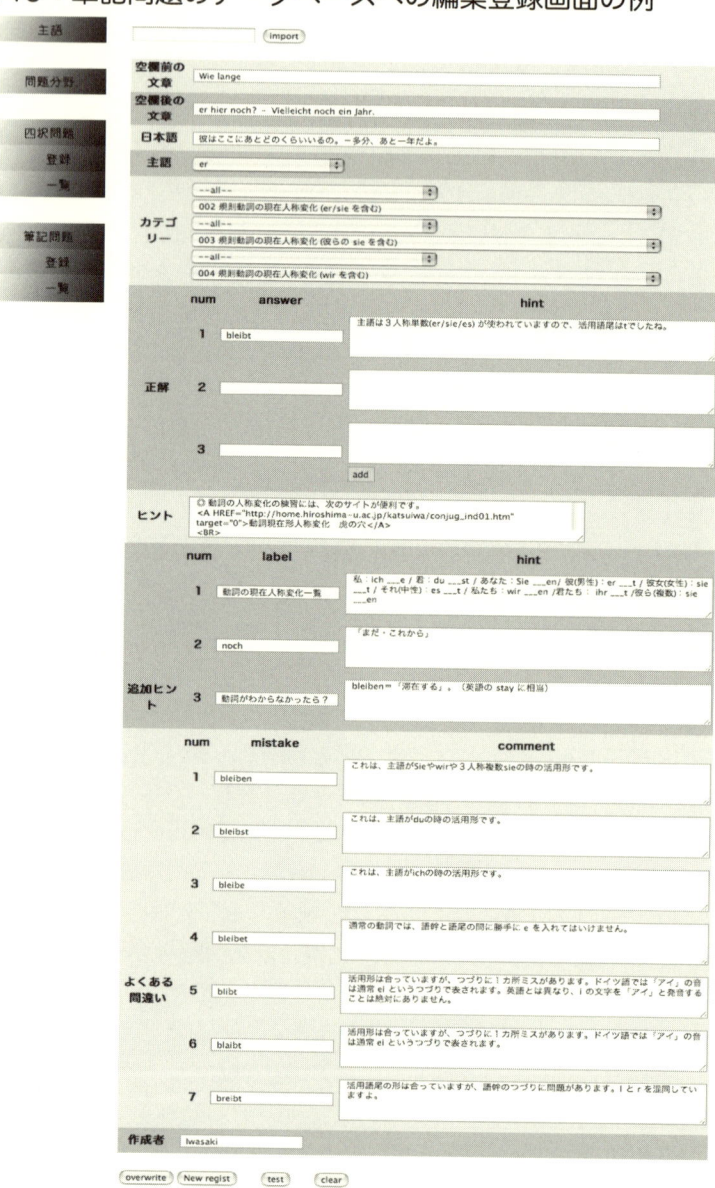

前ページの図15では、「正解」欄には、bleibtしか登録されていないが、他にも正解がある場合は、複数の正解を登録することが可能である。図15の「よくある間違い欄」では、学習者が犯すかもしれないとあらかじめ想定される誤りを「mistake」欄に登録しておくと、その誤りが実際に犯されたときに、それぞれその横の「comment」欄に記載されたフィードバックがその誤答に対するアドバイスとして返される。この誤答アドバイスは、いくつでも登録できるので、実際に運用しながら学習者が頻繁に犯す誤りのパターンを基に少しずつ増やしていけばいい。以上が、DGSGの教員用インターフェースとも言うべき問題登録システムと登録データの概要である。次に、DGSGの学習者用のインターフェースについて述べる。

DGSGには、四択問題と筆記問題という2つの問題形式と、そのそれぞれに対する複数の学習モードがある。学習者が、すでに図9で示した学習者画面からログインすると、図16のような問題形式と学習モードを選ぶ最初の選択画面に行く。

図16：学習者用の問題選択画面

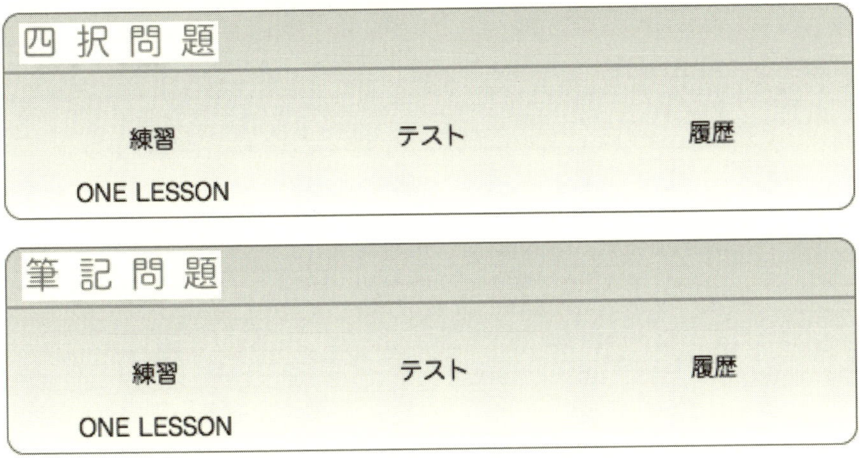

```
┌─────────────────────────────────────────────┐
│ 四 択 問 題                                   │
├─────────────────────────────────────────────┤
│     練習           テスト          履歴       │
│  ONE LESSON                                 │
└─────────────────────────────────────────────┘

┌─────────────────────────────────────────────┐
│ 筆 記 問 題                                   │
├─────────────────────────────────────────────┤
│     練習           テスト          履歴       │
│  ONE LESSON                                 │
└─────────────────────────────────────────────┘
```

図16からわかるようにDGSGには、「練習」、「ONE LESSON」、「テスト」、「履歴」の4つの学習モードがある。このうち、「練習」は、ヒントなどを手がかりに文法について学習していくための練習モードを、「テスト」は、どの程度理解

したかを測る診断テストをおこなうテストモードを指す。「ONE LESSON」は、データベースに登録した問題番号を手がかりに、特定の問題のみを一題ずつ指定して呼び出して練習できる特別な練習モードである。他方、「履歴」は、過去に行ったテストの結果についての記録を呼び出したり、それをもとに再テストを行ったりするための特別なテストモードである。したがって、大きく分けるとDGSGを使った学習は、四択問題と筆記問題という2種類の問題形式と、練習モードとテストモードという2種類の学習モードの組み合わせからなると言える。以下、本節では、前者の練習モードについて、最初に四択問題、次に筆記問題と、順を追って見ていきたい。

図17：学習者がデータベースから問題セットを作成する画面

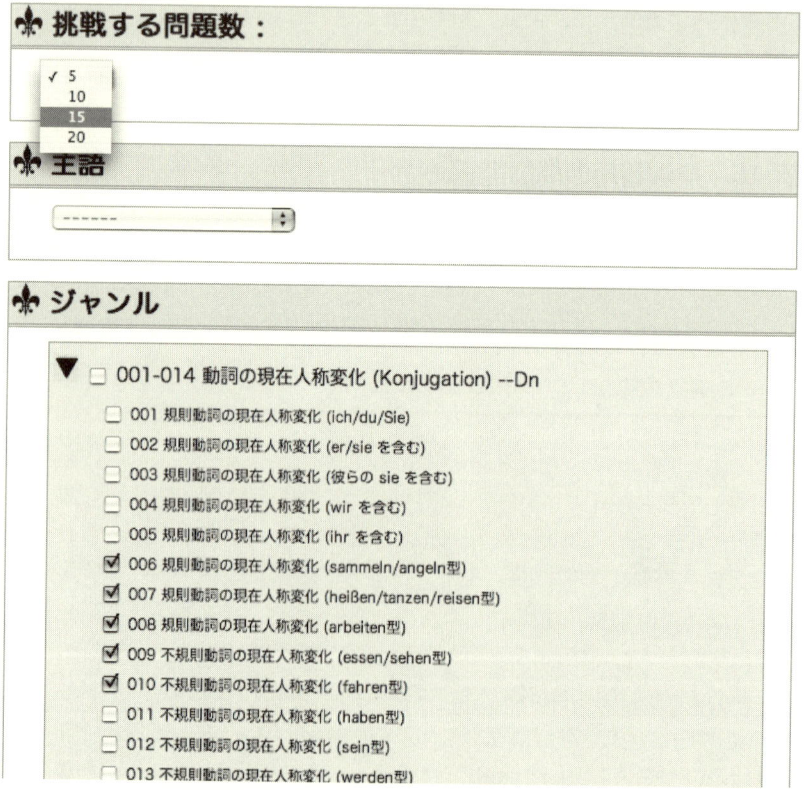

第 3 章：日本のドイツ語教育における CALL の応用例

　図 17 は、151 ページの図 16 で「四択問題」の「練習」を選んだときの問題セット作成画面である。既に述べた文法カテゴリーや問題文の主語などの分類条件の他に、作成問題数に関してもプルダウンメニューで 5 題から 20 題の範囲で自由に選ぶことができ、それらの組み合わせによって自分にあった数と内容の問題をデータベースの中からランダムに抽出し、オーダーメードの練習問題を作成できる。具体的に言うと、図 17 の例では、「001-014 動詞の現在人称変化（Konjugation）」という上位項目の中の sammeln/angeln 型と heißen/tanzen/reisen 型と arbeiten 型の規則動詞、および、essen/sehen 型と fahren 型不規則動詞という 5 つの下位項目を分類条件と指定して、主語にはこだわらず、15 題の四択問題をデータベースの中からランダムに選び出し、練習問題を作らせようとしている。なお、図 18 は、こうした問題作成に際して指定できる分類条件とその値のすべてを、表の形でまとめたものである。

図 18：問題作成の際の 5 つの分類条件と条件ごとに選択可能な値

分類条件	分類条件ごとに選択可能な値
問題の種類	四択問題 / 筆記問題
学習モード	練習 / ONE LESSON ／／ テスト / 履歴
文法項目	175 項目の文法カテゴリー
作成問題数	5 /10 /15 /20
問題文の主語	未定/ich/du/er/sie(sg.)/es/wir/ihr/sie(pl.)/Sie/es(formal)/無主語文

　以下の図 19 は、図 17 の条件で実際に作られた 20 題からなる四択問題のスタート時の学習画面の例である。同様に、図 20 は、図 19 の状態から始め、1 回目の回答で「tanzt」を選んで不正解になり、ヒントボタン「in der Disko tanzen」や日本語訳等を参照しながら、2 回目に自力で正解にたどり着いたときの学習画面例である。図 19 や図 20 からもわかるように、練習モードでは問題は 1 題ずつ表示される。各問題では単なる正誤判定をするだけでなく、学習者が間違った選択肢を選んだ場合はそれに応じた誤答アドバイスがフィードバックとして与えられ、再度回答できるので、練習問題を行うことが同時に学習につながるようになっている。

第 3 章：日本のドイツ語教育における CALL の応用例

図 19：四択問題練習モードの出題画面例

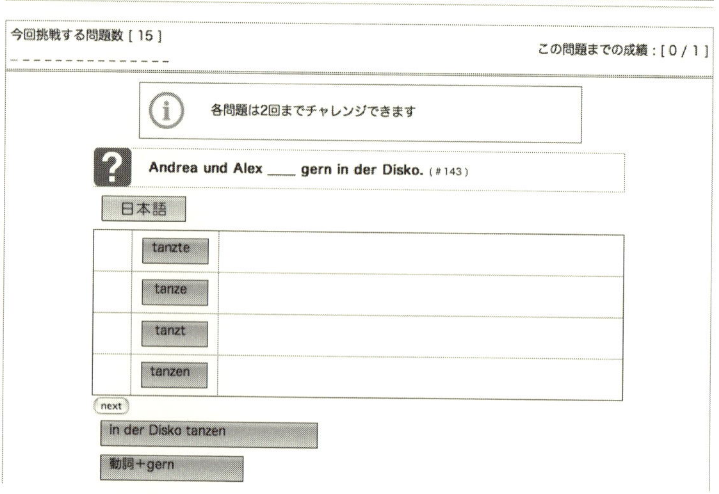

図 20：四択問題練習モードの学習時画面例

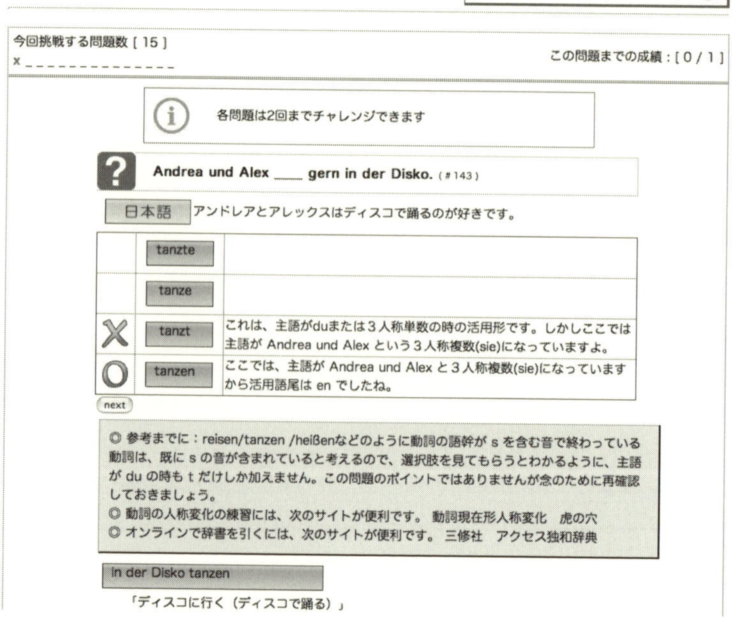

第3章：日本のドイツ語教育におけるCALLの応用例

　また、練習モードで回答する際には、平均して3つ以上登録されているヒントボタンも利用できる。ヒントボタンには、当該問題に関する文法規則の簡単な解説、問題文や選択肢に出ている語彙の説明などの他に、語彙を体系的に増やせるような関連語彙の提示などの機能が与えられている。「日本語」ボタンを押せば、必要に応じて問題文の日本語訳も参照できる。四択問題の場合の回答可能回数は、1つの問題につき2回であり、2回続けて間違えると自動的に正解と一般的な解説が表示される。自力で正解したときにも、同様に、確認のための解説が表示される。その後、「next」ボタンを押して次の問題へ移る。それまでの正解数と不正解数は、画面の上部に出される○×の連鎖と分数形式の正答率という2種類の形式で表示される。なお、その場合の正答とは、1回目で正解した場合のみを指し、図20のように2回目に正解した場合は、たとえ自力でわかった場合でも含まれない。あらかじめ指定した問題数の練習が終わると、「next」ボタンは、「result」ボタンに代わり、それを押すと、これまでの問題文と正解状況が一覧表の形で表示される。1回でも間違えた問題があると、「間違えた問題にもう一度挑戦する（Try Again!)」ボタンが表示されるので、それを押せば、間違えた問題のみ、再びランダムに出題される。また、そこでやめる場合やすべて1回で正解した場合は、「メニューに戻る（Back to Menu）」ボタンを押して、図17の画面に戻る。

　次に筆記問題の練習モードについて説明する。筆記問題の場合も四択問題の場合と同様、練習モードでは1題ずつ出題される。次ページの図21は筆記問題の学習画面であるが、本来の正解であるKommstのかわりに間違えてKommestと回答した時点の例である。ヒントボタンについては「Sie und du」のみが押され、「動詞の現在人称変化一覧」は未だ押されていない。一般に、1) ichやSieなどの最初に習う主語に対応する人称変化形には常にeが含まれること、2) arbeitenのような、2人称親称や3人称単数で動詞語幹と活用語尾の間に口調上のeを入れる動詞と混同しやすいこと、3) 日本人の学習者は子音と母音が並ぶ日本語の音韻構造に引きずられ、複数の子音（ここではmst）が続くとその間に自然に弱い母音を挟んでしまいやすいことなどの理由で、2人称親称や3人称単数の際に動詞語幹と活用語尾の間にeを挟んでしまうのは、非常によく見られる誤りのパターンである。前述のように、こうした想定され得る典型的な誤りに関しては、誤答アドバイスがあらかじめ組み込まれているので、多くの

第3章：日本のドイツ語教育における CALL の応用例

場合、四択問題の練習時と同様、誤りの指摘と改善につながるようなフィードバックが与えられる[139]。筆記問題では、3回間違えると自動的に正解と解説が表示されるが、その際、不正解とされたことに納得がいかない場合は、「私の答えでも OK では？」ボタンを押すと管理者に、その情報を送ることができる。管理者からの返事は、後日再ログインしたときに、学習者画面に直接表示される。この他にも筆記問題特有の機能として、特殊文字専用の入力ボタン[140]等がある。その他の機能に関しては、筆記問題の場合もすでに述べた四択問題の場合と大きな違いはない。

図21：筆記問題練習モードの学習時の画面例

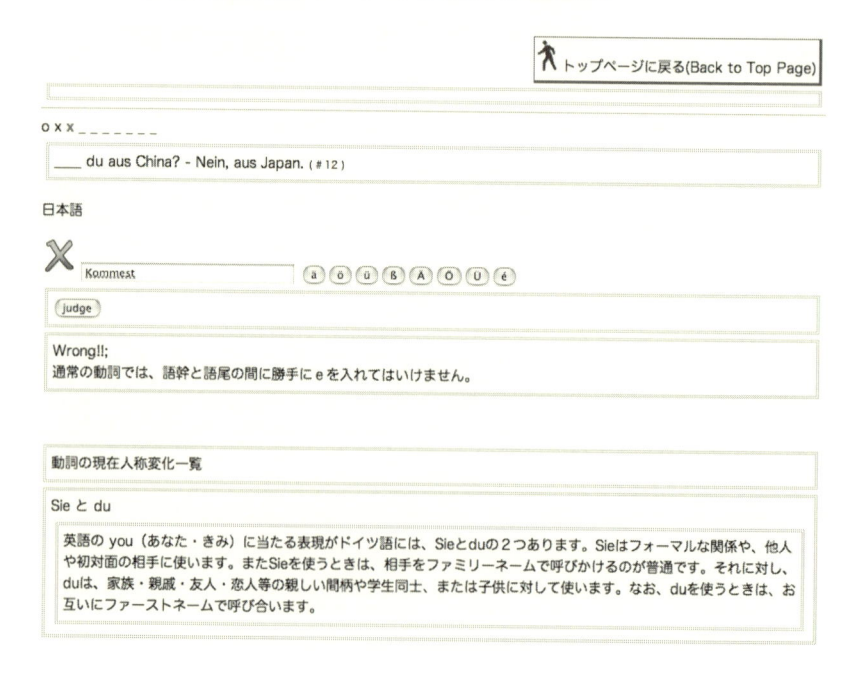

o x x ＿＿＿＿＿＿＿

＿＿ du aus China? - Nein, aus Japan. (#12)

日本語

✗ Kommest　　　　ä ö ü ß Ä Ö Ü é

(judge)

Wrong!!;
通常の動詞では、語幹と語尾の間に勝手に e を入れてはいけません。

動詞の現在人称変化一覧

Sie と du

英語の you（あなた・きみ）に当たる表現がドイツ語には、Sieとduの2つあります。Sieはフォーマルな関係や、他人や初対面の相手に使います。またSieを使うときは、相手をファミリーネームで呼びかけるのが普通です。それに対し、duは、家族・親戚・友人・恋人等の親しい間柄や学生同士、または子供に対して使います。なお、duを使うときは、お互いにファーストネームで呼び合います。

テストモードの場合も、問題セット作成画面は、図 17 のような練習モードの場合と変わらない。図22 は、特に主語は指定せず、「102 規則動詞の完了形（mit schwachen Verben）」、「103 不規則動詞の完了形（mit starken Verben）」、「106 完了

形を作る助動詞（sein / haben）」という３つの文法カテゴリーのみを指定して５題からなる四択のテスト問題を作成したときの出題画面である。テストモードでは、すべての問題が一度に表示され、すべて解答した後で、画面の下段の採点ボタン（図 22 の例では「rate!!」）を押す。テストモードでは診断が目的なので、ヒントボタンや「日本語」ボタン等の機能は利用できない。図 23 は、図 22 の画面で解答を選び採点ボタンを押した後の状態である。スペースの関係で、採点後の画面は一部しか表示していないが、正解の選択肢は[　]で囲む形で明示され、学習者の回答は選択肢のラジオボタンのチェックの有無で確認でき、正誤は視覚的にわかるよう○×で表示されている。それぞれの設問ごとに、全般的な解説が表示されるとともに、当該問題の文法カテゴリーも表示されて、自分ができたりできなかったりした項目がどの文法項目であるかがわかるようになっている。

図 22：四択問題テストモードの出題画面例

[トップページに戻る(Back to Top Page)]

___ der Chef schon nach Tokyo gefahren? – Nein, er sitzt noch in seinem Büro, er fährt erst morgen. [#1838]
○ Muss　○ Hat　○ Ist　○ Will

Vor drei Jahren ___ mein Lieblingsonkel gestorben. Ich vermisse ihn immer noch. [#1845]
○ seid　○ hat　○ habt　○ ist

Taro ist bei der Aufnahmeprüfung durchgefallen. – Das habe ich schon vorher ___ . Er war doch so faul. [#1757]
○ gewusst　○ wissen　○ wisst　○ bewusst

Am Sonntag hatte ich Besuch. Ich habe meinem Gast unsere Stadt ___ . [#1710]
○ zeigen　○ gezeigt　○ besuchen　○ besucht

Dieses Kleid war sehr teuer. – Ach ja? Wie viel hat es denn ___ ? [#1709]
○ kosten　○ kostet　○ koste　○ gekostet

(rate!!)

第3章：日本のドイツ語教育における CALL の応用例

図 23：四択問題テストモードの採点画面例

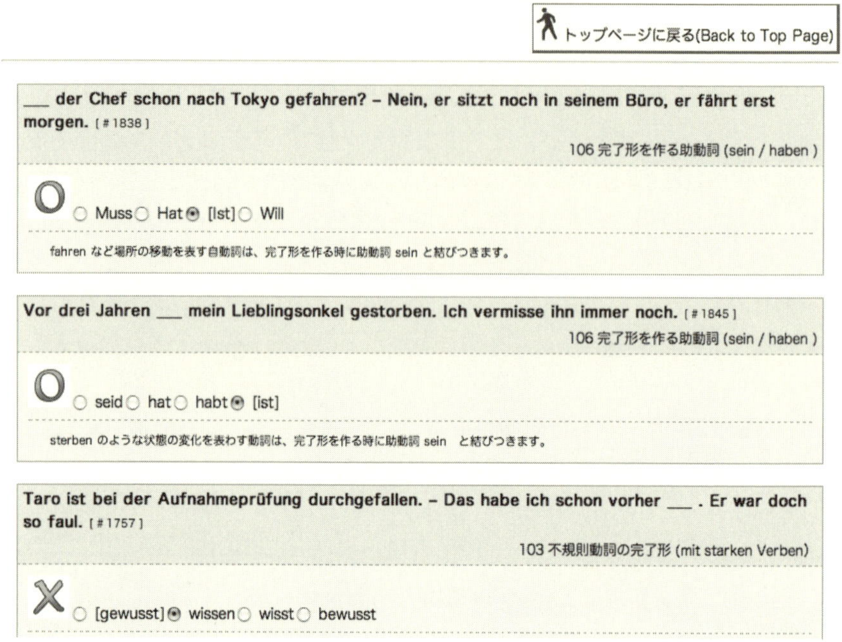

___ der Chef schon nach Tokyo gefahren? – Nein, er sitzt noch in seinem Büro, er fährt erst morgen. [#1838]

106 完了形を作る助動詞 (sein / haben)

○ ○ Muss ○ Hat ● [Ist] ○ Will

fahren など場所の移動を表す自動詞は、完了形を作る時に助動詞 sein と結びつきます。

Vor drei Jahren ___ mein Lieblingsonkel gestorben. Ich vermisse ihn immer noch. [#1845]

106 完了形を作る助動詞 (sein / haben)

○ ○ seid ○ hat ○ habt ● [ist]

sterben のような状態の変化を表わす動詞は、完了形を作る時に助動詞 sein と結びつきます。

Taro ist bei der Aufnahmeprüfung durchgefallen. – Das habe ich schon vorher ___ . Er war doch so faul. [#1757]

103 不規則動詞の完了形 (mit starken Verben)

✗ ○ [gewusst] ● wissen ○ wisst ○ bewusst

この採点結果をもとに、成績の悪い問題分野を再び練習モードに戻って学習することもできる。なお、テスト全体の成績は、100 点を満点とする点数と正答数／問題数という分数形式で表示される。筆記問題の場合もテストモードの機能は同じである。たとえば、図 24 は、主語は限定せず、14 個の下位項目を含む「001-014 動詞の現在人称変化 (Konjugation)」という上位項目の文法カテゴリーを指定して 5 題からなる筆記テスト問題を作成し、解答している最中の問題画面である。筆記問題の場合は、問題によっては、問題文の前後の文脈だけでは解答が難しい場合もあるので、「日本語」ボタンをつけ、場合によっては訳も参照できるようにしてある。図 24 の実際の採点画面は、四択問題と同様なので、ここでは、省略する。

図 24：筆記問題テストモードの出題画面例

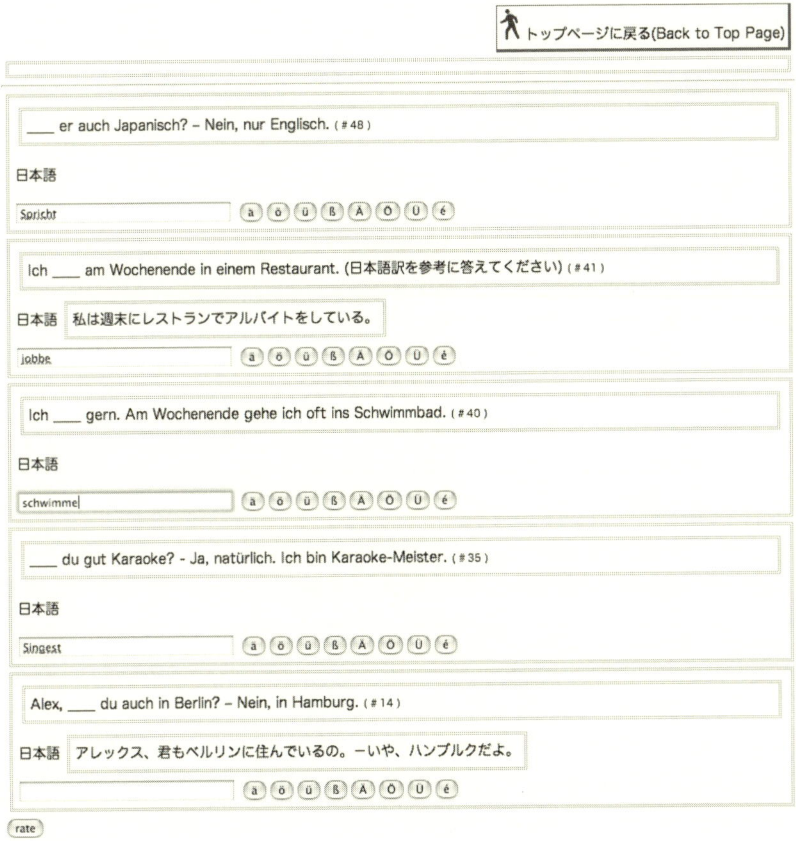
トップページに戻る(Back to Top Page)
___ er auch Japanisch? – Nein, nur Englisch. (# 48)
日本語
Spricht
ä ö ü ß Ä Ö Ü é
Ich ___ am Wochenende in einem Restaurant. (日本語訳を参考に答えてください) (# 41)
日本語
私は週末にレストランでアルバイトをしている。
jobbe
ä ö ü ß Ä Ö Ü é
Ich ___ gern. Am Wochenende gehe ich oft ins Schwimmbad. (# 40)
日本語
schwimme
ä ö ü ß Ä Ö Ü é
___ du gut Karaoke? - Ja, natürlich. Ich bin Karaoke-Meister. (# 35)
日本語
Singest
ä ö ü ß Ä Ö Ü é
Alex, ___ du auch in Berlin? – Nein, in Hamburg. (# 14)
日本語
アレックス、君もベルリンに住んでいるの。ーいや、ハンブルクだよ。
ä ö ü ß Ä Ö Ü é
rate

最後に、履歴参照機能についても触れておく。図 17 で履歴を選ぶと、それぞれの学習者は、自分が過去に行った四択テストや筆記テストの履歴を見ることができる。学習者が履歴を見ることができるのは、テストモードだけで、練習モードでは記録は残らない。図 25 は履歴画面の一部である。

図25：履歴画面例（部分）

```
008 規則動詞の現在人称変化 (arbeiten型) [5]   同じ条件の新しいテストに挑戦する

  TEST - 1   retry this test
    • Score : 1/5 ( 2008/06/05 01:10 )
    • Score : 4/5 ( 2008/09/22 12:56 )

  TEST - 2   retry this test
    • Score : 5/5 ( 2008/09/16 02:59 )


021-024 疑問詞 (Interrogativ) [10]   同じ条件の新しいテストに挑戦する

  TEST - 1   retry this test
    • Score : 9/10 ( 2008/09/22 12:55 )
```

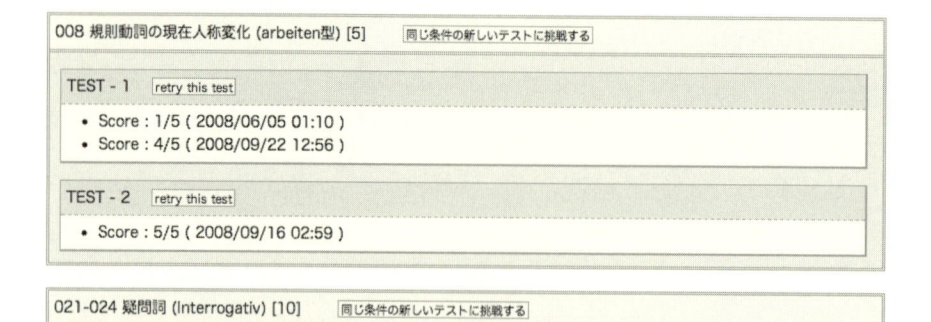

たとえば、図25の下の囲みは、「012-024 疑問詞(Interrogative)」という4つの下位項目を含む文法カテゴリーの上位項目から選んだ10題の四択テスト(Test-1)を2008年9月22日12時55分に行い、10題中9題正解したことを示している。ここで、この囲みの中のTest-1の横の「retry this test」をクリックすると、9月22日に行ったTest-1とまったく同じテストを再度呼び出して行うことができる。それに対し、「同じ条件の新しいテストに挑戦する」をクリックすると「retry this test」の場合とは異なり、「012-024 疑問詞(Interrogative)の文法カテゴリーから10題選ぶ」という問題作成条件だけを同じにした新たなTest-2を作成し、それを行うことができる。Test-1を繰り返した場合の結果はTest-1のScoreの2行目として付け加わり、新たにTest-2を実施した場合は、Test-2の囲みが新たに内部にでき、そこにScoreが記載される。図25の上の囲みも、実はそうしたテストが繰り返された結果できた重層的な履歴の例である。まとめるならば、独立した大きな囲みは、それぞれ異なった問題作成条件により作られたテストの履歴のグループである。それに対し、1つの囲みの中のさらに小さな囲みであるTest-1、Test-2等の区別は、同じ問題作成条件で、別の問題セットからなるテスト行ったときの履歴である。また、まったく同じ問題を繰り返した場合は、Scoreの行が増えていくという形で履歴が残る。こうした履歴を利用したテスト作成機能と

同条件での練習問題作成機能を組み合わせることで、文法項目ごとの理解を確認しながら学習することができる。

　DGSG は、ドイツ語文法のドリル型学習という観点で言えば、ヒント機能やフィードバック機能が充実しているだけで、通常の四択や筆記の文法練習問題やテストとそれほど変わりはない。しかし、問題データベースを利用することでこうした練習ドリルやテストの内容を学習者や教員がそれぞれの学習目的や授業目的に合わせ、自由にアレンジして行える点が大きく異なる。また、学習者が、自己診断と練習を組み合わせて行える履歴機能や、正誤判断に対する疑問がある時は、それを教員に送ったり、返事を受け取ったりできるコミュニケーション機能が付いていることも特徴である。DGSG では、こうした諸機能をオンライン上で実現することで、紙の上での自習用ドリルでは不可能な、柔軟な学習トレーニングの支援環境を、ネットワーク上で広く提供することができる。

3．4．コミュニケーション機能と CALL

　コミュニケーション機能の分野における CALL の例としては、電子掲示板・メール・チャット等を利用した学習言語による遠隔コミュニケーション、言語学習ゲームや動的ワークシート、さらにはインターネット上のリソース(Koithan 1999)の活用[141]などが挙げられる。

事例1：ICT を利用した遠隔コミュニケーション

　情報コミュニケーション技術（ICT）（*Informations- und Kommunikationstechnologie / information and communication technology*）を利用した遠隔コミュニケーションとしては、第1章の CALL 第3期の事例でも触れたが、ドイツ語を学習する日本語話者と日本語を学習するドイツ語話者の E メールによる相互学習を仲介・支援する eTandem[142]などが有名であり、これについては第2章でも触れたように日本語での紹介サイトもある。ただし、初級の学習者の場合、日本語を学習するドイツ語話者の数の少なさを考えると、全く発想を変え、ドイツ語話者ではなく、大学等における授業でドイツ語を習う韓国や台湾やタイなどのアジア系の学生との間での、クラス単位でのメール等によるドイツ語交流の

第3章：日本のドイツ語教育における CALL の応用例

方が、うまくいく場合もある。その理由としては、お互いにドイツ語学習という前提があること、またドイツ語レベルがある程度同じであり、自己紹介から始まる初歩的なコミュニケーションに対しても満足度が高いこと、世代も同じで趣味や関心など共通点も多い反面、互いの文化に関しては未知のことも多いこと、またお互いの言語を知らないので、ドイツ語は本物のコミュニケーションのための言語として機能すること等が挙げられる。Goethe-Institut の主催する国際的な教員研修や日本独文学会が進めるアジア圏でのゲルマニストの交流などで知りあったドイツ語教員同士の間でもこの種のプロジェクトに関する関心は高く、やる気があればパートナークラスは容易に見つかる[143]。

　また、この他にも、音声や動画情報を利用したコミュニケーションとして、最近では、インターネット上の無料のテレビ電話である Skype[144]を使った相互の言語によるタンデム学習も可能であり、2000 円前後の Web カメラを買い、Skype に登録するだけでどこからでも無料で世界中の Skype 加入者に電話あるいはテレビ電話が掛けられる。登録の際にドイツ語で会話する相手が欲しい等の要望をプロフィールに書くだけでドイツ語圏に住むネィティブからの何件かのアクセスは得られる。ただし、お互いに長期的な関係が続けられるような相手を見つけるのは、容易ではない。そのため、実際には、留学などの際に現地で知り合った友人との間のコンタクトを保つために、帰国後にも定期的に Skype 等でお喋りするというような使用事例が多い。また Skype によるタンデムは、音声によるコミュニケーションが中心なので、口頭によるコミュニケーションがある程度できる中上級者の場合に限られる。

事例2：ICT を利用した言語学習ゲームや動的ワークシート

　一方、こうした方法とは全く別に、ある特殊な状況を設定することで日本人同士の間でもドイツ語を用いた本物の（*authentisch / authentic*）タスクを導入することが可能な場合もある。その典型が、外国語授業の中で長い歴史のある言語学習ゲームの利用である[145]。お互いに相手の知らない情報を持ち合い、言語を使ってそれを引き出そうとするゲームは、そのルールに則って行動するという枠組みをゲーム参加者が了解するという前提があれば、両者の間の「インフォメーションギャップ」、応答の際の「選択の可能性」、それに応じて変化する相手からの「フィードバック」というコミュニケーション状況を成り立たせる

最低限の条件(Johnson/Morrow 1981)を満たし、本物のタスクの導入を可能にしてくれる。図1の「数の練習」[146]等がその例である。

図1：数の練習

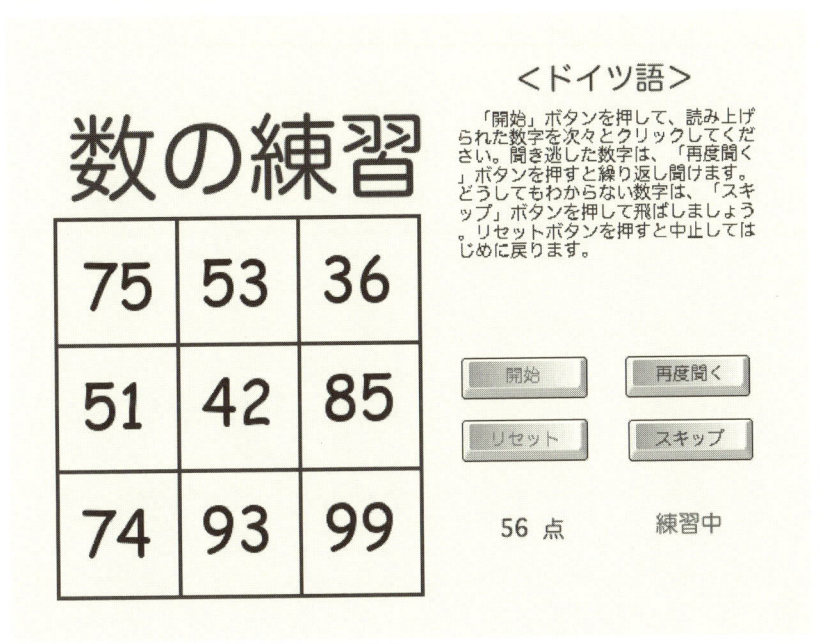

数の練習

75	53	36
51	42	85
74	93	99

＜ドイツ語＞
「開始」ボタンを押して、読み上げられた数字を次々とクリックしてください。聞き逃した数字は、「再度聞く」ボタンを押すと繰り返し聞けます。どうしてもわからない数字は、「スキップ」ボタンを押して飛ばしましょう。リセットボタンを押すと中止してはじめに戻ります。

[開始]　[再度聞く]
[リセット]　[スキップ]

56 点　　練習中

　これは、既に習った1から100までの数字の復習用の聞き取りゲームである。開始ボタンを押すと、100個の数字からランダムに選んだ9個の数字が方陣に入り、その中から自由に読み上げられた数字の音声が流れるので、それを聞き取って、当該の数字をクリックするゲームである。正解するとその部分の数字が置き換わり、また別のランダムな数字が読み上げられる。このようにして、次々に正しい数字をクリックしながら進める。1回正解するごとに4点が加算され、100点を取るまでの時間を競う。方陣の中に数字ではなく単語を示す絵を使えば、同じ形式で単語の練習ゲームを作ることもできる。一般には、外国語の単語は母語の単語とは語場が異なり、一定の文脈の中で使われるので、単語だけ取り

出して学習するのは避けた方が良いと思われがちである。しかし、図1の形式のゲームは、日本語を媒介にしなくても視覚的情報を直接持ち込めるので、たとえば方陣のそれぞれの色を変えることで、色彩や色彩形容詞を練習したり、地図や国旗を使うことで国名や国名形容詞をそれぞれ練習したり、時計盤を表示することで時間の言い方を練習したりする等の目的で応用できる。視覚情報との関連で言えば、わかりやすい視覚情報を利用すること、その命名の際に使用頻度の最も高い基礎概念レベルを利用すること、また語彙項目や品詞に関しては、主に日常生活で出会う基本的な具体物に限るなどの注意点を守れば、初級段階の学習者を対象に使うことができる。この他にも代表的な言語学習ゲームとして、図2のような単語当てゲームのハングマン[147]等がある。

図2：ハングマン

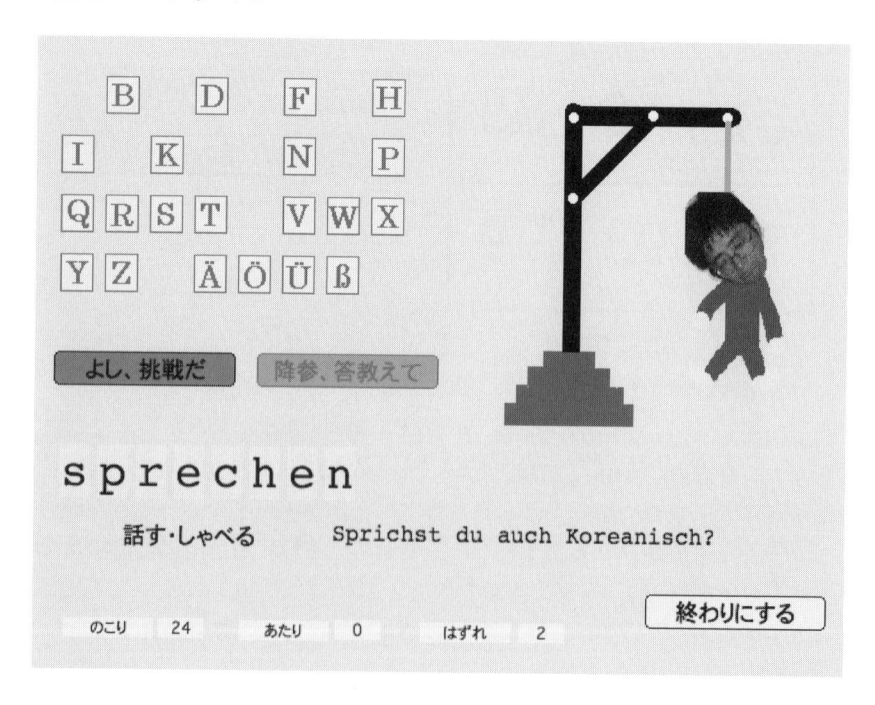

ただし、こうした言語学習ゲーム型教材の大部分は、個人学習では数回もすると飽きてしまい、長く続けられるようなものではない。ドイツ語学習者の大多数を占める今日の大学生は、巨額の費用を掛けて開発されるエンターテイメント性の高いコンピュータゲームに慣れ親しんできた世代であり、このレベルでの彼らの要求水準に見合う、エンターテイメント性を備えた学習用ソフトを作ることは技術的にも予算的にもまず不可能である。したがって、ゲーム型の学習ソフトは、いわゆる技術面での水準を上げる努力をするより、使い方を工夫する方が望ましく、個人で使うよりも、授業の中で行う言語学習ゲームの道具として利用する方が、実際には使いやすい。たとえば、先ほど挙げたハングマンのようなソフトの場合なら、個人で使わせるより、グループやクラス単位で当てるのを競わせたり、使用者がハングマンにそのつど単語を登録できるようにしたうえで、相手にわからないようにした単語をグループ対抗で当てさせたりというような使い方が考えられる。それをさらに一歩進め、言語学習ゲームに使う紙のワークシートのかわりに、マウス操作で画面を自由に変化させるゲーム機能の一部を利用したいわゆる「動的ワークシート」などを構想することもできる。動的ワークシートとは、言語学習ゲームに使う小道具やワークシートなどをコンピュータの画面上に実現することで、実物や紙のワークシート以上にタスクに柔軟性を持たせたものである。次ページの図3や図4はその一例だが、画面上の物体を、マウスを使って自由に動かすことができるので、部屋の中への家具等の配置や道案内を利用した言語学習ゲームの中に、多彩な状況設定を、より簡単に持ち込むことができる。この他、マウスによるドラッグ＆ドロップやボタンクリック等で針を自由に動かすことのできるアナログ時計盤や、ランダムに選んだ数字を一定の時間をおいて次々に画面に表示してくれるビンゴゲーム用の数字表示ソフトなども、ブラウザ経由で使える形で提供されていれば、言語学習ゲームの小道具として使うことができる。なお CALL 教室等が無く、コンピュータが使えない場合も、こうしたページを利用してあらかじめ、教員が数種類のシートを作って印刷し、授業で利用する等の方法が考えられる。

図3：動的ワークシートの例：部屋の中への家具類の配置

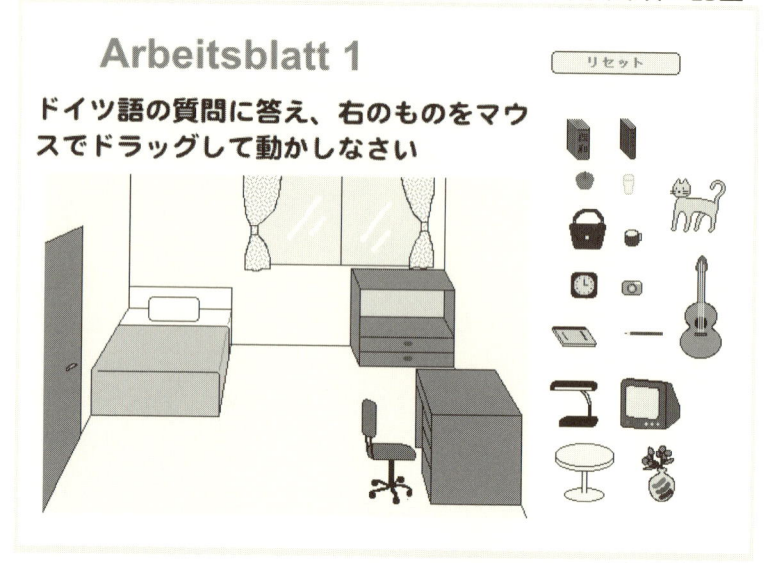

図4：動的ワークシートの例：目標地点へのボール移動

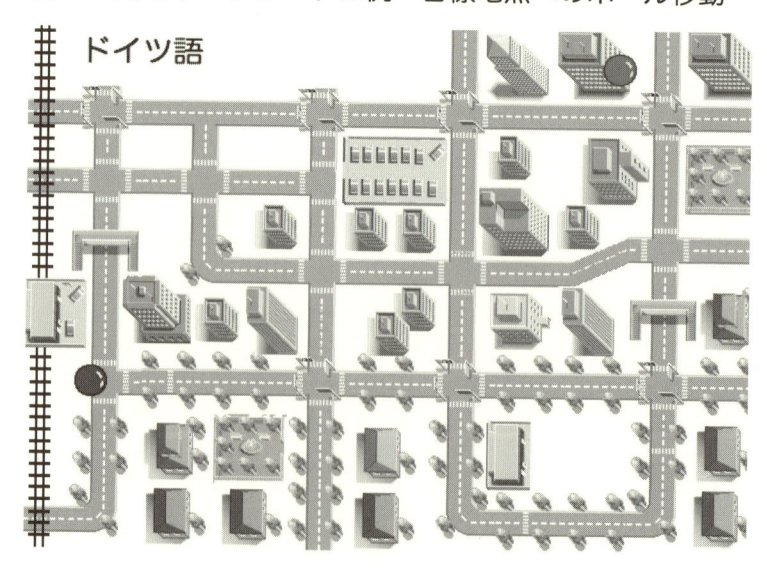

3．5．探求型あるいは自己発見型学習と CALL

　教育理論における、伝達型学習観から社会構成主義的な学習観へのパラダイムシフトを背景として、自己発見型学習（*exploratives Lernen / explorative learning*）[148]は、プロジェクト型学習と並び、今日最も注目されている分野である。また、1）ハイパーメディアとしてのインターネットの登場により、様々なコーパスに直接アクセスできるようになったこと、2）USB（*Universal Serial Bus*）に象徴される大容量外部記憶装置の小型化により、コーパスなどの大容量データの移動が容易になったこと、3）検索型ツールの発達により本物の（*authentisch / authentic*）データやリソースを利用する際の操作性が上がったこと、4）オンライン辞書やオンライン型翻訳ソフト[149]が簡単に使えるようになったこと等の情報技術上の「追い風」もあり、自己発見型学習の分野で CALL が貢献する可能性はとりわけ大きい。ここでは、その実践例として、コンコーダンスソフト MonoConc を使った事例と、インターネットを使った事例、および著者らが広島大学で開発した日独例文コーパス DJPD（*Deutsch-Japanisches Parallelkorpus für Deutschlernende*）の３つをとりあげて紹介する。

事例１：MonoConc を使った同義語間の意味の差異の分析

　これは、中・上級者向けの課題の１つだが、たとえばドイツ語の強意の副詞である absolut、völlig、total、vollständig、ganz などの同義語間の意味や用法上の違いは、コーパスを使うことで比較的簡単に見つけ出すことができる。
　ここで、コーパスの概念について一言補足しておく。Duden Deutsches Universalwörterbuch によれば、コーパスは "*als Datenbank angelegte Sammlung einer begrenzten Anzahl von Texten, Äußerungen o. Ä. als Grundlage für sprachwissenschaftliche Untersuchung*" と定義されており、これまでは、研究目的で一定の原則の下に収集されたデータからなる電子化されたテキストのみがコーパスと見なされてきた。この意味でのドイツ語圏における代表的なコーパスは、ドイツ語研究所（IDS: *Institut für Deutsche Sprache*）[150]によって作られたマンハイムコーパス（*Mannheimer Korpora*　収録語数 220 万語）である[151]。こうした狭義のコーパスに対して、今日では、インターネット上で公開されている電子テキストなどもそれを広義のコーパスと見なすことができる。たとえば、著作権の切れた文学テキストをボランティアの手で電子化して公開している

Project Gutenberg のドイツ語部門[152]には、数百冊のドイツ語で書かれた文学テキストが登録されている。その他にも、たとえば、インターネット上で公開されている欧州議会の多言語議事録 European Parliament Proceedings Parallel Corpus 1996-2006[153]や、Jetzt Deutsch Lernen - Text zum Lesen[154]のような、Goethe-Institut が青少年向けの雑誌 JETZT.DE の編集部の協力の下に提供している中級向けの読み物などもドイツ語コーパスと見なすことができる。今日では、オンライン・オフラインを問わず、毎日大量のテキストがワープロソフトを使い、電子データの形で生み出されている。使用目的により、何をどう使うかについては考える必要があるが、リソースとしての広義のコーパスは無限にあると言ってもいい。ここで紹介する事例でも、マンハイムコーパス（一部）だけでなく、欧州議会のドイツ語議事録、Jetzt Deutsch Lernen - Text zum Lesen の全テキスト、および Project Gutenberg の中から 20 世紀前半に出された文学作品 19 冊[155]を選んでコーパスとして利用している。

通常、辞書の場合は、検索した単語の意味や訳例、用法、発音等が、その語を含む代表的な熟語や少数の用例とともに提示される。それに対し、コーパスの中に含まれているのは、大量の用例だけである。しかも、コーパスのデータ量は、すでに人間が自分で直接用例を探すことができる規模を超えている。したがって、コーパスを利用する際には、専用の検索用ソフトウェアを使うことになる。普通これはコンコーダンスソフトと呼ばれている。ここでは、コーパスの検索にMonoConc[156]を使っている。MonoConcは、オークランド大学のMichael Barlow が開発した、シェアウェアの Windows 用簡易コンコーダンスソフトである。ほかにも、多くのコンコーダンスソフトがあるが、MonoConc には、たとえば、以下の基本的な機能が付いており、操作が簡単で、専門家でなくてもすぐに使いこなせるので、外国語の授業での使用には比較的適している。

MonoConc の基本的な機能

1）コーパスの中から単語を検索し、それぞれの発見例ごとに検索語を中心において前後一定の文字数の文脈を1行にまとめて示すKWIC（*Key Word in Context*）形式で表示する
2）検索語自身やその前後の語をソートキーとしてコンコーダンスライン（=KWIC 形式で表示されている各データ行）をアルファベッ

ト順にソートする
3）検索語の前後に表れる語の頻度順リストを作る
4）検索語のコロケーション（*Kollokation / collocation*　一緒に使われる頻度の高い単語間の組み合わせや連語）のリストを作る
5）テキストの中で使われている全ての延べ語数（*Vorkommnis / token*）のリストを作り、頻度順、あるいは、アルファベット順で表示する。

ここで、コーパスを使って明らかにするべき課題は、既に述べたようにドイツ語の強意の副詞の意味や用法の相違であるが、以下では、紙幅の関係で、最初の2つの単語である absolut と völlig のみを例に取る。

図1：コーパスを使った作業のためのワークシート例

以下の同義語についてどんなことが言え、お互いにどこが違うか調べてみよう。

単語の意味と用例	absolut	völlig
現在すでに知っていること		
辞書(Wörterbuch)を見て分かった重要なこと		
コーパスでのヒット件数や前後に来る単語の種類と数		
代表的な連語は？(Kollokation)		
Internet の Google 検索でわかったこと		
コーパスを調べてわかった結論は？(Schluss)		

具体的な作業としては、3人ほどの小グループに図1のようなワークシートを渡し、まずそれぞれの単語の意味や用法上の特徴について、1）直感的に知っていることと、2）辞書を調べてわかったことについて書き出させ、それを基

に両者の違いについて議論させ、仮説を立てさせる。次に、3）実際のコーパスを使った検索でのヒット数や前後に来る単語の種類と数を記述させ、また代表的なコロケーションも書かせる。4）また、必要に応じて、Google を使いインターネット上でも検索させる。5）最後に、最初の仮説とこれらのデータを照らし合わせて何が言えるかを議論させ、その結果をまとめて発表させる。

　たとえば、absolut と völlig の場合、小学館の独和大辞典を調べると、absolut は形容詞として、

　　1　(⇔relativ) 絶対の，絶対的な；他に制約されない，無制限<無条件>の；純粋な，純然たる；完全な，全くの
　　2　全くの，議論の余地のない

という訳語が挙げられており、例文としては、副詞的な用例の *Das ist absolut unmöglich.* と *Das sehe ich absolut nicht ein.* の2つだけが載っている。また、クラウン独和辞典には、形容詞として、

　　①（反義：relativ）絶対的な，無条件の；純粋の；無制約の；専制（独裁）の.
　　②（話）まったくの・完全な.

という訳語が挙げられており、副詞的な用例として *Es ist absolut nötig.* という例文が載っている。

　他方、völlig の方は、小学館の大独和辞典に、形容詞として、「(述語的用法なし) 全くの，完全な」という訳例と、副詞的な用法の例文として *Das ist völlig ausgeschlossen.* と *Du bist ja völlig betrunken.* が、クラウン独和辞典には、「完全な」という訳語と、例文としては *Du hast völlig Recht.* のみが挙げられている。しかしこうした辞書の訳語の記述と少数の例文だけでは、両者の違いははっきり見えて来ない。それに対し、この2つの単語を次ページの図2や図3のように、コーパスで検索し、検索語の右側に来る単語を手がかりにコンコーダンスラインをソートして詳しく見ていくと、それらが各々どんな語を主に修飾しているかが見えてくる。図4と図5は、さらに、それぞれの検索語の前後にどんな語が来ているかを頻度順にリストアップしたものである。

図2：absolut の検索結果をソートしたもの（KWIC 形式）

```
MonoConc Pro - [Concordance - [absolut]]
File  Concordance  Frequency  Display  Sort  Window  Info

be entrichtet haben, sind, ebenfalls dank Prodi, absolut nicht gewillt, für irgend jemand anderen einen we
r Wüste von Arizona sterben, aber es rührt uns absolut nicht, wenn vor unserer Küste ständig Menscher
rf des Konvents ja vorgesehen ist, und ich kann absolut nicht, wenn vor der Befürchtung mancher Finanzminister in
dieses Messen mit zweierlei Maß ist es, was wir absolut nicht akzeptieren können. <P> Wir müssen ganz
n Vorschlag halte ich für sehr dürftig. Ich kann absolut nicht dafür stimmen, da er einen bereits kraftlos
n auftreten könnte, wo die Gesundheitssysteme absolut nicht instande wären, sie auch nur im Geringste
Präsidenten zum Ausdruck gebrachten Meinung absolut nicht einverstanden. <SPEAKER ID="46" LAN
Sicherheitspolitik eine nationale Frage, über die absolut nicht auf Gemeinschaftsebene entschieden werd
m handelt, sind die angestauten Verzögerungen absolut nicht wieder aufzuholen. <P> Dies gilt auch für
Anfrage vom 14. November (H-0854/00). Es ist absolut nicht ersichtlich, wie der Rat zu der Auffassung
das über die Zinssätze entscheidet, scheint uns absolut nicht mit der Unabhängigkeit vereinbar zu sein, v
dieser Regimes. Ich kann Ihnen sagen, dass ich absolut nicht der Helfershelfer dieser Regimes bin. Das l
sollte daran denken, dass der gesamte Prozess absolut nicht selbstverständlich ist. Es ist schon eine L
s unternommen werden muß. Getan wurde aber absolut nichts. <P> <SPEAKER ID=148 NAME="Patte
Nach Ende des Zeitraums zeigte es sich, dass absolut nichts zur Verbesserung der Anwendung von P

1763 matches                1st right           Strings matching: absolut
25 files in current corpus                                                 177.47 mbytes, 25 files
```

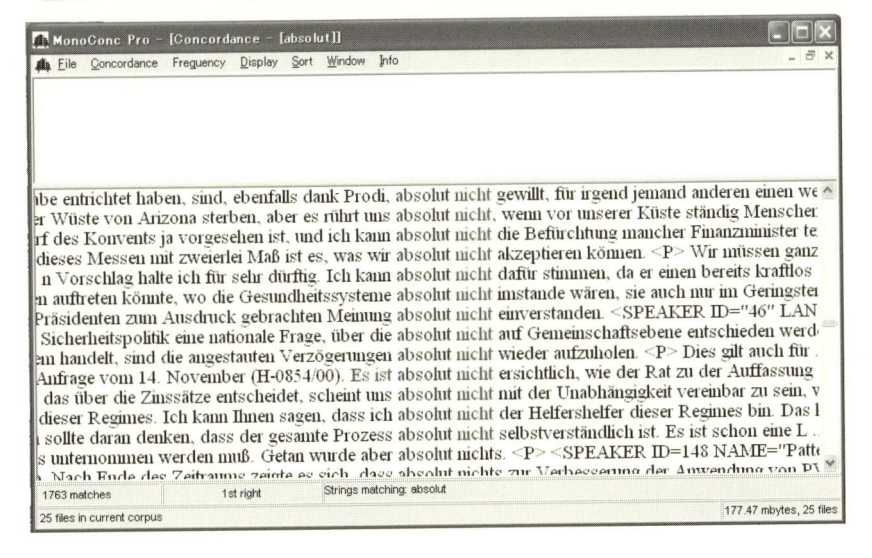

図3：völlig の検索結果をソートしたもの（KWIC 形式）

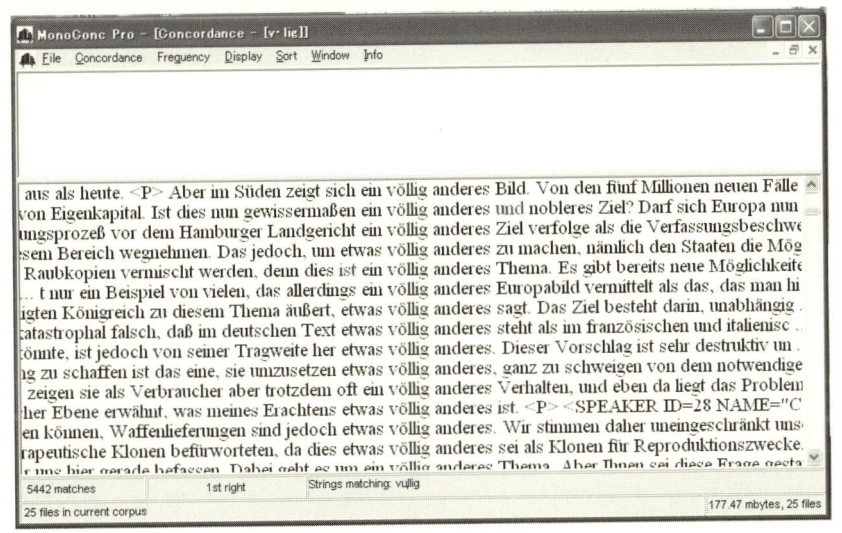

```
MonoConc Pro - [Concordance - [völlig]]
File  Concordance  Frequency  Display  Sort  Window  Info

aus als heute. <P> Aber im Süden zeigt sich ein völlig anderes Bild. Von den fünf Millionen neuen Fälle
von Eigenkapital. Ist dies nun gewissermaßen ein völlig anderes und nobleres Ziel? Darf sich Europa nun
ungsprozeß vor dem Hamburger Landgericht ein völlig anderes Ziel verfolge als die Verfassungsbeschwe
sem Bereich wegnehmen. Das jedoch, um etwas völlig anderes zu machen, nämlich den Staaten die Mög
Raubkopien vermischt werden, denn dies ist ein völlig anderes Thema. Es gibt hier bereits neue Möglichkeite
.. t nur ein Beispiel von vielen, das allerdings ein völlig anderes Europabild vermittelt als das, das man hi
igten Königreich zu diesem Thema äußert, etwas völlig anderes sagt. Das Ziel besteht darin, unabhängig
katastrophal falsch, daß im deutschen Text etwas völlig anderes steht als im französischen und italienisc ..
önnte, ist jedoch von seiner Tragweite her etwas völlig anderes. Dieser Vorschlag ist sehr destruktiv ...
hg zu schaffen ist das eine, sie umzusetzen etwas völlig anderes, ganz zu schweigen von dem notwendige
zeigen sie als Verbraucher aber trotzdem oft ein völlig anderes Verhalten, und eben da liegt das Problem
her Ebene erwähnt, was meines Erachtens etwas völlig anderes ist. <P> <SPEAKER ID=28 NAME="C
en können, Waffenlieferungen sind jedoch etwas völlig anderes. Wir stimmen daher uneingeschränkt uns
rapeutische Klonen befürworteten, da dies etwas völlig anderes sei als Klonen für Reproduktionszwecke
r uns hier gerade befassen. Dabei geht es um ein völlig anderes Thema. Aber Ihnen sei diese Frage gesta

5442 matches                1st right           Strings matching: völlig
25 files in current corpus                                                 177.47 mbytes, 25 files
```

第3章：日本のドイツ語教育における CALL の応用例

図4： absolut の前後に来る単語の頻度順リスト

2-Left		1-Left		1-Right		2-Right	
118	es	183	ist	171	nicht	136	ist
107	ist	93	es	160	notwendig	124	und
79	ich	86	für	60	nichts	95	dass
53	das	57	die	38	keine	51	die
49	die	43	ich	36	sicher	43	sind
45	der	43	und	33	erforderlich	36	sein
42	dass	41	ein	32	richtig	33	wenn
34	wir	40	sind	29	inakzeptabel	28	zu
33	und	39	das	24	kein	27	der
24	sie	38	bin	24	recht	24	daß
20	zu	31	eine	23	notwendige	23	mit
20	auf	29	wir	22	unerlässlich	21	in
19	bin	27	als	20	entscheidend	20	das
19	sind	22	der	18	wichtig	18	für
17	dieser	21	von	18	keinen	18	bedeutung
17	dies	21	hat	18	zu	17	ich
16	sich	20	uns	15	gegen	16	-

177.47 mbytes, 25 files

図5： völlig の前後に来る単語の頻度順リスト

2-Left		1-Left		1-Right		2-Right	
274	ist	461	ist	247	zu	309	und
221	es	212	eine	183	inakzeptabel	269	ist
186	der	175	nicht	170	klar	190	dass
184	die	148	ein	168	recht	183	recht
175	das	114	die	94	neue	155	sind
114	ich	110	es	90	unzureichend	133	die
108	und	102	für	87	unannehmbar	113	wenn
98	sie	98	und	84	außer	82	wir
93	in	77	einer	80	richtig	82	ich
72	sind	66	als	70	falsch	81	das
68	wir	64	hat	65	anderes	71	der
55	für	64	haben	63	einverstanden	66	es
52	von	64	sind	60	andere	64	sein
49	zu	61	etwas	55	anderen	53	daß
45	dass	58	sich	54	neuen	52	mit
44	den	51	einem	52	im	49	werden
42	sich	51	einen	52	anders	48	meinung

177.47 mbytes, 25 files

図4と図5からは absolut と völlig が、かなり異なるタイプの単語と使われていることがわかる。たとえば、図4から、absolut の後には、全 1763 件の使用例のうち nicht 171 件、nichts 60 件、keine 38 件[157]、kein 24 件、keinen 18 件等の「否定を表す単語」が使われていることがわかる。件数の少ないものも含めてこの傾向の単語を全て累計すると、それだけで全体の 20%ほどを占める。もし否定の接頭辞 un-を持つ単語も含めれば、25%を越える。同様に、もう1つの顕著な傾向は、notwendig 161 件、erforderlich 33 件、notwendige 23 件、unerläßlich 22 件、entscheidend 20 件、wichtig 18 件等の「必要性や本質的な重要性を表す単語」が、頻繁に使われていることである。これらの単語群もすべて合算すると 25%程度になる。このことから、強意の副詞としての absolut の主たる役割は、「否定や必要性・本質的な重要性の強調である」、とまとめられる。

　他方、völlig の方は図5からも一部見て取れるように、全 5442 件の使用例のうち inakzeptabel 183 件、zu Recht 180 件[158]、klar 170 件、recht 168 件、unannehmbar 87 件、richtig 80 件、falsch 70 件、einverstanden 63 件等に代表される、「正当性あるいは非正当性に対する個人的・感情的な評価を表す単語」が全体の 35%以上を占めている。その次に多いのは、neu 94 件、anders 65 件、andere 60 件、anderen 55 件、neuen 55 件、anders 52 件、neues 33 件、anderer 25 件、neu 24 件、verschiedenen 20 件、unterschiedlich 18 件等の「変化や相違を表す単語」で、これらも 15%程度を占めている。このことから、強意の副詞としての völlig の主たる役割は、「肯定・否定の方向を問わず正当性に関わる評価の表現と、変化や相違の強調である」と言うことができる。

　なお、次ページの図6と図7はそれぞれ、absolut と völlig を先頭に置いた2語からなるコロケーションの頻度順リストである。すべてのコロケーションが熟語ではないが、それぞれの語がどのような語と結びついて表れやすいかを知ることで、母語話者の語感に一歩近づくことができる。また、2語のコロケーションだけを見ていたのではわからないケースでも、3語以上の分析をすることでわかることがある。たとえば、図7で 247 件表れている völlig zu の zu は、どのような機能を持ったものなのか、これだけではよくわからない。しかし、3語のコロケーションリストを表示させると、その大部分（180 件）は、「正当であるという個人的評価」を表す völlig zu Recht という3語のコロケーションであり、völlig zu はその一部であったことがわかる。

図6: absolut を先頭にした2語のコロケーションの頻度順リスト

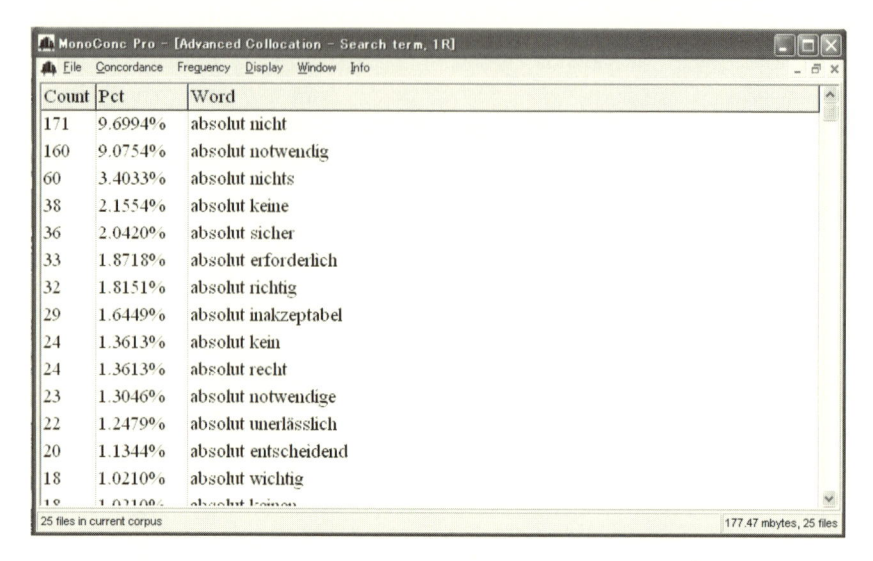

Count	Pct	Word
171	9.6994%	absolut nicht
160	9.0754%	absolut notwendig
60	3.4033%	absolut nichts
38	2.1554%	absolut keine
36	2.0420%	absolut sicher
33	1.8718%	absolut erforderlich
32	1.8151%	absolut richtig
29	1.6449%	absolut inakzeptabel
24	1.3613%	absolut kein
24	1.3613%	absolut recht
23	1.3046%	absolut notwendige
22	1.2479%	absolut unerlässlich
20	1.1344%	absolut entscheidend
18	1.0210%	absolut wichtig

図7: völlig を先頭にした2語のコロケーションの頻度順リスト

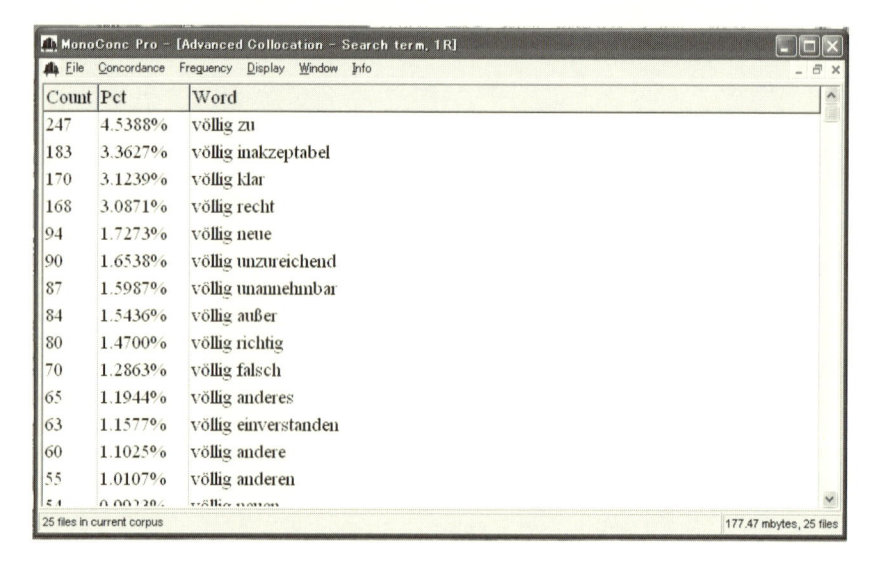

Count	Pct	Word
247	4.5388%	völlig zu
183	3.3627%	völlig inakzeptabel
170	3.1239%	völlig klar
168	3.0871%	völlig recht
94	1.7273%	völlig neue
90	1.6538%	völlig unzureichend
87	1.5987%	völlig unannehmbar
84	1.5436%	völlig außer
80	1.4700%	völlig richtig
70	1.2863%	völlig falsch
65	1.1944%	völlig anderes
63	1.1577%	völlig einverstanden
60	1.1025%	völlig andere
55	1.0107%	völlig anderen

第3章:日本のドイツ語教育における CALL の応用例

　以上見たように、コーパスを利用した自己発見型学習の利点は、データの検索、分析、それに基づく再検索というサイクルを通じ、辞書における訳語や用例の選択の適切性に関わるようなレベルの知見をデータの中から直接学習者自身が見つけ出せることにある。特に、

1) KWIC 形式のコンコーダンスラインを読んだり、コロケーションを調べたりすることで、実際の用例という本物のデータに触れることができ、ドイツ語に対する語感を養うことができる。
2) また、検索によって得られた KWIC データや一緒に使われる単語リストやコロケーションの分析を通じた Observe-Hypothesise-Experiment cycle (Rüschoff/Ritter 2001, 223)という自己発見型の学習過程を振り返ることで、ドイツ語を学ぶだけでなく、ドイツ語自体の学び方を学ぶこともできる。
3) そのうえ、自分自身が、主体的に探す作業を通じて対象となる現象を総体として学習するので、できあいの知識としての正解を受け身的に聞いて覚えるという単なる記憶力に依存する学習よりも、知識の定着率がよい。

　一般に、コーパスを利用した自己発見型学習は、コンコーダンスラインを読み込む能力や、一定程度のデータの分析力を要求するので、これまでは中・上級者向けの課題と考えられてきた。上記の事例も、確かにその一例である。しかし課題を工夫すれば、初級者を対象にした自己発見型学習も、充分に可能である。たとえば、Post、Bahnhof、Bibliothek、Bäckerei、Kiosk、Buchhandlung、Uni、Parkplatz、Arbeitsplaz、Markt、Supermarkt、Büro、Hotel、Kino、Bank、Flughafen、Kreuzung、Straße のような名詞が、行為の場所や存在の場所を表すとき、in (im)、an (am)、auf、bei の中のどの前置詞と共起するかをグループごとに調べて報告するという課題なら1年生後期の授業でも十分可能である。ドイツ語文法の中でも適切な前置詞の選択は、冠詞の適切な使用と並んで非常に難しい課題である。この課題に対しては、2つの典型的なアプローチがある、ひとつは、たとえば auf dem Supermarkt、im Kino、in der Bäckerei 等の表現全体を何の分析もせずそのまま覚えさせるやり方である。最初の段階では、このアプローチがわかりやすい。

しかし、このやり方だけでは、授業で習っていない新しい単語ができたときに対応できないなどの問題がある。また、特に日本のように大学生を対象とした授業を行う場合、なぜそうなるのかという認知的な質問に答えないままで学習を続けさせることは難しい。そのうえ、前置詞と場所名詞を組み合わせる際には、定冠詞・不定冠詞の使い分け（in einem Kino なのか im Kino なのか）や、方向性の有無による格の使い分け（ins Kino なのか im Kino なのか）などの他の条件も関わるので、まったく説明せずにそのまま覚えさせるというやり方には限界がある。かといって、古いタイプの文法授業のように、一方では in や auf や an などの前置詞と格支配を教え、他方では名詞の性や冠詞類の性と格による活用形を教え、それを組み合わせろと言っても、たとえば an der Uni などの与えられた熟語の分析には役だっても、実際に自分で使おうとするときは、どんな前置詞を使えばいいかわからない。また、そもそもそのように抽象的な規則をいちいち頭の中で考えているうちは、自然に使えるようにはならない。したがって、まずは、練習の中で非分析的な形でいくつか導入し、慣れてきたらその後、一定の段階でコーパスを使った用例検索等を通じて、再度、分析的に扱うというようなやり方が効果的である。

事例2：インターネットと Google[159]を使ったコロケーション調べ

　前述の事例で、インターネット上のテキストデータをコーパスと見なすことができると述べた。その考えをさらに進めれば、インターネット自体を世界最大のコーパスと見なすことができる。その際、Google などの検索エンジンは一種のコンコーダンスソフトとして利用できる。ただし、そのためには、以下のような Google を使った検索のためのいくつかの技法を知っておく必要がある。

Google検索の際の便利な技法
1）引用符（""）を使うと、その中に含まれる単語は、その順番も含めてひとまとまりと見なされる
2）アステリスク（*）は、1つまたはそれ以上の任意の単語の代わりに使える
3）ハイフンを (-) 単語の前につけると、その語は含まないという条件を加えられる

4) ドイツ語のウムラウト ä/ö/ü/Ä/Ö/Ü と ß は、それぞれ ae/oe/ue/Ae/Oe/Ue/ss と置き換えて検索してもいい。

上記の条件の中で、とりわけ重要なのは、1) と 2) である。一般に Google 検索の際に複数の単語、たとえば、eine Tüte Bonbons（一袋のキャンディ）を入れて検索しても Google の検索エンジンは eine Tüte Bonbons というまとまりで検索してくれるわけではない。eine と Tüte と Bonbons という3つの単語がそのページのどこかに含まれていれば、たとえそれがどんな順番であっても、またちらばって存在していてもそのページを挙げてしまう。したがって、eine Tüte Bonbons という熟語を含むページのみを検索したいのであれば、それを引用符 (" ") で挟み、"eine Tüte Bonbons" という形で検索しなければならない。その際、Bonbons の部分を、アスタリスク (*) で置き換え、"eine Tüte *" とすると、(*) の部分に、eine Tüte という計量表現と一緒に使われる任意の名詞などがヒットすることになる。その逆に "einen * Brot" や "eine * Brot" や "ein * Brot" などを使って検索し、アスタリスク (*) の部分に名詞が1つだけ来る例のみをピックアップすれば、Brot と一緒に使われる計量表現を比較的効率よく探せる。このように、引用符 (" ") やアスタリスク (*) を組み合わせて使うことで、インターネット上の全ドイツ語サイトを対象に特定の単語や熟語のコロケーションを調べることができる。

　初級者向けの授業でも可能な具体的な作業としては、検索例で挙げた eine Tüte Bonbons のような、計量表現と名詞の結合を2人から3人の小グループで調べる等の課題が考えられる。次ページの図8のようなワークシートを配り、eine Tasse、ein Glas、eine Flasche、eine Dose、eine Kanne、ein Kännchen、einen Becher、eine Tüte、eine Packung、ein Päckchen、ein Stück、eine Scheibe、ein Kilo、100 Gramm、ein Liter 等の計量表現とその後に来る名詞の結合を調べてアソシオグラムを作らせるのである。

図8：コーパスを使った作業用のワークシート（計量表現と名詞）

Google 検索でこれらの単位を表す単語がどんな名詞と結びつくか調べ、例にならいヒット件数とともに書き込もう。

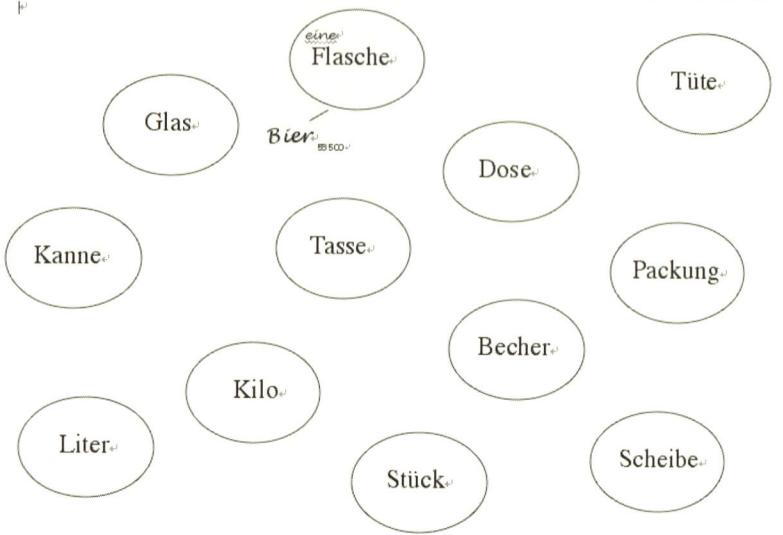

Flasche（eine / Bier 約500）, Glas, Tüte, Dose, Kanne, Tasse, Packung, Becher, Kilo, Liter, Stück, Scheibe

一般に、教科書等では、スペース等の問題もあって、ごく少数の例が載っているに過ぎない。しかし、どの名詞の前にどの計量表現が使われるかは語感に関わる問題であって、ドイツ語学習者にとってもそれほど簡単ではない。この課題では、計量表現と名詞のコロケーションを調べることで、計量表現の自然な使い方を学ばせることを目的としている。具体的な手続きとしては、図8にある計量表現、たとえば Tüte を出発点に、"eine Tüte *"を検索語として Google で調べ、（*）の部分によく出てくる単語を列挙する。すると、たとえば、Gummibärchen、Chips、Bonbons、Haribo、Backpulver、Luft、M&M's、Trockenhefe、Popcorn、Mandeln、Pfefferminztee、Erdnüsse、Ananas、Süßigkeiten、Rosinen、Suppen-Pulver、Lakritz、Reis、Puddingpulver、Butterkekse、Schokolade、Kirschen、Pommes、Waschmittel、Tropifrutti、Maronen 等が来る。しかし、インターネット上には、大量のデータがあり、中には間違ったものもある。したがって見つかった組み合わせが、たまたまヒットしただけの例外的なものか、一緒に使われる頻度の高いコロケーションなのかを調べるために、次のステップとして、ア

第3章:日本のドイツ語教育における CALL の応用例

ステリスク(*)の箇所をこれらの見つかった単語に起きかえて、再度検索する必要がある。たとえば、上の例では、Gummibärchen が見つかったら次のステップとして"eine Tüte Gummibärchen"で調べさせる。これで、かなりの数のヒットが再度得られたなら、これはコロケーションと見なせる。こうした手続きで、ワークシートに挙げた計量表現といっしょによく使われる名詞を調べ、その名詞とヒット件数を含むアソシオグラムを完成させる。その際、単語の意味がわからなかった場合は、その単語を使って、Google のイメージ検索[160]をさせる。一般に、計量表現と使われるのは、Gummibärchen や Pommes のような具体的な事物名詞や Haribo などの具体的な製品名であることが多い。そこで、イメージ検索のしかたさえ教えやれば、初級の学習者でも、1)単語の語形、2)計量表現の意味からの予測、3)画像情報、等を手がかりに当該単語の意味を類推できる。

図9:Pommes(フライド・ポテト)のイメージ検索結果

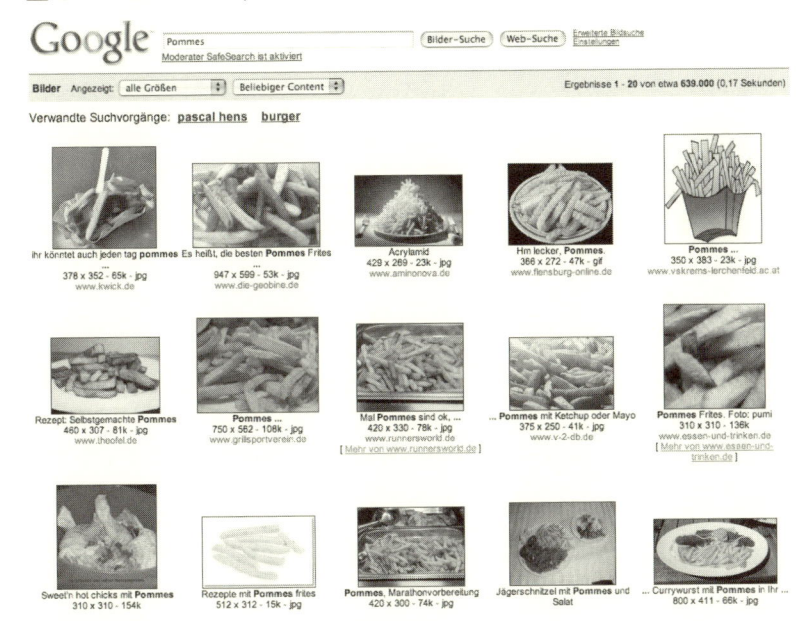

たとえば、図9は、Pommes を Google でイメージ検索した際の結果である。初級学習者の場合は、見つけた単語の全てを理解したり覚えたりする必要ははな

い。「1つの計量表現についてそれと一緒に使われる代表的な名詞を2個か3個ずつ調べ、その件数を書き込んだアソシオグラムを完成する」という具体的な課題があるので、それを実現するために必要な範囲内での情報を、Google 検索等を通じて、インターネット上から見つけてくれば良い。多くの場合は、アステリスク（*）が指す単語を理解し、その組み合わせの件数の多寡からコロケーションであるかどうかを分析するだけでいいので、本物のドイツ語データの中で捜すという作業をしながらも、難易度はそれほど高くなく、初級の学習者でも充分にこなせる。

同じく初級者向きの課題例だが、図 10 のワークシートにあるような、単語が一部欠けた不完全な文の断片を検索語として使えば、特定の語場に属する単語群を効率的に捜し出しすることができる。

図 10：コーパスを使った作業のためのワークシート
（不完全文を検索語に使って特定の語場に属する単語を捜す）

Aufgabe 左の欄の表現をもとに、どんな単語がヒットするかで調べよう。わからない単語は、Bildsuche で見てみよう。

Google で調べる表現	君の場合	Google で見つけた単語とヒット数	
		習ったことがあるもの	初めてみたもの
"Ich esse gern *" "Ich esse nicht gern *" "Mein Lieblingsessen ist *"			
"Ich trinke gern *" "Ich trinke nicht gern *" "Mein Lieblingsgetränk ist *"			
"zum Frühstück esse ich *"			
"ich spiele gern *"			
"In meiner Freizeit * ich gern"			
"ich bin * von Beruf" "ich bin von Beruf *" "Traumberuf ist *"			
"Ich schenke meinem Freund *" "Ich schenke meiner Freundin *" "Lieblingsfarbe ist *"			
"ich fahre mit dem *" "ich fahre mit der *"			

たとえば、"ich esse gern *" / "ich esse nicht gern *" / "mein Lieblingsessen ist *" / "zum Frühstück esse ich *"（私は＊を食べるのが好きです / 私は＊を食べるのが嫌いで

す / 私の好きな食べ物は＊です / 朝食には、私は＊を食べます) や"ich trinke gern ＊" / "ich trinke nicht gern ＊" / "mein Lieblingsgetränk ist ＊" (私は＊を飲むのが好きです / 私は＊を飲むのが嫌いです / 私の好きな飲み物は＊です) のような文の断片を使えば、飲食物の範疇に属する単語だけを探し出すことができる。また、"Lieblingsfarbe ist ＊" (大好きな色は＊です) は色を、"ich spiele gern ＊" / "in meiner Freizeit ＊ ich gern" (私は、＊をするのが好きです / 暇なときには＊するのが好きです) は、趣味やスポーツ・楽器名等をリストアップするのに使える。さらに、"ich bin ＊ von Beruf" / "ich bin von Beruf ＊" (私の職業は＊です) では職業名を、"ich schenke meinem Freund ＊" / "ich schenke meiner Freundin ＊" (私は彼に＊をプレゼントする / 私は彼女に＊をプレゼントする) では典型的なプレゼントのアイテムを、"ich fahre mit dem ＊" / "ich fahre mit der ＊" (私は＊に乗っていく) は交通手段を、それぞれ探し出すのに使える。このように、すでに習った表現を手がかりに、その表現とともに使う語群をシスティマティックに見つけ出すという課題を出せば、語彙を増やす作業と既習単語のコロケーションを学習する作業を同時に行うことができる。その際、たとえば、Luftgitarre (エアギター) などの、ドイツ語教員さえ知らない単語や新しい言葉でまだ辞書にすら載っていないような単語を、学習者自身が自ら見つけることもまれではない。このような作業では、たとえ Luftgitarre のような未知の単語に出会った場合も、学習者は、その語が使われる文脈 (たとえば "ich spiele gern ＊") や語場 (おそらく楽器かスポーツ) の情報は利用できるので、ある程度はその単語の範囲を特定できる。また既習語である Gitarre との部分的な同一性など形態的 (*morphologisch / morphological*) な情報も利用できる。そのうえ、すでに述べたように、Google イメージ検索を使うことで、視覚的な情報も利用できる。また、最近では、オンライン上の辞典も利用可能である。その際、独日・日独辞典よりもたとえば dict.cc[161]のような独英・英独辞典の方が、登録語彙数が多いので役に立つ。動詞や副詞などの場合は、そもそもドイツ語と日本語では、対象の捉え方自体が異なることが多く、語場のずれも大きいので、初級段階の学習者に１つの単語に対応する一義的な情報をひとりで見つけ出させるような使わせ方は危険である。また、特に動詞などの適切な語法は、ひとりでは見つけられないことも多い。しかし、Luftgitarre の例のように、視覚的な情報を含むいくつもの補助手段があり、語場も特定できる具体的な名詞を捜すのであれば、初級段階の学習者でも

十分可能である。なお、こうした検索が、機械的な作業にならず、学習者の内容的な興味関心を引き出せるよう、この種の課題は、同時に、インターネットが持つ本物の情報へのアクセスという利点と結びつけて使う方がよい。たとえば、食べ物を捜させる例では、"zum Frühstück esse ich *"等の表現を使い、ドイツ語圏の人々が実際に朝食にどんなものを食べているかを、Google 検索で調べさせ、画像等もつけて、自分たちの朝食と対比させながら、ドイツ語の簡単な文章で報告させる、という課題などが考えられる。

なお、インターネットを通じた自己発見型学習の際には、様々な方略も意識的に教える必要がある。そのいくつかを、簡単に列挙するなら、

1）Google 検索や Google イメージ検索で得られた情報には、間違いや偶然的に一致しただけで必要とする情報ではないものも含まれていることが多い。したがって、常に取捨選択が必要である。
2）断片文の長さや使われている語彙により、ヒット件数には差があるので、ある用法の適切さは、絶対的な件数だけでなく、関連の似たような表現の件数との相対的な数の差で判断する。
3）検索によるヒット数が少ない場合や逆に多すぎる場合には、検索に使う断片文を、目的に応じて工夫する必要がある。たとえば、" mein Lieblingsessen ist *" でヒット数が少なければ、mein を削って、"Lieblingsessen ist *"に変えたり、"zum Frühstück esse ich *"の esse ich の部分を isst man や essen wir に変えたりすることで、追加的な情報が得られる。また、動詞の原形ではヒット数が多すぎるなら適宜活用させたり、gern/heute などの一般的な副詞を追加する。
4）元になる単語を結合させて新しい単語を作るドイツ語の造語法の特性を考慮し、長めの単語の場合は、未知の単語でも、その中に形態素として知っている単語が含まれていないか、常に意識し、必要に応じて部分ごとに捜す。

以上、見てきたように、インターネットを利用した自己発見型学習は、それを通じて学習者自身が新しい情報を発見するという意味では、学習の手段であるが、インターネットを利用してドイツ語を使って何かを発見すること自体は、

学習方略の習得も含め、現代におけるドイツ語の運用能力の1つであり、それ自体がドイツ語学習の目的でもある。

事例3：日独例文コーパス DJPD を使った自己発見型学習

　DJPD（*Deutsch-Japanisches Parallelkorpus für Deutschlernende*）は、著者が同僚の吉田光演氏らとともに開発したドイツ語学習者用のオンライン型日独例文コーパスで、WWW 上で検索可能である[162]。ここでは、この DJPD と初級ドイツ語授業への DJPD の応用事例を紹介する。

　DJPD は一種のパラレルコーパスである。パラレルコーパスとは、2つ以上の言語による同一の内容のデータを、たとえば各文のまとまりごとに並行して関連づけ、どの言語の検索語から検索してもその言語の文だけでなく、それと平行する他の言語の表現も同時に呼び出せるような多言語コーパスのことである。パラレルコーパスには、たとえば、加盟各国の言語でそれぞれ作成・公開される欧州議会の多言語議事録をもとに作られた European Parliament Proceedings Parallel Corpus 1996-2006[163]や著作権の切れた日本語の翻訳テキストを原典と関連づけて公開している「プロジェクト杉田玄白」[164]のように、直接は外国語学習とは無関係に、複言語主義（*Plurilingualismus / plurilingualism*）や多文化主義（*Multikulturalismus / multiculturalism*）の流れの中で作られてきたものも多い。しかしながら、1つの言語における表現内容が他の言語ではどのように表現されるかを見ることで、たとえば作文の際の用例辞書として利用するなど、外国語学習にとっての有用性は高い。こうした観点から意識的に作られたパラレルコーパスとしては、英語の例では、名古屋大学の杉浦正利氏が作成し 1996 年以降公開している日英オンライン例文コーパス WebGrep for NESS 6800 がある[165]。ここで紹介する日独オンライン例文コーパス DJPD は、このアイデアを発展・拡張させる中で生まれたドイツ語学習の目的に特化したコーパスである。

＜DJPD の概要と機能＞

　DJPD の例文は、2001 年に欧州評議会が発表した CEFR (Council of Europe 2001) で提案された外国語能力の6段階レベルのうちの第1段階から第4段階（A1 から B2 レベル）に属する 700 個の動詞、500 個の形容詞、2,700 個の名詞を中心に作られた[166]。各例文に関する情報は、1）ID 番号、2）例文の基礎となった

見出し語、3）ドイツ語例文、4）日本語対訳例、5）見出し語の受動的な理解に必要とされる能力のレベル、6）見出し語を能動的に使うのに必要とされる能力のレベル、7）品詞、8）および9）品詞ごとに異なる文法的情報、10）見出し語の関連分野、11）例文作成者番号の、計 11 個の情報の束として登録されている。たとえば、動詞 singen を基に作った例文データは、以下の形をしている。

810 / singen / Du singst sehr schön. / 君はとてもすてきに歌うね．　 / A1 / A1 / Verb / sang / hat gesungen / Musizieren / 1

図 11： DJPD のトップページ（wohne を検索している途中）

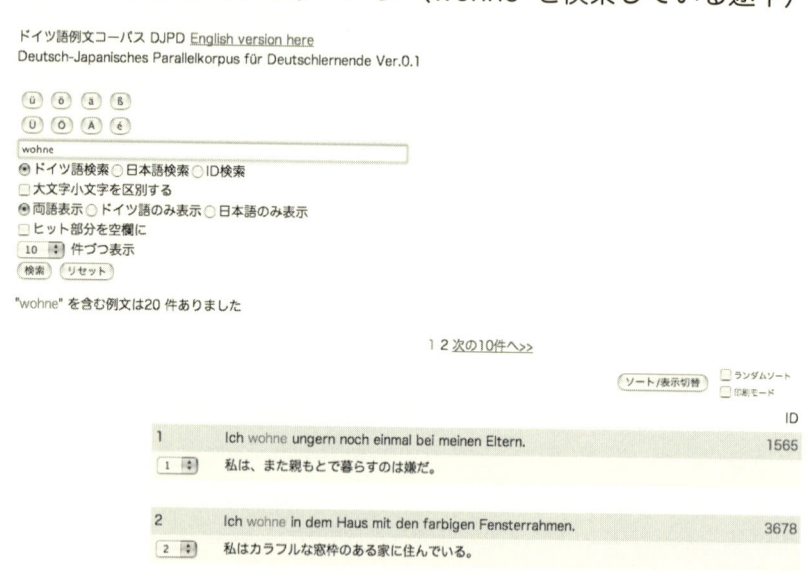

ドイツ語例文コーパス DJPD English version here
Deutsch-Japanisches Parallelkorpus für Deutschlernende Ver.0.1

"wohne" を含む例文は20 件ありました

1 2 次の10件へ>>

1　Ich wohne ungern noch einmal bei meinen Eltern.　　　　1565
　　私は、また親もとで暮らすのは嫌だ。

2　Ich wohne in dem Haus mit den farbigen Fensterrahmen.　　3678
　　私はカラフルな窓枠のある家に住んでいる。

　DJPD は、通常のインターネット・ブラウザからアクセスできる[167]。図 11 は、トップページを開き、検索語として wohne を検索した際の検索画面の一部である。日本語とドイツ語特殊文字の画面上での表記が可能になるよう、データは全てユニコード（UTF-8）に変換してある。また欧文特殊文字の入力を簡略にするために専用の入力ボタンを用意し、ボタンを押せば、どの環境でも簡単に特

184

殊文字が入力できるようになっている。1回の表示件数は、10件、50件、100件、200件の4段階で選べる。検索モードには、ドイツ語検索・日本語検索・ID検索の3つがあり、ラジオボタンでどれかを選べば、日本語からでもドイツ語からでも双方向で例文検索が可能である。検索の際には、完全一致検索だけではなく検索条件を細かく指定でき[168]、検索結果を加工して授業用のワークシート等を作成するための機能も有する[169]。また、管理者用ページからは、コーパスに含まれる単語の頻度順リスト等を生成できるだけでなく、オンラインでの例文データの新規登録や修正も可能である。以下では、初級ドイツ語授業における DJPD の利用法として、4つの事例を挙げる。

＜DJPD を利用したドイツ語学習＞
1）文脈を利用したナンセンス語の推定

たとえば、DJPD による *Mutter* の検索例文を、ワープロソフトにカット&ペーストし、その中の Mutter の部分を Pospe などのナンセンス語（*Phantasiewort / phantasy word*）に一斉置換すれば、次ページ図 12 のようなワークシートができる。*Mutter* の他に Lehrer、Brot、Tisch、arbeiten 等の特徴的な文脈を持つ検索語を使っても、同じような課題を作成可能である。一般に、既習単語を使った検索例文の中の検索語を空欄にして、そこにあったはずの語を推定させようとする場合、1つの文の文脈だけでは単語を特定することは難しい。しかし、複数の文の文脈があれば個々の文をチェックしていくことでその特定はある程度可能であり、経験的には 20 件前後の例文があれば、初級者でもこうした課題に取り組める。例文を見ながらチェックして行く作業は、文脈を見ながら、入れるべき語に対する仮説を立て、それを検証あるいは破棄していくような読みの過程である。しかも複数の文をチェックしていくなかで特定の語がどの語と結びついて登場するかというコロケーションについての感覚も養うことができる。検索語を空欄の形で隠すのではなく、存在しないナンセンス語に置き換えるというアイデアは Tribble/Jones(1990, 39)によるが、特に初級者の場合は、単なる空欄にするよりもナンセンス語に変える方が、ゲーム的なニュアンスが出るだけでなく、名詞なら大文字にしたり冠詞を付けたりすることで、動詞や形容詞なら活用させたりすることで、語の形態的・統語的な特徴に意識を向かせることができるため、その点でも好ましい。

図 12：DJPD を利用して作ったワークシート（文脈からの意味の推定）

課題：Pospe というのはでたらめの単語です．本当はドイツ語で何というか当ててください．

Meine **Pospe** putzt die Fenster.

Die **Pospe** föhnt ihrer Tochter die Haare.

Meine **Pospe** hat morgens meistens keine Zeit zu frühstücken.

Bitte hilf deiner **Pospe**, das Geschirr zu spülen.

Meine **Pospe** hat mich 1980 zur Welt gebracht.

Sie ist eine sehr rücksichtsvolle **Pospe**.

Meine **Pospe** hat meine Jeans gewaschen.

Meine **Pospe** ist eine Dichterin.

Die Erdbeermarmelade hat meine **Pospe** selbst gemacht.

Meine Ehefrau ist eine gute **Pospe**.

Meine **Pospe** kocht gerne mit Hackfleisch.

Die **Pospe** passte gut auf ihr Kind auf.

Meine **Pospe** hat sich neue Kleider gekauft.

Sie ist **Pospe** von drei Kindern.

Die **Pospe** küsst ihr Kind beim Spielen auf den Bauch.

Pospe hat die Hosen frisch gewaschen.

Meine **Pospe** hat das Fleisch gekocht.

Die **Pospe** spielt mit ihrer Tochter auf der Wiese Fangen.

Mein Vater hat ein Bild von meiner **Pospe** gemacht.

Mein Vater ist Deutscher, meine **Pospe** Italienerin.

作業の進め方としては、個人で取り組ませるよりもパートナー作業や、小人数のグループで相談させながら行う方が、仮説検証の過程をより学習者に意識化させられる。他に、複数の課題を同時に与え、時間を計って各グループごとに競わせることもできる。さらに好ましいのは、こうしたワークシート自体を、DJPD を使って、グループ作業で学習者自らに作らせ、お互いに課題を出し合わせるようなプロジェクト型の活動である。

2）ドイツ語の造語法の学習

DJPD はドイツ語の造語法の学習にも使える。たとえば、DJPD から取った、-bar の接尾辞を持つ形容詞を含む例文 20 個程度を基に、1） -bar がどのような意味的な特徴を持つか、2）またその前にはどのような文法的な特徴を持つ語が来るかを、グループ作業で考え、仮説を立てさせる。次にその仮説を基に、新しい形容詞を作り、インターネットのドイツ語の検索エンジン Google Deutschland で自分たちが作った形容詞が実際に存在するかどうかを調べ、報告させる。この作業はドイツ語の造語法の規則（*Wortbildungsregeln* / *word formation rules*）を自己発見的な方法で学ばせると共に、言語には理論的には存在可能でも実際には存在しない語場の空隙（*Lücke* / *gap*）があることを経験させるためでもある。一般に Google 検索で得られるのは大量の生データなので単語 1 つをキーワードにした検索では初級段階の学習者にはヒットした例文全体の意味を理解するのは難しい。したがって、ここでの課題は、あくまで、新たに作った語が存在するかどうかの存在確認と、どの程度存在するかの件数確認に限られる。また、Google 検索で得られるドイツ語データの中には、外国人が使うべきでない言語使用領域の表現や、母語話者以外のものが書いた不正確なドイツ語なども含まれるので、特殊な分野の専門用語を除けば、おおよその目安として 4 桁以上の用例のある単語以外はあまり使わない方が良いと指導することも重要である。

3）語の意味のひろがりを考える

たとえば、色彩形容詞の用法には、物理的な用法以外にも、文化的・社会的な文脈を背景にした比喩的な用法がある。こうした語の意味のひろがりなどを

考える作業も、DJPD を使って行える。まず知っている色彩形容詞を 10 個挙げさせる。10 個思いつかない時は、DJPD の日本語検索で日本語から検索し、代表的な色を挙げさせる。次に、パートナー作業により、DJPD を検索しながら、それらの形容詞を使った例文を捜し、その形容詞が修飾しているかあるいはそれと関連づけられている名詞を、抜き出させる。副詞的用法の場合は、それが修飾している動詞を抜き出させる。DJPD だけでは例が少ない場合は、Google 検索も利用する。その後、それらのデータを基に、どの色がどのような文化的・社会的な意味で使われているかを抜き出して、お互いに発表させあい、日本語のそれと比較させる。

4）DJPD の検索機能を利用したドイツ語作文支援

　DJPD のもっとも一般的な利用法は、作文の際のオンライン用例辞書として使うことであろう。適当なドイツ語単語を検索すると、その語が使われている例文と訳文が数個から数十個の単位で表示されるので、学習者は、それらに目を通すことで、その語がどのように使われるかについての具体的なイメージを得られる。DJPD はまた学習者があらかじめ書いた作文を自己添削するための比較参照ツールとしても役立つ。さらに、単なるドイツ語例文コーパスとは異なり、日本語からも引けるので、どんな単語や熟語を使ったら良いかわからない場合も、その見当が付けられる。それゆえ、DJPD はインターネットの情報検索機能を代表する Google 検索やオンラインショッピングや時刻表検索のページ等と組み合わせて使うことで、たとえば「食事」、「趣味」、「買い物」、「旅行」、「クリスマス」等をテーマとした本物の伝達内容と自己表現を含んだ小作文を書くための支援ツールとしても利用できる。既習語彙を活性化し作文に必要な表現を再確認するための作業では、DJPD を自己添削のための参照データとして主に利用し、テーマ自体に対する内容的な導入を図り興味や関心を引き出すための作業では、ネット上のリソースを直接提供してくれる様々なページを主として利用しつつも必要に応じて補助的な情報検索に DJPD を使い、最後に実際に作文する段階では、DJPD を用例辞書として再び主に利用する、というのが一般的な使い方のパターンであろう。たとえば食事をテーマとする小作文の場合、次のような使いが考えられる。それまでの単元ですでに習っている *essen*、*Brot*、*Suppe*、*Tee*、*Lieblingsessen*、*Frühstück* 等の、テーマに関連して用意された 30 個ほどの

第3章：日本のドイツ語教育における CALL の応用例

基本単語を基に、その中から1つの文につき2個から3個ほどの単語を使ってまず各学習者が自力で自由に文を5つほど書き、その後 DJPD の用例と比較参照しながら自分たちが書いた文をチェックし、自分たちの力で添削する（添削支援ツールとしての DJPD）。次の段階では、たとえば、インターネットを使った事例でも紹介した *"zum Frühstück esse ich"*、*"zu Mittag esse ich"*、*"abends esse ich"*、*"mein Lieblingsessen ist"* 等の断片文の検索語を使い、Google 検索で、ドイツ語圏の人たちが毎日どんなものを食べているかを小グループの作業で調べ、ドイツ語で書きだし、自分たちの食事内容と比較する。最後にそれまでの準備作業を基に、「あなたの典型的な朝食・昼食・夕食についてドイツの友人に伝えるための簡単な文章を書きなさい」という日独の食文化の違いを意識した作文課題に、DJPD も適宜利用しながら取り組ませ（用例辞書としての DJPD）、その結果を電子掲示板や LMS を通じて公開し、お互いにコメントさせる。

紙幅の関係で、ここでは一部の事例しか紹介していないが、他にもたとえば、日本語の「高い」、「同じ」、「目」、「黒」等を含む言い回しがドイツ語ではどう表現されているかなどの日独対照の語彙比較や、類義語の *anrufen* と *telefonieren*、*studieren* と *lernen*、あるいは *wissen* と *kennen* 等の違いの自己発見的な方法での学習など、使い方次第で、ドイツ語学習歴1年から2年以内の初級者でも充分に取り組める様々な課題が考えられる[170]。

最後に、こうした利用法を可能にした DJPD の特徴をまとめておく。

1) 初級から中級までの学習者を想定し、基本となる単語のレベルを限って難易度を調整しているので、もともと理解しやすい自然な用例が多い。
2) 日独のどちらの言語からも引けるパラレルコーパスなので、日独の対照により、求める用例が見つけやすいだけでなく、多少難易度の高い表現が含まれている例文も日本語を媒介とすることで、初級者にも理解されやすい。
3) ネットワークに接続したコンピュータがあれば、オンラインで、いつでもどこでも使うことができ、また検索方法も簡単なので、学習者が授業の場でデータを基に仮説を立てて検証していく自己発見的な方法での学習やプロジェクト型学習のためのツール兼リソースと

して、さらには自学自習支援にも広く利用できる。
4) 単語とその用法にターゲットを絞って使えるので、初級段階での語彙の習得や語彙の定着に役立てられる。
5) 本物の (*authentisch / authentic*) ドイツ語データを扱う検索エンジン Google などを使う際の補助として利用できるので、課題の立て方によっては、WWW 上のドイツ語リソースの実際の利用を初級段階の学習者にも体験させることができる。
6) より高度な検索機能やワークシート作成機能は、上級レベルの学習者にも役立つだけなく、教員がコーパスの例文を様々な形で2次利用することを可能にし、初級者用の授業のコンセプトを考えたり、そのためのワークシートなどを作ったりする際にも利用できる。

3．6．プロジェクト型学習と CALL

Krumm(1991, 5)の中では、プロジェクト型授業ないしはプロジェクト型学習の定義として、以下の特徴が挙げられている。

プロジェクト型学習の特徴
1) いつまでに何をどこまで実現するかという具体的な目標
2) 学習者と教師の共同によるその計画と実現プロセス
3) 実際の行為と言語活動の両方によって遂行される具体的な課題
4) 補助手段の学習者による自律的な利用

インターネットは、こうしたプロジェクト型外国語学習（*Projektorientiertes Sprachlernen* あるいは *Handlungsorientiertes Sprachlernen / project-based language learning* あるいは *active learning*）において、1) ブラウジングや検索エンジン等を通じた情報検索、2) CMC を通じたプロジェクト遂行のための情報交換、3) ホームページや LMS などを利用した情報発信（すなわち成果発表）、という3つの面で重要な役割を果たし得る。しかも、すでに第 1 章で述べたように、インターネットはもはや単なるコンピュータのネットワークではなく、それらに接続可能なマルチメディア機器、さらにはそこでやりとりされるデジタル情報などをすべて含んだ統合的な情報環境となっている。したがって、LMS を協調

的な学習のためのプラットフォームとして利用するならば、特別な設備が無くても、無料で提供されているインターネット検索（たとえば、Google、Wikipedia 等）や通常のマルチメディア機器（たとえば、携帯電話、デジタルビデオ、iPod 等）や定番ソフト（たとえば、Word、PowerPoint 等）などを使うだけで、プロジェクト型学習を組織することができる。ここでは、プロジェクト型学習の具体例として、著者らが、広島大学で行ってきたデジタルビデオ制作配信プロジェクト、プレゼンテーション用ソフト PowerPoint を使ったフォトストーリー作成プロジェクト、インターネット上での作文公開プロジェクトなどの事例について報告する。

事例１：家庭用ビデオを使ったビデオクリップ制作とネット上での公開

　このプロジェクトは、著者が教える広島大学１年生の教養教育のドイツ語授業の最後に、１年間の学習を締めくくるものとして行ったものである。各々４人から５人程度のグループを作り、６週間後を期限に２分程度の長さのドイツ語のビデオクリップを制作することを課題とした。撮影を含む大半の作業は学生が授業外に行うので、実際に授業内で行うのは、１）プロジェクトの趣旨と進め方の説明、２）グループ分け、３）前年度の作品の紹介、４）テーマを決める話し合い、５）既存ビデオのカメラワークの分析とコマ割を中心とする撮影台本作成法の解説、６）逆光を避け外部マイクを使うなどの撮影時の一般的注意等である。これらに、対話ベースの脚本を書く作業の一部を加えても、上映会を除けば、授業の中で要する時間は、180分程度（授業約２回分）であった。

図１：ビデオ『水戸黄門』の１シーン

これらの作業を通常の授業と並行して6週間かけて行った。プロジェクトがいったん始動すると、自分たちの作品だという意識が生まれるので、撮影はもちろん脚本を書く作業の大部分も学生たちは授業外の時間に集まって自主的に行っていた。したがって、教員の役割は、各グループの代表者とメールで定期的に連絡を取り合い、進行状況を報告してもらったり、授業の場やメールなどを通じて学生の書いた脚本を添削したり、その他学生が困ったときに少し手助けをしてやることに限定された[171]。撮影用にビデオカメラと三脚と反射板（大きめのダンボールの板にアルミホイル等を貼るだけでも可）を用意し、1週間の間に各グループ交替で貸し出した。撮影後は、テープと台本の両方を提出させ、各グループの代表とともに大学で編集した。編集にかかる時間は、作品にもよるが、1本あたり平均2時間程度であった。学生が作った作品は、「20xx年ワールドカップサッカー宮島大会」、「幻のドイツ旅行」、「水戸黄門」や「3分クッキング」のパロディなど多岐にわたった[172]。たとえば、図1は、学生が制作したドタバタ劇『水戸黄門』の一シーンであり、また、次ページの図2は、その撮影台本の一部である。撮影に当たって、技術的に唯一気をつけるべきことは、カメラから離れたところにいる登場人物の声を明瞭に取るためには、やはり外部マイクが必要だということである。棒付きのガンマイクがあれば理想だが、無ければ、小型の外部マイク（4000円前後で購入可能）に延長コード（3mで2000円程度）をつけて、1.5メートルほどの棒の先にビニールテープで留めれば間に合う。それ以外のものは、今日では、ビデオ編集用ソフトやBGM用の音源を含め、すべてOSに付属しているかインターネット上から無料で手に入れることができる。制作したビデオクリップは、期末試験の終わった後に友人等も招待してクラス全体で上映会を行い、インターネット上でも公開した。現在では、YouTube[173]などの公開のビデオライブラリーがあるので、これにアップロードすれば、自分たちの作ったビデオクリップを、たとえば米国立公文書館記録管理局が所蔵する歴史的な映像などと並んで、文字通り全世界に公開できる。

図２：学生が制作したビデオ『水戸黄門』の撮影台本(一部)

〈Erster Teil〉

① 最初に少し風景を撮る。
(遠くから)歩いてくる3人(手には、さりげなく旗を持っている)。
音声なし。
途中で止まって、あたりをキョロキョロ見回す。
建物をゆび指してみたりする。

② 3人を正面から撮影。Aは2人よりも少し前にいる。
A 道を指し示して尋ねる。
A: Diese Straße führt zur Baufirma Echigoya, oder?

① Bの腰から上の正面図。頭を振って、 よりややCの方を向く
B: Keine Ahnung.
少し疲れた様子で(ため息をついたり、腰に手をあてたり、腕をくんだり
B: Wir suchen doch schon eine Stunde und wissen nicht, wo die Firma Echigoya ist. Vom langen Gehen bin ich schon müde.

③ Cの腰から上の正面図。 ややBの方を向く
C: Meckere nicht!

④ Cの上半身正面図。胸のあたりに旗をかかげて、もしくは旗だけを撮る。
C: Leider haben wir kein Geld für unser Drama. Daher müssen wir unbedingt einen Geldgeber finden. Der Echigoya ist der reichste Mann hier in dieser Gegend.

第3章：日本のドイツ語教育におけるCALLの応用例

　一般に、授業における寸劇などの創作的な表現活動は、外国語教育の分野では今日、1つの学習形態のタイプとして確立していると言ってよい。台本の制作は日常的な表現を含む対話ベースのテキストを創作することであり、それ自体は、自由な課題作文のバリエーションと見ることができる。他方、テキストを演じるということは、それが、音声によって提示され、理解されることを前提とする。したがって、そのための活動は、コミュニケーション上の実際の機能と結びついた形で、発音、アクセント、イントネーションなどを訓練するための練習と位置づけることができる。また、テーマを決め、脚本を書き、コマ割りをして台本化し、演じるのは、すべて学習者自身であり、教師の役割はそれを補助するにとどまる。これは、グループ単位で学習言語を使った本物のタスクを構想し遂行するという点で学習者の自律性を促進するだけでなく、観客からのフィードバックによって学習言語での言語活動の成果を直接体感できることから、学習の動機付け効果も高い。しかし、その一方で、台本を覚え観客の前で全てを演じ通すということが持つ難易度の高さから、これまでは主として中級以上の学生を対象とする独立したプロジェクト用の課題と考えられてきた。しかしながら、観客の前で直接演じるのではなく間接的な表現手段としてビデオを使うとともに、その撮影・編集・配信などの情報技術を応用すれば、初級段階においてもこうした課題を通常の授業と並行して行うことは可能であり、その利点も大きい。ビデオで撮影することにより、本来は通して演じられるべき対話の単位は撮影時の各シーンの長さになり、かつ失敗しても何度でも繰り返し撮影が可能になることで、演じること自体が持つ課題の難易度が下がり、初級段階の学生でも十分にこなせるようになった。しかも、画面に映らなくても、自然なやりとりになるためには、その前後にかなりの練習が必要なので、練習回数も増える。また、失敗しても撮り直しが可能なだけでなく、撮影時には同じ課題に取り組むグループ内の仲間が眼前にいるだけなので、多数の観客を前にして「あがってしまう」という形のストレスもほとんど無い。さらに、撮影場所や時間を自由に変更でき、演じる場所にカメラを持って移動できるので、たとえば、料理方法の紹介や往来での道案内など、教室内での寸劇では不可能か、多くの小道具を用意しなければ実現できなかったようなリアルな状況を簡単に作り出せるようになった。こうした場面が提供する視覚的情報により言語的な未熟さをカバーすることも、より容易になった。また、編集の際

の、効果音や音楽の利用、画面の静止、早送り、字幕付けなど、ビデオという媒体の持つ様々な機能を利用することで表現の可能性が広がった。これには、参加者の側からの積極的な関わりを促し、制作の際のモチベーションを高める効果があった。また、制作と上映の分離により、成果発表が楽になっただけでなく、上映会当日は観客に徹することができるので、自分たちが演じたものも含め、成果を1つの作品として落ち着いて見られるなどの副次的効果もあった。また、自分たちの学習の成果を確認し残すために、制作したビデオをデジタル化し、インターネット上で配信するなどの形で、教室での活動をより広く社会に開くことも可能になった。特に、インターネット上での配信は、クラス以外の友人や家族に自分たちの学習活動の成果を見せるという意味で、制作の際のモチベーションを高めた[174]。

事例2：プレゼンテーション用ソフトを使ったフォトストーリーの制作

　ビデオ・プロジェクトより、さらに手軽なのは、携帯電話で撮った静止画に、4コマ漫画風の台詞を入れたものを10枚程度つなげたフォトストーリーによる電子紙芝居の制作プロジェクトである[175]。これには、もっとも普及しているプレゼンテーションソフトであるPowerPointを使う。このプロジェクトを進める手順は、ビデオ制作の場合とほぼ同じで、数人のグループごとに分かれて作業し、最後にクラス全体で作品の発表会を行う。作業手順は、1）テーマやあらすじを決める、2）対話ベースの脚本を書き、それにどんな写真が必要か考える、3）640×480ピクセルのサイズの写真を撮り、作業用のコンピュータに取り込む、4）PowerPointを立ち上げ、必要な枚数のスライドをコピーして作り、各ページに1枚ずつ写真を貼り付ける、5）PowerPointのツールバーから「吹き出し」を選び、各スライド上の写真の適切な位置に吹き出しとテキストを配置する、6）吹き出しと台詞を提示する際の順番や出し方を設定する、7）ナレーションや台詞を練習し、発表の準備をする、等である。

　今日では、ほとんどすべての携帯電話に写真機能がついており、640×480ピクセル程度の写真ならたいていの機種で撮ることができる。これをメールに添付して送るいわゆる「写メール」機能を使えば、デジタルカメラが無くても簡単にデジタル写真をコンピュータに取り込める。図3は、2005年10月に広島大学で行われたドイツ語合宿の際に、学生たちが作った実際の作品の一部である。

この活動のためには、ネットワークにつながった共同作業用のコンピュータが1台と PowerPoint などのプレゼンテーション用ソフトがあれば、後は何もいらない。

図３：学生が制作したフォトストーリー『愛と苦悩』の一部

なお、PowerPoint には保存するデータを HTML ファイルに変換する機能もついているので、ビデオプロジェクトの場合と同様、作品のインターネット上での公開も可能である。

事例3：インターネットを利用した作文プロジェクト

ここで問題にしている作文は、すでに紹介した「サッと独作」のような、文レベルの和文独訳ではなく、初級段階における自己発信型の課題作文である。それまでに習った文型、文法的知識、語彙、イディオム、学習方略を総動員し、可能な限り意味のあるまとまった量の自己表現を目指そうという試みである。

図4：電子掲示板（初期の媒体）を利用した作文公開

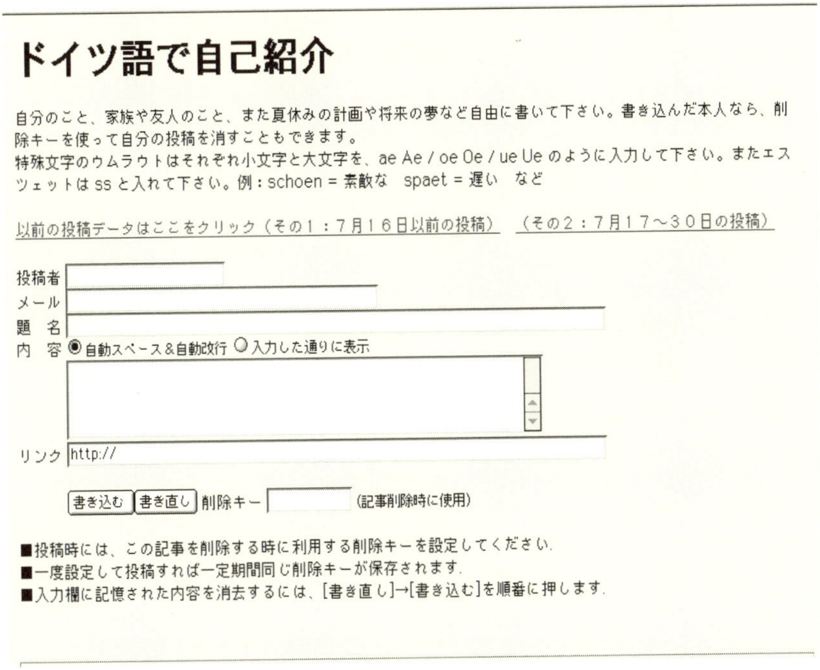

ドイツ語で自己紹介

自分のこと、家族や友人のこと、また夏休みの計画や将来の夢など自由に書いて下さい。書き込んだ本人なら、削除キーを使って自分の投稿を消すこともできます。
特殊文字のウムラウトはそれぞれ小文字と大文字を、ae Ae / oe Oe / ue Ue のように入力して下さい。またエスツェットは ss と入れて下さい。例：schoen ＝ 素敵な　spaet ＝ 遅い　など

以前の投稿データはここをクリック（その1：7月16日以前の投稿）　（その2：7月17～30日の投稿）

投稿者
メール
題　名
内　容　●自動スペース＆自動改行　○入力した通りに表示

リンク　http://

［書き込む］［書き直し］削除キー　　　　　（記事削除時に使用）

■投稿時には、この記事を削除する時に利用する削除キーを設定してください。
■一度設定して投稿すれば一定期間同じ削除キーが保存されます。
■入力欄に記憶された内容を消去するには、［書き直し］→［書き込む］を順番に押します。

具体的には、「3週間後の期限までに、各自がそれぞれ単文に換算して 15 から 20 文程度の量の自己紹介文をドイツ語で書いてインターネット上で公開する」と

いう目標を定め、それに必要な作業を、授業と自習を組み合わせる形で行った[176]。授業の中で行ったのは、主として、1）アソシオグラムを使った語彙の活性化とこれまでに習った表現手段の復習、2）構想段階での相互批評、3）CALL教室などでの提示用コンピュータを利用したクラス全体での添削練習などである。実際に作文する作業自体は授業外の課題とし、メールを利用した質疑応答等の形で、必要に応じ個別に指導した。このプロジェクトを始めたのは10年前だが、当初は電子掲示板への投稿という形で作品を公開していた。作文内容の向上にとって決定的だったのは、インターネットの自己発信の道具としての機能が、学習の動機付けにおよぼした効果である。教師に提出するだけの単純な作文課題とした場合よりも、電子掲示板に投稿させた場合の方が、作文の質は格段に向上した。作文という行為が良い評点を得るための単なるテストの1種ではなく、実際の読み手に向けて発信するという本物のタスクになり、学習者の自己表現の欲求や功名心に訴える前提ができたからであろう。図4は、初期の頃に、作文を投稿させるためにホームページ上に開設した電子掲示板である。この掲示板に、名前、題名等を入力し、内容欄に作文を書いて「書き込み」ボタンを押すとそれらの情報が全て投稿欄に送られ、どこからでも読めるようになる。この掲示板の特長は、入力の際に削除キーを決めておけば、そのキーを知っている本人に限り、書き込んだ内容を削除し、再投稿できたことである。これにより、学生達はクラスメートの投稿した作文を読み合い、お互いに負けないように量を増やしたり、より良い表現に書き換えたりする手段を得た。投稿期間に一定の幅を設け、他人の作文の良い表現は「利用」して改善し合うよう奨励したこともあるが、このような中間的な学習過程の共有による協調学習（学習者相互の自律的な学び）も、作文の質の向上に大きく貢献した。なお、投稿のたびごとに、その内容がメールの形で教員には送られてくるので、教員は、それを見ながら必要に応じて適宜アドバイスすることもできた。

　以下は作文例であるが、例1は学習開始後3ヶ月目の、例2は8ヶ月目のそれぞれ別の学生の書いたものである。例1では、どうしても書きたい内容に必要だという理由で、教員の忠告を無視し当時まだ教えていない完了形までも、どこからか調べて来て使っている。文法や構成面では、それぞれまだ多くの問題はあるが、内容的に一生懸命取り組んでいることだけは読みとれるであろう。

例1：Selbstvorstellung

Guten Tag! Ich heiße Chihiro. Ich komme aus Kagawa und wohne jetzt alleine in Taguchi. In Kagawa schmecken Nudeln sehr gut!! Ich höre gern Musik und mache oft Reisen. Ich spiele ein bisschen Klavier und spiele gut Trommel. Ich höre gern *die Carpenters*. Ich habe schon mal Reisen nach China und auch nach Kanada gemacht. Ich habe eine chinesische Freundin und kenne eine kanadische Familie. Ich lerne Englisch, Deutsch und Chinesisch. Ich spreche gut Japanisch, gut Englisch, ein bisschen Deutsch und ein bisschen Chinesisch. Deutsch und Chinesisch sind sehr interessant!! Ich möchte deutsches Brot essen. Danke schön. （学習開始後3ヶ月目頃の作品）

例2：Der Abschied am 5 August (ver 1.1)

Ich heiße Miyaji. Ich komme aus Kagoshima. Ich wohne jetzt in Hiroshima. Am 5. August ist mein Grossvater gestorben. Ich bin mit dem Flugzeug nach Kagoshima geflogen. Im Flugzeug habe ich geweint. Da habe ich Musik gehört. Die Melodie war traurig. Ich habe ungefähr um 14 Uhr angekommen. Am Abend haben wir "Tsuya (Totenwache)" gemacht. Nimmt der Amida-Buddha meinen Großvater in den Himmel mit? Der nächst Tag war "Soushiki (Trauerfeier)". Alle haben geweint, aber ich nicht. Der Abschied ist unbegreiflich. Der wartet immer auf uns und besucht uns plötzlich. An dem Abend habe ich mit meiner Freundin "Hanabi (Feuerwerk)"gesehen. Es glänzt sehr schön! Großvater hat gleichfalls geglänzt. Er war groß. Und zur Zeit überlege ich oft. "Was ist das Leben? Was ist der Tod?" "Was ist der Frieden, die Freiheit, die Familie und der Staat?"

（学習開始後8ヶ月目頃の作品）

図5：学生の描いた自画像イラスト

第3章：日本のドイツ語教育における CALL の応用例

なお、電子掲示板等で投稿された例をもとに、グループ作業での添削等を行うと、単に説明しただけの場合より、語順、文法や綴りなどの形式面での向上が見られた。その他、図5の左上図のように、首から上の頭の輪郭（4×5cm 程度）だけを与えて、各々顔を自由に描かせるという簡単な工夫でも動機付けの効果があった。なお、すでに述べたように、公開のメディアとして初期の頃は電子掲示板を使っていたが、最近は、電子掲示板等に自動的に広告情報等を書き込むソフトウェアなどにより"荒らされる"ことが増えたので、LMS なども使っている。たとえば次ページの図6と図7は、LMS の1つである Moodle のフォーラム欄への投稿例である。Moodle のフォーラム欄は、本来は、ディスカッションなどのための場であるが、投稿されたテキストに対し、スレッドを立てさせる形で、直接コメントを書くことができる。そこで、このコメント機能を使い、単に作文を投稿させるだけでなく、次のステップとして、他人の投稿を読み、興味を持った他の学習者の投稿を2つほど選び、質問やコメントをつけさせた。さらに、他の学習者からの質問やコメントに対しては、常に新しい情報を含んだ意味のある答えを返させるようにした。こうして、1つの作文課題につき、最低でも1回ずつのやり取りを追加的な課題として書かせた。こうした作文課題の背後には、もちろん、特定の文型・語彙・文法項目についても練習させたいという教員の側の問題意識はある。しかし、大事なのは、1）クラス全体、あるいは自分の知らない他クラスの人たちも参加する場に向けて、自分自身や自分が調べた意味のあるテーマについて学習言語で報告し、2）それらが実際に読まれ、それに対する個人的なコメントや質問を受け、3）自分も他者の作文を読んで何かコメント等を書き込むという相互の作業を通じて学んでいくことである。また、すでに述べたように、表現やテーマのとらえ方の面でも他者の投稿を参考にしつつ、自分の作文を推敲し、再投稿するという学び方も可能になる。他方、教員も、LMS の機能を利用すれば、例文コーパス、オンライン辞書、各種検索サイトなどの、作文に役立つサイトにリンクを張ったり、Guided Writing の考え方に基づき、作文のための補助的な枠組みを与えたり、グループ作業での添削を組織したりできる。

第3章：日本のドイツ語教育における CALL の応用例

図6：moodle による作文プロジェクト：「自己紹介」の投稿例
とそれへの相互コメント（学習開始後2ヶ月半頃の作品）

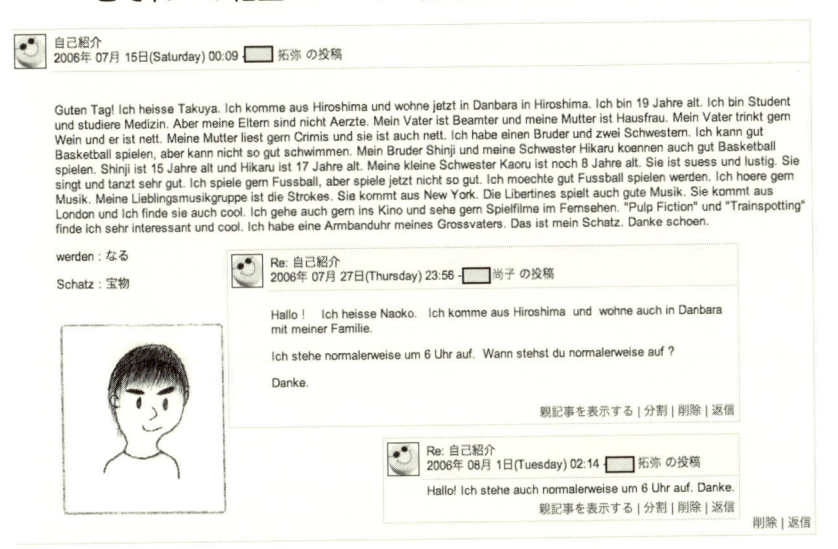

自己紹介
2006年 07月 15日(Saturday) 00:09　拓弥 の投稿

Guten Tag! Ich heisse Takuya. Ich komme aus Hiroshima und wohne jetzt in Danbara in Hiroshima. Ich bin 19 Jahre alt. Ich bin Student und studiere Medizin. Aber meine Eltern sind nicht Aerzte. Mein Vater ist Beamter und meine Mutter ist Hausfrau. Mein Vater trinkt gern Wein und er ist nett. Meine Mutter liest gern Crimis und sie ist auch nett. Ich habe einen Bruder und zwei Schwestern. Ich kann gut Basketball spielen, aber kann nicht so gut schwimmen. Mein Bruder Shinji ist nicht gut Basketball spielen, aber spiele jetzt nicht so gut. Ich moechte gut Fussball spielen werden. Ich hoere gern Musik. Meine Lieblingsmusikgruppe ist die Strokes. Sie kommt aus New York. Die Libertines spielt auch gute Musik. Sie kommt aus London und Ich finde sie auch cool. Ich gehe auch gern ins Kino und sehe gern Spielfilme im Fernsehen. "Pulp Fiction" und "Trainspotting" finde ich sehr interessant und cool. Ich habe eine Armbanduhr meines Grossvaters. Das ist mein Schatz. Danke schoen.

werden：なる
Schatz：宝物

Re: 自己紹介
2006年 07月 27日(Thursday) 23:56　尚子 の投稿

Hallo！ Ich heisse Naoko. Ich komme aus Hiroshima und wohne auch in Danbara mit meiner Familie.
Ich stehe normalerweise um 6 Uhr auf. Wann stehst du normalerweise auf ?
Danke.

親記事を表示する｜分割｜削除｜返信

Re: 自己紹介
2006年 08月 1日(Tuesday) 02:14　拓弥 の投稿

Hallo! Ich stehe auch normalerweise um 6 Uhr auf. Danke.

親記事を表示する｜分割｜削除｜返信

削除｜返信

図7：moodle による作文プロジェクト：「私の選んだ著名人」
の投稿例（学習開始後2ヶ月目頃の作品）

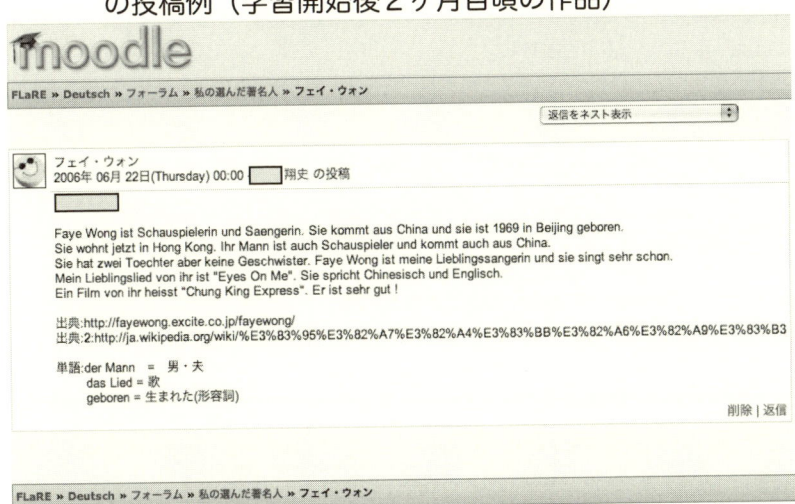

moodle
FLaRE » Deutsch » フォーラム » 私の選んだ著名人 » フェイ・ウォン

返信をネスト表示

フェイ・ウォン
2006年 06月 22日(Thursday) 00:00　翔史 の投稿

Faye Wong ist Schauspielerin und Saengerin. Sie kommt aus China und sie ist 1969 in Beijing geboren.
Sie wohnt jetzt in Hong Kong. Ihr Mann ist auch Schauspieler und kommt auch aus China.
Sie hat zwei Toechter aber keine Geschwister. Faye Wong ist meine Lieblingsaengerin und sie singt sehr schon.
Mein Lieblingslied von ihr heisst "Eyes On Me". Sie spricht Chinesisch und Englisch.
Ein Film von ihr heisst "Chung King Express". Er ist sehr gut !

出典:http://fayewong.excite.co.jp/fayewong/
出典:2:http://ja.wikipedia.org/wiki/%E3%83%95%E3%82%A7%E3%82%A4%E3%83%BB%E3%82%A6%E3%82%A9%E3%83%B3

単語:der Mann　＝　男・夫
　　　das Lied ＝ 歌
　　　geboren ＝ 生まれた(形容詞)

削除｜返信

FLaRE » Deutsch » フォーラム » 私の選んだ著名人 » フェイ・ウォン

201

たとえば、図8は、そうしたプロジェクト支援ツールの1つとして、著者らが広島大学で開発したドイツ語作文支援サイト Hiroshima University's German Writing Help Center[177]である。

図8：ドイツ語作文支援サイト

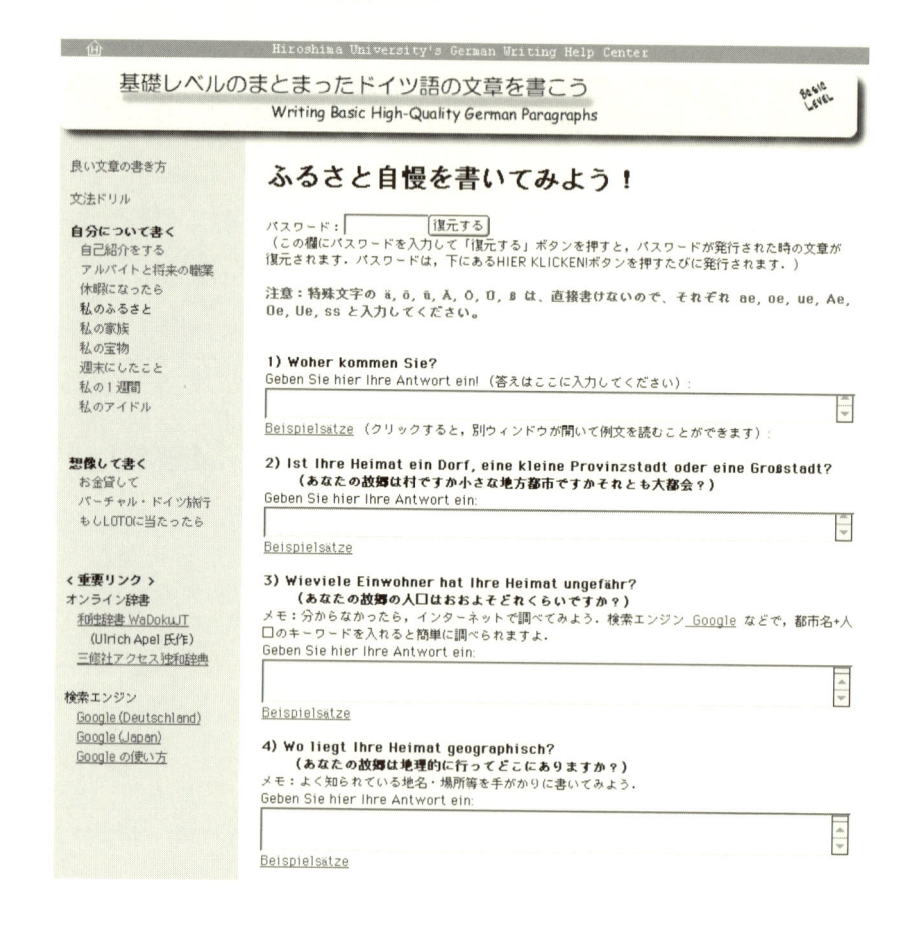

ここには、たとえば自己紹介であれば、作文に必要な情報（出身、家族構成、趣味等）を個々の質問に分解し、それらにひとつずつ答える形で書かせて行き、最後にボタンを押させて、それらを一挙に合体させ、内容的につながりの

あるテキスト（＝推敲前の草稿）にまとめるような仕掛けが用意されている。全体の構成やテキストとしての自然の流れは、あらかじめ用意された質問の内容やその並び方を工夫することで作られるようになっている。この作文支援サイトの中心は、1）個々の質問とそれに答えるための入力用フォーム群、2）個々のフォームに書いた内容を1つのテキスト（＝推敲前の草稿）にまとめるためのボタン、3）まとめられたテキストをさらに推敲していくためのテキスト編集領域、の3つからなる。学習者は、この編集領域を使って、自分の書いたテキストの内容を修正したり、適切な接続詞等を入れたり並べ替えたりして全体の構成を再検討し、推敲することができる。また、書き込む際に自動的にパスワードが発行されるので、それを覚えておけば、いつどこからでも一時保存したデータを再び呼び出して作業が続けられる。これにより、インターネットに接続できる環境があれば授業でも自習でも同じような作業条件を提供できる。また、個々の質問ごとに典型例や重要語句をポップアップウィンドウの形で表示するリンクが用意されているので、習熟度の低い学習者の場合も、必要に応じてそこから表現の枠組みを取り出し、適宜変更して使うことができる。また、意味のある情報を伝えることにより表現行為自体の本物らしさを保障するため、サーチエンジンや様々な情報収集のためのリンクが、補助手段として付けられている。たとえば、前ページ図8の「私のふるさと」の3番目の質問である「あなたの故郷の人口はおおよそどれくらいですか？（Wie viele Einwohner hat Ihre Heimat ungefähr?)」に対して、自分の住んでいる市町村の人口を即答できる学習者はほとんど無いであろう。しかし、そこにリンクの貼ってあるサーチエンジンの Google で、当該の地名と人口をキーワードにして検索すれば簡単にその情報を取り出すことができる。わかりきった内容を機械的に書くのではなく、実際に自分が調べた、意味のある新しい情報を外国語で伝える経験をさせることがこの質問のねらいでもある[178]。

　話を元に戻すが、ここで紹介したような CSCL (*Computer Supported Collaborative Learning*) のコンセプトに基づく作文プロジェクトには、ヘルシンキ工科大学の R. Vilmi が 1993 年に始めた IWE (*International Writing Exchange*) [179] という1つのお手本がある。IWE は英語ライティング用のサイトであるが、すでに十数年以上の歴史を持ち、「自己紹介」、「自分が選んだトピックに関する作文の投稿」、「他者の作文に対するコメントの投稿」、「IWE で学習したことの自己評価」等

の課題からなる6週間を1サイクルとした作文プロジェクトを運用している。こうした先駆的な試みのコンセプトを学べば、無料で提供されるブログやフリーメールのサービスを組み合わせて作った自前の LMS を利用することで、同じようなプロジェクトを小規模ながらも自分の授業に取り入れて行うことが、誰にでもできる時代になったのである。

　なお、この節で紹介したような作文課題は、簡単なテーマであれば、早ければ学習開始後2ヶ月目から始められ、通常の授業と並行して、1年間の教養教育の授業の中で繰り返し行うことができる[180]。こうしたプロジェクトで使える課題例としては、たとえば以下のものがある。

1）簡単なスピーチとして使える自己紹介を書き、それを自分で録音して作ったデジタル音声ファイルを添付する
2）著名人を誰か1人選んで調べ、他人の知らない情報を含むその紹介を出典とともに書く
3）携帯電話で撮った画像を投稿しそれについてコメントを書く
4）夏休みの体験について書く
5）自分の故郷について調べた簡単なデータと故郷に対する思いを理由を含めて書く
6）ネット上の時刻表や旅行案内を基にバーチャルドイツ旅行を企画して、簡単な旅行計画書を書く

　前節の自己発見型学習の項でも述べたことだが、インターネットを利用したプロジェクト型ドイツ語学習は、ドイツ語の能力を総合的に使う実践的な訓練であり、協調学習を通して学習者の自律性を育てることにつながるという点から、ドイツ語の学習手段としてとりわけ有効である。しかし、それに留まらず、今日の高度情報化社会におけるドイツ語能力の発現過程そのものであるいう意味では、それ自体がドイツ語学習の目的でもある。

3．7．教員支援の枠組みとしての CALL

　CALL にはさらに、教員支援の側面もある。Eメールなどは、学習者と教員との情報交換（コミュニケーション）に役立ち、たとえば週1回の授業ではこれまで2週間かかった教員と学習者の往復のやりとりが、メールを使えば次の授業が始まる前に可能である。授業を欠席した学生への連絡や指示、大人数授業では比較的困難な個人的な質問や要望への対応等、教員の学習支援者としての側面を強化するためにも、こうしたコミュニケーション機能は欠かせない。また、すでに紹介した「サッと独作」や DGSG のようなオンライン課題の自動採点機能は、機械的な採点・添削から教員を解放するだけでなく、それらが持つ学習履歴の記録機能は、そのまま誤用データの収集にも役立てられる。それらを利用することで、経験的（*empirisch / empirical*）なデータに基づく新たな授業実践や教材作成も可能になる。さらに、「サッと独作」や DGSG のような学習システム、あるいは DJPD のような学習者用データベースなどが持つ、オンラインによるデータ編集機能は、教員同士の協働という観点でも他大学に勤務する教員や地理的に離れたところにいる教員とのコミュニケーションに役立つだけでなく、すでに触れたように複数の教員によるインターネット上での教材作成の際のコラボレーションを可能にする。ワープロソフト等を使い、自主教材や独自のテスト等を作って使用している教員は多いが、今日では、それらの大部分は1回使われた後は、各教員のコンピュータの中に眠っているに過ぎない。これらの死蔵されているデータやノウハウを生かす「教材バンク」や「教案バンク」などのネットワーク作りも CALL における今後の重要な課題である。その意味では、インターネットの様々な機能を併せ持つ LMS の役割はとりわけ重要である。LMS を使えば、教員が教材・資料・課題等をインターネット上に置いて、適宜学習者に閲覧させたり、レポートなどの課題の提出・評価や小テストの運営などをオンラインで行えるだけでなく、参加者が自由に投稿し議論のできるフォーラムや、素材の共同編集機能を通じて、時間的・空間的に非同期な場合でも協調的な学習が可能になる。大学教員の間では、すでに、研究会やゼミナール等の事前準備や成果のまとめなどの目的で、LMS の使用が広がり、研究者としてそれを利用する機会が増えてきている。今後は、それを教育に生かしていくという発想も必要であろう。

第4章：日本のドイツ語教育における CALL の可能性

　本書においてこれまで述べてきたことを簡単にまとめると、第1章では、欧米における CALL の歴史を教育理論や教授法の展開と情報技術の発展という2つの視点から振り返り、その実践の多様化の過程を見てきた。また、第2章においては、日本のドイツ語教育における CALL の受容とその展開の歴史を振り返るとともに、対面講義型 CALL 教室という特殊な情報環境のもとで生み出された日本型 CALL モデルの成立事情について触れ、その狭い枠組みを越えるより多様な CALL の展開が、始まりつつあることを指摘した。そのうえで、第3章においては、ティーチング、トレーニング、コミュニケーション、自己発見型学習、プロジェクト型学習、教員支援の各分野におけるドイツ語 CALL の具体的な実践を、著者が関わってきた事例を中心に紹介した。結論部に当たる第4章では、これまでの議論を踏まえ、本書の冒頭で4つの目的としてあげた論点に対する著者なりの答えをまとめ、日本のドイツ語教育における CALL の可能性と今後の課題について述べる。

　本書冒頭の「はじめに」の中で、著者は、本書執筆の目的として、具体的に、以下の4点を挙げた。

本書執筆に当たっての4つの目的
　　1）ドイツ語教育においてCALLの果たし得る役割を論じること
　　2）教授理論的にCALLの実践を基礎付けること
　　3）科学技術信仰とCALLを切り離すこと
　　4）ドイツ語教育におけるこれまでのCALLの成果と課題を論じること

また、第1の目的である「ドイツ語教育における CALL の役割」に関しては、さらに、「日本のドイツ語教育が抱える制度的な問題点と課題」として、CALLが取り組むべき以下の6項目についても同時に挙げた。

日本のドイツ語教育が抱える制度的な問題点と課題
　　1）劣悪な学習条件のもとで、実質的な学習時間数をどう確保するか
　　2）自律した学習者をどう育てるか

3）本物のコミュニケーションをどう体験させるか
4）学習の動機付けをどう図るか
5）多様な学習者のニーズへ、少ないスタッフでどう対応するか
6）将来的な学習の展望をどう保障するか

以下では、まず、上記の第2から第4の目的として挙げた3点について著者なりの考えを述べる。そのうえで、第1の目的として挙げた「ドイツ語教育におけるCALLの役割」について、あらためて取り上げ、日本のドイツ語教育が抱える制度的な問題点と関連づけて具体的に論じる。

4．1．教授理論的にCALLの実践を基礎付けることの意味

　本書の第1章においては、過去の文献を調べつつ欧米におけるCALLの歴史とその実例を掘り起こすとともに、その背後にある教授理論的な立場の変遷について論じた。具体的には、主に欧米で始まった過去40年以上にわたるCALLの歴史を、外国語教育理論の展開と情報技術の発展という2つの観点から、オーディオリンガリズムに裏打ちされたCAIの時代、コミュニカティブ・アプローチを意識したCALLへの転換期、社会構成主義的な学習観に基づくコンピュータ支援協調学習が可能になったインターネットの時代の3つの時期に分けて振り返り、各時代の代表的な事例とその意義について検討した。これらの記述により、「教授理論的にCALLの実践を基礎付ける」という本書の2つ目の目的に関しては、ほぼ果たすことができたと言えるであろう。以下では、その補足として、なぜそうした議論が必要なのかという理由についても、「科学技術信仰とCALLを切り離す」という本書の3つ目の目的との関連で2点挙げておきたい。

　著者が、CALLの実践を教授理論的に基礎付ける必要があると考える第1の理由は、いわゆる日本型CALLの枠組みを超えたCALL実践の多様性と今後の発展の方向性を考えるための示唆が、それを通して得られるからである。著者は、今日の日本におけるCALLの一般的なイメージの中では、対面講義型CALL教室に代表される特殊な情報環境のもとでの講義型授業といわゆるe-Learning教材と称されるコースウェアを使ったドリル型個人学習に重点を置く日本型CALLの事例が今なお強調され過ぎているという懸念から、本書の中では、そ

れに留まらない CALL の多様性を示そうと試みてきた。ただし、そうした CALL モデルの教授理論的な基礎付けや、個々の CALL モデルの成立事情に関する歴史的議論の目的は、各々のモデルに優劣をつけたり、いわゆる最新の理論に基づいた CALL モデル以外のものを否定したりすることにあったわけではない。というのも、そもそも行動科学（*Verhaltenswissenschaften* / *behavioural sciences*）分野のパラダイムシフトを背景とした外国語教授理論の変遷自体、ある意味では外国語の教育や学習に関わるそれぞれ異なった側面をそのつど重点的に強調することで、外国語教育という分野が本来備えるべき多面的な（*facettenreich* / *multifaced*）性質を明らかにしてきた過程と捉えることもできるからである。たとえば、オーディオリンガリズムは、それに先行する時代の、講義や説明中心の文法翻訳法に対して、外国語教育におけるトレーニング機能の側面がもつ重要性を強調した。また、コミュニカティブ・アプローチは、言語の形式的な側面の機械的な繰り返し学習による習得を目指したオーディオリンガリズムに対し、言語の機能的な側面に重点を置いた言語運用能力獲得のためのコミュニケーション活動を強調した。また、学習者の自律性を強調する近年の言語教育理論は、コミュニケーション活動の簡易化されたシミュレーションに留まることの多かったコミュニカティブ・アプローチの限界を超えて、言語学習方略の獲得や自己発見型の学習あるいはプロジェクト型学習という形で、言語を使った行為あるいは社会的活動それ自体を授業の中に持ち込もうと試みてきた。これらは、しばしばそれぞれ異なった特徴や側面のみを強調しており、またその時代特有の歴史的な制約による偏りや限界を含んでいる。しかし、他方では様々な課題のタイプ（*Übungstypologie* / *exercise typology*）や学習形態（*Sozialform* / *social form*）や学習目標にそのつど焦点を当て、今日の観点から捉え返して見るならば、むしろお互いに補完し合うことで、全体として外国語教育や外国語学習という分野の多面性を形作ってきたと言える。過去の CALL モデルとの関連で例を挙げるならば、今日のドリル型 WBL（*Web-Based Learning*）システムの中で最新の特徴として宣伝されているものよりも、さらに多様な機能が、すでに、CALL 第1期の CAI システムの中で試みられ、ドリル型 CALL システムのプロトタイプとして確立していた。また、今日ではその大部分が忘れ去られているものの、CALL 第2期には、コミュニカティブ・アプローチにおける道具としてのコンピュータの利用という観点から、多様な学習形態を前提にした様々な

第4章:日本のドイツ語教育におけるCALLの可能性

萌芽的試みがなされており、その多くは、むしろ今日の教授理論と技術環境のもとで初めてその本来の意図を生かせる。このように、過去の実践の再発見を通じて学ぶべきことは多いのである。

著者が、CALL の実践を教授理論的に分析する必要があると考える第2の理由は、それによって始めて CALL を正当に評価する視座と指標が得られるからでもある。CALL は、第一義的には、外国語教育や外国語学習に関わる課題であり、したがって CALL の実践を評価したりあるいは構想したりする際も、本来ならば、学習対象、学習者のレベル、学習時間、学習目標、教材・教具、言語活動、課題のタイプ、学習形態等の、教育学や教育理論に関わる用語や指標が用いられるべきである。しかしながら、日本型 CALL モデルが今なお主流を占める現状では、たとえば CALL の実践は、CALL 教室や配信設備の新しさや機能の多様性、あるいは、使用可能なマルチメディアの種類や特性等の技術的な観点でのみ語られ、評価されてしまう場合が少なくない。また、CALL に関心を持ってあらたに CALL の実践を始めようとする大学院生や若手教員においてさえ、彼らが最初に関心を持つのは、たいていの場合まず日本型 CALL の事例であり、それが前提とするいわゆる最先端技術である。確かに、日進月歩する最先端の ICT 技術を使ったと称されるドリル型の e-Learning 教材が日々登場し、それを使って対面講義型 CALL 教室で授業をすれば画期的な成果がすぐにでも得られるような幻想が振りまかれ続けている今日、CALL への最初の関心がこうした技術的な側面に偏るのもやむを得ないことかもしれない。しかしながら、たとえば、最新の教材と言われる場合も、よく聞けば、それらは、多くの場合単に教材に使われている動画・音声等のデータの配信技術が最新であるに過ぎず、そこで配信される教材の内容が問われることは稀である。また、その成果に関し、長期的かつ実証的なデータが示されることもほとんど無い。このように、日本における CALL が、対面講義型 CALL 教室という特殊な環境における技術の高さを尺度として語り続けられる限り、根拠の不確かな技術信仰が蔓延して、最新の CALL 設備の導入や最新の e-Learning 教材の購入だけに精力の大半が注がれたり、また CALL の実践に関心を持つ大学院生や若手教員がいても、技術的な問題に振り回されるだけで、なにをどう始めて良いかわからなかったりということになりかねない。それゆえ、CALL の実践にとってまず重要なことは、自分たちの教育目標との関連で、より良い授業をどう進めるか

第4章:日本のドイツ語教育におけるCALLの可能性

というコンセプトを考え抜くことである。技術に関して言えば、我々が最新の技術環境を追い求めなくても、我々を取り巻く情報環境は着実に進歩し、現在は入手困難な最先端技術も、数年後には、どこにでもあり誰でも使える日常的な技術になっていく。したがって、技術面で重要なことは、自分自身が無理せず使える手持ちのICT技術で何ができるかという地に足をつけた発想のみであり、あくまで教授法の観点からCALLへのアプローチを考えることが第一義である。簡単ではあるが、これが、「科学技術信仰とCALLを切り離す」という本書の冒頭で挙げた3つ目の目的についての著者なりの回答である。

なお、教授法の観点からCALLを考えるという意味では、CALLとは直接関係がなくても、教育学の専門家による実践や外国語教育の改善に関心を持ちそのために日々努力する研究者や教員の先進的な実践からも、今後は、もっと学ぶべきであろう。そうした交流を通じ、一方では、それらの実践を自分たちの置かれている条件下で実現しようとするとき、手持ちのICT技術を利用したらもっとうまくできることがあるのではないかという発想から新たなCALLの展開が可能になる。また逆に、そうした交流は、日本型CALLモデルやそれが前提とするいわゆる最新技術の導入には関心を持たず「CALL教室もCALL教材も無いから我々にはCALLは関係ない」と考えている多くの教員の間にCALLの可能性を伝え、CALL実践の裾野を広げることにもつながる。

この節での議論の締めくくりとして、第1章で論じた3つのCALLモデルの歴史的な変遷とその特徴を、時代区分、技術環境、代表的なメディアの種類、行動科学上の枠組み、言語理論、言語教育理論、コンピュータが担う主な機能や役割、代表的な課題のタイプ、主要な学習形態、代表的な事例、主たる担い手等の項目ごとに、次ページに表の形でまとめることにする。

CALL モデルの歴史的な変遷とその特徴

	CAI の時代	CALL への転換期	Internet の時代
時代区分	1960 年代初頭-1970 年代	1980 年代初頭-1995 年頃	1995 年以降
技術環境	大型コンピュータ中心のの閉じたネットワーク	単体としてのパーソナルコンピュータ	世界的規模の分散型ネットワーク
メディアの種類	・文字 ・コンピュータ上の教材	・文字／静止画／音声 ・FD や CD-ROM 教材	・マルチメディア ・オンライン型教材
心理学・教育学上の枠組み	・行動主義	・認知主義	・社会構成主義、 ・社会構築主義
言語理論	・構造主義言語学	・機能言語学や語用論	・第 2 言語習得の諸理論
言語教育理論	・オーディオリンガリズム	・コミュニカティブアプローチ	・学習者中心、 ・学習者の自律性
機械の主な機能や役割	・教師またはチューター	・道具	・学習環境、 ・コミュニケーションの手段
代表的な課題のタイプ	答えが一義的に定まる練習や課題： ・解説 ・文法や語彙ドリル ・パターン・プラクティス	半ばオープンな答えの練習や課題： ・穴埋め問題 ・クローズテスト ・種々の並べ替え問題 ・テキスト再構成問題	各種のオープンエクソサイズ： ・リサーチ ・自己発見型学習 ・Project 型学習 ・タスク中心型学習
学習形態	・個人学習	・パートナー学習、 ・グループ学習	・協調学習
代表的な事例	・PLATO 等	・HyperCard 等	・Internet、LMS 等
主たる担い手	・プログラムの専門家	・ティーチャープログラマー	・普通の教員
用語	CAI	CALL	CALL、TELL、CMC

Sakai(2004, 118) の表を参考に作成

4．2．日本のドイツ語教育における CALL の成果と今後の課題

　本書の4つ目の目的に関して言えば、第2章において、日本のドイツ語教育における CALL の歴史とその成果を、ドイツ語 CALL の創成期に焦点を当てて振り返っている。そこで、明らかになったことを、あらためて簡単にまとめると、以下のようになる。

1）ドイツ語教育における CALL の受容は、英語教育の場合とほぼ同時期の 1980 年代の後半（ごく一部はその半ば）には始まっていたが、継続的に行われるようになるのは、1990 年代初頭以降である。
2）欧米において異なった時代に見られた3つの典型的な CALL モデルのうち、第1期や第2期のモデルと同じ特徴を持った CALL 実践が、日本のドイツ語教育においては、ほぼ同時期に現れ、インターネットの登場とともに第3のタイプも数年遅れて登場した。それぞれ異なった特徴を持ったそれらの事例は、その後も同時並行的に見られた。
3）文法解説と翻訳による読解を中心とする授業スタイルの影響や、講義室型の LL 教室のコンセプトを引き継いだ CALL 教室における実践として CALL が広がったこと等を背景として、ドイツ語 CALL においても、当初からドリル型 CAI の比重が高く、英語教育の場合と同様、最初のうちはいわゆる日本型 CALL に分類できる事例がほとんどであった。
4）インターネットの登場とともに、CALL 実践の多様化が進み、また 1990 年代の後半以降、CALL の理論的な基礎付けが行われ始めたこともあり、CALL 第3期のモデルに則ったプロジェクト型学習を主体にした実践も増え始める。
5）受験産業や教育産業の分野で充分な収益が見込めず、CALL 市場が成立しにくいドイツ語 CALL においては、英語や中国語などの場合とは異なり、教材の多くは、いまなお個々の教員や大学のレベルで小規模に作られているに過ぎず、その教材内容も玉石混淆で、量も少ない。多くの教員が自由に利用でき、またその有用性を実感できるような CALL 教材やそうした教材を提供するサイトは、日本のドイツ語教育の世界にはまだ存在していない。

6) 2000年頃を境として、CALL実践の数が増え、最近ではドイツ語授業におけるメディアや授業環境に関わる課題として教員養成・再研修などの講座やゼミナールなどでもCALLが少しずつ取り上げられるようになってきた。
7) 技術的な問題に関して言えば、ドイツ語の特殊文字の入出力は、CALL実践の初期の時代に教材作成者を最も悩ませた問題であった。具体的には、特殊文字と日本語を同じ画面上で文字化けさせずに同時出力したり、端末環境に依存せず通常の日本語キーボードから特殊文字を入力したりする技術である。このうち、出力の問題については、2000年代半ば以降、代表的なブラウザがユニコードに対応し始めたため、文字コードをユニコードに切り替えることによって、データの保存上の問題も含めてすべて解決できるようになった。また、入力上の問題についても、特殊文字を入力欄にユニコードで打ち込むための専用入力ボタンをJAVAやJAVAScriptで画面上に作る方式が考え出されたことで、ほぼ解決できるようになった。

問題点とこれからの課題

現時点でのドイツ語教育においてよく見られるCALLの事例は、いわゆる日本型CALLに分類できるものと、CALL第3期のモデルに則ったプロジェクト型学習を主体にしたものの2つに大きく分けられる。その際、CALL関連学会などでの研究発表を見れば、日本型CALLの事例よりも後者の事例の方がむしろ多く報告されている。しかし、実態としては、それらも個々の研究者や教員による個人的な実践に留まることが多く、ドイツ語教育という分野全体の中で大きな広がりがあるわけではない。また、対面講義型CALLという特殊な授業環境そのもののが持つ問題点を指摘した議論も少ない[181]。したがって、社会的認知度という観点から見ると、CALL＝日本型CALL＝「対面講義型CALL教室でのコンピュータ教材を使ったドリル型授業」という固定したイメージは依然として根強い。また、CALL教室の新規導入については需要が一巡した観があるが、近年、英語教育の分野で、TOEICやTOEFLなどの標準化テストで高得点を取らせるための高額なe-Learningシステムが、人件費削減のための教育投資の一環として大学などの教育機関に相継いで納入されており、これらも促進

要因として、日本型 CALL は、言語を問わず今なお隆盛である。
　こうした現状から考えると、ドイツ語 CALL においても、日本型 CALL の枠組みを越えた多様なタイプの CALL 実践が今後とも必要であり、そのアイデアや経験を共有する仕組みを作ることで、その裾野を広げていくための意識的な努力も必要である。また、CALL を利用したドリル型学習の分野でも、一部の CALL 教室に限らず、どのような端末環境からでもアクセスできる質の高い CALL 教材を提供することで、授業の持つトレーニング機能を補完するために CALL を利用しようとする、一般ユーザーとしての教員や学習者の裾野を広げていくことが重要である。さらには、CALL 教室のデザインという観点でも、講義型授業と個人によるドリル学習にしか向かない今日の CALL 教室とは異なる、より多様な CALL 実践に適した教室環境を考えていく必要がある。たとえば、大学などでは、ここ数年、無線 LAN 網の整備が急速に進んでいる。そのため、机や椅子を自由に動かせる普通教室に、OHP や書画カメラや教師用 PC を含む教材提示のための視聴覚機器を備えさえすれば、モバイル型 PC を持ち込むだけで、CALL の実践に必要な情報環境は比較的簡単に整う。発想さえ変えれば、高価な設備を備えた対面講義型 CALL 教室よりも格段に少ないコストで、グループ学習やパートナー学習を含む、より多様な学習形態も許容する新しいタイプの CALL 教室が作れるのである。

4．3．劣悪な学習条件のもとで実質的な学習時間をどう確保するか

　今日のドイツ語教育が制度的に抱える授業時間数の不足や大人数授業といった劣悪な学習条件のもとで、実質的な学習時間をどう確保するかという課題に対し、CALL は大きな貢献をすることができる。授業時間数が物理的に足りない以上、何らかの形で学習時間の外延的な拡張を図るしかない。したがって、個別学習も可能なトレーニングの大部分は、原則としてできる限り授業外に出す必要が出てくる。また、大人数授業の場合、対面型の授業になりがちで、一般にトレーニング活動の集中度が下がるだけでなく、授業における双方向性の維持も難しくなる。また学生の側からは、わからないことがあっても大人数の中では質問しにくい等の問題が生じる。これらの欠点を補うためには、学習項目の定着のための方策や補習などのティーチングの面でのサポートの場を、やはり授業外にきちんと作る必要が出てくる。これらの課題に対する有効な解決

策は、授業と連動した自習用の自動採点型ドリルとインタラクティブ性の高い形で実現された解説や FAQ のページを WWW 上に作り、既存の CALL 教室のような特別な設備が無くても、インターネット経由でどのような端末環境からでもアクセスし、利用できるようにすることである。

　通常、インターネットを利用したオンライン型の学習というと、文法や語彙や語法の学習を目的としたマルチプルチョイスや書き込み式の自動採点型ドリルが一般的である。しかし、その他にも、テキストを音声等の形で聞かせたり、読ませたりした後で、その理解をチェックするための課題を自動採点型で提供する自学自習用のリスニングやリーディング教材もあれば、「3.3.トレーニング機能と CALL」の中で触れた「サッと独作」のような和文独訳の自動採点型課題などもある。また、第1章「1.3.3. CALL 第2期の事例」で触れたような、CALL でしか実現できない様々な種類のテキスト操作プログラムも考えられる。なお、自動採点方式ではないが、音声データを使った対話練習や発音練習のように、音声や映像素材を学習の手引きとともに WWW 上で提供し、それを繰り返し視聴させながら模倣させ、模範音声と比較させるような形式のトレーニング課題も可能である。

　外国語授業の持つトレーニング機能を補完するドリル型学習を、CALL を利用して行う際の主な利点は、以下の通りである。これらの利点により、少なくとも同じ内容のドリル型学習であれば、紙の上に書かれた練習問題よりも、オンラインによる自動採点型ドリルの方が、よりストレスの少ない形で、集中的に学習することができる。

ドリル型学習における CALL の長所

1) インターネットを利用したオンライン学習であれば、誰でも、いつでも、また、端末環境を問わずどこからでもアクセスできる
2) 個人に応じたペースで、必要に応じて繰り返し学習できる
3) 単なる正誤判定だけでなく、誤答へのフィードバック機能があれば、ピンポイントでの指摘により、学習効果は高い
4) 適切なヒント機能があれば、多様なレベルの学習者に対応できる
5) ドリルと解説や FAQ などを連動させれば、ティーチング機能の補完としても使える

第4章：日本のドイツ語教育における CALL の可能性

　　6）マルチメディアを利用できる
　　7）過去の学習履歴を参照するための適切な機能があれば、学習過程の自己管理も可能である

　なお、こうした「自学自習システムが備えるべき機能」や CALL によるトレーニング型学習を維持するための最低限の注意点については、すでに、本書の「1.2. 3. CALL 第1期の事例」や「3.3. トレーニング機能と CALL」の中で触れたので、ここでは繰り返さない。

問題点とこれからの課題

　一般に、オンライン型ドリル教材は、HOT POTATOES のようなオーサリングソフトを使えば比較的簡単に作成できるため、自分が担当している特定のドイツ語授業や自分が使っている特定の教科書に合わせた内容の、多少は役に立つ程度の質と量の教材を自作することは個人レベルでも可能であり、実際にそうした教材を自作し、自らの授業で使用したり、その一部を公開したりしているドイツ語教員も少なくない。また、問題の説明文が日本語ではないため初級者向きではないが、インターネット上で捜せば国外で作成された様々な教材も見つかる[182]。しかしながら、オンライン上で提供されるこれらの教材群のほとんどは、断片的なもので、量も少なく、何らかのカリキュラム上の配慮のもとに、必要充分な教材が体系的に提供されているとは言い難い。また一部の例外を除けばその大部分は、正誤判定しかできない単純なマルチプルチョイスに過ぎず、既存の知識をチェックするためには使用できても、新たな項目の学習にはほとんど役立たない。このように、CALL を利用したオンライン型ドリル学習の分野は、日本のドイツ語教育において、実質的な学習時間を増やす大きな可能性を秘めてはいるものの、それはまだ本格的にはどこにも実現されていないというのが実情である。というのも、すでに述べたように、インターネット上で我々がアクセスできるドイツ語オンライン教材のほとんどは、市販教材の宣伝目的で片手間に作られたものや、個々のドイツ語教員によって、個人レベルであるいはせいぜい1つの大学規模で細々と作られてきたものに過ぎず、こうした体制では良い教材を充分に供給することは非常に困難だからである。実際、本当に役に立つような質の高い教材を作ろうとすれば、内容的にもプログラミング

第4章:日本のドイツ語教育におけるCALLの可能性

技術的にも、また作業量としてもかなりの労力が必要である。具体的な作業を考えてみても、教材作成の際には、ドイツ語学習教材としての内容を考えるだけでなく、それをオンライン教材として提供するためには、教育工学的な意味での教材のデザインについても考えなければならず、そのためには、インストラクショナルデザイン等の専門家の助言を得るかあるいは教員自身である程度その分野の勉強をすることが必要である(Horton 2000) (Lee/Owens 2000)(鈴木 2002)(Gagne et al. 2004)(島 2004)。さらにはそれをオンラインプログラムとして実装するためには、ある程度のプログラミング技能を持った協力者も必要である。ここでは、ひとまず内容だけに絞って考えるが、たとえば、単純なドリル問題の作成にしても、ドリル課題と正解を作れば済むというわけではない。実は問題本体を作るよりも、実際にそれを使う学習者がどのような誤りを犯すかを具体的に想定した様々なフィードバックを考えたり、それぞれ異なったレベルの学習者を想定したヒント機能を考えたりする方が、はるかに多くの時間を要する。しかも、実際にそれらを効果的に役立てるためには、試験運用を通じて得られたデータを基に、再度、他の分野の専門家の協力も得ながら実施する、評価・改善のサイクルが必要である。このように本格的に取り組もうとすれば、個人でできる範囲を超えてしまう。したがって、この分野でのCALLの貢献を真剣に考えるならば、日本独文学会やドイツ語教育部会あるいはドイツ語情報処理学会等のレベルで科学研究補助金などを申請し、一定の数の専門家を加えたプロジェクトとして、ドイツ語オンライン教材の作成に本格的に取り組むことが不可欠である。

　日本におけるドイツ語教育の大部分は、大学や高等専門学校で行われており、教養教育なのか専門教育の一部なのかというカリキュラム上の前提条件、授業時間数、クラス規模、履修形態、学習者の認知的な能力等の点で、教育機関ごとに多少の違いはある。しかし、初級から中級にかけてのカリキュラムには個々の機関を越えた共通性があり、少なくともいくつかのプロトタイプを設定することで、共通して利用可能な教材内容を考えることができる。また、ここで述べたようなオンライン型の教材は、誰でも、どこからでもアクセスできるうえ、今日では、一般向けの比較的安価なPCを転用しただけの簡易サーバでも、万を超える数のユーザに対応でき、1つの自学自習システムを多くの教育機関で共有することが技術的に可能になっている。しかも、それに必要なのはインター

第4章：日本のドイツ語教育における CALL の可能性

ネットの世界ではすでに日常化されている JAVA 等の汎用技術[183]だけで、最先端の CALL 教室も特殊な配信設備も不要である。したがって、学会等のレベルで後援し、一定数の専門家が参加する科研費プロジェクト等として取り組めば、費用対投資効果の点で十分見合う成果が得られる。また、これは、ドイツ語 CALL の側から言っても、その利用者の裾野を広げ、ドイツ語教育の世界でその認知度を高めるのに貢献できるプロジェクトである。

　なお、1つのシステムで、多様な学習プロフィールを持った学習者に対応するためには、技術面では、データベースを利用した大量の問題データの蓄積とアラカルト方式によるその個別的な課題提供がポイントとなる。具体的なコンテンツ開発においては、数万の単位の問題アイテムを作成し、データベース化して蓄えるとともに、それらの問題データを、1）文法、2）語彙、3）イディオム、4）言語機能、5）言語使用領域、6）難易度、7）問題形式、8）データ番号等の情報タグによって分類し、それらのタグ情報を基に、必要な問題を指定した数だけ選び、練習（学習）とテスト（評価）の両方の形式で呼び出して使えるような仕様が基本デザインとなるであろう。データベースに登録する問題データについても、たとえば動詞の活用なら「マルチプルチョイス」や「書き込み」が、接続詞の用法であれば主文と副文の「マッチング」が、語順の問題なら「並べ替え」がというように、課題ごとに適切な問題形式を考える必要がある。また文法や、語彙、言語機能などの選択規準の選定と、それらの難易度との関連づけにおいては、カリキュラム上の到達目標の中であらかじめ明らかにしておく必要がある。その際は、ある程度普遍的な尺度が必要なので、たとえば CEFR (*Common European Framework of References for Languages*) (Council of Europe 2001)が提案する言語能力の6段階評価（A1/A2/B1/B2/C1/C2）における文法や語彙や能力記述（*Kannbeschreibung / Can-do-statements*）などを核にして、日本人学習者に必要な追加的な語彙や能力記述を加える等の方策が現実的であろう。以上述べたように、まず重要なことは、配信システムよりも、むしろ教材の質の確保に重点を置くことである。また、もう1つ重要なことは、これらのオンライン教材を作りっぱなしにするのではなく、それらの利用が保障されるような学習カリキュラムの枠組みを作ることである。そのためには、開発された自学自習用システムに解説や FAQ 等を加えるだけでなく、これらを使ったドリル型のトレーニング活動を、カリキュラム全体の中できちんと位置

づけ、学習のどの段階で、どの程度の時間をかけ、どのように投入すべきかのモデルケースを示す必要がある。それを前提に、教員や学習者向けのマニュアルを公開し、実際に多くの教育機関で広く使用してもらうための説明会などを行っていくことも重要であろう。こうした情報が公開され、利用のための枠組みが明示的に示されていれば、利用者である個々の教員の側でも、それらのオンライン教材を利用した学習活動を、学習すべき課題、目安となる学習時間数、到達目標等の情報も含め、自分自身の行っているドイツ語授業のカリキュラムの中で明確に位置づけることができる。また、こうした授業外でのトレーニングの必要性を学習者自身が納得できるようなプロジェクト課題やコミュニケーション上の目的を、より大きな枠組みとしてそれぞれの授業の中で設定することも可能になる。

4．4．自律した学習者をどう育てるか

　第1章「1.4.1. CALL 第3期の教授理論的な背景」でも触れたが、学習者の自律性や自律型学習という概念は、授業外における自学自習や個別学習と混同されてはならない。絶対量として足りないトレーニングの側面を補うためには、前節でも述べたように、CALL を利用したトレーニング型の自学自習が有効である。しかし、だからと言って、それが、自律した学習者を育てることに直接結びつくわけではない。重要なのは、言語知識の不足や言語能力の低さを様々な学習方略で補い、手持ちの言語能力や認知的な能力を最大限に利用しながら言語コミュニケーションを通じた課題解決を行っていける自律した学習者を育てることである。そのためには、時間や制度的枠組みの制約はあっても、言語知識の伝達やトレーニング、あるいはコミュニケーション活動の簡易化されたシミュレーションといった教員があらかじ内容を決めて主導する学習活動に留まるのではなく、たとえば自己発見型の学習やプロジェクト型学習等の形で、学習者自身が言語を使って実際に何かを獲得したり実現したりする自律型学習を授業の中に持ち込むことが必要である。

　もちろん、こうした学習形態は、CALL とは無関係に行うことも可能であり、教育学一般の歴史の中でも、たとえば、いわゆる「調べ学習」やクラス新聞の発行など、100 年以上の伝統がある。また、外国語教育の分野でも、たとえば、近くの空港に行って外国人旅行者に英語のアンケートを行い、その結果をまと

第4章：日本のドイツ語教育における CALL の可能性

めて発表した Airport Project (Legutke 1988)のような先駆的な試みが一部では1970年代から行われていた。しかし、そうしたプロジェクト型学習を組織するためには、かつては、調査のために少なからぬ物理的な距離を移動したり、いろいろな資料をあらかじめ多数取り寄せたり、集まって作業するために授業外に特別な場を設けたりする等の、通常の外国語授業では実現が難しい様々な条件を乗り越える必要があった。また、結果を壁新聞や印刷資料などの形で公開・配布するにしても、費用や手間が掛かる割には、広報できる範囲は限られたものに過ぎなかった。

　それに対し、インターネットに代表されるネットワーク化された情報環境は、こうした自律型学習に必要な本物の素材へのアクセスと本物のタスクの実現を可能にしてくれるだけでなく、学習者にコミュニケーション手段や協調学習のためのプラットフォームを提供してくれる。さらには WWW 上での公開という形で学習の成果を社会に広く発表することも可能になる。その意味で、自律型学習の支援こそ、CALL が最も得意とする分野である。特に CSCL（*Computer Supported Collaborative Learning*）の１つの実現形態である WebCT や Moodle などの LMS を使えば、時間や空間を異にした学習者間の協調学習が可能になるので、たとえば、本書第3章「3.6. プロジェクト型学習と CALL」の事例の中でも示したように、プロジェクト遂行に必要な大半の作業を授業外の時間に行うこともでき、学習時間の外延的な拡大にも役立つ。

　自律型学習の１つの代表例は、言語コーパス等を使った文法規則や用例等の自己発見型学習である。本書の第3章でも、初級・中級の授業で応用できる多数の事例を挙げているが、そこでは従来型の学習とは異なり、わからないことは教員に聞きその答を正解として覚えるという学習の方法はとらない。わからないことはまず調べ、仮説を立て、検索結果の分析を通じて当初の仮説を立証あるいは反証するというサイクルによって、言語そのものに対する感覚を磨く（＝言語を学ぶ）のである。また、その過程を通して、そうした情報の見つけ方の方略を学ぶ（＝言語の学び方を学ぶ）こともできる。今日では、インターネット上で公開されているコーパスも多く、インターネットはこうした情報リソースの宝庫である。しかも、その発想をさらに推し進めると、インターネット自体を１つの巨大な言語コーパスと捉えることもでき、ネット検索に用いるサーチエンジンの機能拡張が進めば、この分野では今後さらなる可能性が期待

できる。なお、言語コーパスだけでなく、たとえば CALL 第2期に試みられた生成型プログラムの 1 つである「文法シミュレーションプログラム」なども、オンラインの形で提供されていれば、それらを使った文法規則の自己発見や自己確認等の形で自己発見型学習に役立てることができる。

　自律型学習のもう1つの代表例は、プロジェクト型学習であり、その典型例は、第2章や第3章でもその事例を紹介した外国語による作品制作型プロジェクトである。ドイツ語教育の分野で最も広く行われているのは、バーチャルドイツ旅行であるが、他にもデジタルビデオ制作配信プロジェクト・フォトストーリー制作プロジェクト、様々な作文プロジェクトなどがある。プロジェクト型学習では、書く能力と何らかのプレゼンテーションの能力を結びつけたものが多いが、通常の講義型プレゼンテーション形式以外にも、ポスターセッション形式や、ジグソー方式（*Wirbelgruppe / Jigsaw*）なども考えられ、プレゼンテーションの面でも CALL の果たす役割は大きい。

問題点とこれからの課題

　言語学習のためのプロジェクトは、必ずしも、大がかりなものである必要はない。むしろ、1回からせいぜい数回程度の授業時間内に完結する小さなプロジェクトを、一定のインターバルを設けて1学期間に何回か実践する方が、通常の授業と並行して行えるので現実的である。また、技術的には、CALL 教室等の最新の設備が無くても、たとえばインターネット検索や定番ソフトの OFFICE 等を使うことで、様々なプロジェクトやリサーチは可能である。LMS は、利用できれば便利であるが、その機能は、たとえば無料のブログサービスや電子掲示板などでも代用できる。したがって、この分野でも、問題なのは ICT 技術そのものではなく、授業コンセプトをどう考えるかである。プロジェクト型学習は、一般になじみが薄く、学生だけでなく教員自身も初めはどのように組織していったらたら良いのかわからず、とまどうことが多い。確かに、CALL 関係の学会や研究会では、それぞれの研究者や教員が個人的に行っているプロジェクトやアイデアの一部が時々発表される。しかし、短時間の発表だけでは、なかなか伝わらない。こうした実践を広めるためには、たとえば、オンライン型「教案バンク」のような考え方に基づいて、個々のドイツ語教員の持つ教育用のリソースや経験を共有する仕組みを作ることも、今後は必要であろう。具

体策としては、プロジェクト型学習や自己発見型学習の教案などを、その学習目標と概要、細かな作業手順、想定される時間、必要なワークシートやリンク、考案者、使用許諾条件等のタグ情報を付けて、専用フォームから登録できるようにし、それを公開する仕組みを作ることなどが考えられる。

4．5．本物のコミュニケーションをどう体験させるか

　ドイツ語圏におけるドイツ国語学習とは異なり、日本における、しかも多くの場合日本人だけからなるクラスにおけるドイツ語学習においては、授業の内外どちらにおいても、ドイツ語を使ったコミュニケーションを日常的に体験させることは難しい。また、学習言語の言語圏が地理的、文化的、社会的に遠いドイツ語の場合は、英語・韓国語・中国語等とは異なり、学習言語の本物の情報に接すること自体も、これまでは非常に困難であった。そのため、そもそもドイツ語がコミュニケーションの言語であるという実感を湧かせることさえ難しく、ドイツ語を学びながらもそれを使ってコミュニケーション活動を行う前提すらない場合もまれではなかった。

　その点で、まず第1に、物理的な距離を超え、本物のドイツ語圏の情報や素材に直接アクセスすることを可能にしてくれるという意味で、またそれにより、ドイツ語が文字通りコミュニケーションの言語であることを実感させてくれるという意味で、情報リソースとしてのインターネットの役割は決定的である。最近では、ニュースやドキュメンタリーやテレビドラマなど、かつては、特殊な受信用設備を必要とする AsiaSat 等の衛星放送でしか観られなかった番組も、インターネット上で簡単に視聴・録画できるようになり、中・上級用授業の素材を捜すことも容易になった。また、インターネットは、第1章や第2章で紹介した eTandem のように、CMC（*Computer-Mediated Communication*）の機能を利用することで人間同士の直接的なコミュニケーションも可能にしてくれる。1990 年代に始まった eTandem の媒体は、当初は、Eメールが主流であったが、最近では、Skype 等を利用したインターネット上の電話やテレビ電話にも重点が移りつつある。さらには、携帯電話も、ユビキタス社会におけるウエアラブル・コンピュータとしての機能を持ち始めており、近い将来、携帯電話を情報端末とした CMC が主流になると思われるが、いずれにせよ中級・上級の学習者にとっては、物理的な距離を超えた直接的な口頭コミュニケーションが可能な時代

になりつつある。

　コミュニケーション活動に関連するものとしては、この他にも、参加者が一定の役割やルールを受け入れることを前提にして成立し、コミュニケーション活動の簡易化されたシミュレーション体験を可能にしてくれる、言語学習ゲームがあり、外国語授業では、広く行われている。第1章でも紹介したように、CALLの第2期には、この分野でも、各種パズル、ハングマン等の各種推論ゲーム、MADLIB 等の偶然性を楽しむゲーム、言語による指示と仮想空間上の変化を関連づけた Cyber Physical Response 型ゲーム等の様々なプロトタイプの教材作成が試みられた。これらのゲーム型教材は、人間対機械の対戦という形で用いられる場合もあれば、人間同士がゲームを媒介として対峙しあう場合もある。特に後者の場合は、道具として使用するゲーム型プログラムの種類と使用目的により、どのような学習形態が適切かを考える必要もある。なお、こうしたゲームの道具的機能を純化させると、たとえば、1）場所の移動経路を示せる地図、2）家具等のレイアウトを自由に変えられる部屋、3）ランダムに数字を読み上げてくれる読み上げソフト、4）針を自由に動かせる時計、5）曜日や日時を自由に指定できる電子カレンダー、6）モンタージュ写真を作れる電子福笑い等の「動的ワークシート」なども CALL を利用して作ることができる。これらのゲーム型教材や動的ワークシートは、インターネット上でどこからでもアクセスできるような形で実現されていれば、PC 端末が1台あれば利用でき、授業における言語学習ゲームの可能性を広げるのに役立つ。

問題点とこれからの課題

　インターネット上には、多くのドイツ語学習関連リソースがあるが、漫然とネットサーフィンしている限りは、時間を取られるだけで、なかなか、自分が求めるような情報にたどり着けない。したがって、これらの情報リソースを整理・分類してくれるような総合的ナビゲーション用サイト等を作り、定期的にその内容やリンクを更新できるような体制作りが必要である。それと同時に、これらの情報リソースの授業への応用（*Didaktisierung / adaptation*）についてのアイデアや経験の共有も重要で、すでに前節でも述べたように、この点でも、「教案バンク」の構築が急がれる。なお、ゲーム型ソフトの1つのタイプである、シミュレーション型ゲームの外国語学習への利用は、これらがコミュニケーシ

ョン状況の疑似体験に役立つという意味で、今後の可能性を含んだ分野である。現在は、まだ、ソフトウェアへのリアルタイムでの情報入力が、マルチプルチョイスによるメニューの選択か、簡単なキーワードの書き込みに限られるが、将来的にドイツ語の音声分析エンジンが開発されれば、口頭による入力に反応して仮想空間上のパートナーが応答するコミュニケーション・シミュレーターを作ることが可能である。ただし、現状は、ある程度実用に耐える英語の音声分析エンジンが、数年前にやっと開発されたという段階すぎない。したがって、実用に耐えるドイツ語の音声分析エンジンが開発され、それが、たとえば、今日のインターネット上の無料自動翻訳ソフトのように誰にでも使えるようになるのは、まだまだ当分先の話である[184]。

4．6．学習の動機付けをどう図るか

　一般に、動機付けの契機については、学習者のタイプによってそれぞれ異なる。文法や語彙についての知識が増え、テストの成績が上がったり検定試験などに合格したりすることで動機の高まるドリル型学習向きの学習者もいる。ドイツ語圏の人々との交流や本物のデータとの接触を通じドイツ語が生きた言語であるということを知り、動機付けされる学習者もいる。また、たとえば音楽留学やドイツのサッカーについて知りたいという確固たる目標があれば、それだけで努力できる学習者もいれば、ドイツ語を使って何かを達成するという成功体験を常に必要とする学習者もいる。CALL は、これまで述べてきた、学習時間の実質的な拡大による一定の学力水準の確保や、本物のデータへのアクセスを可能にするコミュニケーション支援、あるいは、現実的な学習目標の設定のための情報提供や自律型学習の支援等の様々な機能によって、上記のいずれのタイプの学習者の動機付けを高めることにもそれぞれ貢献できる。

4．7．多様な学習者のニーズへの対応

　多様な学習者のニーズに少ないスタッフでどう対応するかという課題は、既存のスタッフでどうやって多様なメニューや授業を出せるかという人的リソースの効果的な活用に関わる問題と、学力レベルや学習目的等に差のある個々の学習者のニーズに一斉授業の中でどう答えていくかという個別対応（*Binnendifferenzierung* / *internal differentiation*）の問題との2つからなる。前者については、

たとえば復習としての補習やドリル型トレーニング機能のかなりの部分を、ICT技術を利用して授業外に出すことができれば、それによって相対的に得られた時間的・人的余裕を学習メニューの多様化などに振り向けることができる。後者については、オンラインによる当該の自学自習システムが、学習者がデータベースから問題セットを自由に生成できるようなコンセプトで作られていれば、課題設定において学習者のニーズに応えた個別対応型学習の機会を提供できる。さらにヒント機能や誤答へのフィードバック機能、あるいは学習者と教員間のコミュニケーション機能などが組み込まれていれば、学習者の学力レベルという点でも個別性に配慮した学習サポートを提供できる。なお、学習の際に出た疑問やコメントなどを教員に送ったりメッセージを受け取ったりするコミュニケーション機能を組み込む際は、第3章で紹介した「サッと独作」やDGSGのようにボタンを1つ押すだけでメッセージを送れるような簡単な仕掛けが望ましい。一般に、教員と学生間のCMCを利用したコミュニケーション機能は、自学自習支援に留まらない。普通は授業の時しか会わない教員と学生の間のコミュニケーションを密にすることで、よりきめの細かい個別対応を可能にする。なお、授業時間内における個別対応に関しては、教育学一般の分野でもさまざまな実験的取り組みがなされており、それらの中には、外国語授業においても有用な事例が多く、この分野の支援にもICT技術は役立つ[185]。

4．8．将来的な学習の展望をどう保障するか

より長期的な学習の展望をどう保障するかという問題は、直接にはカリキュラムや学習コースの整備と密接に関連する。したがって、大学などの個々の教育機関においても、初級のドイツ語授業だけでなく、学習者が望めば長期的に学習を続けられるよう、中・上級向けのカリキュラムを提供する、あるいは充実させるなどの努力が、別途必要である。しかし、たとえば、オンライン辞書を始めとする支援ツールや、初級から中・上級までの様々なレベルに対応した種々の解説や課題を核にした学習サイトをインターネット上に作り、学習をサポートしあえるオンライン上の学習者コミュニティを伴う開かれた形で運用すれば、特定の教育機関での授業期間終了後も自学自習を続けようと望む学習者を支援できる。また、そうしたサイトに、ドイツ語圏の言語や社会や文化等に関する様々な情報へアクセスするためのリンク集を載せたり、内外のドイツ語

学習機関に関する情報、各種試験案内、留学情報、留学生奨学金募集要項等の情報を追加し、メールによる学習相談などの機能も持たせれば、学習者がドイツ語圏に関する必要な情報を得られるだけでなく、学習者によるその時々の現実的な学習目標の設定を支援したり、学習継続に有益な様々な情報を提供したりできる。また、CEFR の理念を具体化した言語ポートフォリオ (*Sprachenportfolio / language portfolio*) [186] も、それを使えば、学習者が自己の学習履歴や到達度を特定の授業の枠を越えて明示な形で提示したり、学習の進み具合を振り返ったりすることができるので、その記述の枠組みをインターネット上に作りオンライン上で運用すれば、長期的な学習の自己管理に役立つ。また、上述した総合的な学習支援サイトと関連づければ、その有効性は一層高まる。

以上は、もちろん理想的な形で述べたものだが、英語以外の外国語に関しては、大学等を卒業してしまうと学習する機会がほとんどなくなってしまうのが、残念ながら、今日の日本の社会の現状である。学習者に長期的な学習の展望を与えることは、学習の動機付けにとって決定的な要因であるだけに、日本におけるドイツ語学習者全体を対象とした上記のような総合的学習支援サイトの開設・運営は、個々の教員任せではなく、やはり学会等のレベルで後援し、取り組んでいくべき課題の１つであろう。

４．９．結論として

やや繰り返しになる恐れもあるが、第４章の最後に、本書でのこれまでの論点を、再度、簡単にまとめておきたい。

１）講義型授業と、いわゆる e-Learning 教材を使ったドリル型学習に重点を置いた「日本型 CALL」は、対面講義型 CALL 教室という特殊な情報環境のもとで生み出された日本独特のものであり、それだけが唯一の CALL モデルではない。今後は、CALL 教室のデザインに関しても、より多様な学習形態を含む CALL 実践に適した新たな教室環境を考えていく必要がある。

２）CALL の歴史を外国語教育理論や教授法の観点から振り返れば、オーディオリンガリズムに裏打ちされた CAI の時代には、授業の持つティーチングやトレーニングの機能に、コミュニカティブ・アプローチを意識した CALL への転

換期には、コミュニケーション活動に、社会構成主義的な学習観の広がりと共に登場したインターネットの時代には、自己発見型学習やプロジェクト型学習の支援に、それぞれ重点を置いた様々な CALL の実践が見られた。その意味で、CALL の歴史は、CALL 実践の多様化の歴史でもある。

3) CALL の歴史を情報技術の観点から振り返れば、CALL におけるコンピュータや情報機器の役割は、パターン・プラクティスのためのティーチング・マシーンから始まり、コミュニカティブな授業を補助する道具へ、さらには、インターネットや LMS の登場と共に、本物の素材やタスクを伴うコミュニケーションや協調学習を可能にする情報環境へと広がってきた。情報環境という観点で見るならば、今日誰もが利用できる日常的な ICT 技術の例として、(1) インターネット、(2) インターネットとデジタル情報を共有する PC、携帯電話、デジタルカメラ等の情報機器、(3) Microsoft Office 等の定番ソフト類、(4) ブログ等の無料サービスなどを、挙げることができる。

4) CALL の歴史を学ぶことで、最先端の技術環境に依拠する「日本型 CALL」の狭い枠組みを越えた、より多様な CALL 実践を構想できるようになる。また、外国語教育理論や教授法の観点から CALL の実践を評価あるいは構想することが可能になり、技術信仰に惑わされにくくなる。今後の CALL の展開に重要なことは、直接的には、現在の自分の授業をより良いものにするにはどうしたらよいかという教員としての普遍的なアプローチであり、理論的には、教育学一般を含む広い意味での外国語教育理論や教授法分野の研究成果や実践例を学び、それらを、自分の授業においてより良い形で実現するためには、我々をとりまく日常的な ICT 技術の何が役に立つかを考えることである。

5) 授業の持つティーチング機能やトレーニング機能のかなりの部分は、オンライン学習により、授業外に出すことが原理的に可能である。また、LMS を利用すればプロジェクト型学習等の一部を授業外で行うこともできる。CALL は、こうした形で、授業時間の実質的な拡大に貢献できる。なお、ドイツ語教育におけるオンライン学習の分野での、今後の最大の課題は、利用者の裾野を広げ CALL の有用性や認知度を高めるためにも、充分な量の質の高いドイツ語オン

ライン教材を作成し、広く提供していくことである。そのためには、学会レベルでの後援のもとに、複数の専門家の協同作業による教材作成プロジェクト等を立ち上げる必要がある。

6）インターネットには、巨大な情報リソースとしての機能、コミュニケーションや協調学習の場としての機能、公的な発表空間としての機能があり、これらを通じ、自己発見型学習やプロジェクト学習を支援することで、自律した学習者を育てることに貢献できる。ただし、この分野でのCALL実践の裾野を広げるためには、オンライン型の「教材バンク」あるいは「教案バンク」等の形でこうした授業のコンセプトや経験などを登録し、広く公開・共有できる仕組みを考える必要がある。

7）インターネットは、ドイツ語圏の本物の情報へのアクセスを可能にし、そのCMC機能を利用することで直接的なコミュニケーションも体験できる。また、たとえば「動的ワークシート」のような形で、授業におけるコミュニカティブな活動を支援できる。この分野の実践の裾野を広げるという点でも上述の「教材バンク」あるいは「教案バンク」の仕掛けは有効である。

8）CALLは、学習時間の実質的な拡大による一定の学力水準の確保や、本物のデータへのアクセスを可能にするコミュニケーション支援、あるいは、現実的な学習目標の設定のための情報提供や自律型学習の支援等の様々な機能によって、ドイツ語学習者の学習に対する内的な動機付け（intrinsische Motivation / intrinsic motivation）や道具的な動機付け（instrumentale Motivation / instrumental motivation）に貢献できる。

9）CALLは、たとえば授業の持つティーチング機能やトレーニング機能の一定部分をオンライン学習という形で授業外に出すことを通じ、教員の負担を軽減する。それによって、相対的に得られた時間的・人的余裕を、学習者の多様なニーズへの対応に振り向けることができる。また、オンライン学習システムの運用や、教員と学習者の間のコミュニケーションを通して、学習者の個別事情を考慮した、よりきめのこまかい対応も可能になる。

10) たとえば、オンライン学習用の課題、ドイツ語圏の情報にアクセスするためのリンク集、様々なドイツ語学習支援情報、オンラインによる学習サポートなどからなる、総合的なドイツ語学習支援サイトを作れば、特定の学習機関における一定の学習期間を越えた、長期的な学習の展望を与えられる。こうしたサイトの開設と運用を通じ、日本におけるドイツ語学習者の生涯学習を広く支援する体制を作っていくことも学会レベルで取り組むべき課題である。

おわりに

　本書を執筆するために、過去の文献を読む機会が多かった。それを通し、今はその大部分が忘れ去られているが、過去 40 年以上の間に多くの先人達が様々な工夫を行っていたことを知った。また、CALL に関わってきた当時の人々が、一度に数行の文字データしか扱えない CUI 環境のもとで苦闘しつつ、いつか、よりよいテキスト処理環境のもとで画像や音声の扱える時代が来ることを願っていたこともわかった。静止画や音声どころか、動画さえ制御でき、インターネットを通し世界中のありとあらゆる情報リソースにアクセスできるようになった今日、我々を取り巻く技術環境は、すでに先人たちの多くが夢想さえしなかったレベルに達している。しかしながら、それで実際の外国語教育の質がどれほど向上したのだろうか。CALL は ICT 技術の問題ではなく、外国語教育のコンセプトに関わるものだということを、自戒も込めて改めて肝に銘じたい。

文末註

[1] たとえば、CALL関連学会とその発足年度をいくつか挙げると、コンピュータ教育利用協議会（1996年）・英語メディア教育学会（名称変更 2000年）・日本教育工学会研究会（1995年）・ドイツ語情報処理学会（1991年）・JALTCALL（1995年）などである。

[2] 日本の大学等における戦後のドイツ語教育の歴史的な変遷については、たとえば、田中(1994)、岩崎(2007)参照。なお、その流れを簡単にまとめるとだいたい以下のように言える。

　戦後のドイツ語教育は、旧制高校以来の「学問語としての外国語」や「教養語としての外国語」学習の伝統を受け継いで出発しつつも、その授業時間数は、出発点においてすでに戦前の2分の1から5分の1に当たる週2回2年間程度に減らされていた(大学基準協会編 1950, 1957)。その後、ベビーブームや大学進学者数の爆発的な増大を背景とした大人数授業という悪条件(大学基準協会編 1964)の中で授業時間数は少しずつ減らされていき、1980年代末には履修時間数はほとんどの大学で週2回1年間あるいはそれ以下になっていた(田中 1994)。その間、1980年代以降、国際化の流れの中で、「コミュニケーション言語としての外国語」という新たな視点(大学基準協会編 1984, 1985)が導入され、従来型の文法翻訳法に変わるコミュニカティブ・アプローチ等も教育現場にもたらされた。しかし、学習時間数の不足・大人数授業・教員の側の専門的な訓練の欠如などの諸条件もあってかならずしも広く受け入れられたわけではなかった。また、1990年代に入ると、大学設置基準の大綱化(文部省高等教育局 1991)により外国語教育の実施が各大学の裁量にまかされる中で、多くの大学では、それまで徐々に進行していた履修時間数の削減に拍車がかかり、授業の形骸化も一層進んだ。他方、大学設定基準の大綱化は、各大学に外国語教育のカリキュラム改革を促す契機ともなり、もともとは1980年代末に登場したインテンシブコース〔希望者を対象にした集中教育〕のコンセプトや、それをさらに拡張した学部横断的な中・上級レベルまでの統一的なカリキュラムなどの改革のモデルが1990年代以降注目を浴びるようになった。ここ数年は、現代世界のグローバル化の流れを受け、日本社会に極端な英語偏重論が広がったことを背景として、大学等での英語教育の充実のためのリソース〔授業枠や教員定員枠〕を英語以外の外国語を削ることで得ようとする動きが強まり、ドイツ語授業はその存続すら危ぶまれているところも多い。そのため、ドイツ語教育関係者の中には、現代世界のもう一つの特質である多言語社会化の流れをクローズアップするという問題意識で、「外国語の学習・教育・評価のためのヨーロッパ共通参照枠」(Council of Europe 1991)を、その理念や言語政策的な観点から取り上げ、英語以外の外国語教育の重要性を基礎づけようとする議論も見られるようになった。

[3] 註2でも触れたように、こうした理念やそれに基づく学習モデルは、すでに1980

文末註

年代末から 1990 年代のカリキュラム改革の中で登場している (関口 1993)(三瓶 1996, 2004)。

[4] ちなみに、同じエジソンが発明した円筒式蓄音機（*Phonograph*）を使った最初のドイツ語音声教材は 1901 年にニューヨークで出版されている。これは、The German Language というパターン・プラクティス中心の教科書(Rosenthal 1905)に付属した対話練習のための録音用円筒（*Phonographen-zylinder*）で、ドイツ語母語話者によって吹き込まれていた (Kelley 1976, 109; 243) (Helbig et al. 2001, 1019)。ただし、当時の技術水準からして、録音可能な音域は狭く、倍音が欠落していたり、音質を決定するフォルマントの部分がひずんでいたりして(Kelley 1976, 111)、1990 年代初頭の IC レコーダを使った音声教材や初期のインターネットラジオなどと同様その音質はまだ実用以前のものだった。

[5] インターネットが爆発的に普及した 1995 年以降、時を経るに従い、楽天的な予想の比率はもちろん下がってきてはいる。しかし、2000 年段階では 8 割以上、2008 年でもまだ半数が「そう思う」または「どちらかと言えばそう思う」を選んでいた。

[6] Ahmad et al(1985, 36-39)は、課題の minimal steps への分割、学習過程における immediate reinforcement の重視、individual learning pace の保障を柱とするプログラム学習について Skinner(1954)を引用しながら簡単に説明するとともに、こうした学習理論を巡る 1954 年以降 1974 年頃までの論争の概略について紹介している。

[7] インターネット上の IT 用語事典 e-Words (http://e-words.jp/) の定義によれば、エキスパートシステムとは、「特定分野に特化した専門知識データベースを元に推論を行ない、その分野の専門家に近い判断をくだすことができる人工知能（AI）システム」である。

[8] この他にも、他の文献によれば、Computer-augmented Instruction System、Computer-administrated Instruction System 等の用語も使われていたらしい(教育工学研究成果刊行委員会 1977, 279)。

[9] たとえば、Wyatt 自身も、1982 年に執筆されて 1984 年に出版された論文集 Wyatt(1984a)の中では、まだ CAI または CALI（Computer-Assisted Language Instruction）という用語を使っていたが、その直後に出版された Wyatt(1984b)ではすでに、意識的に CALL を使いはじめている(Wyatt 1984b, 4)。また、Ahmad et al(1985, 3) や Underwood(1984, 38)などでも、CALL という用語をなぜ選んだのかについて言及しつつ意識的に使っている。他に Davies/Higgins(1985)等でも CALL が使われている。

[10] ICALL という用語が定着する前には Artficial Intelligent CAI という表現も使われていたようである。(教育工学研究成果刊行委員会 1977, 279)。なお、Computer Assisted Language Learning (SWETS & ZEITLINGER) Volume 15, Number 4, 2002 では ICALL の特集が組まれており、近年におけるこの分野での研究を概観することができる。

[11] Levy(1997, 80) では CMC (*Computer-Mediated Communication*) という用語についても言及されている。この領域は Understood(1984, 66)などの比較的早い時期の文献でも簡単には触れられているが、CAI に遡る文脈よりは、むしろ 1980 年代に現れたコンピュータ通信などを対象とするコミュニケーション研究(Kiesler et al 1984) (Sproull/Kiesler 1986)を通して成立した用語である。

[12] また、最近多く使われるようになった WBT/WBL (*Web-Based Training / Web-Based Learning*) 等の用語については、当然ではあるがこの時点ではまだ言及されていない。

[13] 2000 年 10 月に広島大学で行われた国際シンポジウム (テーマ : Foreign Language Learning in the Age of the Internet) のキーノートとして来日した際の、著者らとの個人的な会話においての発言。

[14] 本書においては、CALL 発展の第 3 期の時代区分を、Levy(1997)とは異なり、インターネット (WWW) の出現と爆発的な普及の年である 1995 年に置いている。

[15] コミュニケーションにおいては非言語的な情報が過半を占めることが、すでに実験的にも確認され(Birdwhistell 1970) (Mehrabian 1968)、視覚的情報をはじめ五官から得られる情報を総動員してトップダウンによる理解の方略を働かせることが重要である、と教える今日の言語教育から見ると、通常の対話を目を閉じて聞かせるというのは、理解しがたいことかもしれない。また、間違いをそのつどすべて直すという方式も、学習者を心理的に萎縮させるだけでなく、誤りと判定する形式的な規準そのものにも問題があり、今日の言語教育における共通理解とはかなり異なっている。

[16] 著者は、オーディオリンガリズムの理論に則って開発されたリンガフォンを、20 代の半ばに、2 ヶ月の間毎日数時使ってドイツ語の初歩を独習した経験があるが、その方法 (テキストを使った練習) はおおよそ以下の手順であった。まず、目をつぶりテキストの対話文を見ないでカセットテープを 3 回聞き、次にテキストを見ながら 3 回聞く。その後、カセットテープの音声の後について模倣するのを 3 回繰り返し、1 文ずつ単語や和訳を見ながらおおよその意味を確認する。意味が分かったら、再び見ながら 3 回聞き、次にまた見ないで 3 回聞く。最後は、何も見ないで、カセットテープに合わせて 3 回一緒に口唱し、締めくくりとして、1 文ずつ止めて、綴りを書き取る。個人的な体験を基に言うと、機械的な練習が続き、あまりに退屈なため、強い意志がないととても続けられそうにないものであった。またパターン・プラクティスの方は、最初からとても難しく、いつも早口言葉の練習をしているようで、練習してもできるようならなかった課題があり、課題によっては後に出てくる課題よりそれ以前の課題の方が難しいこともまれではなかった。そのため、ずっと以前にやったところを復習しようとしても、ほとんどできなかったことがあり、暗澹たる気持ちになったことを今も鮮明に記憶している。

[17] ここで挙げた CAI システムの例は主として北米の例であるが、たとえばイギリ

スでも、1970年代後半から1980年代初等にかけてHull大学、Aberdeen大学、East Anglia大学、Surrey大学、Ealing単科大学などで大型コンピュータを利用したCAIの研究が行われていた (Davies/Higgins 1985, 9)。

[18] CDTとは学習活動を設計・開発するために使われるマイクロ設計の考え方で、それによれば、学習とは、学習対象(*objectives*)とそれを獲得するための学習活動(*learning activities*)と到達度の評価(*tests*)の3つよって構成され、学習対象はfind、use、rememberの3つ要素からなるlevel of performance のレベルとfact、concept、procedure、principleの4つの要素からなるtypes of contentのレベルを掛け合わせた12要素からなるmatrixとして規定された。その重要な特徴のひとつは、学習過程をモジュールの形でデザインすることで個人が学習過程を制御できることであった(Merrill 1983, 282-)。

[19] Obj'ctiveとAtt'nは各々ObjectiveとAttentionの略で、キーの幅に文字が入り切らなかったために使われた省略表記である。

[20] 言語教育の例から取ったデータではないが、O'Shea (1983, 92)によれば、数学の場合、TICCIT方式で教材提示した場合の教材完遂率は約16%に過ぎず、従来型の提示方式での完遂率(約50%)と比べても格段に低かった。

[21] 安価な小型コンピュータといっても、数億円した大型コンピュータに比べれば安いと言うだけで、今日の時価に直せば数百万円以上した汎用機である。それに対し、やがて1970年代後半に突如として登場するパーソナルコンピュータ(PC)は、当時は、マイクロコンピュータ(*microcomputer*)と呼ばれていた。

[22] その理由としては、操作性の悪さもあるが、たとえばデジタル画像のコンピュータ上での処理などと異なり、レベルの異なる異質な技術をむりやり組み合わせただけで、技術的な一貫性が無いため、そのような「マルチメディア」教材の作成が非常に煩雑だったことも大きい。

[23] 翻訳メモリとは、原文と翻訳を対にしてデータベース化し、それを自動的に繰り返し呼び出して使えるようにしたソフトウェア(西垣/ルイス2001)のことである。機械翻訳の現状での限界と完全な翻訳の原理的な難しさを踏まえ、従来までの言語理論にもとづく人工知能的なアプローチとはまったく異なり、コンピュータを翻訳支援のための道具と割り切って位置づけ、そのうえでその効果的な利用法を追求したものである。

[24] 50年代に始まった機械翻訳研究に対して、「自動翻訳に関しては実用の見込みがなく、この種のプロジェクトに投資するよりは、人間の翻訳家の養成を支援した方がよい」という趣旨の有名な自動言語処理諮問委員会(ALPAC: *Automatic Language Processing Advisory Committee*)報告が出され、アメリカにおける機械翻訳に関連する研究予算が大幅カットされたのもこの頃(1966年)である。

[25] ドリル型プログラムが最低限備えておくべき機能については、後に
(Davies/Higgins 1985, 25) の中で、20の項目が提示されている。

[26] 特に問題とされたのは、パターン・プラクティスを通じてある表現を機械的に

覚えても、それが、覚えたものとは微妙に異なる表現を必要とする現実の状況においては、適切な表現をする能力につながらないケースが多かった点である。
[27]実際には、言語の形式面に重点を置く文法シラバスの他に、ある特定の場面において適切な基本的な表現パターンを機械的に練習する Situational Language Teaching と呼ばれるオーディオリンガリズムの一変種のような教授法がイギリスでは行われており、教科書の単元もそれに従って、場面ごとに構成されていた。このプロジェクトは、こうした場面シラバスとも一線を画すものとして考えられていた(Richards/Rodgers 2001, 153)。
[28] 5つの仮説とは、すなわち、習得・学習仮説（*Acquisition/Learning Hypothesis*）、モニター仮説（*Monitor Hypothesis*）、自然な順序の仮説（*Natural Order Hypothesis*）、インプット仮説（*Input Hypothesis*）、情意フィルター仮説（*Affective Filter Hypothesis*）の5つである。今日におけるその評価については、詳しくは、(Richards/Rodgers 2001, 178-) (田崎編 1995,162-)参照。
[29] たとえば、意味のあるインプットを強調するナチュラル・アプローチの信奉者の場合、他の潮流と比較して、授業における母語の使用に対して否定的である度合いが非常に高い。
[30]なお、CAI モデルに対する疑念は、言語教育の分野でのみ起きていたわけではない。その没落には、今日「行動主義から認知科学への転換」として広く知られ、オーディオリンガリズムの衰退自体もその1つと見なせるような、人文科学全般におけるパラダイムシフトが影響していた。たとえば、それまで絶対的と見なされていたプログラム学習に対してもそれが成果を上げられるのは、暗記や細部への集中が得意で、与えられた1つの課題の完遂に情熱を持つ一部のタイプの学習者に限られ、学習者の半分はそうしたことには向かないことなどが報告され〔Heermann(1988, 5)における Gueulette(1982, 181)の引用〕、教育工学の分野でも1980年代になるとコンピュータの学習におけるティーチング・マシン以外の様々役割が提唱されるようになっていた(Heermann 1988)。
[31]我々にとって、当たり前と言えるパーソナルコンピュータも、大型コンピュータのダウンサイジングの延長上に単純に実現されたわけではなく、その登場は突然であった。大型コンピュータやその簡易版としての小型コンピュータは、それを利用する個人の使用を中央集権的な形で制御・統制するという発想と深く結びついており、個人が自由に自分の目的のためにコンピュータを自立して使うというパーソナルコンピュータの発想や、さらにどこへでもそれを持って行けるというノートブック型コンピュータの使用形態は、1968年にダイナブックを提唱した Alan Kay〔佐藤俊樹(1996, 45)におけるアラン・ケイ(1992)からの引用〕などの一部の天才的な開発者を除けば、誰も予想できなかった。たとえば、これは日本の例であるが、佐藤俊樹(1996, 42)によれば1971年に科学技術庁が専門家集団を対象にして行ったアンケートに基づく未来予測においても、パーソナルコンピュータは、今後30年以内に実現されるであろう技術課題のリストの中に含まれてさえ

文末註

いない。4年後の発売と、その後の急速な普及を考えれば、現役のコンピュータ技術者にさえ、直前までそうした発想がなかったのは驚くべきことである。
[32] 代表的なCAIシステムであった、PLATOやTICCITなどは後に、パッケージ化されて市販され、その性能は当時としては高く評価されたが、導入にかかる経費のため、いずれも商業的にはそれほど成功しなかった。
[33]たとえば、Nelson et al.(1976, 30)は、Hammond(1972, 1006)を引用して、The Stanford Projectのロシア語プログラムのように比較的に安価で作られ、成功したと見なされていた場合でも、人間の教員によるコースの3倍のコストがかかり、その結果最終的には中止せざるを得なくなったことを報告している。
[34]O'Shea(1983 98)によればPLATO IVの当初の経費は、学習時間1時間あたり、当時の価格で35セントから70セントを予定していたが、実際には、1.17ドルかかっていた。経費対効果の点で、当時多少とも将来性があったのは、たとえばBPAT（Branched Program Achievement Test）のコンピュータ上での実現のような、大規模テストのオンライン化構想の分野だけであった(Boyle et al 1976)。
[35] 当時の代表的なパーソナルコンピュータには、Apple II、BBC micro、IBM PC、RML 380z/480z、Commodore PET、Commodore 64、Commodore 4032、Commodore VIC TRS-80、Sinclair Spectrum、Electron等があった。
[36] この状況は、少なくとも90年代前半までは続いており、CALLに対するネガティブなイメージが外国語教員の中で広がる理由の1つとなった。
[37] 1980年代の半ば頃までに流通していた代表的なソフトに関しては、Davis/Higgins(1985)のソフトウェア・インデックス（p.109-144）にその一覧と個々のソフトウェアに関する簡単な説明がある。
[38]なお、抜き出された語は、投入可能な語の候補として、本来のテキストの上に順番を変えたうえで提示される場合が多い。
[39] ハングマンについては、註147を参照。
[40] これらのソフトの最新の製品版（WindowsXP版）は、Waida社製のAuthoring Suiteという名前のパッケージとして現在も売られており、手に入れることができる。
[41]単語を並べ替える問題用ソフトしては、同じようにWORD SEQUENCING（Aconrsoft/ESN刊）やそのドイツ語版のWORTSALATなどがあった。
[42]マウスでドラッグすることで、画面上の個々の要素を視覚的にも簡単に並べ替えることのできる今日とは違い、当時は、CUIの時代であり、個々の文に付けた記号や数字で順番を指定するか、いちいちボタンを押して画面を書き換えない限り、画面上の要素の移動ができなかった。そのため、こうした機構が必要であった。
[43] もちろんこれは、学習者の母語が異なるインターナショナルクラスの場合や中・上級の学習者の場合で、母語を同じくする学習者の初級クラスが大部分を占める日本の外国語授業にそのまま当てはまるわけではない。
[44] チューリングは、今日のコンピュータの概念を理論的に提唱し、世界最初のコ

ンピュータの生みの親ともなった人物であり、そのため今日のコンピュータは別名 Turing machine とも呼ばれる。なお、精神活動に関わる「知性」の有無を、実験的な手続きと外的に観察できるその結果のみによって判断しようとしているところにも、彼の活躍した時代である行動主義時代の思潮がよく現れている。

[45]中には、コンピュータと学習者が共同で交互に対話しながらそれらしい会話を作る枠組みは維持しながらも、コンピュータが自分の間違いを自然な会話にすることを学習者に求める DIALOG-CRIT（Burckhardt Leuschner 作）やコンピュータが作る不自然な文を正当化する状況を考え出すことを学習者に求めたりする STORTMAKER（Daniel Chandler 作）のように、知的であるように見えて実はそうでないことを明かしたうえで、それを逆手にとって学習に結びつけるようなプログラムも作られた(Higgins/Johns 1985, 60)。

[46]同じようなコンセプトで個別技能を訓練するものとして、リスニング以外にたとえばリーディングの課題なども作られた。リーディングの場合、速読の訓練のため、一定時間でテキストが消えていくような形の時間指定や時間制限の機能を持つものもあった。SPEEDREAD（Arthur Rope 作）(Davies/Higgins 1985, 70)(Wyatt 1984b, 56)などはその例である。また、4技能以外にも、異文化理解、ノートテイキングなどの学習方略、テスティング等の個別分野にも関心が向けられた。(Wyatt 1984b, 105)

[47]これは、Mario Rinvolucri が 2000 年の JALT 広島大会のキーノートの1人として来広した際に、広島大学外国語教育研究センターで開かれた講演の後の私的な会話の中で、著者がこの種のタイプの教材を、Total Physical Response を踏まえて Virtual Physical Response と呼んだときに、彼があらたに提案した名称である。

[48]たとえば、Underwood(1984, 52)は、そうした communikative CALL の立場を、それが満たすべき 13 の条件という形で明示的に述べている。

[49]この概念を巡る歴史的な議論は Legutke/Thomas(1991, 270)に、CALL との関連での簡潔な説明は Rüschoff/Wolff(1999, 64)にそれぞれあるが、より詳しくは Oxford(1990)、Wenden(1991)、Benson/Voller(1997)、Bimmel/Rampillon(2000)等を参照。

[50] 1990 年代以降、fMRI（機能的磁気共鳴画像法）、PET（陽電子放射断層法）、MEG（脳磁図）、光トポグラフィーなどの技術を使うことで、脳の血流量等の生理学的な変化を視覚化することができるようになり、一定の知的な課題に取り組む際に人間の脳のどの部分が活性化しているかを間接的な形ではあれ、知ることができるようになってきた。

[51]ここで言う認知とは、経験的・意識的な世界への関与のことであり、行動とは外から観察され得る行為で、認知や情動によって影響された心理的行動のことである (Vorbereitungsausschuss des 1. Didaktikseminars für japanische Germanisten 1993)。

[52] Rüschoff/Ritter(2001, 220)では、Costa/Liebmann(1995, 23)を引きながら、現在5年で2倍になる情報の量が 2020 年には、74 日ごとにそうなるという予測を伝えて

文末註

いる。
[53] TELNET（*Telecommunication network*）は、汎用的な双方向 8 ビット通信によるコンピュータの遠隔ログインと遠隔利用のための通信プロトコルである。セキュリティ上問題があるので、最近では、暗号化してデータを送ることのできる SSH（*Secure Shell*）の方が主流である。
[54] FTP は TCP/IP に基づいたファイルの転送プロトコル（*File Transfer Protocol*）の略称である。
[55] この時代のネットワーク敷設の資金は、双方のノードが負担することが多かった。またアメリカと日本というように海を越える場合は、一機関では無理なので、政府や各大学が共同して予算を出し合うなどして線を結んだ。
[56] http://iojisan.cool.ne.jp/1_tool/taisyou/00.htm
[57] これもよく知られていることであるが、ネルソンのザナドゥには、それに先行するモデルがあった。Vannevar Bush は、1945 年に、Bush(1945)の中で、人間の記憶を拡張し補助する記憶拡張機として、机型の台の両側の引き出しにマイクロフィルムの形で蓄えられている情報を、2 進法コードや光電管などを利用して瞬時に相互参照して呼び出したり、逆に読みとったりできるようにした工学的な機械 Memex（*Memory Extender*）を提唱している(脇 2003, 18)(若林 1996, 27) (佐藤俊樹 1996, 100)(バーナーズ＝リー 2001, 14) (浜野 1990)。
[58] ただし、ネルソン自身は、リンク先とリンク元の間の相互了解無しに一方向にリンクを張るだけで、更新されるテキスト間のバージョン管理もできない現在の WWW の情報構造に対し、「ザナドゥ・システムの理念を矮小化したもの」だとかなり批判的である。詳しくは、
http://xanadu.com.au/ted/TN/WRITINGS/TCOMPARADIGM/tedCompOneLiners.html 参照。
[59] Adobe Director（旧名 Macromedia Director）は、マルチメディアコンテンツ開発用のオーサリングツールである。Lingo と呼ばれるスクリプト言語を使うことでインタラクティブ性の高いソフトウェアを作成できる。作成したソフトウェアは実行ファイルとして個々の PC 上で動かせるだけでなく、shockwave 化すれば、ウェブブラウザ上でも動かすことができる。
[60] 正式名 Adobe Flash（旧名 Macromedia Flash）は、もともとはアニメーションを中心としたコンテンツ開発用のオーサリングツールで Action Script と呼ばれるスクリプト言語を持つ。この言語の機能の高度化に伴い、近年はインタラクティブ性の高いソフトウェアを作成できる機能が向上してきている。
[61] Perl は、Practical Extraction and Report Language の略で、動的な Web ページを作るための HTML 上で動くプログラミング言語の 1 つであり、文字列の処理に強いのが特徴である。
[62] CGI は、Common Interface Gateway の略で、ユーザが要求するプログラムを個々のユーザの PC 端末ではなく、サーバ上で動かす仕組みである。学習履歴をサー

文末註

バ上に残す必要のあるオンライン学習プログラムやLMSなどの多くは、これを利用している。
[63] JavaScriptは、動的なHTMLページを作るためのスクリプト言語である。ユーザが要求するプログラムを個々のユーザのPC端末にあるブラウザの機能の一部として実現するので、サーバに負担をかけない。
[64] ストリーミング技術の向上と回線の整備により、音声の面では、当初は海外短波ラジオレベルであった音質がFM放送並みに向上するとともに、Video-CDなどを利用したオフラインの形でしか提供できなかった高品質の動画も、real playerやwindows media playerなどのフォーマットによるオンデマンド型ストリーミングが可能になる。それにより、これらのメディアを利用した市販のマルチメディア教材やその配信サービスも始まる。この時期、e-Learningという言葉もマスコミに登場し、遠隔による英語学習が巨大な市場を持つビジネスとなっていった。
[65] 1996年1月段階での国内での利用台数は約840万台であった。それに対し、2009年2月現在の契約者数は、電気通信事業者協会の統計によれば、約1億650万台である。http://www.tca.or.jp/database/
[66] 2人の息が合わないとうまく漕げない2人用自転車のタンデムは、ここでは2人の学習者による相互学習のメタファーとして使われている。
[67] eTandemのドイツ語のトップページは以下のサイトを参照。http://www.slf.ruhr-uni-bochum.de/etandem/etindex-de.html
[68] http://web.kanazawa-u.ac.jp/~germ/deu-nih/LEITFADEN.html 参照
[69] HOT POTATOESの機能についての解説は(岩崎2002b)参照。
[70] http://hotpot.uvic.ca/index.htm
[71] ユニコードへの対応は、Windows版のVersion 6.0 からである。
[72] KWIC形式とは、検索結果の表示の際に、それぞれの発見例ごとに検索語を中心において前後一定の文字数の文脈を1行にまとめて示す表示方法であり、コンコーダンスソフトによる検索結果の最も一般的な表示形式である。
[73] http://webquest.org/index.php 参照。
[74] Marzanoの思考の次元モデルは、以下の、5つの思考タイプを区別している。
1）態度と知覚（Attitudes and Perceptions）
2）知識を獲得し統合する（Acquire and Integrate Knowledge）
3）知識を拡張し純化する（Extend and Refine Knowledge）
4）知識を意味のある形で使う（Use Knowledge Meaningfully）
5）心の生産的な習性（Productive Habits of Mind）
このうち、ある対象を学ぼうとする情動面での準備がどの程度できているかに関わるタイプ1と、批判的あるいは創造的な思考や自律性という人間の心が持つ生得的な傾向の強さとに関わるタイプ5は、我々の学習にとっての背景に当たる。したがって学習のモデルとしては、最初の段階であるタイプ2をタイプ3が、そのタイプ3を最終段階であるタイプ4が包摂する形で学習のレベルが深化すると

考える社会構築主義的な3段階モデルと捉えることができる。
[75] WebQuest の創始者の1人である Bernie Dodge は、WebQuest の理念について説明している以下ページ http://webquest.sdsu.edu/about_webquests.html の中で、長期プロジェクトの目標として(Marzano 1992)におけるタイプ3だけを挙げ、知識の適用による創造的なタスクの実現を含むレベル4は含めていない。しかし、活動内容の定義と WebQuest における実践を見れば、長期プロジェクトには、タスクの実現や創造的な作品制作などの社会構築主義的な視点が入っていることは明らかである。
[76] http://www.webct.com/
[77] HOT POTATOES には、Export for WebCT というコマンドがあり、作成した問題を WebCT にリンクさせることができる。
[78] http://moodle.org/
[79] http://www.xoops.org/
[80] 事実、既に Livedoor Wiki のように LMS に近いサービスの無料での提供が始まっている（http://wiki.livedoor.com/）。また、無料で提供される通常のブログとフリーメールを組み合わせるだけでも LMS の機能の一部は既に代替可能である。
[81] http://docs.moodle.org/en/Philosophy
[82] 口頭発表とデモンストレーションについて言えば、1985年度日本独文学会春季研究発表会（慶應義塾大学）のシンポジウム「ドイツ文学・語学および教授法の領域でのコンピュータ利用法」において、名古屋大学の小坂光一は「ドイツ語教育の直接手段としてのコンピュータ」と題した発表を行い、自作した2種類の実験的プログラムについて報告している(原 1987)。また、1990年には、同じく日本独文学会春季研究発表会（獨協大学）において千葉大学の宗宮好和が「電算機応用のドイツ語教育について」と題し、ドイツ語学習用ソフト *Wir lernen Deutsch mit dem Computer* について紹介している。
[83] オーサリングシステム（*Autorensystem /authoring system*）とは、コンピュータ上で動く教材を作成するためのソフトやそれを含む教材作成システム全体のことを指す。
[84] 当時の日本で使われていたコンピュータには、大きく言って、IBM およびその互換機、NEC98 シリーズおよびその互換機、Apple 社の Macintosh の3種類があった。当時の世界標準は IBM コンピュータとその互換機だが、その OS（*Betriebssystem / Operating System*）であった MS-DOS がまだ日本語に完全に対応しておらず日本語の入出力が困難であったため、シェアはそれほど大きくなかった。それに対し NEC の PC98 シリーズとその互換機は、OS として日本語版 MS-DOS を持ち、日本語のフロントエンドプロセッサーが標準装備されていたので、当時は国内シェアの大部分を占めていた。ただしこれらの2種類のコンピュータのインターフェースは、まだどちらも、コマンドを1行ずつ書いて操作し、カーソルも矢印キーで上下左右ひとつずつ動かすことしかできない CUI 方式だった。それ

に対し、Macintoshは、今日のPCと同様、すでにマウスを装備し、カーソルを自由に動かして、クリックやドラッグ＆ドロップで操作できるGUI方式を実現し、1987年以降は日本語にも対応したマルチ言語環境を提供できた。

[85] 作者である別所らは、「語学にとって最も重要な音声教育がコンピュータでは行えないため、通常の授業よりも発音練習や暗唱練習には意識的に時間をさく必要があります。学生には、解答入力中や入力後に文章を発音するように指導し、個別的に発音指導などを行うことが重要です。」(別所1991, 2)と述べている。

[86] ドリル型CAIソフトとティーチャー・プログラマーの活動をそれぞれの時代区分の指標とできる欧米の場合とは異なり、日本におけるCALL第1期の事例と第2期の事例を峻別するのは難しい。というのも、日本のドイツ語教育においては、CUI環境のもとでBASICを使ってプログラミングを試みた初期のティーチャー・プログラマーの実践は、ほとんど文法授業の効率化のためのドリル型CAIの作成とその利用であり、この傾向は、後にGUI環境のもとHyperCardを使ってマルチメディアやハイパーメディアを利用できるようになった場合にも色濃く残るからである。したがって、何を基準にするかによって、CALL第1期と第2期のどちらの事例と考えるかは判断が分かれる。ここでは、ティーチャー・プログラマーによるドリル型教材を使った実践の場合、1）プログラミングにBASICやFORTRANなどのプログラミング言語を使っているかHyperCard型のオーサリングソフトを使っているか、2）プログラムがCUI環境のもとで動く単なる文法・語彙ドリルか、ドリル型教材ではあってもGUI環境のもとでマルチメディアやハイパーメディアとしての機能を利用できるものか、3）その実践が伝統的な文法授業の効率化のために行われているか、コミュニカティブ・アプローチのもとでの多様な学習活動の一部として位置づけられているか、という3つの指標を基準にして、どちらかに分類した。

[87] 1回目の回答で正解の場合はsehr gutの文字が、2回目の場合はgutの文字が表示された。

[88] 詳しくは、http://ilc2.doshisha.ac.jp/dcai/prg-dcai.html 参照。

[89] ここで述べた事例の他にも、新井(1994, 18)の中には、「80年代になると、追い撃ちをかけるようにコンピュータ教室、いわゆるCAI教室が登場する。(中略) ウムラウトもアクサンもまともに打てないような情報処理教室で独作文やドリル形式の問題練習がなされてきた。語学学習というよりも、コンピュータの操作学習に多くの時間を取られながら、学生が操作を覚えるための導入教育に何回かの授業時間を取られるのはいいとしても、教員が覚えられないようなコンピュータが教育機器と呼べるのだろうか。少なくとも、80年代後半のコンピュータにはそのようなカオスがあった。」と、すでに80年代の後半に稼働していた他のドイツ語CAIシステムがあったことを示唆する記述がある。ただし、正確にはいつ頃で、どこの大学における事例なのか詳しくは参照できなかった。

[90] エルゴソフト社製のMacintosh用ワープロソフト。

文末註

[91] 2002年にドイツ語情報処理学会に改組。
[92] たとえば、これを機会に CALL に取り組みはじめた教員としては徳島大学の桂修治、九州大学の田畑義之らの名前を挙げることができる。
[93] たとえば大瀧/吉田(1984)などを参照。
[94] 鈴木克明/佐伯啓：HyperCard を使った教育用スタックの作り方—大学教員のための実践的教材設計入門—東北学院大学教養学部（http://www.gsis.kumamoto-u.ac.jp/ksuzuki/resume/books/ 1996a00.html）より引用。
[95] 同じく http://www.gsis.kumamoto-u.ac.jp/ksuzuki/resume/books/1996a03.html より引用。なお数字は引用者による。
[96] 後に触れる「ランダムドリル」（吉田）や「ドイツ語でジャンプ」（吉田/岩崎1997）などは、その教材出題のアルゴリズムや基本となるコンセプトにおいてこの DdZ を手本としていた。
[97] Rosetta Stone の教材のレビューについては、田中/田畑(2000, 151)参照。なお、この他の市販教材に対する日本のドイツ語教員の立場からするレビューについては、猪股(1995)、吉田(1995b, 1997)、田中/田畑(2000)、中村(2002)、杉浦(2005)参照。
[98] スタンドアローンの教材としては、ここで述べたものの他に、早稲田大学理工学部教育工学科の坂本寛、林俊成、成田誠之助らによって 1996 年に作成された G-MUSE（*MUltimedia Software for Education in German*）などがある。これは、ロングセラーで評価も高かった入門用ドイツ語教科書 Schlecht/三室(1992)を、Windows 用のオーサリングソフト Tool Book を使ってそのままハイパーテキスト化したもので、1998 年に三修社より発売された(Schlecht/三室/早稲田大学理工学部複合領域ドイツ語研究室/成田誠之助研究室/白井克彦研究室 1998) (坂本寛/林俊成/成田誠之助 1996a, 1996b)（林/成田 2002）。工学系の専門家がプログラミングしただけあって素人が作ったものより体裁はきれいだったが、当時としては有数の良い教科書をもとにしているとはいえ、できあいの本をそのままコンピュータ上に移しただけで、練習問題にもヒント機能や適切なフィードバックは無く、ただの○×評価しかできないなど高額な価格（4800 円）に比して問題点も多かった。
[99] そのことは、ヒントの提示や誤りへの対応・解説などのインタラクティブな機能に重点が置かれていたこと、単なるパターン・プラクティスではなく問題文としてある程度学習者が感情移入できるような文が意識的に選ばれていたこと、あるいはそのような問題を簡単に作成できるようなオーサリング機能に重点が置かれていたことなどからもうかがえる。
[100] http://www.3d-ies.com/ 参照。
[101] MOO は Multi-User Domain Object Oriented の略。詳しくは http://www.moo.mud.org/moo-faq/ 参照。schMOOze University についての簡単な入門は http://members.at.infoseek.co.jp/schmooze/ JPN/index.html 参照。
[102] LaputaProject の一環として九州大学の岡野らのグループとともに一時期 3D-IES

243

を用いた遠隔授業を行っていた北海道大学のグループも、後にそれを離れ、最近では、通常のチャットプログラムを利用した実践を行っている(坂間 2005)。

[103] 1991年にアメリカミネソタ大学で開発されたメニュー方式によるインターネット上のテキスト検索で、ハイパーメディア型検索であるWWWが登場する以前は、インターネット上の代表的な検索方式の1つだった。

[104] http://www.uncg.edu/~lixlpurc/publications/NetzUeb.html 参照。

[105] ドイツ語コムのURLはhttp://www.asahi-net.or.jp/~vg5t-ngi/ 参照。ドイツ語関係のリンク集を提供する日本語の代表的なページとしては、この他にも、安光伸江によるJoe's Home Page (http://www.246.ne.jp/~joe/)、境一三によるLernen Wir Deutsch mit Kazumi (http://web.hc.keio.ac.jp/~skazumi/)、吉田光演によるGerman & Linguistics (http://home.hiroshima-u.ac.jp/mituyos/)などがある。

[106] http://www.kaleidos.de/alltag/ 参照。

[107] http://www.lernnetz.net/default.htm 参照。

[108] http://www.libe.nara-k.ac.jp/~kirikawa/ 参照。

[109] Gunske von Kölln らの実践に関しては、以下のサイトに詳細な記録がある。
http://tiki.gunskevonkoelln.com/tiki-index.php

[110] http://home.hiroshima-u.ac.jp/iwakatsu/test/online.htm 参照。

[111] ドイツ語教育においても90年代初頭から *Alles Gute!* や *Deutsch aktuell* のようなビデオ教材が少しずつ増え、90年代の後半以降、これらのビデオ教材を自由に呼び出して見られるVOD（*Video on Demand*）配信に対する関心が、CALL関係者の間でも高まった。しかし、当時のVODは、通常のテレビ画面サイズの映画配信などに使われるMPEG1やMPEG2のようなビデオフォーマットを基に、開発業者ごとに独自のシステムが作られ、閉じられたネットワーク内で動くものがほとんどで、当初からインターネットのWWWブラウザに対応していたわけではなかった。90年代の後半以降、旧LL教室の改修・更新に伴い新たにCALL教室を導入する大学が増え始めたが、その教室システムの一部としてこうした閉じられたネットワークで動くVODシステムを導入した大学も多かったのである。たとえば、境(1997)では、新たに導入されたCALL教室で、ドイツ語教材Hallo München (関口 1994)のビデオの一部をVOD化し、ビデオ動画と静止画とテキストを組み合わせた形で授業に利用した例が報告されている。

[112] たとえばコンテンツの企画・制作に岩居（大阪大学）やJaspersen（立命館大学）らが関わり、ALSIから2005年3月に発売されたドイッチュ・オンラインなどは、その例である。

[113] なお、彼は、後に、この「新世界」が持つコミュニケーション機能に加えて、クリックするだけで辞書が引けるワンタッチ辞書機能、練習や小テストの自動生成・自動採点・自動集計のできるテスティング機能、出席および成績管理機能、WWW対応アンケート機能などを持つ「WEB対応授業支援システム」WebOCMを開発する(細谷 2003)。

文末註

[114] 2000年以降の事例なのでここでは直接取り上げなかったが、ドイツ語教育の分野でのLMSの利用事例としては、Gunske von Köllnらによる GvK Tiki ホームを利用した実践などがある(http://tiki.gunskevonkoelln.com/tiki-index.php)。

[115] 大塚は1992年の段階で既に論文のタイトルとしてもCALLという用語を使っている。しかし、「CAIの中でも，特に語学教育の為のものをCALL（Computer Assisted Language Learning），またはCAL（Computer Assisted Learning）という」(大塚 1992, 160)という説明からわかるように言語教育に関わることを明らかにするためにLanguageをつけているだけで、ここでもCAI型実践と区別してCALLやCALの用語が使われているわけではない。そもそもCALLの用語を使っているが、彼女の実践(大塚 1992, 1989)自体は、今日から見ればむしろ典型的なCAIの事例に分類される。同じことは、自作のCAIプログラムを使った実践をCALと呼んでいた別所にも当てはまる。彼が作ったPCマスター自身がCAI教材と銘打って発売されたことからしても、CAIとCALが用語として区別されていたとは思われない。このほか、CAI以外の用語を使っていた例として、原(1987, 279)では、自らのCAI型実践を表すために、外国語教育に特化したCAIという意味でCALI (*Computer Assisted Language Instruktion*) という用語が使われていた。

[116] 1999年10月の日本独文学会秋季研究発表会（於　徳島大学）シンポジウム「コンピュータ支援ドイツ語学習（CALL）の現状と展望」における細谷発表のレジュメより引用。

[117] 欧米におけるCAIからCALLへの用語の変遷には、概念の明確化を巡る2つのレベルがある。ひとつは、InstructionよりはLearningに重点を置くことで、プログラム学習用のドリルシステムの枠を越えて外国語学習の多様な側面へのコンピュータの利用を考えるという観点からIよりはLの方を優先する、CAIからCALへの変化のレベルである。他方、我々が、CAIと呼んでいる初期のドリルシステムの研究も実はコンピュータを使ったプログラム学習を実現するために、当時、外国語だけでなく数学や物理学から社会学に至る様々な分野の教育で行われていた学習システム一般に関する研究の一分野に過ぎなかった。そのため、単なる学習一般の支援ではなくLanguageの学習の支援だということを明示するためさらにLを1つ加えていく流れがあり、それがCAIからCALの変化と重なってCALLという用語が成立したようである。CAI（コンピュータ支援教育）一般の中の「外国語学習に特化した」部分集合としてCALLを位置づける境(1997)の問題意識は、この後者のレベルの整理にあった。

[118] 日本のドイツ語教育におけるCALLの分野で、CALL教室のレイアウトの問題を本格的に取り上げ問題提起したのは、境(2003)が初めてである。

[119] CALLを始めるきっかけとしては、多くの場合、老朽化したLL教室の更新という形で、まずLLにコンピュータを組み合わせたCALL教室等の設備が先に導入され、新規施設の稼働率を上げることを目的とした大学上層部や事務サイドからの要請により、そこで授業を行う必要に迫られた現場の外国語教員が、使えそ

うな教材ソフトを捜したり、自分たちで自作のソフトウェアを作ったりしながら試行錯誤しつつ始める、というパターンが多かったようである。

[120] ちなみに、岩崎の場合は、1997年4月に広島大学に赴任するまでは、そもそもCALLという用語すら知らず、したがってCAIとCALLの違いについても無自覚であった。教育におけるコンピュータの利便性を指摘したり、CALLの事例を列挙・分類したりする水準を超えてCALLの実践の教授理論的な基礎付けについて考え出すきっかけは、岩崎の場合も1998年初頭にLevy (1997)に出会って以降であった。

[121] たとえば、境は、日本独文学会（JGG）ドイツ語教育部会とドイツ文化センターの共催で行われるJGGドイツ語教員養成・再研修講座や、文部科学省とドイツ文化センター共催による夏期ドイツ語研修での、講師としての活動を通じ、あるいは、様々なシンポジウムやワークショップを通じ、情報コミュニケーション技術と行動中心型外国語学習について啓蒙活動を行っている。その一端は、http://web.hc.keio.ac.jp/~skazumi/にある論文や数多い講演・発表の記録からも見てとることができる。

[122] もちろん、対面講義型CALL教室において「最新の」e-Learning用コースウェアを使っておこなわれる日本型CALLは、引き続き存在している。TOEIC/TOEFLなどの標準化テスト対策などの手段として英語教育などにおいては、むしろ、今なお主流であるとさえ言える。しかし、日本におけるドイツ語教育に限れば、そうした市販のe-Learning用コースウェアが元々少ないという事情もあって、たとえ対面講義型CALL教室を使う授業の場合でも、日本型CALLのモデルは主流ではなくなりつつある。

[123] http://lernende.net/xoops/modules/unterricht/index.php 第2章でも紹介した塩谷幸子氏（北海道大学）制作のドイツ語文法の体系的な解説を中心としたサイトの最新版で、伝統的なドイツ語文法授業のスタイルによる文法の説明と授業内容を、ユーモアを交えて提示している。

[124] http://www.elearning.he.tohoku.ac.jp/CALLDeutsch/top.html 独立行政法人メディア教育開発センターのプロジェクトの一環として作られたもので、コンテンツは伊藤直哉（北海道大学）、細谷行輝（大阪大学）、岡野進（九州大学）、杉浦謙介（東北大学）、阿部吉雄（九州大学）、Andreas Kasjan（九州大学）の各氏が制作した。内容は網羅的だが、伝統的なスタイルのドイツ語文法授業と、そこでの文法体系の説明を、音声をつけてそのまま教材化したような内容である（2006年制作）。

[125] http://web.econ.keio.ac.jp/staff/sakai/hu/index.html 境一三氏によるドイツ語の発音解説のサイトである。通常の授業では、きちんと扱われない、発音の要点についてわかりやすく解説している（2002年制作）。

[126] http://vu.flare.hiroshima-u.ac.jp/german/hatsuon/top.htm 「ドイツ語スピーキング講座」は著者らが2005年から2007年にかけて広島大学で作成した発音学習用サイトである。その第1部である「文字と発音の基礎」は、01. アルファベート

（Alphabet）の読み方、02. 子音と母音の発音、03. 単語レベルのアクセント、04. 文のプロソディ、05. 話し言葉における発音の変化、06. 日本人学習者特有の発音上の問題点、という6つの単元よりなる。また、これらの単元は、いずれも、解説、例の提示（文字および音声）、練習の3つから構成されている。始めの2つの単元については、最初歩の自習者を想定して、講義スタイルの詳細な説明を加えた自習用のページと、教員による授業での解説が別途あることを前提として、表の形で内容をコンパクトにまとめた授業補助用のページがある。なお、図4に挙げた「04. 文のプロソディ」では、文のイントネーションの基本パターンを、1) 平叙文、2) 決定疑問文、3) 補足疑問文基本形、4) 補足疑問文別形、5) 承前の文、6) 命令文、7) 断片文、8) 列挙、等に分類して取り上げているが、その際、原則を言葉で説明するだけでなく、高・中・低の3つの高さの基準線で音の高さを、3段階の文字の大きさで音の強弱をそれぞれ表して視覚化(Rude 2007)するとともに、各例文の音声も聞けるようにし、3つの経路で情報を提示している。

[127]図4にあるようなイントネーションの説明を視覚化する際に通常は、以下のような線を使った記法が一般的である。

Ja, ich heiße Meier.

しかし、この方式では、アクセントなどの音の強弱までは表示できない。図4の表記法は、第35回 Linguisten-Seminar（2007年8月）における Markus Rude 氏の研究発表 "Prosodische Schrift: Bedarf, Konzept, Anwendungsgebiete" において紹介された文メロディの視覚化の記法を利用している。ただし、彼が、時間的な流れをX軸、音の高低をY軸、発音の強弱を同じサイズの文字のZ軸方向の遠近で表示する3次元モデルを基に、それを紙の上に2次元的に投影する形での視覚化を提唱しているのに対し、ここでは、認知的な情報処理の負荷の少ない2次元モデル（時間的な流れをX軸、音の高低をY軸）を基に、音の強さは単に文字のサイズの大小で表すという、より簡略化した方式を使っている。

[128]なお、これらの実験サイトは、Present-Practise-Produce paradigma という古いタイプのコンセプトで作られた練習によって伝達された知識を、実際に適用できる能力に転化させるための学習活動にも役立てることができる。

[129] ただし、枠組みとしての全体の構成は、たとえ文法学習の場合でも、必ずしも従来型の伝統的な文法体系の枠組みである必要はない。たとえば「過去の出来事を表現する」というような文法機能の観点から seit などの前置詞や、一般動詞の完了形や、sein/haben などの過去形をまとめて扱うような機能的アプローチも可能である。

[130]具体例を挙げると、たとえば、「ドイツ人留学生にドイツ語で西条の街を案内する」というような、協力して実現すべきプロジェクトがまず大きな目的としてあれば、道案内ができるようになるためにはどういう表現や語彙が必要か、また、どんな文法項目や文型をマスターしなければならないか、というアプローチから、

たとえば方向を表す語彙や、命令形や、序数表現を学習し、それらを用いた表現を使えるようになるためトレーニングをすることに、機械的な学習を越えたコミュニケーション上の意味や必要性が出てくる。

[131] たとえば HOT POTATOES などがその例である。

[132] http://www.lingofox.de/de/index.htm　LingoFox は、Windows 上で動き、品詞分類機能を利用した様々な形式の問題を作成することのできる教材作成ソフトである。欧米系の多言語（英語・ドイツ語・フランス語・イタリア語・スペイン語・ラテン語）辞書を内蔵しているので、文法範疇等を考慮した課題が作成できる。また以下に挙げるような多様なタイプの課題を作成できる。
 1）品詞（Wortart / part of speech）を指定したクローズテスト
 2）通常のクローズテスト
 3）単語の文字を一部残したクローズテスト（前落ち・中落ち・後落ち）
 4）品詞の変化語尾を対象としたクローズテスト
 5）文の分割とマッチング
 6）テキスト内や段落内における文単位の並べ替え
 7）テキスト内における段落単位の並べ替え
 8）文の内部における単語の並べ替え
 9）単語間のスペースを削除したりスペースの位置をずらした連続文字文
 10）単語探しゲーム
 11）各種クロスワードパズル
 12）汚しテキスト
 13）マルチプルチョイス等の通常のドリル

また、コンピュータには精通していない語学教員でも簡単に使え、ワークシートは Word ファイルに出力できる。さらに、LingoFox 本体で作ったクローズテストなどの一部の課題については、それらをオンライン化する補助ソフトを以下のURL からダウンロードすることができる。
http://www.lingofox.de/de/download.htm　の Interaktiv をクリック

[133] このソフトは、西村則久氏が慶応義塾大学の大学院生時代に開発した画期的な欧文自動添削ソフトで、通常の教育目的であれば、ひとつ前のバージョンをフリーで使うことができる。http://chocobo.yasuda-u.ac.jp/~nisimura/eisaku/satto.shtml からダウンロードし、サーバ上で解凍すれば自動的にインストールされる。すでに問題公開サーバに登録されている問題を読み込んで利用することもできるし、新た問題を作成し登録することもできる。なお、同ソフトの構造や概念に関しては、西村/朙関/安村(1999)参照。

[134] http://vu.flare.hiroshima-u.ac.jp/german/dokusaku/ に 2009 年 3 月現在で和文独訳の課題を 340 題、並べ替え問題を 100 題登録している。

[135] http://chocobo.yasuda-u.ac.jp/~nisimura/eisaku/budshiyou.html より引用

[136] http://lang.hiroshima-u.ac.jp/dgsg/　2010 年度の試験運用を目指して現在進行中の

文末註

プロジェクトである。
[137] これらのカテゴリーは上位項目・下位項目ともに新たに登録できる。しかも、文法に留まらず、語彙を基準とした分類カテゴリーを増やしたり、あるいは、たとえば「独検4級問題」等のような、特定の外部テストの準備に照準を絞った問題用のカテゴリーを作ったりすることもできる。
[138] 下位項目の文法カテゴリーは以下の通りである。それぞれの項目の前には001から175まで通し番号が付けてある。001 規則動詞の現在人称変化(ich/du/Sie)、002 規則動詞の現在人称変化(er/sie を含む)、003 規則動詞の現在人称変化(彼らの sie を含む)、004 規則動詞の現在人称変化(wir を含む)、005 規則動詞の現在人称変化(ihr を含む)、006 規則動詞の現在人称変化(sammeln/angeln 型)、007 規則動詞の現在人称変化(heißen/tanzen/reisen 型)、008 規則動詞の現在人称変化(arbeiten 型)、009 不規則動詞の現在人称変化(essen/sehen 型)、010 不規則動詞の現在人称変化(fahren 型)、011 不規則動詞の現在人称変化(haben 型)、012 不規則動詞の現在人称変化(sein 型)、013 不規則動詞の現在人称変化(werden 型)、014 不規則動詞の現在人称変化(wissen 型)、015 話法の助動詞(können)、016 話法の助動詞(wollen)、017 話法の助動詞(möchten/mögen)、018 話法の助動詞(dürfen)、019 話法の助動詞(müssen)、020 話法の助動詞(sollen)、021 疑問詞(wo/woher/wohin)、022 疑問詞(was/wer/wie)、023 疑問詞(wie viel/wie viele/wie oft)、024 疑問詞(wie lange/wann/warum)、25 人称代名詞1格(Nominativ)、026 人称代名詞4格(Akkusativ)、027 人称代名詞3格(Dativ)、028 指示代名詞(der/die/das)、029 不定代名詞(einer/welcher)、030 その他の代名詞(Sonstige Pronomina: man/keiner)、031 典型的な女性名詞の語尾、032 典型的な男性・中性名詞の語尾、033 その他の特徴的な語尾と名詞の性、034 定冠詞1格(Nominativ)、035 不定冠詞1格(Nominativ)、036 不定冠詞1・4格(Nominativ/ Akkusativ)、037 定冠詞1・4格(Nominativ/Akkusativ)、038 不定冠詞類：否定冠詞(kein) 1・4格(Nominativ/Akkusativ)、039 不定冠詞類：所有冠詞(mein/dein/Ihr) 1・4格(Nominativ/ Akkusativ)、040 不定冠詞類：所有冠詞(sein/ihr/ihr/unser) 1・4格(Nominativ/Akkusativ)、041 不定冠詞類：所有冠詞(euer) 1・4格(Nominativ/Akkusativ)、042 定冠詞類：疑問代名詞(welcher) 1・4格(Nominativ/Akkusativ)、043 不定冠詞類／定冠詞類：疑問代名詞(was für ein-/was für welche-) 1・4格(Nominativ/Akkusativ)、044 定冠詞類：指示代名詞(dieser) 1・4格(Nominativ/Akkusativ)、045 定冠詞類：指示代名詞(aller) 1・4格(Nominativ/Akkusativ)、046 定冠詞類：その他の指示代名詞(jeder/jener/solcher/mancher) 1・4格(Nominativ/Akkusativ)、047 定冠詞3格(Dativ)、048 不定冠詞3格(Dativ)、049 不定冠詞類：否定冠詞(kein) 3格(Dativ)、050 不定冠詞類：所有冠詞(mein/dein/Ihr) 3格(Dativ)、051 不定冠詞類：所有冠詞(sein/ihr/ihr/unser) 3格(Dativ)、052 不定冠詞類：所有冠詞(euer) 3格(Dativ)、053 定冠詞類：疑問代名詞(welcher) 3格(Dativ)、054 不定冠詞類／定冠詞類：疑問代名詞(was für ein-/was für welche-) 3格(Dativ)、055 定冠詞類：指示代名詞(dieser) 3格

文末註

(Dativ)、056 定冠詞類：指示代名詞(aller) 3 格(Dativ)、057 定冠詞類：その他の指示代名詞(sonstiges) 3 格(Dativ)、058 定冠詞 2 格(Genitiv)、059 不定冠詞 2 格(Genitiv)、060 不定冠詞類：所有冠詞(mein/dein/Ihr/sein/ihr/ihr/unser/euer) 2 格(Genitiv)、061 定冠詞類：指示代名詞 2 格(Genitiv)、062 定冠詞類：指示代名詞(derselbe)、063 目的語として 4 格を取る動詞(+Akkusativ)、064 目的語として 3 格を取る動詞(+Dativ)、065 目的語として 3 格と 4 格を両方取る動詞(+Dativ +Akkusativ)、066 目的語として前置詞句を取る動詞(+ präposionale Objekte)、067 目的語として 4 格を取る前置詞(für/durch/um/ohne +Akkusativ)、068 目的語として 3 格を取る前置詞(mit/zu/nach/von/seit +Dativ)、069 目的語として 3 格または 4 格を取る前置詞(an/auf/in +Dativ oder Akkusativ)、070 目的語として 3 格または 4 格を取る前置詞(vor/hinter/unter +Dativ oder Akkusativ)、071 目的語として 3 格または 4 格を取る前置詞(über/zwischen/neben +Dativ oder Akkusativ)、072 前置詞と冠詞の融合形、073 前置詞と代名詞の融合形：融合する場合としない場合、074 前置詞と疑問詞の融合形：融合する場合としない場合、075 時の副詞(Adverbien temporal)、076 原因・理由の副詞(Adverbien kausal)、077 感情・主観的判断を伝える副詞(Adverbien modal)、078 場所の副詞(Adverbien lokal)、079 頻度や蓋然性の副詞(Adverbien der Häufigkeit/Wahrscheinlichkeit)、080 感情的なニュアンスを表す不変化詞 1 (Partikeln 1)、081 感情的なニュアンスを表す不変化詞 2 (Partikeln 2)、082 語順 1 (Wortstellung 1)、083 語順 2 (Wortstellung 2)、084 du に対する命令形、085 Sie に対する命令形、086 ihr に対する命令形、087 基数(1-12)、088 基数(1-100)、089 基数(1-1000)、090 基数(mehr als 1000)、091 基数：時間の言い方(Uhrzeit)、092 基数と単位(+Mengenangabe)、093 序数：日時の言い方(Datum)、094 序数：その他(sonstiges)、095 男性弱変化名詞(mit n-Deklination)、096 名詞の複数形：N 型(Pluralform mit n-Endungen)、097 名詞の複数形：無語尾型(Pluralform ohne Endungen)、098 名詞の複数形：E 型(Pluralform mit e-Endungen)、099 名詞の複数形：ER 型(Pluralform mit er-Endungen)、100 名詞の複数形：S 型(Pluralform mit s-Endungen)、101 名詞の 2 格(Genitiv)、102 規則動詞の完了形(mit schwachen Verben)、103 不規則動詞の完了形(mit starken Verben)、104 分離動詞の完了形(mit trennbaren Verben)、105 非分離動詞の完了形(mit untrennbaren Verben)、106 完了形を作る助動詞(sein / haben)、107 話法の助動詞の完了形(mit Modalverben)、108 規則動詞の過去形(mit schwachen Verben)、109 不規則動詞の過去形(mit starken Verben)、110 未来推量(Futur I)、111 未来完了形(Futur II)、112 過去完了形(Plusquamperfekt)、113 分離動詞 1 (Trennbare Verben 1)、114 分離動詞 2 (Trennbare Verben 2)、115 非分離動詞 1 (Untrennbare Verben 1)、116 非分離動詞 2 (Untrennbare Verben 2)、117 不定詞の名詞的用法：主語または目的語(als Subjekte oder Objekte)、118 不定詞の名詞的用法：同格(+Lust/Zeit)、119 不定詞の形容詞的用法(+etwas/nichts)、120 不定詞の副詞的用法(+um/ohne)、121_1 受け身的な意味を持つ不定詞(+sein)、121_2 動詞の名詞化、122 客観的な性質を表す形容詞(für objektive Eigenschaften)、123 主観的な性質を表す形容詞(für subjektive Eigenschaften)、

文末註

124 色彩形容詞や国名形容詞(Farben/Länder)、125 形容詞の付加語的用法(attributiver Gebrauch)、126 形容詞の述語的用法(prädikativer Gebrauch)、127 定冠詞類と使うときの形容詞の活用(mit bestimmt. Artikeln)、28 不定冠詞類と使うときの形容詞の活用(mit unbestimmt. Artikeln)、129 冠詞類を使わないときの形容詞の活用(ohne Artikel)、130 形容詞の原級比較(Positiv)、131 特別な変化形を持つ形容詞の比較級(Komparativ mit Sonderformen)、132 形容詞の比較級(Komparativ)、133 特別な変化形を持つ形容詞の最上級(Superlativ mit Sonderformen)、134 最上級の述語的用法(attributiv gebrauchter Superlativ)、135 最上級の副詞的用法(adverbial gebrauchter Superlativ)、136 名詞節を導く従属接続詞(dass/ob/was/wer/wo...)、137 欠番、138 欠番、139 時や条件を示す副詞節を導く従属接続詞(wenn/als)、140 結果や目的や理由を示す副詞節を導く従属接続詞(so...dass/damit/weil)、141 欠番、142 譲歩を示す副詞節を導く従属接続詞(obwohl/obgleich...)、143 時間的前後関係を示す副詞節を導く従属接続詞(nachdem/bevor/während/sobald)、144 その他の従属接続詞(solange/bis)、145 分離動詞を伴った従属節(mit trennbarem Verb)、146 等位接続(Koordinierende Konjunktionen)、147 再帰代名詞(reflexive Pronomina)の4格(Akkusativ)、148 再帰代名詞(reflexive Pronomina)の3格(Dativ)、149 欠番、150 欠番、151 再帰表現を使った受け身(Reflexiv als Passiv)、152 他動詞の受け身(Passiv transitiver Verben)、153 受け身の意味上の動作主(von oder durch)、154 受け身文の完了形(im Perfekt)、155 受け身文の過去形(im Präteritum)、156 状態受動(Zustandpassiv)、157 自動詞の受け身(Passiv intransitiver Verben)、158 関係代名詞(Relativpronomen)の1格(Nominativ)、159 関係代名詞(Relativpronomen)の4格(Akkusativ)、160 関係代名詞(Relativpronomen)の3格(Dativ)、161 関係代名詞と前置詞をともに使う場合(Relativpronomen mit Präposition)、162 関係代名詞(Relativpronomen)の2格(Genitiv)、163 関係副詞(Relativadverb)、164 接続法II式を使った願望表現や非現実な仮定(Wünsche/irreale Annahme)、165 接続法II式を使った婉曲表現や丁寧表現(höflich/diplomatisch)、166 接続法I式を使った批評的態度の表明や間接話法(distanzieren/indirekte Rede)、167 否定表現(nicht/nichts/keiner)、168 同格(Apposition)、169 過去分詞(Partizip Perfekt)、170 現在分詞(Partizip Präsens)、171 前置詞を伴う機能動詞(Funktionsverbgefüge mit Präposition)、172 名詞・代名詞の4格を伴う機能動詞(Funktionsverbgefüge mit Akkusativ)、173 付加語による修飾(Attribution)、174 名詞の前方に置かれる修飾表現・冠飾詞(Linksattribution)、175 名詞の後方に置かれる修飾表現(Rechtsattribution)。

[139] 想定される誤りのうち出現頻度の高いものは、初めからある程度予想はつくが、それ以外のものに関しては、実際に運用しながら誤りの傾向を分析し徐々に登録していくことになる。

[140] DGSGでは、ユニコードを採用しているので、入力欄に直接ウムラウトを書くことができる。しかし、学習者の入力環境によっては、キーボードから特殊文字が打ち込めない場合もある。そこで、ウムラウトについては専用の入力ボタンを

用意した。
[141] Koithan（1999）を基に、情報を付け足したり、解説を加えたりして作ったリストとしては、http://home.hiroshima-u.ac.jp/flare/GermanStudySite.html 等がある。
[142] http://www.slf.ruhr-uni-bochum.de/
[143] Goethe-Institut が支援している交流プロジェクト Das Bild der Anderen (http://www.goethe.de/ins/pl/lp/prj/bld/deindex.htm) もそうしたページの1つである。
[144] http://www.skype.com/intl/ja/
[145] 外国語授業におけるゲームについては、Lohfert(1982)、Ur/Wright(1999)、Rinvolucri/Davis(1995, 2000)、Spier(1981)、Turtledove(1996)、樋口(1988)等を参照。
[146] http://vu.flare.hiroshima-u.ac.jp/german/number/numbers.htm
[147] http://home.hiroshima-u.ac.jp/~katsuiwa/director/dirsoft1.htm　ハングマンは、単語当てゲームの1つである。最初は、単語を構成する個々の文字の代わりにあらかじめクエスチョンマークを並べる形で文字数だけが示されている。その状態から出発し、その単語にどんな文字が使われているかを、アルファベットの文字板をクリックしながら当てていく。使われている文字が当たると、その文字の代替として使われていたクエスチョンマークがすべて元の文字に戻される。虫食いのように少しずつ見えてくる文字を手がかりに、全体がどんな単語になるかを予想しながら、さらに次の文字板をクリックし、限られた回数内にその単語を当てる。ハングマンという名前は、文字の予想を外すと少しずつ「死刑台」が組み立てられ、制限回数内に当てられないと「つるし首」になることに由来する。単語に使われている文字を当てるといっても、単なる運まかせではない。ゲームに勝つには、学習言語の単語は、母音や子音のどのような組み合わせでできているかを考える必要があり、また虫食いの文字から単語全体を予想する力も問われる。そのため、学習言語の音節構造や正書法上の特徴を自覚させたり、既習の語彙の活性化による定着を図ったりする目的で使われる。
[148] 日本語の用語としては、より直訳に近い「探求型学習」の方がよく使われる。しかし、わかりやすさのために、ここでは、「自己発見型学習」という訳語を使った。なお、「帰納的なアプローチによるデータ分析に基づいて仮説検証をしながら学習していく」という意味で、データ駆動型学習 DDL（*Datengetriebenes Lernen / data-driven learning*) という用語も使われており、英語教育の世界では、むしろこちらを使うことが多いようである。
[149] 今日では、ドイツ語作文の際にオンライン辞書のみならず、たとえば、Infoseek マルチ翻訳（http://translation.infoseek.co.jp/）のようなオンライン型機械翻訳を密かに利用しようとする学生が増えている〔2009年2月 DAAD-Fachlektorenseminar での太田達也氏の講演 Wie arbeiten Lerner bei der Textproduktion mit dem Wörterbuch - eine empirische Studie mit japanischen Deutschlernenden による〕。しかし、オンラインで提供されている機械翻訳は、定型表現の一部を除いて、ほとんど実用の域に達していないでたらめなドイツ語文を生成するので、その利用はとても勧められ

ない。しかしながら、現実には、いくら禁じても学生による使用をやめさせることは不可能である。したがって、オンライン辞書やオンライン型機械翻訳については、「こういう形でなら使っても役に立つが、こういう使い方は危険」というような具体的な利用方略をライティングなどの授業で積極的に教える必要がある。

[150] マンハイムにあるドイツ語研究所。日本の研究機関を例に取れば、国立国語研究所に相当する。

[151] マンハイムコーパスのオンライン版には、以下の URL からアクセスでき、コンコーダンスソフト COSMAS II を使うことで、オンライン上で利用できる。
http://www.ids-mannheim.de/cosmas2/

[152] http://www.gutenberg.org/browse/languages/de

[153] http://www.statmt.org/europarl/

[154] http://www.goethe.de/z/jetzt/dejtex3.htm

[155] 使用した 19 冊のタイトルと著者名は以下の通り。いずれも Project Gutenberg のサイトからダウンロードできる。
Deutsche Literaturgeschichte in einer Stunde (Alfred Henschke) / Andrea Delfin (Paul Heyse) / Der Ketzer von Soana (Gerhard Hauptmann) / Knulp (Hermann Hesse) / Charaktere und Schicksale (Hermann von Heiberg) / Das blaue Fenster (Hugo Salus) /Mein Weg als Deutscher und Jude (Jakob Wassermann) / Das Urteil (Franz Kafka) / Tonio Kröger (Thomas Mann) / Der Tod in Venedig (Thomas Mann) / Zwölf Jahre Zuchthaus (Oskar Maria Graf) / Prager Geschichten (Rainer Maria Rilke) / Michelangelo Gedichte und Briefe (Romano Guardini) / Jakob von Gunten Ein Tagebuch (Robert Walser) / Siegfried, der Held (Rudolf Herzog) / Der Mörder (Arthur Schnitzler) / Brennendes Geheimnis (Stefan Zweig) / An Deutschlands Jugend (Walther Rathenau) / Blicke in das Leben der Zigeuner Von einem Zigeuner (Wittich Engelbert)

[156] http://www.athel.com/

[157] ここでは、あくまで形だけを手がかりに延べ語数をカウントしており、語の変化形を見つけて基本形に直すレンマ化（Lemmatisierung / lemmatization）の処理をしていないので、同一の単語でも変化形ごとに全て異なるものとして扱われている。

[158] 図 5 にある zu 247 件のうち、zu Recht の組み合わせ数は 180 件である。これは、後にも述べるが、völlig を先頭に置く 3 語のコロケーションを調べることでわかる。

[159] ここでは、煩雑さを避けるために Google Deutschland を Google と略称するが、Google Deutschland は検索エンジン Google のドイツ語検索用インターフェースであり、http://www.google.com/intl/de/ からアクセスできる。あるいは、日本語の Google で、入力欄の右の「言語ツール」から「ドイツ語」を選んでもよい。なお、通常の Google、すなわち日本語検索用インターフェースの Google をそのまま使っても、検索語がドイツ語なので、主としてドイツ圏のサイトにしかヒットしないため、検索結果に大きな違いはない。したがって、初級の学習者で、切り替え

などで、画面がドイツ語になる等の負荷に耐えられないような場合は、Google Japan のままでもいい。ただし、デフォルトでは、ドイツ語のドメインにあるサイトのみを捜してくれるので、一般に、Google Deutschland に切り替える方が、間違ったデータが出てくる比率が少ない。

[160] Google イメージ検索についてもドイツ語インターフェースの Google Bilder を使わせたいのであれば、http:// www.google.com/ imghp?hl=de からアクセスできる。あるいは、Google Deutschland で、検索欄の上のリンク Bilder をクリックしてもよい。なお、イメージ検索の場合は、ポルノ画像等の人によっては不快な思いをする画像が予期せず出てくる危険性もあるので、使わせ方と検索語には注意を要する。

[161] dict.cc の URL は、http://www.dict.cc/ である。独英・英独の代表的なオンライン辞書としては、その他にも、LEO Deutsch-Englisches Wörterbuch (http://dict.leo.org/) や QuicDic (http://quickdic.org/index_d.html) などがある。

[162] DJPD のオンライン版の収録例文数は 2009 年 3 月現在で約 14000 個である。オフライン版には、さらに 7000 個の例文が加わり、全部で約 21000 個が含まれている。追加の例文 7000 個のチェックの際には、千葉大学の田中慎氏らのグループによる協力も得た。なお、DJPD の検索システムの実装は、現独立行政法人理化学研究所開発研究員庄司文由氏（2004 年開発当時は広島大学情報メディア教育研究センター助手）の協力によった。

[163] http://www.statmt.org/europarl/

[164] http://www.genpaku.org/

[165] http://cow.gsid.nagoya-u.ac.jp/program/webgrep/webgrepNESS.html これは、内容的には中級から上級レベルの英語学習者による利用を想定した英語の用例コーパスである。2009 年 3 月 1 日現在で登録例文数約 6800 語である。

[166] ドイツ語例文の作成に協力したインフォマントは、いずれも高等教育を受けた 20 代のドイツ語母語話者で、男性が 2 人、女性が 1 人である。また単語のレベルの分類は Glaboniat/ Müller/ Schmitz/ Rusch/ Wartenschlag(2002)に依った。

[167] http://www.vu.hiroshima-u.ac.jp/deutsch/

[168] DJPD の解説や各種検索方法については、以下の URL 参照。
http://home.hiroshima-u.ac.jp/katsuiwa/database.htm

[169] 主な検索機能は、1）大文字小文字の区別、2）どの文字列にもマッチするワイルドカードの利用、3）AND 検索と OR 検索、4）2 重引用符を用いた連続文字列検索、5）MINUS を使った特定文字列の除外検索である。またワークシート作成機能には、1）検索結果のソート、2）不要な例文の削除、3）検索語の空欄への置き換え、4）印刷モードへの変換等がある。なお、検索結果を印刷モードでコピー＆ペーストし、ワープロソフトの Word や表計算ソフトの Exel 等に貼り付ければ、表形式のデータとしてそのまま 2 次利用できる。詳しくは(岩崎 2005)参照。

[170] DJPD を利用して作ったワークシートの他の例は、次の URL で公開されている。
http://home.hiroshima-u.ac.jp/katsuiwa/djpd.htm
[171] こうしたデジタルビデオ制作配信プロジェクトにおいても、moodle などの LMS を利用できれば、グループ内での協力による脚本作り、グループ間の情報交換、教員とのコミュニケーションなどを、より円滑に行うことができる。
[172] http://home.hiroshima-u.ac.jp/katsuiwa/class2003/class2003.html　過去のプロジェクトの一部はここで公開されている。
[173] http://www.youtube.com/
[174] 初年度の上映会の後に実施したアンケートによれば、このプロジェクトに対する満足度とドイツ語学習に役立ったと考える肯定的評価はいずれも 8 割を超えた（岩崎 2003, 27-28）。
[175] http://vu.flare.hiroshima-u.ac.jp/german/seminar2005/fotos.htm　写真と漫画の吹き出しを組み合わせたフォトストーリーは、ドイツの青少年向け雑誌などではよく見られるが、それを動く紙芝居の形で作るというアイデアは、2005 年 3 月のドイツ語教授法ゼミナールでの Bernd Rüschoff の講演を通じ、教えられた。
[176] 詳しくは、岩崎（2000）参照。
[177] これは、Guided Writing の方法を踏まえた作文支援サイトで、
http://vu.flare.hiroshima-u.ac.jp/german/writing/paragraphs/intro.cgi からアクセスできる。詳しくは、岩崎（2004）参照。
[178] 現在テーマとして取り上げられているのは、自己紹介をする、アルバイトと将来の職業、私のふるさと、私の家族、お金貸して、バーチャル・ドイツ旅行等である。
[179] http://www.writeit.to/sys/
[180] 初回のみは、授業時間内にも延べで 2 コマ分程度の時間を要したが、作文の課題を変えて 2 回目、3 回目以降と続ける場合は、学生の方も要領が分かってくるので、大部分の作業を宿題や自習の形で行えるようになる。
[181] 註 118 参照。
[182] Hueber、Klett、Langenscheid、Schubert Verlag などのように、ドイツ語圏の教科書出版社の中には、自社で出版しているドイツ語教科書の販売促進を兼ねて、当該教科書の中の文法や語彙の練習の一部をオンライン上で提供しているところもあり、インターネット上で捜せば様々な教材が見つかる。
[183] それほど高度な技術を使う必要はないので、この種のシステムの作成に充分な程度のプログラミング技術を持った人材は、たとえば総合大学等であれば理系を中心とした大学生や大学院生の中に数多く見つけられる。したがって、教員の側が、教材内容と教材のデザインについてのコンセプトさえ明確にできれば、プログラミングの作業は、外部の専門家に外注しなくても TA や SA などの予算でも行うことができる。
[184] 近い将来、日常的な技術として自由に使えるようになる可能性が高いのは、ド

イツ語の音声分析エンジンよりは、むしろ音声合成エンジンとでも言うべきドイツ語の読み上げソフトの方である。ただし、こちらの場合は、コミュニケーションの支援よりは、むしろ自律型学習の支援に適している。

[185]たとえば、教室内に個々の課題についての複数の学習ステーションを設け、その間を自分のレベルと関心に合わせて一定時間内に巡回しながら学習していくステーション型学習（*Stationenlernen / carousel approach*）は、プロジェクト型学習における個別対応の例としてドイツの小中学校では、日常的に行われている。その際、たとえば個々のステーションに置く資料や道具の一部としてインターネットに接続した端末などを使うことで、こうした学習形態の支援にICT技術を役立てることもできる。

[186] ポートフォリオとは、もともとは「書類挟み」という意味で、デザイナーやイラストレータ、あるいは建築家等が自らの作品や図面などの過去の仕事を記録し、就職や転職などの際に提示するための作品ファイルを意味した。2001年以降、CEFR (Council of Europe 2001)の理念である複言語主義、生涯学習、言語能力の評価の尺度の明示化と透明化、学習者の学習過程の自己管理などを実現するための具体的手段としてヨーロッパ言語ポートフォリオ（ELP: *European Language Portfolio*）の作成が提唱されたが、それ以来、外国語教育の分野では非常に注目されている。なお、ELPの基準による言語ポートフォリオは、以下の3つの部分から構成されている。

言語パスポート（Sprachenpass / language passport）：
　特定の時点での言語能力のレベルとその推移をたとえばCEFRにおける6段階評価の能力記述のような明示的な指標を使って一定の時点ごとに自己評価したもの、およびその裏付けともなるこれまで受けてきた外国語授業の記録や成績表、試験の合格証などの学習記録に関する公的な文書。

言語学習記録（Sprachenbiographie / language biography）：
　学習目標や目標実現のための過程やその進行状況を、授業内外での言語学習体験や異文化体験も含め、学習者自身が記録したもの。

資料集（Dossier / dossier）：
　たとえばテストの答案や作文、あるいは、プロジェクト型学習の過程の記録やその際制作された作品群など、それまでの学習の具体的な成果。

詳しくはhttp://www.coe.int/T/DG4/Portfolio/?L=E&M=/main_pages/portfolios.html 参照。

参考文献

相澤啓一(2001): ドイツ語に対する社会的ニーズに, ドイツ語教育はどう答えるのか?. ドイツ語教育第6号（ドイツ語教育部会会報　第54号）, pp.140-152.

浅沼大海(1996a): HyperCard ドイツ語教材の活用（語学教育事例の研究）. CIEC 編集委員会編コンピュータ&エデュケーション　第1号, pp.80-84.

浅沼大海(1996b): Hyper Card を使った語学教材の作成：語順問題を中心として. 教育工学研究報告　第18号, 秋田大学教育学部, pp.1-6.

浅沼大海(2000): JavaScript を用いて製作したオンライン教材について. 教育実践研究紀要　第22号, 秋田大学教育文化学部, pp.93-106.

新井裕(1994): CAI の近未来. ドイツ語情報処理研究　第6号, 日本ドイツ語情報処理研究会, pp.9-18.

アラン・ケイ(1992): アラン・ケイ. 浜野保樹監修. 鶴岡雄二訳　アスキー出版.

安藤知里(2002): 『ドイツ語中級教材 DUAL』 ランデスクンデをマルチメディア教材に活かす ティーチング・モデルの現状と今後の展望. MM NEWS No.5, 京都大学総合人間科学部マルチメディア教育運営委員会, pp.42-56.

市岡正適(2000): コンピュータ室でのドイツ語教育：チャット技術を利用したプロトタイプソフト作成. 埼玉医科大学進学課程紀要　第8号, pp.59-65.

稲垣佳世子／波多野誼余夫(1989): 人はいかに学ぶか. 中公新書.

稲葉晶子／豊田順一(1999): CSCL の背景と研究動向. 教育システム情報学会 16(3), pp166-175.

猪股正廣(1994): コンピューターによるドイツ語授業. 早稲田商学同好会　文化論集　第5号, pp.225-258.

猪股正廣(1995): CAI 報告, PC マスターと TextArbeiter. 学情 DDJ 通信　第7号, 学術情報センター外国語関連フォーラム, pp.29-34.

井本祐二／丸岡宏／中川勝昭／栗山次郎／礒崎賢一／橋本正明(1998): WWW を利用した双方向ドイツ語学習支援システムの構築について. ディジタル図書館　第11号, 図書館情報大学, pp.3-15.

今栄国晴(1992): 教育の情報化と認知科学. 福出出版.

岩井智子(2001): ドイツ語の授業へのコンピュータとインターネットの利用の試み－ゲーテ・インスティトゥートにおけるドイツ語教員のためのゼミナール報告. 明治薬科大学研究紀要　人文科学・社会科学 (31), pp.1-10.

参考文献

岩居弘樹(1992): Macintosh のマルチリンガル環境と Multiscript System. ドイツ語情報処理研究　第4号，日本ドイツ語情報処理研究会，pp.49-55.

岩居弘樹(1994a): ドイツ語の Network News. 学情 DDJ 通信　第5号，学術情報センター外国語関連フォーラム，pp.25-32.

岩居弘樹(1994b): 外国語教育とコンピュータネットワーク—Internet Gopher の試み—. ドイツ語教育部会会報　第46号，pp.34-45.

岩居弘樹(1995a): ドイツ語教育のための CAI プログラム. 麗沢大学紀要　第61号，pp.19-56.

岩居弘樹(1995b): 英独日対照・インターネット用語集. ドイツ語情報処理研究　第7号，日本ドイツ語情報処理研究会，pp.25-30.

岩居弘樹(1997a): World Wide Web を使った語学教材の技術的可能性. ドイツ語情報処理研究　第9号，日本ドイツ語情報処理研究会，pp.29-44.

岩居弘樹(1997b): World Wide Web を利用した語学教材について. 立命館大学教育科学研究所　立命館教育科学研究　第10号，pp.55-77.

岩居弘樹(1999): コンピュータを利用した外国語の授業. 立命館教育科学プロジェクト研究シリーズXI 外国語教育におけるFD研究，pp.67-p80.

岩居弘樹(2000a): インターネットを利用した外国語学習支援システムの研究. 財団法人電気通信普及財団研究調査報告書 No14, pp.270-278.

岩居弘樹(2000b): 外国語学習支援のためのマルチメディア授業支援システムの研究と学習状況記録の研究. 財団法人電気通信普及財団研究調査報告書 No15, pp.197-205.

岩居弘樹(2002): マルチメディア技術を用いた外国語授業の可能性. 教養論叢 117，慶應義塾大学法学部，pp.69-85.

岩居弘樹(2003): Projekt PowerPoint の新たな展開. 言語文化共同研究プロジェクト 2002, 大阪大学における CALL とドイツ語教育.

岩居弘樹/市岡正適(2003): マルチメディアドイツ語教材開発の試み. ドイツ語情報処理研究　第14号，日本ドイツ語情報処理学会，pp.29-56.

岩居弘樹/奥野保明/鈴木克則(1999): コンピュータを利用した『聴き取り』教材の利用について. 麗澤大学論叢　第10号，pp. 43-62.

岩崎克己(1998): CALL 教材の自主開発のために. 広島外国語教育研究　第1号，広島大学外国語教育研究センター，pp.55-75.

岩崎克己(1999a): 初修外国語教育支援のための自習用オンライン自動採点ドリル. 広島外国語教育研究　第2号，広島大学外国語教育研究センター，pp.23-37.

参考文献

岩崎克己(1999b): 自習用ドイツ語 CALL 教材「複数形マイスター」. 金沢大学独文研究室報 第 14 号, 金沢大学ドイツ語研究会, pp.9-17.

岩崎克己(2000): 公共的な発表空間としてのインターネットと外国語学習—電子掲示板を使ったドイツ語課題作文の試み—. 広島外国語教育研究 第 3 号, 広島大学外国語教育研究センター, pp.21-41.

岩崎克己(2001): インターネット時代の外国語教育について. ドイツ語教育 第6号(ドイツ語教育部会会報第54号), 日本独文学会ドイツ語教育部会, pp.153-159.

岩崎克己(2002a): 広島大学バーチャルユニバーシティ:オンラインドイツ語講座の構築. 広島外国語教育研究 第 5 号, 広島大学情報メディア教育研究センター, pp.77-85.

岩崎克己(2002b): Hot Potatoes を利用したドイツ語オンライン教材の作成. 金沢大学独文研究室報(大瀧敏夫先生退官記念論文集)第 17 号, 金沢大学ドイツ語研究会, pp.119-134.

岩崎克己(2003): 初級ドイツ語授におけるビデオ制作の試み—テクノロジーを利用したプロジェクト型外国語学習—. 広島外国語教育研究 第 6 号, 広島大学情報メディア教育研究センター, pp.15-35.

岩崎克己(2004a): オンラインによるドイツ語作文支援環境の構築. 広島外国語教育研究 第 7 号, 広島大学情報メディア教育研究センター, pp.13-24.

岩崎克己(2004b): 新しいメディアを利用したドイツ語学習 — CALL, その可能性と実例. 日本独文学会研究叢書 028 ドイツ語教師トレーニングプログラム, 日本独文学会, pp.63-91.

岩崎克己(2005a): オンライン型日独パラレルコーパスを利用した自己発見型ドイツ語学習の試み. 広島外国語教育研究 第 8 号, 広島大学外国語教育研究センター, pp.11-44.

岩崎克己(2005b):初級ドイツ語授業における自己発見型学習の手段としてのコーパスの可能性—日独例文コーパスDJPDを例にとって. ドイツ語教育 第10号(ドイツ語教育部会会報第58号), 日本独文学会ドイツ語教育部会, pp.48-60.

岩崎克己 (2006): 学習者の自律という観点から見た CALL —日本型 CALL の持つ一面性からの脱却を目指して. 第 46 回 LET 全国研究大会発表論文集(CD-ROM), 外国語教育メディア学会, pp.543-550.

岩崎克己 (2007): 日本の大学における初修外国語の現状と改革のための一試案 —主に、ドイツ語教育を例にして—. 広島外国語教育研究 第 10 号, 広島大学外国語教育研究センター, pp.57-83.

岩崎克己 (2008): ドイツ語学習におけるスピーキング能力評価支援システムの開発のために. 広島外国語教育研究 第 11 号, 広島大学外国語教育研究センター, pp.51-67.

岩崎克己 (2009): 問題データベースを利用したオンライン型ドイツ語文法トレーニングシステム DGSG. 広島外国語教育研究 第 12 号, 広島大学外国語教育研究センター, pp.49-69.

参考文献

インターネット・タンデム・外国語学習研究会(1998): インターネットを使ったタンデムによる外国語学習の手引き(Helmut Brammerts, Annette Gassdorf). 金沢大学文学部文学科, ドイツ語学・ドイツ文学コース, pp.1-54. http://web.kanazawa-u.ac.jp/~germ/deu-nih/LEITFADEN.html

植村研一(1993): 脳の記憶と言語学習. ドイツ語教育部会会報　第44号, pp.5-19.

植村研一(1995): 脳を活性化させる外国語学習. 言語, Vol 24, No.7, 1995, 大修館.

歌田明弘(2001a): インターネットは未来を変えられるか-科学技術を読み解く-. アスキー.

歌田明弘(2001b): インターネットは未来を変えられるか-現代社会を読み解く-. アスキー.

ヴィゴツキー(2003):「発達の最近接領域」の理論－教授・学習過程における子供の発達. 土井敏捷三・神谷栄司訳, 三学出版.

大河内朋子(1996): タンデムについて－教師の主導しない授業方法の一例として－. ドイツ語教育　第1号(ドイツ語教育部会会報　第49号), 日本独文学会ドイツ語教育部会, pp.46-57.

大阪大学言語文化部 / 大阪大学大学院言語文化研究科編(2002): 大阪大学におけるCALLとドイツ語教育. 38頁, 大阪大学言語文化部, 大阪大学大学院言語文化研究科.

大阪大学言語文化部 / 大阪大学大学院言語文化研究科編(2003): 学際的な外国語教育への挑戦= Die Herausforderung des interdisziplinären Fremdsprachenunterrichts : CALLによるドイツ語教育の展開 = Entwicklung eines neuen Deutschunterrichts durch CALL. 56頁, 大阪大学言語文化部, 大阪大学大学院言語文化研究科.

オシエイ /セルフ(1984): 人工知能による学習革命：学校教育とコンピュータ. 坂元昂監訳. 東京：ホルト・サウンダース・ジャパン.

太田達也(2000-2001): インターネットでドイツ語を！. 基礎ドイツ語　第1-12号, 三修社.

大瀧敏夫/吉田光演(1984): 言語教育と文学教育. 金沢大学文学部論集　第4号, 金沢大学文学部, pp.29-84.

大谷泰照(1997): なぜ, いま第二外国語なのか－言語・文化の三角測量－. 英語教育 1997年5月号, 大修館, pp.8-9.

大谷泰照 / 相川真佐夫 / 沖原勝昭 / 林桂子 / 東真須美 他(2004): 世界の外国語教育政策－日本の外国語教育の再構築にむけて. 東信堂.

大塚貞子(1989): 文化系のためのコンピュータ利用（CAI）について. 東京女子大学情報処理センター報 Computer, 8, pp.4-5.

大塚貞子(1992):コンピュータ利用の語学教育－東京女子大学ドイツ語CALLを中心に. 東京女子大学紀要論集 43(1), pp159-186.

参考文献

大塚貞子 / 中村直子(2004): コンピュータによる外国語自習プログラムに関する一考察: 学習の個別化による自律的学習力の向上. 東京女子大学紀要論集 54(2), pp.191-220.

大野雄三(1996): パソコンは外国語学習の役に立つか？. 中央大人文科学研究所研究会チーム 外国語教育研究 第25号, pp.203-248.

尾方一郎(2005): ドイツ語単語自習教材への e-learning システムの応用中間報告. ドイツ語情報処理研究 第16号, 日本ドイツ語情報処理学会, pp.33-40.

岡野進(2001): IT 時代の外国語教育. 大学教育 第7号, 九州大学大学教育研究センター, pp.13-27.

岡野進(2002): Laputa Project について. ドイツ語情報処理研究 第13号, 日本ドイツ語情報処理研究会, pp.17-24.

岡村三郎(1999): 衛星放送とインターネットの情報を利用したドイツ語授業の試み. 早稲田大学語学教育研究所 語研フォーラム 第10号, pp.59-73.

小野隆啓/舟杉真一(2004): CALL を用いたティームティーチングによる二言語同時学習. 外国語教育メディア学会（LET）第44回全国研究大会発表論文集, pp.30-33.

梶田将司(2001): WebCT の現状と高等教育用情報基盤の今後. 科研報告書, Vol. 42 No.3. http://www.nime.ac.jp/tokutei120/06letter/01/NL003HP.pdf.

桂修治(2000): コンピューターを活用したドイツ語音声学授業の試み－自立的な言語獲得に向けて. 徳島大学総合科学部編 言語文化研究 第7号, pp. 161-183.

加藤幸次(2001)：総合学習に活かすポートフォリオ評価の実際. 金子書房.

金井満(1994): マルチメディア・インタラクティブ CAI ソフトウェア制作とその問題点. ドイツ語教育部会会報 第46号, pp.15-24.

金井満(2001): 語学教材開発環境としての Flash と Director. ドイツ学研究 第46号, 獨協大学.

金子満(1998): メディアコンテンツの制作. 財団法人画像情報教育振興協会.

河原俊昭 / 山本忠行 編(2004):多言語社会がやってきた 世界の言語政策 Q&A. くろしお出版.

北尾謙治(監修)/ 野澤和典他(編)(1993):コンピュータ利用の外国語教育. 英潮社.

北原博(2003): 自作 CALL 教材を使用した授業の実際. Sprachwissenschaft Kyoto (2), 京都ドイツ語学研究会, pp.141-143.

旧制高等学校資料保存会編(1981): 資料集成 旧制高等学校全書 第三巻 教育編. 昭和出版.

<u>参考文献</u>

教育工学研究成果刊行委員会編(1977): 教育工学の新しい展開．第一法規出版．

教養教育研究会編(2002): 教養教育グランド・デザイン—新たな知の創造—．文部科学省委託研究教養教育研究会報告書．

桐川修(1994): コンピュータ支援視聴覚教育システム．学情DDJ通信　第5号，学術情報センター外国語関連フォーラム，pp.11-16．

桐川修(1999): インターネットを活用したドイツ語授業の試み．高等専門学校ドイツ語教育研究会会報　第2号．

桐川修(2000): インターネットを利用したドイツ語教材について．高専ドイツ語教育－高専ドイツ語教育研究会３０周年記念論文集－，同学社．

楠根重和(1998): 大学改革はドイツ語教育改革の"チャンス"である．金沢大学教養教育機構研究調査部報　第2号，pp.7-19．

久保田賢一(2000): 構成主義パラダイムと学習環境デザイン．関西大学出版部．

倉田勇治(1997): ドイツ語教育におけるマルチメディアによる新しいプレゼンテーションの試み（1）コンピュータ導入がもたらす教育的効果と新たな可能性について．大阪経大学会編　大阪経大論集　48(3)号，pp.363-387．

倉田勇治(1998): ドイツ語教育におけるインターネットの活用について．大阪経済大学会編　大阪経大論集　49(3)号，pp.373-392．

倉田勇治(2003): 新しい形のドイツ語の授業とコンピュータの活用をめざしての一考察．Sprachwissenschaft Kyoto (2)，pp.41-65，京都ドイツ語学研究会．

栗山次郎(2000): WWWを利用するマルチメディア対応ドイツ語教材について．ドイツ語情報処理研究　第11号，日本ドイツ語情報処理研究会，pp.13-19．

小坂光一(1983): パーソナルコンピューターによる基礎ドイツ語の教育　－文法問題と読解問題－．電子通信学会技術研究報告，83(149)，pp.101-104．

佐伯胖(1997): 新・コンピュータと教育．岩波新書．

佐伯啓(1990): ドイツ語教育へのコンピューター導入の可能性について．ドイツ語情報処理研究　第2号，日本ドイツ語情報処理研究会，pp.11-18．

佐伯啓(1994a): 引用で学ぶドイツ語（Deutsch durch Zitate）．白水社．

佐伯啓(1994b): コンピュータをドイツ語教育に使う前に．ドイツ語教育部会会報　第46号，pp.25-33．

佐伯啓(2000): WWWアプリケーションを用いたCALLシステム—WebObjectsによるWWW学習システムの構築と運用．ドイツ語情報処理研究　第11号，日本ドイツ語情報処理研究

参考文献

会，pp.21-45.

境一三(1995): ニフティーからインターネットを使う．学情 DDJ 通信 第 7 号，学術情報センター外国語関連フォーラム，pp.51-58.

境一三(1996):インターネット時代の大学基礎教育．成蹊法学 第 43 号，成蹊大学，pp.35-63.

境一三(1997): 外国語教育に対するハイパーメディア環境の可能性について．ドイツ語情報処理研究 第 9 号，日本ドイツ語情報処理研究会，pp.7-20.

境一三(2000): CALL 研究（1）—コンピューターを用いた外国語教育の史的位置付け．慶応義塾大学日吉紀要「ドイツ語学・文学」第 31 号，pp.86-119.

境一三(2001): 第 2 回コンピューターを利用したドイツ語学習法（ラジオたんぱ 慶応義塾の時間 コンピューターを利用した外国語学習法）．慶応義塾大学通信教育補助教材「三色旗」第 638 号，pp.8-15.

境一三(2003): CALL 教室のレイアウトについて ― Laboratory から Co-learning Space へ―．野澤/上村/松田/吉田編 CD-ROM 書籍 最新外国語 CALL の研究と実践．
CIEC（コンピュータ利用教育協議会）外国語教育研究部会，pp.1-32.

境一三(2004): CALL と TBL（Task Based Learning）／教員養成における CALL の扱い．外国語教育研究 第 7 号，外国語教育学会， pp.108-112.

境一三／吉田光演／岩居弘樹／桂修治／岩崎克己／細谷行輝(2000): シンポジウム報告 コンピュータ支援ドイツ語学習（CALL）の現状と展望．日本独文学会「ドイツ文学」第 104 号，pp.224-228.

坂野久(2001): 最近のドイツ語 CD-ROM 教材について（視聴覚教室の効果的利用法をめぐって）．近畿大学教養部視聴覚教室編 視聴覚教育 第 5 号，pp.16-18.

坂間博 (2005): チャットシステムを利用した初修外国語指導 ― インターラクションのあるドイツ語表現演習のケーススタディ．In: 河合靖編 インターラクションのある CALL 授業．国際公法メディア研究科 言語文化研究報告叢書 59，pp.57-96.

坂村健(2000): 痛快！コンピュータ学．集英社インターナショナル．

坂本寛／林俊成／成田誠之助(1996a): 大学教育におけるドイツ語 CAL システム "G-MUSE" の開発．（メディアと教育技術—宇都宮大学 1996 年 1 月 20 日(土)）．日本教育工学会編 日本教育工学会研究報告集 JET96-1 号，pp.7-12.

坂本寛／林俊成／成田誠之助(1996b): ドイツ語 CAL システム G-MUSE の長期利用評価．（メディアと教育技術—宇都宮大学 1996 年 1 月 20 日(土)）．日本教育工学会編 日本教育工学会研究報告集 JET96-1 号，pp.13-17.

佐々木博康(2001): CGI を利用した外国語学習．大分大学教育福祉科学部研究紀要 23(1)，pp.165-176.

参考文献

佐藤公治(1996): 学習の動機づけと社会的文脈. In: 波多野誼余夫編(1996) 認知心理学5 学習と発達. 東京大学出版会, pp.221-247.

佐藤修司 / 高原清志(1996): インターネットを利用したドイツ語教育の試み. 岐阜工業高専情報処理教育・研究報告 第23号, pp.1-4.

佐藤修司(1996): 実践独文Eメール. 国際電子ネットワーキング教育学会「Mag AGENE」 No.13.

佐藤俊樹(1996): ノイマンの夢・近代の欲望：情報化社会を解体する. 講談社選書メチエ 87. 講談社.

澤田肇/西田正/山崎直樹/吉田光演/村上久恵(1995): 座談会 マルチメディア時代の外国語教育. 視聴覚教育研究 第10号, 広島大学総合科学部, pp.45-65.

三瓶愼一(1996):設置基準大綱化以降の大学のドイツ語教育における基本理念－社会科学系学部におけるコンセプトとその実践. 教養論叢 No.104, 慶應義塾大学法学研究会, pp.1-28.

三瓶愼一(2004): 研究対象としてのインテンシブコース－慶應義塾大学義塾大学法学部ドイツ語インテンシブコースにおける研究プロジェクト構想. 慶應義塾 外国教育研究, 創刊号, pp.97-124.

塩川京了(1990). ドイツ語学習スタック、Matthias 試用記. ドイツ語情報処理研究 第2号, 日本ドイツ語情報処理研究会, pp.7-10.

塩川京子(1992): CAI への挑戦. ドイツ語情報処理研究 第4号, 日本ドイツ語情報処理研究会, pp.37-48.

塩川京子(1993): ドイツ語 CAI の考察と展望. 大阪大学 言語文化研究 第19号, pp.83-95.

塩谷幸子(2000): ドイツ語の授業におけるインターネットの活用. 北海道東海大学教育開発研究センター所報 第13号, pp.55-63.

塩谷幸子(2001): ドイツ語の授業でのサイト利用について. In: Heiko N. H. / Fuchs, B 編(2001): 研究報告叢書 44 ドイツ語教育の新展開 — 学習者中心の教育に向けて (Freiräume nutzen - neue Wege suchen: Methodik und Leistungsmessung von DaF in Japan), pp. 69-86.

島宗理(2004): インストラクショナルデザイン 教師のためのルールブック. 米田出版.

Schlak, T. (2004): ドイツ語圏仮想旅行プロジェクトによる自律的学習（森田一平訳）. In: 板山眞由美/森田昌美編(2004): 学習者中心の外国語教育をめざして. 三修社, pp.223-238.

Schlecht, W. / 三室次雄(1992): Hallo, wie geht's?. 三修社. (ドイツ語教科書).

Schlecht, W. / 三室次雄 / 早稲田大学理工学部複合領域ドイツ語研究室 / 成田誠之助研究室 / 白井克彦研究室(1998): パソコンで学ぶドイツ語—ハロー,ヴィーゲーツ？. 三修社.

参考文献

菅井勝雄(1993): 教育工学-構成主義の学習論に出会う．教育学研究 60, pp.237-247.

杉浦謙介(2005): CD-ROM 媒体の CALL からの試行．ドイツ語情報処理研究 第 16 号，日本ドイツ語情報処理学会，pp.19-32.

杉谷真佐子(2002): ヨーロッパ統合とドイツにおける多言語教育政策．ドイツ文学 No.108, 日本独部学会，pp.12-23.

杉本卓 / 朝尾幸次郎(2002): インターネットを活かした英語教育．大修館．

鈴木克明(1987): CAI 教材の設計開発における形成的評価の技法について．視聴覚教育研究 第 17 号，pp.1-15.

鈴木克明(1988): 簡便で長続きする CAI 教材開発－実践者のための３段階法－．第 14 回全日本教育工学研究協議会発表論文集，pp.203-208.

鈴木克明(2002): 教材設計マニュアル－独学を支援するために．北大路書房 2002 年．

鈴木克明 / 佐伯啓(1996): HyperCard を使った教育用スタックの作り方―大学教員のための実践的教材設計入門 ― 東北学院大学教養学部（http://www.gsis.kumamoto-u.ac.jp/ksuzuki/resume/books/ 1996a00.html）

鈴木潔 / 橋本兼一(1993): ドイツ語の CAI．CAI 研究会編 同志社大学の外国語ＣＡＩその現状と課題．http://www1.doshisha.ac.jp/~kkitao/japanese/library/resource/dcai.htm

鈴木潔 / 橋本兼一(1994): 一斉授業における CAI．ドイツ語情報処理研究 第 6 号，日本ドイツ語情報処理研究会，pp.1-8.

関口一郎(1993): 慶應湘南藤沢キャンパス・外国語教育への挑戦－新しい外国語教育を目指して．三修社．

関口一郎(1994): ハロー・ミュンヒェン（Hallo München）．白水社．（ドイツ語教科書）．

大学基準協会編(1950): 大学に於ける一般教育―一般教育研究委員会第二次中間報告―．大学基準協会．

大学基準協会編(1951): 大学に於ける一般教育―一般教育研究委員会報告―．大学基準協会．

大学基準協会編(1957): 新制大学の諸問題．大学基準協会．

大学基準協会編(1997): 資料に見る大学基準協会五十年の歩み．大学基準協会．

大学基準協会編(1964): 大学基準協会　会報　第 6 号．

大学基準協会編(1964): 大学基準協会　会報　第 8 号．

大学基準協会編(1984): 大学基準協会　会報　第 53 号．

参考文献

大学基準協会編(1985): 大学基準協会　会報　第 54 号.

高木光太郎（1996): 実践の認知的所産. In: 波多野誼余夫編(1996): 認知心理学 5　学習と発達. 東京大学出版会.

高原清志(1994): ドイツ語授業における学習の個別化. 岐阜工業高等専門学校紀要　第 29 号, pp.85-90.

高原清志(1998): 電子メールを用いたドイツ語初心者クラスの授業. 岐阜工業高専紀要　第 33 号, pp.91-96.

武次玄三(2001): CALL 教室を利用したドイツ語授業. ドイツ語情報処理研究　第 12 号, 日本ドイツ語情報処理研究会, pp.17-24.

田崎清忠編(1995): 現代英語教授法総覧. 大修館.

田中慎也(1994): どこへ行く？大学の外国語教育. 三修社.

田中慎也(2003): 大学「外国語教育」と「大学外国語」教育. 産能通信　No.56, pp.23-25.

田中俊明/田畑義之(2000): マルチメディア時代のドイツ語教育. 九州大学出版会.

田畑義之(1998): CALL 教室と初習外国語教育―可能性と問題点―. 言語科学　第 33 号, pp.119-128.

田畑義之(1999): マルチメディア教室でのドイツ語授業. ドイツ語コミュニケーション能力と発音能力向上のためのメディア教材開発に関する研究（1996 年度～1998 年度科学研究費補助金研究成果報告書), pp.3-16.

田畑義之(2002): オンライン外国語学習システム Web Exercise ―可能性と課題―. 言語科学　第 37 号, pp.57-68.

田畑義之(2005): WebCT のテスト機能について. 言語科学　第 40 号, pp.47-59.

田畑義之/田中省作(2003): Web ベースのドイツ語多読支援システム. 言語科学　第 38 号, pp.91-103.

都築正則(1996): コンピューターネットワークとコミュニケーション・ドイツ語授業への応用. 鈴鹿工業高等専門学校　鈴鹿工業高等専門学校紀要　第 29 (2)号, pp.157-163.

永井達夫(1999): 中級ドイツ語授業でのインターネット・ホームページ教材活用の実例と問題点. 独逸文学　第 43 号, 関西大学独逸文学会, pp.151-169.

永井達夫(2000): ドイツ語の授業とインターネット―その現状と可能性―. 京都ドイツ語学研究会会報　第 14 号, pp.43-56.

永井達夫(2002):学生のコンピュータリテラシー向上に伴う外国語授業の新たな展開：　中級

参考文献

ドイツ語のインタアクティヴな授業を例に．関西大学外国語教育フォーラム 1, pp.65-83.

永井達夫(2003): CALL 教室(LL 教室)を使った初修外国語の授業－ドイツ語の現場から．近畿大学語学教育部視聴覚教室　視聴覚教育, pp.45-52.

永井達夫 (2005): Hot Potatoes を使った初修ドイツ語 CALL 教材について．大阪産業大学論集　人文科学編　116, pp.309-321.

中川勝昭 / 栗山次郎 / 井本祐二 / 橋本正明 / 礒崎賢一(1999): ドイツ語 CAL 教材の一つの試み．九州工業大学　九州工業大学情報工学部紀要（人文科学編）　第12号, pp.97-109.

中島悠爾 / 平尾浩三(1987): 練習中心初級ドイツ文法．白水社．（ドイツ語教科書）．

中村哲夫(2000): ドイツ語教材自主製作論．ドイツ語情報処理研究　第 11 号，日本ドイツ語情報処理研究会, pp.3-12.

中村哲夫(2002): ドイツ語版コンピュータ教材について．ドイツ語情報処理研究　第 13 号，日本ドイツ語情報処理研究会, pp.33-42.

名柄迪 / 茅野直子 / 中西家栄子(1989): 外国語教育理論の史的発展と日本語教育．NAFL 選書 10. アルク．

西垣通 /ルイス(2001): インターネットで日本語はどうなるか．岩波書店．

西村則久 / 明関賢太郎 / 安村通晃(1999): 英作文における自動添削システムの構築と評価．情報処理学会論文誌, Vol.40, No. 12, 情報処理学会, pp.4388-4395.

日本独文学会ドイツ語教育部会/ドイツ語教育に関する調査研究委員会 (1999): ドイツ語教育の現状と課題．平成 9～10 年度科学研究費補助金（基盤研究 C 1）(課題番号 09610516)調査報告書．

野澤和典(1993): CAI/CAL/CALL/CALLL とは何か．In: 北尾謙治 監/ 野澤和典 他編(1993): コンピュータ利用の外国語教育．英潮社, pp.2-10.

野澤和典 (1996): これからの LL-CALL. In: 北尾謙治 監/ 野澤和典 他編(1993): コンピュータ利用の外国語教育．英潮社, pp.149-154.

野嶋栄一郎 / 鈴木克明 / 吉田文(2006): 人間情報科学と e ラーニング．放送大学教育振興会．

野村廣之/細谷瑞枝(1999): オンラインドイツ語教材 Kaleidoskop の可能性．ドイツ語教育　第4号（ドイツ語教育部会会報　第52号），日本独文学会ドイツ語教育部会, pp.163-168.

バーク / ウインスラー(2001): ヴィゴツキーの新・幼児教育法．田島信源・田島啓子・玉置哲淳編訳　．北大路書房．

バーナーズ=リー(2001): Web の創成－World Wide Web はいかにして生まれどこに向かうのか．毎日コミュニケーションズ，高橋徹訳．

参考文献

濱野秀巳(2005): 汎用 CALL 教材の開発の為に～Macromedia Captivate を用いた Flash 教材の作成～．ドイツ語情報処理研究　第 16 号，日本ドイツ語情報処理学会，pp.41-44.

浜野保樹(1990): ハイパーメディアと教育革命．アスキー出版局．

林俊成 / 成田誠之助(2002): 大学語学教育におけるマルチメディアドイツ語 CAL ソフトウェアの開発及び評価．外国語教育研究　第 5 号，外国語教育学会，pp. 1-20.

原周三(1987): ドイツ語コンピュータ支援授業の試み．京都学園大学論集 16(3)，pp.272-292.

原周三(2001): 独英翻訳ソフトのドイツ語学習への可能性．京都学園大学経済学部論集，11-2，pp.297-321.

原周三 / 青山豊(1986): 学生のためのドイツ文法（改訂版）．東洋出版．（ドイツ語教科書）．

樋口忠彦 編(1988): 英語楽習－クイズ・ゲームからコミュニケーション活動まで．中教出版．

ブキャナン(2005): 複雑な世界、単純な法則．草思社．坂本芳久訳．

福田覚(1997): コンピュータ支援による外国語教育．大阪大学　言文だより　第 14 号，pp.19-25.

藤田浩邦 / 柴山次郎 / 磯崎賢一(1996): 学習過程をネットワーク上で集中管理するドイツ語学習システムの構築．情報処理学会研究報告　人文科学とコンピュータ研究会報告 96(15)，pp.55-60.

別所良美(1991): PCマスター操作マニュアル．郁文堂．

保坂直之(2001): インターネットのニュースの教材への活用．高専ドイツ語教育　第4号．

細谷行輝(1997): 教育と研究に活かすインターネット．ドイツ語情報処理研究　第 9 号，日本ドイツ語情報処理研究会，pp.21-28.

細谷行輝(2003): 授業支援システム WebOCM の紹介と体験．　CALL システムと外国語教育並びに WEB 対応授業支援システム，大阪大学全学共通教育機構，pp.1-76.

細谷行輝(2004)：文系世界に見られるデジタル化の動向．ドイツ語情報処理研究　第 15 号，日本ドイツ語情報処理学会，pp.35-40.

本多喜三郎(1990): ドイツ語教育への CAI 導入の可能性と問題点．ドイツ学研究　第 24 号，獨協大学，pp.139-162.

本多喜三郎(1991): オーサリングシステムによるドイツ語のコースウェア作成の試み．ドイツ学研究　第 25 号，獨協大学，pp.139-162.

町田隆哉/柳善和/山本涼一/スタインバーグ(1991): コンピュータ利用の英語教育 – CALL ラボの開発とそのアプローチ．メデイアミックス．

参考文献

美馬のゆり/山内祐平(2005): 未来の学びをデザインする．東京大学出版会．

三宅なほみ (1997): インターネットの子どもたち．岩波書店．

三宅なほみ編著(2003): 学習科学とテクノロジー．放送大学教育振興会．

森泉(1991): パーソナルコンピューターによる初級独作文教材の語彙調査．慶應義塾大学日吉紀要　ドイツ語学・文学　第12号，pp.105-122.

文部省高等教育局(1991): 大学資料　第117号．

文部省高等教育局(1992): 大学資料　第118号．

文部省大学学術局大学課(1957): 大学設置基準とその解説．大学資料第5号．

山田雄一郎(2003): 多言語社会の言語文化教育．くろしお出版．

山本洋一(2004): 外国語授業の構造的問題と効果的授業構築　— 使いやすい教科書と E-Mailを利用した授業経営 —．In 板山眞由美 / 森田昌美 編(2004): 学習者中心の外国語教育をめざして．三修社，pp.87-104.

吉島茂/境一三(2003): ドイツ語教授法－科学的基盤作りと実戦に向けての課題－．三修社．

吉田純(2000): インターネット空間の社会学．世界思想社．

吉田晴世／松田 憲／上村隆一／野澤和典／CIEC 外国語教育研究部会(2008): ICT を活用した外国語教育．東京電機大学出版局．

吉田光演(1992a): ハイパーカードによるマルチメディア教材について．ドイツ語教育部会会報　第42号，日本独文学会ドイツ語教育部会，pp.52-58.

吉田光演(1992b): 外国語教育へのハイパーメディアの応用— HyperCard の可能性の探求—．言語文化研究紀要　創刊号，琉球大学教養部，pp.91-101.

吉田光演(1994): コンピュータとドイツ語教育—マルチメディア型外国語 CAI 教育の現在—．視聴覚教育研究　第9号，広島大学総合科学部，pp.1-9.

吉田光演 (1995a): Macintosh のドイツ語 CAI ソフトについて．学情 DDJ 通信　第7号，学術情報センター外国語関連フォーラム，pp.35-42.

吉田光演(1995b): コンピュータ支援ドイツ語教育の現状と教材開発—マルチメディア型 CAI のすすめ—．西日本ドイツ語教育学会発表原稿（未公刊）．

吉田光演(1996): インターネットを利用したドイツ語教育の試み．視聴覚教育研究　第11号，広島大学総合科学部，pp.36-47.

参考文献

吉田光演(1997)：広島大学総合科学部の CALL システム．ドイツ語情報処理研究　第 9 号，日本ドイツ語情報処理研究会，pp.45-56.

吉田光演(1998):これからの CALL の問題点と展望．広島外国語教育研究　第 1 号．広島大学外国語教育研究センター，pp.77-86.

吉田光演(2000): ホームページを利用したドイツ語教育の実践．広島外国語教育研究　第 3 号，広島大学外国語教育研究センター，pp.93-107.

吉田光演/岩崎克己(1997): ドイツ語でジャンプ（Sprung in die deutsche Welt）．白水社．（ドイツ語教科書）．

吉田光演/田中雅敏(2004)：Terra を使ったオンラインドイツ語学習プログラムの構築．ドイツ語情報処理研究　第 15 号，日本ドイツ語情報処理学会，pp.21-34.

力武京子(1994a): 情報化時代の外国語教育に望むこと－ドイツ語授業へのコンピュータネットワーク導入記．大阪大学言語文化部大学院言語文化研究科　言文だより　第 11 号，pp.11-15.

力武京子(1994b): 拓かれた教室をめざして－ネットワークを活用した授業の試み－．言語文化研究　第 20 号，大阪大学言語文化部，pp.349-365.

力武京子(1995):マルチメディア時代の実践的外国語教育－LL から CAI，そして internet へ．言語文化研究　第 21 号，大阪大学言語文化部，pp.319-337.

力武京子(1995): ドイツ語圏の Internet 漫遊．ドイツ語情報処理研究　第 7 号，日本ドイツ語情報処理研究会，pp.11-24.

力武健次(1992): Internet — 究極のコンピュータネットワークは何をもたらしたか．学情 DDJ 通信　第 1 号，学術情報センター外国語関連フォーラム，pp.31-40.

若林尚樹(1996): ハイパーメディアデザイン．財団法人画像情報教育振興協会．

脇英世(2003): インターネットを創った人たち．青土社．

渡辺将尚(2004a): 研究ノート「ドイツ語 CALL システムにおけるより効果的な質問環境の構築」．山形大学人文学部研究年報　創刊号．

渡辺将尚(2004b): インターネットを用いたドイツ語授業補助システムの開発と実践 — 定冠詞の練習問題．山形大学紀要（教育科学）第 13 巻，第 3 号，pp.13-22.

渡辺将尚 / 西平直史(2004): ドイツ語CALLシステムにおけるより効果的な質問環境の構築．山形大学人文学部研究年報 1，pp.175-181.

渡辺将尚 / 西平直史(2005a): ドイツ語 Web-CALL システムに対する学生の問題意識について．山形大学人文学部研究年報 2，pp.137-146.

参考文献

渡辺将尚 / 西平直史(2005b):ドイツ語 Web-CALL システムにおけるより効果的な出題形式 - 選択式と記述式の比較. 山形大学大学院社会文化システム研究科紀要 第2号, pp25-32.

Ahmad, K./Corbett, G./Rogers, M./Sussex R. (1985): Computers, Language Learning and Language Teaching. Cambridge: Cambridge University Press.

Allen, J. R. (1972): Individualizing Foreign Language Instruction with Computers at Dartmouth, in Foreign Language Annals 5.3: pp.348-349, 1972.

Andreadou, I. (1987): Software für den Fremdsprachenunterricht. Hildesheim/Zürich/New York: Georg Olms Verlag.

Apelt, M. / Appelt, H, / Wagner, M. (1992): Grammatik à la carte 1, Grundstufe. Frankfurt am Main: Diesterweg.

Apelt, M. / Appelt, H, / Wagner, M. (1994): Grammatik à la carte 2, Mittelstufe. Frankfurt am Main: Diesterweg.

Aston, G. (ed.)(2001): Learning with Corpora. Bologna, Italy: CLUEB.

Beatty, K. (2003): Teaching and Researching Computer-Assisted Language Learning. London: Peason/Longman.

Benson, P. / Voller, P. (1997): Autonomy and Independence in Language Learning. London and New York: Longman.

Bimmel, P. / Rampillon, U. (2000): Lernerautonomie und Lernstrategie. Fernstudienreihe 23. Berlin/München: Langenscheidt.

Birdwhistell, R.(1970): Kinesics and Context. Philadelphia University of Pennsylvania Press.

Bolte, Ch. / Chlebnikow, J. / Ende, K. / Rüder, A. (2009): Bausteine Digitale Medien im Unterricht und Fortbildung 2009. München: Goethe-Institut.

Borchardt, F. L. (1995): Language and Computing at Duke University: or, Virtue Triumphant, for the Time Being, in CALICO Journal 12.4: pp.57-83, 1995.

Boyle, T. A. / Smith, W. F. / Eckert, R. G.(1976): Computer-mediated testing: A Branched Program Achievement Test, in Modern Language Journal 60.8: pp.428-440, 1976.

Bush, V.(1945): As we may think. The Atlantic Monthly, July 1945.
http://www.theatlantic.com/doc/194507/bush

Cameron, K. (ed.) (1989): Computer Assisted Language Learning: Program Structure and Principles. Norwood, NJ: Ablex Publishing Corporation.

参考文献

Chapelle, C. / Jamieson,J.(1984): Language Lessons on the PLATO IV System. In: Wyatt, D. H.(1984a), pp.13-20.

Clarke, J. H. (1990). Patterns of thinking: Integrating learning skills in content teaching. Needham Heights MA: Allyn and Bacon.

Collins, A. / Brown, J. S. / Newman, S. E. (1989): Cognitive apprenticeship: Teaching the crafts of reading, writing, and mathematics. In: Resnick, L. B. (ed.) (1989): Knowing, learning, and instruction: Essays in honor of Robert Glaser. Hillsdale, NJ: Lawrence Erlbaum Associates, pp.453-494.

Costa, A./ Leibmann, R. (1995): Process is as important as content. Educational Leadership, 52(6), pp.23-24.

Council of Europe (2001): Common European Framework of Reference for Languages: Learning, teaching, assessment. Cambridge: Cambridge University Press.

Dam, L. (1999): How to develop autonomy in a school context – how to get teachers to change their practice. In: Edelhoff, C./Weskamp, R. (ed.), pp.113-133.

Davies, G. / Higgins, J. (1985): Using Computers in Language Learning: A Teacher's Guide. Centre for Information on Language Teaching and Research.London.

Decker, H. W. (1976): Computer-aided Instructionin in French Syntax, in Modern Language Journal 60.5/6: 263-267, 1976.

Desch, S. H. (1973): An Interactive Computer Aid to Reading Scientific German. Cambridge, Mass.: Massachusetts Institut of Technology Press.

Dodd, B.(1997): Exploiting a Corpus of Written German for Advanced Language Learning. In: Wichmann, Anne/ Fligelstone, Steven/ McEnery, Tony/ Knowles, Gerry(ed.)(1997): Teaching and Language Corpora. London and New York: Longman.
Donath, R.(1997): Internet und Englischunterricht. Stuttgart: Klett-Verlag.

Edelhoff, C. / Weskamp, R. (ed.) (1999): Autonomes Fremdsprachenlernen. Ismaning: Max Hueber (=Forum Sprache).

Elling, B. (1995): The Stony Brook "Experiment" and How it Grew: An Interview with John R. Russell, in CALICO Journal 12.4: pp.128-136, 1995.

Farrington,B. (1989): AI: 'Grandeur' or 'Servitude'?. In: Cameron, K. (ed.)(1989): Computer Assisted Language Learning: Program Structure and Principles. Norwood, NJ: Ablex Publishing Corporation, pp.67-80.

Finocciaro, M. / Brumfit, C. (1983): The Functional-Notional Approach. From Theory to Practice. New York: Oxford University Press.

Gagne, R. / Wager, W. / Golas, K / Keller, J. (2004): Principles of Instructional Design. Belmont , CA:

参考文献

Wadsworth Publishing.（邦訳：インストラクショナルデザインの原理．鈴木克明・岩崎信訳，2007，北大路書房.）

Gergen, K. (1994): Realities and Relationships, Soundings in Social Construction. Cambridge: Harvard University Press.（邦訳：社会構成主義の理論と実践－関係性が現実をつくる．永田素彦・深尾誠訳，2004，ナカニシヤ出版.）

Gergen, K. (1999): An Invitation to Social Construction. London: Sage Publications.（邦訳：あなたへの社会構成主義．東村知子訳，2004，ナカニシヤ出版.）

Ghadessy, M. / Henry, A. / Roseberry, R. L. (2001): Small Corpus Studies and ELT. Amsterdam / Philadelphia: John Benjamins Publishing Company.

Glaboniat, M. / Müller, M. / Schmitz, H. / Rusch, P. / Wartenschlag, L. (2002): Profile deutsch Niveau A1-A2・B1-B2. Berlin / München / Wien / Zürich / New York: Langenscheidt.

Glaboniat, M. / Müller, M. / Schmitz, H. / Rusch, P. / Wartenschlag, L. (2005): Profile deutsch Niveau A1-A2・B1-B2・C1-C2. Berlin / München / Wien / Zürich / New York: Langenscheidt.

Granger, S. (ed.) (1998): Learner English on Computer. London and New York: Longman.

Gueulette, D.G. (ed.) (1982): Microcomputers for Adult Learning. Chicago: Follett.

Gunske von Kölln, M. (1997): Internet im Fremdsprachenunterricht：Ein Beispiel für die Integration in lokale Curricula. In:ドイツ語教育　第2号（ドイツ語教育部会会報第50号），日本独文学会ドイツ語教育部会.

Gunske von Kölln, M.(1998): Developing learner autonomy through the International E-Mail Tandem Network. In: Lewis, P. (Hrsg.)(1998): Teachers, Learners, and Computers: Exploring Relationships in CALL, Tokyo: Jalt Call N-SIG, pp.75-80.

Gunske von Kölln, M. (2005a): Wortschatzarbeit mit Hilfe von Medieneinsatz im Unterricht (Teil 1): Beispiel － "Deutschlandreiseplan-Projekt". In: 商学論集　第73巻　第2号，福島大学経済学会，pp.85-95.

Gunske von Kölln, M. (2005b): Einsatz von neuen Medien: Internetbenutzung im Schreibunterricht. Deutsch als Fremdsprache in Korea, Band 16, pp.329-348

Gunske von Kölln, M. (2005c): Virtuelle Reise in die DACH-Länder. Ein Internet-Projekt nicht nur für japanische Deutschlernende. Fremdsprache Deutsch, 33 Lust auf Internet, pp.51-53.

Gunske von Kölln, M. (2005d): Computergestützter Schreibunterricht ab Grundstufenniveau: Lernautonomiefördernde Verfahrensweisen während der Projektarbeit. Japanische Gesellschaft für Germanistik (Hrsg.): Neue Beiträge zur Germanistik, Band 4. München: Iudicium.

参考文献

Gunske von Kölln, M.(2005e): Medieneinsatz im Unterricht - Zwei Wege für die Wortschatzarbeit. In: Balmus, G. / Oebel, G. / Reinelt, R (Hrsg.) (2005): Herausforderung und Chance – Krisenbewältigung im Fach Deutsch als Fremdsprache in Japan. München: Iudicium.

Hammond, A. L. (1972): CAI: Many Efforts, Mixed Results, Science, 176, pp.1005-1006.

Hardisty, D. / Windeatt, S. (1989): CALL. Oxford : Oxford University Press.

Hart, R. S. (1995): The Illinois PLATO Foreign Languages Project, in CALICO Journal 12.4: pp.15-37, 1995.

Helbig, G./ Götz,L. / Henrici, G./ Krumm, H.J. (2001): Deutsch als Fremdsprache, 2. Halbband, Berlin/New York: Walter de Gruyter.

Heermann, B. (1988): Teaching and Learning with Computers: A Guide for College Faculty and Administrators. San Francisco: Jossey-Bass.

Higgins, J. / Johns, T. (1984): Computers in Language Learning. London: Collins Educational.

Horton, W. (2000): Designing Web-Based Training: How to Teach Anyone Anything Anywhere Anytime New York: John Wiley & Sons.（邦訳：e ラーニング導入読本 教育担当者のための WBTマニュアル. 日本コンサルタントグループラーニングセンター編訳）

Hubbard, P. (ed.) (2009): Computer Assisted Language Learning – Critical Concepts in Linguistics Vol.I–IV. London and New York: Routledge.

Hunston, S. (2002): Corpora in Applied Lingusitics. Cambridge: Cambridge University Press.

Hymes, D. (1972): On communicative competence. In: Pride, J. B. / Holmes, J. (ed.) (1972): Sociolinguistics, Harmondsworth: Penguin Books, pp.269-93.

Iwai, H. / Jaspersen, M. (2002): PowerPoint und DaF. InfoDaF Nr.6.

Iwasaki, K. (2001): Internet's Role in German Language Education in Japan. Hiroshima Studies in Language and Language Education 4, pp.107-124.

Iwasaki, K. (2002): Autonomous German Language Learning on the Internet. PAC3 (The third Pan-Asian Conference) JALT 2001 International Conference Proceedings (pp.1-17, No.020).

Iwasaki, K. (2005): Einsatzmöglichkeiten eines deutsch-japanischen Parallelkorpus als ein Mittel für exploratives Lernen im DaF-Unterricht, In: Japanische Gesellschaft für Germanistik (Hrsg.): Neue Beiträge zur Germanistik, Band 4 / Heft 4, pp.166-181, München: Iudicium.

Johnson, K./ Johnson H. (ed.) (1998): Encyclopedic Dictionary of Applied Linguistics. Oxford: Blackwell Publishers.

Johnson, K. / Morrow, K. (ed.) (1981): Communication in the Classroom. London: Longman.

参考文献

Jones, R. L. (1995): TICCIT and CLIPS: The Early Years, in CALICO Journal 12.4: pp.84-96, 1995.

Kallenbach, C. / Ritter, M. (2000): Computer-Ideen für den Englischunterricht: Anregungen und Beispiele für den Software- und Internet-Einsatz in den Klassen 5 bis 10. Berlin: Cornelson, pp.37-59.

Kelly, L.G. (1976): 25 Centuries of Language Teaching: an inquiry into the science, art, and development of language teaching methodology, 500 B.C.-1969, Newbury House Publishers, Rowley, Massachusetts.

Kemmis, S. / Atkins, R. / Wright, E. (1977): How do Students Learn? -Working papers on Computer Assisted Learning Occasional Paper 5, Centre for Applied Research in Education, University of East Anglia.

Kenning, M. J. / Kenning, M. M. (1983): Introduction to Computer Assisted Language Teaching. Oxford: Oxford University Press.

Kiesler, S. / Siegel, J. / McGuire, T. (1984): Social psychological aspects of computer-mediated communications. American Psychologist, 39, pp.1123-1134.

Kleiber, G. (1993): Prototypensemantik: Eine Einführung. Tübingen: Gunter Narr Verlag.

Koithan, U. (1999): Interessante Internet-Adressen für Deutsch als Fremdsprache. In: Funk, H. / Tschirner, E. (Hrsg.) (1999): Fremdsprache Deutsch 21 (Neue Medien im Deutschunterricht). Stuttgart: Klett, p.59.

Koschmann, T. (ed.) (1996): CSCL: Theory and Practice of an emerging paradigm. Mahwah, NJ: Lawrence Erlbaum Associates.

Krashen, S. D. / Terrell, T. D. (1983): The Natural Approach: Language Acquisition in the Classroom. London: Prentice Hall Europe.
Krumm, H. J. (1991): Unterrichtsprojekte - Praktisches Lernen im Deutschunterricht. Fremdsprache Deutsch 4 (Unterrichtsprojekte), pp.4-9, Stuttgart: Klett.

Künzel S. (1995): Processors Processing: Learning Theory and CALL, in CALICO Journal 12.4: pp.106-113, 1995.

Langr, B. J./ Seybolt, R. A. (1976): A Computerized Universal Spanish Grammar Drill Program. In: Willoughby, T. C. (ed.) (1976): Seventh Conference on Computers in the Undergraduate Curricula, Binghamton, State University of New York.

Lave, J. / Wenger, E. (1991) Situated Learning-Legitimate peripheral participation. Cambridge University Press. (邦訳：状況に埋め込まれた学習-正統的周辺参加. 佐伯胖訳, 1996, 産業図書.)

Lee, W. / Owens, D. (2000): Multimedia-Based Instructional Design: Computer-Based Training, Web-Based training, Distance Broadcast Training. New York: John Wiley & Sons Inc. (邦訳：インストラクショナルデザイン入門. 清水康敬監訳, 2003, 東京電機大学出版局.)

Legenhausen, L. (1994): Vokabelerwerb im autonomen Lernkontext. In: Die Neueren Sprachen 93, pp.467-483.

Legutke, M. (1988): Lebendiger Englischunterricht. Kommunikative Aufgaben und Projekte für schüleraktiven Fremdsprachen-unterricht. Bochum: Kamp.

Legutke, M. (1996): Szenarien für einen handlungsorientierten Fremdsprachenunterricht. In: Bach, G. / Timm, J. P. (1996): Englischunterricht. Grundlagen und Methoden einer handlungsorientierten Unterrichtspraxis (2. Aufl.), p 103-128, Tübingen: Francke.

Legutke, M. (1998). Handlungsraum Klassenzimmer and beyond [Classroom as an Action Room and beyond]. In: Timm, J. P. (ed.) (1998): English lernen und lehren. Didaktik des Englishunterrichts, p.93-109, Berlin: Cornelsen.

Legutke, M / Müller-Hartmann, A. / Ulrich, S. (1999): Neue Kommunikationsformen im fremdsprachlichen Unterricht. In: Fritz, G. / Jucker. A. H. (Hrsg.) (2000): Beiträge zur Dialogforschung Band 21 Kommunikationsformen im Wandel der Zeit, Tübingen: Niemeyer.

Legutke, M. / Thomas, H. (1991): Process and Experience in the Language Classroom. London / New York: Longman.

Levy, M. (1997): Computer-Assisted Language Learning – Context and Conceptualization. Oxford University Press.

Lohfert, W. (1982): Kommunikative Spiele für Deutsch als Fremdsprache. Ismaning: Hueber.

Loritz, D. (1995): The Adolescence of CALL, Donald Loritz, in CALICO Journal 12.4: pp.47-56, 1995.

Marzano, R. J. (1992): A different kind of classroom: Teaching with dimensions of learning. Alexandria VA: Association for Supervision and Curriculum Development.

Marzano, R. J. / Brandt, R.S. / Hughes, C.S. / Jones, B. F. / Presseisen, B, Z. / Rankin, S. C. / Suhor, C. (1988): Dimensions of thinking: A framework for curriculum and instruction. Alexandria VA: Association for Supervision and Curriculum Development.

Marzano, R.J. / Pickering, D.E. / Arrendondo, G.J. / Blackburn, R.S. / Brandt, R.S. / Moffett, C.A. (1992): Dimensions of Learning Teachers' Manual. Alexandria, VA: Association for Supervision and Curriculum Development.

Marzano, R.J. / Pickering, D.J. / Pollock, J.E. (2001): Classroom instruction that works: Research based strategies for increasing student achievement. Alexandria, VA: Association for Supervision and Curriculum Development.

Mehrabian, A. (1968): Communication without Words, in Psychology Today, II (September 1968), pp.52-55.

参考文献

Merrill, M. D. (1983): Component Display Theory. In: Reigeluth,C. M. (1983): Instructional-Design Theories and Models: An Overview of their Current Status. London: Lawrence Erlbaum Associates, pp.279-333.

Miyauchi K./Kobayashi, E. (1999): Implementation and Effects of Interactive Drills in German and English on a Home Page. Proceedings of the International Conference Multimedia and Foreign Language Training 1999.2, pp.108-114.

Müller, K. (1997): Konstruktivistische Lerntheorie und Fremdsprachendidaktik. In: Jahrbuch Deutsch als Fremdsprache 23, pp.77-112.

Nelson, G. E. / Ward, J. R. / Desch, S. H. / Kaplow, R. (1976): Two New Strategies for Computer-Assisted Language Instruction, in Foreign Language Annals 9.1: pp.28-37, 1976.

Turner, R. C. (1970): "CARLOS": Computer-Assisted Instruction in Spanish, in Hispania 53: pp.249-252, 1970.

Nelson, T. H. (1965): A File Structure for the Complex, The Changing and the Indeterminate, ACM 20th National Conference, pp. 84-100.

Neuner, G. (1996): Deutsch als zweite Fremdsprache nach Englisch. Überlegungen zur Didaktik und Methodik und zur Lehrmaterialentwicklung für die Drittsprache Deutsch. In: Deutsch als Fremdsprache 27, pp.211-217.

Neuner, G. / Krüger, M. / Grewer, U. (1981): Übungstypologie zum kommunikativen Deutschunterricht. Berlin/München: Langenscheidt.

O'Shea, T./ Self, J.(1983): Learning and Teaching with Computers : Artificial Intelligence in Education. Brighton : Harvester.

Oxford, L. R. (1990): Language Learning Strategies. Boston: Heinle & Heinle Publishers. (邦訳：言語学習ストラテジー. 宍戸通庸・伴紀子 訳, 1994, 凡人社.)

Papert, S. (1991): Situating Constructionism. In: Papert, S. / Harel, I. (ed.) (1991). http://www.incae.ac.cr/ES/clacds/nuestros-proyectos/naciones-digitales/construyendo-escenarios-para-el-desarrollo/pdfs/situar-el-construccionismo-ingles.pdf

Papert, S. / Harel, I. (ed.) (1991): Constructionism. Norwood, NJ: Ablex Publishing Corporation.

Pennington, M. C.(1996): The Power of the Computer in Language Education. In: Pennington, M. C. (ed.) (1996): The Power of CALL, pp.1-14, Houston TX: Athelstan Publications.

Porter, L. (1997): Creating the virtual classroom: Distance learning with the Internet. New York: John Wiley & Sons. (邦訳：インターネットによる遠隔学習　バーチャルクラスルームの創造. 小西正恵訳, 1999, 海文堂.)

参考文献

Richards, J. C. / Rodgers, T. S. (2001): Approaches and Methods in Language Teaching(2nd ed). Cambridge ; New York, Cambridge University Press.

Rinvolucri, M. / Davis, P. (1995): More grammar games - Cognitive, Affective and Movement Activities for EFL Students. Cambridge University Press.

Rinvolucri, M. / Davis, P. (2000): 66 Grammatik-Spiele – Deutsch als Fremdsprache. Stuttgart: Klett.

Ritter, M. (1996): Neue Technologien : Chance für eine neue Schule und einen neuen Sprachunterricht? In: Rüschoff, B./ Schmitz, U. (Hrsg.) (1996): Forum Angewandte linguistik Band 30 Kommunikation und Lernen mit alten und neuen Medien, pp.39-48, Frankfurt am Main/Berlin/Bern/New York/Paris/Wien: Peter Lang.

Ritter, M. (2000): Theory bits - Computereinsatz pro & contra. In: Kallenbach, C. / Ritter, M. (2000), pp.11-36

Ritter, M. / Rüschoff, B. (2000): Perspektiven technologiebereicherter Lernwelten für das Sprachenlernen. In: Hoffmann, H. (Hrsg.) (2000): Deutsch global: Neue Medien - Herausforderungen für die Deutsche Sprache. Köln: DuMont Buchverlag, pp.149-169.

Rivers, W. M. (1964): The Psychologist and the Foreign Language Teacher. Univerity of Chicago Press.

Rosenthal, R.S. (1905): The German language: Rosenthal's common-sense method of practical linguistry. New York: The International College of Languages.

Rude, M. (2007): Two Types of Spoken Language Visualization for Teaching German Prosody: Some Results from Students' Survey. In: Studies in Foreign Language Education, 29, Foreign Language Center of the University of Tsukuba.

Runes, D.D.(Ed.) (1976): The Diary and Observations of Thomas Alva Edison, Philosophical Library, New York.

Ruplin, F. A. (1995): From #2 Pencil to #2 Pencil: Some Musings About the Stony Brook Project, in CALICO Journal 12.4: pp.137-143, 1976.

Rüschoff, B. (2000a): Poetic Pam Revised: zur Nutzung elektronischer Texte. In: Riemer, C. (Hrsg.) (2000): Kognitive Aspekte des Lehrens und Lernens von Fremdsprachen. Festschrift für Willis J. Edmondson. Tübingen: Gunter Narr, pp.373-386.

Rüschoff, B. (2000b): 33. Language. In Adelsberger, H. H, / Collis, B. / Pawlowski J. M. (ed.) (2002):Handbook on information technologies for education and training. Berlin: Springer-Verlag, pp.523-542.

Rüschoff, B. (2000c): Unterrichtsvorbereitung. In: Kallenbach, C. / Ritter, M.(2000), pp.37-59.

Rüschoff, B. (2000d): Neue Medien, kreatives Lernen und Wandel von Lehrerarbeit:

参考文献

technologiebereicherte Lernwelten am Beispiel des Fremdsprachenunterrichts. In: Vollstädt, W. (2000): Zur Zukunft der Lehr- und Lernmedien in der Schule. Opladen: Leske + Budrich, pp.103-115.

Rüschoff, B. / Wolff, D. (1999): Fremdsprachenlernen in der Wissensgesellschaft. Ismaning: Hueber Verlag.

Rüschoff, B. & Ritter, M, D.(2001): Technology-Enhanced Language Learning: Construction of Knowledge and Template-Based Learning in the Foreign Language Classroom. In Computer-Assisted Language Learning, 14, No.3-4, p.219-232. Lisse: Swets & Zeitlinger.

Sakai, K.(2004): Deutschlehrerausbildung in der Informations- und Kommunikations-technologischen Landschaft. In: Japanische Gesellschaft für Germanistik (Hrsg.): Neue Beiträge zur Germanistik, Band 3 / Heft 1, pp.111-122, München: Iudicium.

Schlak, T.(2002): Computergestütztes Lernen im Anfangsunterricht Deutsch. 言語文化研究 第28号, 大阪大学, pp.159-176.

Schlak, T.(2003): Autonomes Lernen im Rahmen einer virtuellen Deutschlandreise. Info DaF, 30/6, pp.594-607.

Skinner, B. F. (1954): The Science of Learning and the Art of Teaching. Harvard Educational Review, 24:86-97. Reprinted in Lumsdaine, A.A. / Glaser, R. (ed) (1960): Teaching Machines and Programmed Learning: A Source Book. Washington, Department of Audio Visual Instruction, National Education Association of the United States.

Skinner, B. F. (1957): Verbal Behavior. Englewood Cliffs: Prentice Hall.

Automatic Language Processing Advisory Committee(1966): Language and Machines: Computers in Translation and Linguistics. National Academy of Sciences, National Research Council.

Spier, A. (1981): Mit Spielen Deutsch Lernen. Frankfurt am Main: Cornelson.

Sproull, L. and Kiesler, S. (1986): Reduced social context cues: Electronic mail in organizational communication. Management Science, 32, pp.1492-1512.

Staton, J.(1983): Dialogue Journals: A new Tool for Teaching Communication. In: ERIC/CLL News Bulletin 6.2:1-2, 6.

Tabata, Y. (1998): Deutschunterricht mit dem Notebook-Computer.九州大学独仏文学研究会「独仏文学研究」第48号, pp.29-38.

Tabata, Y. (2000): Computereinsatz im Unterricht und zum Selbststudium. Asiatische Germanistentagung in Fukuoka 1999 Dokumentation, pp.886-894.

Tanaka, S./ Seino, T.(2003):Zur Entwicklung eines Online-CALL-Systems und eines dazu integrierten Grammatikprogramms. Beiträge zur Deutschen Datenverarbeitung, Nr. 14. Gesellschaft für Deutsche Datenverarbeitung in Japan, pp.21-27.

参考文献

Timothy Koschmann (ed.)(1996): CSCL: Theory and Practice of an emerging paradigm. Hillsdale, NJ: Lawrence Erlbaum Associates.

Tribble, C. / Jones, G. (1997): Concordances in the Classroom. Houston, TX: Athelstan.

Turing, A. M.(1950): Computing Machinery and Intelligence. Mind LIX (236).

Turner, R. C. (1970): "CARLOS": Computer-Assisted Instruction in Spanish, in Hispania 53, pp.249-252.

Turtledove, C. (1996): 101 Communicative Games for the English Classroom. Lincolnwood: National Textbook Company.

Underwood, J. H.(1984):Linguistics, Computers, and the Language Teacher: A Communicative Approach. Rowley, MA: Newbury House Publishers.

Ur, P. / Wright, A. (1999): 111 Kurzrezepte für den Deutsch-Unterricht (DaF). Stuttgart: Klett.

van Ek, J. A. (1975): The Threshold Level in a European Unit/Credit System for Modern Language Teaching by Adults. Systems Development in Adult Language Learning. Strasbourg: Council of Europe.

Vorbereitungsausschuss des 1. Didaktikseminars für japanische Germanisten (1993): Dokumentation des 1. Didaktikseminars für japanische Germanisten 1992, Tokyo: Goethe-Institut Tokyo.

Waite, S. V. F. (1970): Computer-supplemented Latein Instruction at Dartmouth College. Computers and the Humanities, 4, 5, pp. 313-314.

Warschauer, M. (1996): Computer-Assisted language learning: An introduction. In: Fotos, S. (ed.) (1996): Multimedia language teaching, pp.3-20, Tokyo: Logos International.

Warschauer, M. / Healey, D. (1998): Computer and Language: An overview. Language Teaching, 31, pp.57-71.

Warschauer, M. / Kern, R. (ed.) (2000): Network-based language teaching: Concepts and practice. New York: Cambridge University Press.

Weizenbaum, J. (1976): Computer Power and Human Reason: From Judgment to Calculation. San Francisco: W. H. Freeman.

Wenden, A. (1991): Learner Strategies for Learner Autonomy. New York: Prentice Hall.

Weskamp, R. (1999): Unterricht im Wandel - Autonomes Fremdsprachenlernen als Konzept für schülerorientierten Fremdsprachenunterricht. In: Edelhoff, C. / Weskamp, R. (ed.) (1999), pp.8-19.

Wheatley, G.H.(1991): Constructivist perspectives on science and mathematics learning. Science

参考文献

Education, 75(1), pp.9-21.

Widdowson, H. G. (1978): Teaching language as Communication. Oxford: Pxford University Press.

Wilkins, D. A. (1976): Notional Syllabuses. Oxford: Oxford University Press.

Winograd, T. (1972): Understanding Natural Language. New York: Academic Press.

Wolff, D. (1994): Der Konstruktivismus: Ein neues Paradigma in der Fremdsprachendidaktik?. In: Die Neueren Sprachen 93(4), pp.407-429.

Wolff, D. (1999): Zu den Beziehungen zwischen Theorie und Praxis in der Entwicklung von Lernerautonomie. In: Edelhoff, C. / Weskamp, R. (ed.) (1999), pp.37-48.

Wolff, D. (2002a): Instruktivismus vs. Konstruktivismus: 20 Thesen zur Lernbarkeit und Lehrbarkeit von Sprachen. In: Bach, G. / Vierbock, B.(ed.) (2002): Die Aneignung fremder Sprachen: Perspektiven-Konzepte-Forschungsprogramm, pp.19-24, Frankfurt am Main: Peter Lang.

Wolff, D. (2002b): Fremdsprachenlernen als Konstruktion: Einige Anmerkungen zu einem viel diskutierten neuen Ansatz in der Fremdsprachendidaktik, Babylonia 4, pp.7-14.

Wolff, D. (2003): Lernerautonomie und selbst gesteuertes fremdsprachliches Lernen: Überblick. In: Bausch, K. R./Christ, H./Krumm, H. J. (ed.): Handbuch Fremdsprachenunterricht 4., völlig überarbeitete und erweiterte Auflage. Tübingen/Basel: Francke Verlag, pp.321-326.

Wyatt, D. H. (1984a):Computer-Assisted Language Instruction. Oxford: Pergamon Institute of English.

Wyatt, D. H. (1984b): Computers and ESL. New York: Prentice-Hall.

事項別索引

CAI時代の大規模プロジェクト
CALIS（Computer Assisted Language Instruction System）--- 16, 25
CALLS（Computer-Assisted Language Learning System）--- 16, 19
CARLOS（Computer-Assisted Review Lessons on Syntax）--- 18
CLIPS（Computerized Language Instruction and Practice Software）--- 22
MULTICS（Multiplexed Information and Computing Service）--- 19
PLATO（Programmed Logic for Automatic Teaching Operations project）--- 16, 22-24, 26, 29, 212, 237
The Dartmouth Time-sharing System --- 16, 17
The Scientific Language Project --- 16, 25, 29
The Stanford Project --- 16, 237
The Stony Brook Project --- 16, 17, 41
TICCIT（Time-Shared, Interactive Computer Controlled Information Television）--- 16, 20-24, 235, 237
TICS tutorials --- 16, 19
ZAP --- 16, 20

CALLの歴史
DIY CALL（Do It Yourself CALL）--- 51
ティーチャー・プログラマー（teacher programmer）--- 38, 39, 51, 52, 67, 68, 81, 83, 88, 91, 96, 108, 212, 242
専門家でない趣味的プログラマー（hobbyist programmer）--- 51
日本型CALL（Japanese-style CALL）--- 7, 82, 105, 107, 108-110, 207, 208, 210, 211, 213-215, 227, 228, 246

CALL時代のプログラム
Cyber Physical Response --- 53, 90, 224
GRAMMARLAND --- 47
STORYBOARD --- 40, 41, 50
TextArbeiter --- 94
text mazes --- 43
Word Picture Type --- 44, 53
クローズテスト（Cloze Test）--- 39, 40, 50, 71, 96, 212, 248

282

テキスト再構成プログラム（Textrekonstruktion / text reconstruction）--- 39-41, 94, 212
テキスト並べ替えプログラム（Jumbler）--- 39, 41, 96, 212
ブランチングストーリー（eine sich verzweigende Geschichte / branching story）--- 42
ロールプレイングゲーム（Rollenspiel / role playing game）--- 42
生成型プログラム（generatives Programm / generative program）--- 20, 48, 222

CALL時代の大規模プロジェクト
Athena Language Learning Project --- 39
Montevidisco Project --- 39

ネットワークとしてのインターネットの歴史
ARPANET --- 63, 64
JUNET（Japan University Network）--- 64
NSFNET --- 64
USENET --- 64
コミュニティーメモリ・プロジェクト（Community Memory Project）--- 64
全米科学財団（NSF: National Science Foundation）--- 20, 23, 64
分散型ネットワーク --- 12, 62-64, 68, 212
米国防総省高等研究計画局（ARPA: Advanced Research Projects Agency）--- 63

オーサリング
BUD言語 --- 122-125, 134
HOT POTATOES --- 69, 71, 77, 78, 121, 122, 125, 217, 240, 241, 248
HyperCard --- 51-53, 67, 68, 81, 88-92, 94-96, 101-103, 212, 242, 243
LingoFox --- 121, 248
OMO（Oracle Media Objects）--- 67, 96, 102, 103
PCマスター --- 82, 83, 85, 245
Web Exercise --- 103
オーサリングソフト（Autorensoftware / authoring software）--- 24, 38, 39, 41, 43, 52, 53, 67-69, 71, 72, 88, 96, 102, 217, 242, 243
オーサリングツール（Autorentool / authoring tool）--- 27, 76, 83, 85, 88, 239
サッと英作 --- 122, 125, 134, 137, 143
形成的評価（Gestaltungs-Evaluation / formative evaluation）--- 92
構成要素提示理論（CDT: Component Display Theory）--- 21, 235

オンラインツール

Google イメージ検索／Google Bild --- 179, 181, 182, 254
Google 検索／Google Deutschland --- 169, 170, 176-178, 180, 182, 187-191, 203, 253, 254
Wikipedia --- 192
オンライン辞書（英独・独英）　dict.cc --- 181, 254
オンライン辞書（英独・独英）　LEO Deutsch-Englisches Wörterbuch --- 254
オンライン辞書（英独・独英）　QuicDic --- 254
レイヤー（Ebene / layer） --- 52
動的ワークシート --- 161, 162, 165, 166, 224, 229

コーパス関連

Jetzt Deutsch Lernen - Text zum Lesen --- 168
KWIC 形式 ---73, 168, 171, 175, 240
MonoConc --- 167, 168
Project Gutenberg --- 168, 253
WebGrep for NESS 6800 ---183, 254
コロケーション／連語（Kollokation / collocation） --- 169, 170, 173-181, 185, 253
データ駆動型学習（DDL: Datengetriebenes Lernen / data-driven learning） --- 252
ドイツ語研究所（IDS: Institut für Deutsche Sprache） --- 167, 253
プロジェクト杉田玄白 --- 183
マンハイムコーパス（Mannheimer Korpora） --- 167, 168, 253
レンマ化（Lemmatisierung / lemmatization） --- 253
欧州議会多言語議事録コーパス（European Parliament Proceedings Parallel Corpus 1996-2006） --- 168, 183
自己発見型学習／探求型学習 (exploratives Lernen / explorative learning) --- 48, 51, 55, 56, 61, 69, 72, 114, 119, 120, 167, 175, 182, 183, 204, 207, 209, 212, 220-223, 228, 229, 252
日独例文コーパス DJPD (Deutsch-Japanisches Parallelkorpus für Deutschlernende) --- 167, 183-189, 205, 254, 255
延べ語数（Vorkommnis / token） --- 169, 253

コンピュータ支援外国語学習を表す用語

CAI (Computer-Assisted Instruction あるいは Computer-Aided Instruction) --- 3, 7, 9-12, 15, 16, 20, 25, 27-30, 36-38, 41, 42, 50, 51, 54, 71, 81-84, 86-89, 91, 97, 105, 106-110, 208, 209, 212, 213, 227, 233-237, 242, 245, 246

事項別索引

CAL（Computer-Assisted Learning あるいは Computer-Aided Learning）--- 10, 245
CALL（Computer-Assisted Language Learning）--- 1, 3, 他多数
CALLL（Computer-Assisted Language Learning Laboratory）--- 105
CBI（Computer-Based Instruction）--- 10
CBL（Computer-Based Learning）--- 10
CDI（Computer-Directed Instruction）--- 10
CDL（Computer-Directed Learning）--- 10
CELL（Computer-Enhanced Language Learning）--- 11
CMC（Computer-Mediated Communication）--- 29, 68, 69, 79, 97-99, 104, 109, 190, 212, 223, 226, 229, 234
CMI（Computer-Managed Instruction）--- 10
CML（Computer-Managed Learning）--- 10
e-Learning --- 77, 108, 115, 208, 210, 214, 227, 240, 246
ICALL（Intelligent CALL）--- 10, 45, 48, 49, 233
ITS（Intelligent Tutoring Systems）--- 11
TELL（Technology-Enhanced Language Learning）--- 7, 9, 11, 54, 68, 212
WBT / WBL（Web-Based Training / Web-Based Learning）--- 121, 234

コンピュータ用語

HTML（Hyper Text Mark-up Language）--- 65, 68, 101, 197, 239, 240
LAN（Local Area Network）--- 50, 51, 215
MS-DOS --- 6, 22, 51, 82, 85, 241
TCP/IP（Transmission Control Protocol/Internet Protocol）--- 65, 239
URL: Uniform Resource Locator --- 66, 244, 248, 253-255
USB（Universal Serial Bus）--- 167
VOD（Video on Demand）--- 104, 244
WWW（World Wide Web）--- 65-67, 69, 71, 77, 85, 97-99, 102, 103, 119, 183, 190, 216, 221, 234, 239, 244
オペレーティングシステム OS（Betriebssystem / Operating System）--- 6, 51, 52, 67, 96, 102, 192, 241
キャラクタユーザインターフェース CUI（Kommandozeile / Character User Interface）--- 51, 82-85, 231, 237, 241, 242
グラフィカルユーザインターフェース GUI（Grafische Benutzeroberfläche / Graphical User Interface）--- 52, 53, 85, 88, 242
タイムシェアリング・システム（TSS: Time-Sharing-System）--- 15, 16, 18, 19, 88

パーソナルコンピュータ PC --- 11, 12, 17, 22, 25, 30, 37-39, 50, 51, 54, 73, 81-83, 87, 108, 142, 212, 215, 218, 224, 228, 235-237, 239, 240, 242
バッチモード（Batchmodus / batch mode）--- 15
ユニコード（Unicode）--- 71, 77, 184, 214, 240, 251
大型コンピュータ（Großrechner / mainframe）--- 11, 12, 15, 16, 25, 28, 37, 38, 72, 84, 88, 212, 235, 236
小型コンピュータ（Minicomputer / mini-computer）--- 25, 37, 235, 236
情報コミュニケーション技術（ICT: Informations- und Kommunikationstechnologie / information and communication technology）--- 69, 110, 111, 143, 161, 162, 210, 211, 222, 226, 228, 231, 246, 256
人文情報学（humanities computing）--- 9

ドイツ語学習用サイト
CALL ドイツ語 --- 116, 118
LernNetz Deutsch --- 101
Kaleidoskop - Alltag in Deutschland - --- 99, 100
ドイツ語スピーキング講座 --- 117, 118, 246
ドイツ語発音・聴き取りクリニック --- 117, 118
電脳独語教室 --- 102, 116, 118, 246

ネットワークを通じたコミュニケーション
CMC（Computer-Mediated Communication）--- 29, 68, 69, 79, 97-99, 104, 109, 190, 212, 223, 226, 229, 234
eTandem（International Tandem Network）--- 69, 70, 97, 161, 223, 240
Skype --- 162, 223, 252

ハイパーテキスト
HyperCard --- 51-53, 67, 68, 81, 88-92, 94-96, 101-103, 212, 242, 243
Memex（Memory Extender）--- 239
ザナドゥ（Xanadu）--- 66, 239
ハイパーテキスト（Hypertext）--- 66, 89, 90, 243
ハイパーメディア（Hypermedia）--- 30, 62, 65-68, 71, 89, 91, 167, 242, 244
線条的に（sequentiell / sequentially）--- 67

プロジェクト型学習
IWE（International Writing Ecxchange）--- 203

WebQuest〔短期プロジェクト/長期プロジェクト/QuestGarden〕 ---69, 74-76, 240
デジタルビデオ制作配信プロジェクト --- 191-195, 222, 255
バーチャルドイツ旅行 --- 74, 101, 204, 222, 255
フォトストーリー --- 191, 195, 196, 222, 255
プロジェクト型外国語学習（Projektorientiertes Sprachlernen あるいは Handlungsorientiertes Sprachlernen / project-based language learning あるいは Active learning） --- 51, 55, 56, 74, 75, 85, 90, 97, 100, 101, 108, 109, 114, 120, 167, 187, 189-191, 204, 207, 209, 213, 214, 220-223, 228, 256
作文プロジェクト --- 101, 197-204, 222
物語作り（Märchenerzählung / story telling） --- 101

遠隔学習
遠隔学習（Fernlernen / distance-learning） --- 76, 77, 79, 240
遠隔による対面型授業の支援（Hybrides Lernen / blended learning） ---76

学習管理システム
Blackboard --- 79
Moodle --- 1, 69, 78, 79, 104, 200, 201, 221, 241, 255
WebCT --- 1, 69, 76, 77, 79, 104, 221, 241
Xoops --- 78, 79, 118, 241, 246
学習管理システム（LMS: Learning Management System） --- 1, 76-79, 104, 120, 189, 190, 200, 204, 205, 212, 221, 222, 228, 240, 241, 245, 255

学習者中心・学習者の自律性・学習方略
タスク中心型学習（aufgabenbasiertes Lernen / task-based learning） --- 31, 61, 212
データ駆動型学習（DDL: Datengetriebenes Lernen / data-driven learning） ---252
プロジェクト型外国語学習（Projektorientiertes Sprachlernen あるいは Handlungsorientiertes Sprachlernen / project-based language learning あるいは Active learning） --- 51, 55, 56, 74, 75, 85, 90, 97, 100, 101, 108, 109, 114, 120, 167, 187, 189-191, 204, 207, 209, 213, 214, 220-223, 228, 256
プロセス重視型学習（prozessorientiertes Lernen / process-oriented learning） --- 61, 114
大まかな実用的規則（Daumenregel / rule of thumb） --- 119
学習支援者（Moderator / facilitator） --- 36, 205
学習者中心（Lernerzentriertheit / learner-centeredness） ---54-56, 61, 212
学習者の自律性（Lernerautonomie / learner autonomy） ---54-57, 61, 194, 204, 209, 212, 220

学習方略（Lernstrategien / learning strategies）／言語学習方略（Sprachlernstrategien / language learning strategies）--- 2, 40-42, 55, 56, 61, 74, 86, 94, 136, 182, 183, 197, 209, 220, 221, 234, 238, 253
厳格な監督（Zuchtmeister / taskmaster）---36
自己発見型学習／探求型学習（exploratives Lernen / explorative learning）--- 48, 51, 55, 56, 61, 69, 72, 114, 119, 120, 167, 175, 182, 183, 204, 207, 209, 212, 220-223, 228, 229, 252
自律型学習（Autonomes Lernen / autonomous learning）---55, 62, 220-222, 225, 229, 256
理想の教師（idealer Lehrer / ideal teacher）--- 36, 54

教授法・教授理論
Army Method（ASTP: Tha Army Specialized Trainig Program）--- 13
Community Language Learning --- 31
Suggestopedia --- 31
The Silent Way --- 31
Total Physical Response --- 31, 44, 238
インプット理論（Input-Theorie / input theory）〔習得・学習仮説/モニター仮説/自然な順序の仮説/インプット仮説/情意フィルター仮説〕--- 31, 236
オーディオリンガリズム（Audiolingualismus / Audiolingualism）--- 3, 11-14, 28, 30, 32, 49, 114, 208, 209, 212, 227, 234, 236
コミュニカティブ・アプローチ --- 3, 11, 12, 30-32, 38, 39, 54, 87, 91, 108, 114, 208, 209, 212, 227, 232, 242
コミュニケーション能力（Kommunikationsfähigkeit / communicative competence）--- 2, 31, 35, 36, 55
ダイレクト・メソッド（Direkte Methode / Direct Method）--- 13
ナチュラル・アプローチ（Natural Approach）--- 31, 236
パターン・プラクティス（Patternübung / pattern practice）--- 13, 14, 20, 27, 28, 36, 212, 228, 233-235, 243
概念・機能シラバス（Notional-Functional Syllabus）--- 31
段階式直説法（GDM: Graded Direct Method）--- 95
文法翻訳法（Grammatik-Übersetzungsmethode / Grammar-Translation Method）--- 13, 108, 209, 232

言語学・言語教育学の一般用語
ESL（English as a Second Language）--- 10, 23

Guided Writing --- 201, 249
LL（Language Laboratry）--- 3, 5, 14, 15, 27, 28, 30, 85, 105, 106, 108, 213, 244, 245
task transfer --- 45
ジグソー方式（Wirbelgruppe / Jigsaw）--- 222
ステーション型学習（Stationenlernen / carousel approach）--- 256
タスク（Aufgabe / task）--- 31, 45, 61, 76, 114, 162, 163, 165, 194, 198, 212, 221, 228, 241
概略的聴取（allgemeines Zuhören / global listening）--- 49, 50
学習形態（Sozialform / social form）--- 54, 98, 209-212, 215, 220, 224, 227, 256
学習に対する心理的な準備の度合い（Lernbereitschaft / readiness）--- 57
課題のタイプ（Übungstypologie / exercise typology）--- 209-212, 248
基礎概念（Basiskonzept / basic concept）--- 122, 164
形態的（morphologisch / morphological）--- 119, 149, 181, 185
形態的・統語的な（morphosyntaktisch / morphosyntactic）--- 149, 185
言語使用領域（Register / register）--- 42, 187, 219
語彙学習（Wortschatzarbeit / vocaburary learning）--- 44, 93
交渉シラバス（negotiation syllabus）--- 56
集中的聴取（intensives Zuhören / intensive listening）--- 49, 50
授業への応用（Didaktisierung / adaptation）--- 224
情報提供者（Informant / informant）--- 14
先行シラバス（a priori syllabus）--- 56
選択的聴取（selektives Zuhören / selective listening）--- 49, 50
多面的な（facettenreich / multifaced）--- 209
道具的な動機（instrumentale Motivation / instrumental motivation）--- 229
内的な動機（intrinsische Motivation / intrinsic motivation）--- 36, 57, 58, 121, 229
本物の（authentisch / authentic）--- 2, 43, 55, 56, 61, 74, 79, 98, 100, 104, 109, 114, 162, 163, 167, 175, 180, 182, 188, 190, 194, 198, 203, 208, 221, 223, 225, 228, 229
本物らしさ（Authentizität / authenticity）--- 61, 203
最も特徴的な（salient）--- 122

言語政策

Modern Languages Project --- 31
ドイツ文化センター（Goethe-Institut）--- 5, 44, 94, 99, 101, 109, 162, 168, 246, 252
ヨーロッパ言語ポートフォリオ（ELP: European Language Portfolio）〔言語パスポート/言語学習記録/資料集〕--- 227, 256

外国語の学習・教育・評価のためのヨーロッパ共通参照枠（CEFR: Common European Framework of References for Languages） --- 31, 183, 219, 227, 256
言語ポートフォリオ（Sprachenportfolio / language portfolio） --- 227, 256
大学設置基準の大綱化 --- 232
多文化主義（Multikulturalismus / multiculturalism） --- 183
複言語主義（Plurilingualismus / plurilingualism） --- 183, 256
能力記述（Kannbeschreibung / Can-do-statements） --- 219, 256

言語理論と人文科学

エキスパートシステム（Expertensystem / expert system） --- 9, 45, 233
コミュニケーション能力（Kommunikationsfähigkeit / communicative competence） --- 2, 31, 35, 36, 55
ティーチング・マシーン（Lernmaschine / teaching machine） --- 9, 26, 228, 236
プログラム学習（programmierte Unterweisung / programmed instruction） --- 3, 9, 21, 26, 28, 84, 115, 233, 236, 245
機械翻訳（maschinelle Übersetzung / machine translation） --- 9, 29, 235, 252, 253
機能言語学（funktionale Linguistik / functional linguistics） --- 30, 212
経験的な（empirisch / empirical） --- 55, 205
言語能力（言語学の用語としての）（Sprachkompetenz / linguistic competence） --- 30, 31, 35
言語能力（言語教育学の用語としての）（Sprachfähigkeit / language ability） --- 2, 13, 27, 219, 220, 256
構造主義言語学（Linguistischer Strukturalismus / Linguistic Structuralism） --- 12, 212
行動科学（Verhaltenswissenschaften / behavioural sciences） --- 209, 211
行動主義（Behaviorismus / Behaviorism） --- 3, 9, 11, 12, 108, 115, 212, 236, 238
語用論（Pragmatik / pragmatics） --- 30, 49, 212
社会言語学（Soziolinguistik / social linguistics） --- 30
習慣形成（Erwerbung einer Routine / habit-formation）〔刺激/反応/報酬＝強化〕 --- 3, 9, 13, 30
心理的な揺り戻し（Gegenreaktion / backlash） --- 57
生成文法（generative Grammatik / generative grammar） --- 30
談話分析（Diskursanalyse / discourse analysis） --- 31

個別化

EAP（English for Academic Purposes） --- 56
ESP（English for Specific Purposes） --- 56

事項別索引

アカデミック・プレゼンテーション（akademische Präsentation / academic presentation）--- 56
ディベート（Debatte / debate）--- 56
ノートテイキング（Notizen machen / note taking）--- 56, 238
パラグラフ・ライティング（Paragraph Writing / paragraph writing）--- 56, 122
個別化（Individualisierung / indiviualization）--- 9, 56
個別対応（Binnendifferenzierung / internal differentiation）--- 57, 225, 226, 256

社会構成主義

Observe-Hypothesise-Experiment cycle --- 118, 120, 175
Present-Practise-Produce paradigma --- 115, 118, 119, 247
コンピュータ支援協調学習（CSCL: Computer Supported Collaborative Learning）--- 79, 203, 221
データ駆動型学習（DDL: Datengetriebenes Lernen / data-driven learning）--- 252
協調学習（kollaboratives Lernen / collaborative learning）--- 59, 61, 62, 69, 70, 76, 79, 104, 110, 198, 204, 208, 212, 221, 228, 229
協調的（kollaborativ / collaborative）--- 29, 59, 61, 108, 190, 205
言語意識（Sprachbewusstsein / language awareness）--- 49, 114
言語学習意識（Sprachlernbewusstsein / language learning awareness）--- 114
構築（Konstruktion / construction）--- 59, 61
最近接発達領域（Zone der nächsten Entwicklung / zone of proximal development）--- 59
思考の次元モデル（Dimensions of Thinking Model）〔態度と知覚/知識を獲得し統合する/知識を拡張し純化する/知識を意味のある形で使う/心の生産的な習性〕--- 75, 240
自己発見型学習／探求型学習（exploratives Lernen / explorative learning）--- 48, 51, 55, 56, 61, 69, 72, 114, 119, 120, 167, 175, 182, 183, 204, 207, 209, 212, 220-223, 228, 229, 252
社会構成主義（Sozialkonstruktivismus / social constructivism）--- 12, 54, 58, 60, 61, 76, 110, 113, 167, 208, 212, 228
社会構築主義（Sozialkonstruktionismus / social constructionism）--- 60, 76, 78, 110, 212, 241
多様な学習環境（reiche Lernumgebungen / rich learning environments）--- 58, 61, 62
知識（Wissen / knowledge）--- 58
知識の再構築（Wissenskonstruktion / knowledge construction）--- 59
伝達／教授（Anweisung / instruction）--- 58, 114, 115, 118, 167, 220, 247

認知的徒弟制（kognitive Lehre / Cognitive Apprenticeship）〔モデル化/指導/足場掛け/減衰〕--- 59

人工知能
ELIZA --- 45
SHRDLU --- 46-48
チューリングテスト（Turing Test）--- 45, 238

広島大学でのプロジェクト
オンライン和文独訳課題集　サッと独作 --- 121-143, 197, 205, 216, 226
ドイツ語スピーキング講座 --- 117, 118, 246, 247
ドイツ語作文支援サイト（Hiroshima University's German Help Center）--- 202, 203
自分で作ろうドイツ語課題！（DGSG: Deutsche Grammatikübungen selbst gestrickt!）--- 123, 143-161, 205, 226, 248-251
日独例文コーパス DJPD（Deutsch-Japanisches Parallelkorpus für Deutschlernende）--- 167, 183-190, 205, 254, 255

人名
ヴィゴツキー（Lev Semenovich Vygotsky　1896-193）--- 59
ウィノグラード（Terry Allen Winograd　1946-）--- 46, 47
エジソン（Thomas Alva Edison　1847-1931）--- 5, 233
オーウェル（George Orwell　1903-1950）---51
スキナー（Burrhus Frederic Skinner　1904-1990）--- 9, 91
チューリング（Alan Mathison Turing　1912-1954）--- 45, 237
チョムスキー（Avram Noam Chomsky　1928- ）---30, 31
ネルソン（Theodor Holm Nelson　1937 -）--- 66, 239
ハイムズ（Dell Hathaway Hymes　1927-）--- 31
ピアジェ（Jean Piaget　1896-1980）--- 58
フェスティンガー（Leon Festinger　1919-1989）--- 57
ワイゼンバウム（Joseph Weizenbaum　1923-2008）--- 45

アルファベット・五十音順　索引

アルファベット

Army Method（ASTP: Tha Army Specialized Trainig Program）--- 13
ARPA（Advanced Research Projects Agency）--- 63
ARPANET --- 63, 64
Athena Language Learning Project --- 39
Blackboard --- 79
BUD 言語 --- 122-125, 134
CAI（Computer-Assisted Instruction あるいは Computer-Aided Instruction）--- 3, 7, 9-12, 15, 16, 20, 25, 27-30, 36-38, 41, 42, 50, 51, 54, 71, 81-84, 86-89, 91, 97, 105, 106-110, 208, 209, 212, 213, 227, 233-237, 242, 245, 246
CAL（Computer-Assisted Learning あるいは Computer-Aided Learning）--- 10, 245
CALIS（Computer Assisted Language Instruction System）--- 16, 25
CALL（Computer-Assisted Language Learning）--- 1, 3, 他多数
CALLL（Computer-Assisted Language Learning Laboratory）--- 105
CALLS（Computer- Assisted Language Learning System）--- 16, 19
CALL ドイツ語 --- 116, 118
CARLOS（Computer-Assisted Review Lessons on Syntax）--- 18
CBI（Computer-Based Instruction）--- 10
CBL（Computer-Based Learning）--- 10
CDI（Computer-Directed Instruction）--- 10
CDL（Computer-Directed Learning）--- 10
CDT（Component Display Theory）--- 21, 235
CEFR（Common European Framework of References for Languages）--- 31, 183, 219, 227, 256
CELL（Computer-Enhanced Language Learning）--- 11
Cyber Physical Response --- 53, 90, 224
CLIPS（Computerized Language Instruction and Practice Software）--- 22
CMC（Computer-Mediated Communication）--- 29, 68, 69, 79, 97-99, 104, 109, 190, 212, 223, 226, 229, 234
CMI（Computer-Managed Instruction）--- 10
CML（Computer-Managed Learning）--- 10
Community Language Learning --- 31
CSCL（Computer Supported Collaborative Learning）--- 79, 203, 221
CUI（Kommandozeile / Character User Interface）--- 51, 82-85, 231, 237, 241, 242

DGSG（Deutsche Grammatik Übungen selbst gestrickt!）--- 123, 143-161, 205, 226, 248-251
DIY CALL（Do It Yourself CALL）--- 51
DJPD（Deutsch-Japanisches Parallelkorpus für Deutschlernende）--- 167, 183-189, 205, 254, 255
EAP（English for Academic Purposes）--- 56
e-Learning --- 77, 108, 115, 208, 210, 214, 227, 240, 246
ELIZA --- 45
ELP（European Language Portfolio）--- 227, 256
ESL（English as a Second Language）--- 10, 23
ESP（English for Specific Purposes）--- 56
eTandem（International Tandem Network）--- 69, 70, 97, 161, 223, 240
Goethe-Institut --- 5, 44, 94, 99, 101, 109, 162, 168, 246, 252
Google イメージ検索／Google Bild --- 179, 181, 182, 254
Google 検索／Google Deutschland --- 169, 170, 176-178, 180, 182, 187-191, 203, 253, 254
GRAMMARLAND --- 47
GUI（Grafische Benutzeroberfläche / Graphical User Interface） --- 52, 53, 85, 88, 242
Guided Writing --- 201, 249
HOT POTATOES --- 69, 71, 77, 78, 121, 122, 125, 217, 240, 241, 248
HTML（Hyper Text Mark-up Language）--- 65, 68, 101, 197, 239, 240
HyperCard --- 51-53, 67, 68, 81, 88-92, 94-96, 101-103, 212, 242, 243
ICALL（Intelligent CALL）--- 10, 45, 48, 49, 233
ICT（Informations- und Kommunikationstechnologie / information and communication technology）--- 69, 110, 111, 143, 161, 162, 210, 211, 222, 226, 228, 231, 246, 256
ITS（Intelligent Tutoring Systems）--- 11
IWE（International Writing Ecxchange）--- 203
Jetzt Deutsch Lernen - Text zum Lesen --- 168
JUNET（Japan University Network）--- 64
Kaleidoskop - Alltag in Deutschland - --- 99, 100
KWIC 形式 --- 73, 168, 171, 175, 240
LAN（Local Area Network）--- 50, 51, 215
LernNetz Deutsch --- 101
LingoFox --- 121, 248
LL（Language Laboratry）--- 3, 5, 14, 15, 27, 28, 30, 85, 105, 106, 108, 213, 244, 245

LMS（Learning Management System）--- 1, 76-79, 104, 120, 189, 190, 200, 204, 205, 212, 221, 222, 228, 240, 241, 245, 255
Memex（Memory Extender） --- 239
Modern Languages Project --- 31
MonoConc --- 167, 168
Montevidisco Project --- 39
Moodle --- 1, 69, 78, 79, 104, 200, 201, 221, 241, 255
MS-DOS --- 6, 22, 51, 82, 85, 241
MULTICS（Multiplexed Information and Computing Service） --- 19
NSF（National Science Foundation） --- 20, 23, 64
NSFNET --- 64
Observe-Hypothesise-Experiment cycle --- 118, 120, 175
OMO（Oracle Media Objects） --- 67, 96, 102, 103
OS（Betriebssystem / Operating System） --- 6, 51, 52, 67, 96, 102, 192, 241
PC マスター --- 82, 83, 85, 245
PLATO（Programmed Logic for Automatic Teaching Operations project） --- 16, 22-24, 26, 29, 212, 237
Present-Practise-Produce paradigma --- 115, 118, 119, 247
Project Gutenberg --- 168, 253
SHRDLU --- 46-48
Skype --- 162, 223, 252
STORYBOARD --- 40, 41, 50
Suggestopedia --- 31
task transfer --- 44
TCP/IP（Transmission Control Protocol/Internet Protocol） --- 65, 239
TELL（Technology-Enhanced Language Learning） --- 7, 9, 11, 54, 68, 212
TextArbeiter --- 94
text mazes --- 43
The Dartmouth Time-sharing System --- 16, 17
The Scientific Language Project --- 16, 25, 29
The Silent Way --- 31
The Stanford Project --- 16, 237
The Stony Brook Project --- 16, 17, 41
TICCIT（Time-Shared, Interactive Computer Controlled Information Television） --- 16, 20-24, 235, 237
TICS tutorials ---16, 19

Total Physical Response --- 31, 44, 238
TSS（Time-Sharing-System）--- 15, 16, 18, 19, 88
URL: Uniform Resource Locator --- 66, 244, 248, 253-255
USB（Universal Serial Bus）--- 167
USENET --- 64
VOD（Video on Demand）--- 104, 244
WBT / WBL（Web-Based Training / Web-Based Learning）--- 121, 234
Web Exercise --- 103
WebCT --- 1, 69, 76, 77, 79, 104, 221, 241
WebGrep for NESS 6800 --- 183, 254
WebQuest〔短期プロジェクト/長期プロジェクト/QuestGarden〕--- 69, 74-76, 240
Wikipedia ---192
Word Picture Type --- 44, 53
WWW（World Wide Web） --- 65-67, 69, 71, 77, 85, 97-99, 102, 103, 119, 183, 190, 216, 221, 234, 239, 244
Xoops --- 78, 79, 118, 241, 246
ZAP ---16, 20

五十音（カタカナ）

アカデミック・プレゼンテーション（akademische Präsentation / academic presentation）--- 56
インプット理論（Input-Theorie / input theory）〔習得・学習仮説/モニター仮説/自然な順序の仮説/インプット仮説/情意フィルター仮説〕--- 31, 236
ヴィゴツキー（Lev Semenovich Vygotsky 1896-193）--- 59
ウィノグラード（Terry Allen Winograd 1946-）--- 46, 47
エキスパートシステム（Expertensystem / expert system）--- 9, 45, 233
エジソン（Thomas Alva Edison 1847-1931）--- 5, 233
オーウェル（George Orwell 1903-1950）---51
オーサリングソフト（Autorensoftware / authoring software）--- 24, 38, 39, 41, 43, 52, 53, 67-69, 71, 72, 88, 96, 102, 217, 242, 243
オーサリングツール（Autorentool / authoring tool） --- 28, 76, 83, 85, 88, 239
オーディオリンガリズム（Audiolingualismus / Audiolingualism）--- 3, 11-14, 28, 30, 32, 49, 114, 208, 209, 212, 227, 234, 236
オペレーティングシステム OS（Betriebssystem / Operating System） --- 6, 51, 52, 67, 96, 102, 192, 241
オンライン辞書（英独・独英） dict.cc --- 181, 254

オンライン辞書（英独・独英）　LEO Deutsch-Englisches Wörterbuch --- 254
オンライン辞書（英独・独英）　QuicDic --- 254
キャラクタユーザインターフェース CUI（Kommandozeile / Character User Interface）--- 51, 82-85, 231, 237, 241, 242
グラフィカルユーザインターフェース GUI（Grafische Benutzeroberfläche / Graphical User Interface）--- 52, 53, 85, 88, 242
クローズテスト（Cloze Test）--- 39, 40, 50, 71, 96, 212, 248
コミュニカティブ・アプローチ --- 3, 11, 12, 30-32, 38, 39, 54, 87, 91, 108, 114, 208, 209, 212, 227, 232, 242
コミュニケーション能力（Kommunikationsfähigkeit / communicative competence） --- 2, 31, 35, 36, 55
コミュニティーメモリ・プロジェクト（Community Memory Project）--- 64
コロケーション／連語（Kollokation / collocation）--- 169, 170, 173-181, 185, 253
コンピュータ支援協調学習（CSCL: Computer Supported Collaborative Learning）--- 79, 203, 221
コンピュータ媒介コミュニケーション（CMC: Computer-Mediated Communication）--- 29, 68, 69, 79, 97-99, 104, 109, 190, 212, 223, 226, 229, 234
サッと英作 --- 122, 125, 134, 137, 143
サッと独作 --- 121-143, 197, 205, 216, 226
ザナドゥ（Xanadu）--- 66, 239
ジグソー方式（Wirbelgruppe / Jigsaw）--- 222
スキナー（Burrhus Frederic Skinner　1904-1990）--- 9, 91
ステーション型学習（Stationenlernen / carousel approach）--- 256
タイムシェアリング・システム（TSS: Time-Sharing-System）--- 15, 16, 18, 19, 88
ダイレクト・メソッド（Direkte Methode / Direct Method）--- 13
タスク（Aufgabe / task）--- 31, 45, 61, 76, 114, 162, 163, 165, 194, 198, 212, 221, 228, 241
タスク中心型学習（aufgabenbasiertes Lernen / task-based learning）--- 31, 61, 212
チューリング（Alan Mathison Turing　1912-1954）--- 45, 237
チューリングテスト（Turing Test）--- 45, 238
チョムスキー（Avram Noam Chomsky　1928- ）--- 30, 31
ティーチャー・プログラマー（teacher programmer）--- 38, 39, 51, 52, 67, 68, 81, 83, 88, 91, 96, 108, 212, 242
ティーチング・マシーン（Lernmaschine / teaching machine）--- 9, 26, 228, 236
ディベート（Debatte / debate）--- 56
データ駆動型学習（DDL: Datengetriebenes Lernen / data-driven learning）--- 252

テキスト再構成プログラム（Textrekonstruktion / text reconstruction）--- 39, 41, 94, 212
テキスト並べ替えプログラム（Jumbler）--- 39, 41, 96, 212
デジタルビデオ制作配信プロジェクト --- 191-195, 222, 255
ドイツ語スピーキング講座 --- 117, 118, 246, 247
ドイツ語研究所（IDS: Institut für Deutsche Sprache）--- 167, 253
ドイツ語作文支援サイト Hiroshima University's German Help Center --- 202, 203
ドイツ語発音・聴き取りクリニック --- 117, 118
ドイツ文化センター（Goethe-Institut）--- 5, 44, 94, 99, 101, 109, 162, 168, 246, 252
ナチュラル・アプローチ（Natural Approach）--- 31, 236
ネルソン（Theodor Holm Nelson　1937 -）--- 66, 239
ノートテイキング（Notizen machen / note taking）--- 56, 238
パーソナルコンピュータ PC --- 11, 12, 17, 22, 25, 30, 37-39, 50, 51, 54, 73, 81-83, 87, 108, 142, 212, 215, 218, 224, 228, 235-237, 239, 240, 242
バーチャルドイツ旅行 --- 74, 101, 204, 222, 255
ハイパーテキスト（Hypertext）--- 66, 89, 90, 243
ハイパーメディア（Hypermedia）--- 30, 62, 65-68, 71, 89, 91, 167, 242, 244
ハイムズ（Dell Hathaway Hymes　1927-）--- 31
パターン・プラクティス（Patternübung / pattern practice）--- 13, 14, 20, 27, 28, 36, 212, 228, 233-235, 243
バッチモード（Batchmodus / batch mode）--- 15
パラグラフ・ライティング（Paragraph Writing / paragraph writing）--- 56, 122
ピアジェ（Jean Piaget　1896-1980）--- 58
フェスティンガー（Leon Festinger　1919-1989）--- 57
フォトストーリー --- 191, 195, 196, 222, 255
ブランチングストーリー（eine sich verzweigende Geschichte / branching story）--- 42
プログラム学習（programmierte Unterweisung / programmed instruction）--- 3, 9, 21, 26, 28, 84, 115, 233, 236, 245
プロジェクト型外国語学習（Projektorientiertes Sprachlernen あるいは Handlungsorientiertes Sprachlernen / project-based language learning あるいは Active learning）--- 51, 55, 56, 74, 75, 85, 90, 97, 100, 101, 108, 109, 114, 120, 167, 187, 189-191, 204, 207, 209, 213, 214, 220-223, 228, 256
プロジェクト杉田玄白 --- 183
プロセス重視型学習（prozessorientiertes Lernen / process-oriented learning）--- 61, 114
マンハイムコーパス（Mannheimer Korpora）--- 167, 168, 253
ユニコード（Unicode）--- 71, 77, 184, 214, 240, 251
ヨーロッパ言語ポートフォリオ（ELP: European Language Portfolio）--- 227, 256

レイヤー（Ebene / layer）--- 52
レンマ化（Lemmatisierung / lemmatization）--- 253
ロールプレイングゲーム（Rollenspiel / role playing game）--- 42
ワイゼンバウム（Joseph Weizenbaum　1923-2008）--- 45

あ行

遠隔学習（Fernlernen / distance-learning）--- 76, 77, 79, 240
遠隔による対面型授業の支援（Hybrides Lernen / blended learning）--- 76
欧州議会多言語議事録コーパス（European Parliament Proceedings Parallel Corpus 1996-2006）--- 168, 183
大型コンピュータ（Großrechner / mainframe）　--- 11, 12, 15, 16, 25, 28, 37, 38, 72, 84, 88, 212, 235, 236
大まかな実用的規則（Daumenregel / rule of thumb）---119

か行

外国語の学習・教育・評価のためのヨーロッパ共通参照枠（CEFR: Common European Framework of References for Languages）--- 31, 183, 219, 227, 256
概念・機能シラバス（Notional-Functional Syllabus）--- 31
概略的聴取（allgemeines Zuhören / global listening）--- 49, 50
学習に対する心理的な準備の度合い（Lernbereitschaft / readiness）--- 57
学習管理システム（LMS: Learning Management System）--- 1, 76-79, 104, 120, 189, 190, 200, 204, 205, 212, 221, 222, 228, 240, 241, 245, 255
学習形態（Sozialform / social form）--- 54, 98, 209-212, 215, 220, 224, 227, 256
学習支援者（Moderator / facilitator）---36, 205
学習者中心（Lernerzentriertheit / learner-centeredness）---54-56, 61, 212
学習者の自律性　（Lernerautonomie / learner autonomy）--- 54-57, 61, 194, 204 , 209, 212, 220
学習方略（Lernstrategien / learning strategies）／言語学習方略（Sprachlernstrategien / language learning strategies）--- 2, 40-42, 55, 56, 61, 74, 86, 94, 136, 182, 183, 197, 209, 220, 221, 234, 238, 253
課題のタイプ（Übungstypologie / exercise typology）--- 209-212, 248
機械翻訳（maschinelle Übersetzung / machine translation）--- 9, 29, 235, 252, 253
基礎概念（Basiskonzept / basic concept）--- 122, 164
機能言語学（funktionale Linguistik / functional linguistics）--- 30, 212
協調学習（kollaboratives Lernen / collaborative learning）--- 59, 61, 62, 69, 70, 76, 79, 104, 110, 198, 204, 208, 212, 221, 228, 229

協調的（kollaborativ / collaborative）--- 29, 59, 61, 108, 190, 205
形成的評価（Gestaltungs-Evaluation / formative evaluation）--- 92
形態的（morphologisch / morphological）--- 119, 149, 181, 185
形態的・統語的な（morphosyntaktisch / morphosyntactic）--- 149, 185
経験的な（empirisch / empirical）--- 55, 205
厳格な監督（Zuchtmeister / taskmaster）--- 36
言語ポートフォリオ（Sprachenportfolio / language portfolio）--- 227, 256
言語意識（Sprachbewusstsein / language awareness）--- 49, 114
言語学習意識（Sprachlernbewusstsein / language learning awareness）--- 114
言語学習方略（Sprachlernstrategien / language learning strategies）--- 2, 40-42, 55, 56, 61, 74, 86, 94, 136, 182, 183, 197, 209, 220, 221, 234, 238, 253
言語使用領域（Register / register）--- 42, 187, 219
言語能力（言語学の用語としての）（Sprachkompetenz / linguistic competence）--- 30, 31, 35
言語能力（言語教育学の用語としての）（Sprachfähigkeit / language ability）--- 2, 13, 27, 219, 220, 256
語彙学習（Wortschatzarbeit / vocaburary learning）--- 44, 93
交渉シラバス（negotiation syllabus）--- 56
構成要素提示理論（CDT: Component Display Theory）--- 21, 235
構造主義言語学（Linguistischer Strukturalismus / Linguistic Structuralism）--- 12, 212
構築（Konstruktion / construction）--- 59, 61
行動科学（Verhaltenswissenschaften / behavioural sciences）--- 209, 211
行動主義（Behaviorismus / Behaviorism）--- 3, 9, 11, 12, 108, 115, 212, 236, 238
小型コンピュータ（Minicomputer / mini-computer）--- 25, 37, 235, 236
個別化（Individualisierung / indiviualization）--- 9, 56
個別対応（Binnendifferenzierung / internal differentiation）--- 57, 225, 226, 256
語用論（Pragmatik / pragmatics）--- 30, 49, 212

さ行

最近接発達領域（Zone der nächsten Entwicklung / zone of proximal development）--- 59
作文プロジェクト --- 101, 197-204, 222
思考の次元モデル〔態度と知覚/知識を獲得し統合する/知識を拡張し純化する/知識を意味のある形で使う/心の生産的な習性〕（Dimensions of Thinking Model）--- 75, 240

自己発見型学習／探求型学習（exploratives Lernen / explorative learning）--- 48, 51, 55, 56, 61, 69, 72, 114, 119, 120, 167, 175, 182, 183, 204, 207, 209, 212, 220-223, 228, 229, 252
自分で作ろうドイツ語課題！（DGSG: Deutsche Grammatikübungen selbst gestrickt!）--- 123, 143-161, 205, 226, 248-251
社会言語学（Soziolinguistik / social linguistics）---30
社会構成主義（Sozialkonstruktivismus / social constructivism）--- 12, 54, 58, 60, 61, 76, 110, 113, 167, 208, 212, 228
社会構築主義（Sozialkonstruktionismus / social constructionism）--- 60, 76, 78, 110, 212, 241
習慣形成（Erwerbung einer Routine / habit-formation）〔刺激/反応/報酬＝強化〕--- 3, 9, 13, 30
集中的聴取（intensives Zuhören / intensive listening）--- 49, 50
授業への応用（Didaktisierung / adaptation）--- 224
情報コミュニケーション技術（ICT: Informations- und Kommunikationstechnologie / information and communication technology）--- 69, 110, 111, 143, 161, 162, 210, 211, 222, 226, 228, 231, 246, 256
情報提供者（Informant / informant）--- 14
自律型学習（Autonomes Lernen / autonomous learning）--- 55, 62, 220-222, 225, 229, 256
心理的な揺り戻し（Gegenreaktion/ backlash）--- 57
人文情報学（humanities computing）--- 9
生成型プログラム（generatives Programm / generative program）--- 20, 48, 222
生成文法（generative Grammatik / generative grammar）--- 30
先行シラバス（a priori syllabus）--- 56
線条的に（sequentiell / sequentially）--- 67
選択的聴取（selektives Zuhören / selective listening）--- 49, 50
全米科学財団（NSF: National Science Foundation）--- 20, 23, 64
専門家でない趣味的プログラマー（hobbyist programmer）--- 51

た行

大学設置基準の大綱化 --- 232
多文化主義（Multikulturalismus / multiculturalism）--- 183
多面的な（facettenreich / multifaced）--- 209
多様な学習環境（reiche Lernumgebungen / rich learning environments）--- 58, 61, 62
段階式直説法（GDM: Graded Direct Method）--- 95

談話分析（Diskursanalyse / discourse analysis）---31
知識（Wissen / knowledge）---58
知識の再構築（Wissenskonstruktion / knowledge construction）--- 59
伝達／教授（Anweisung / instruction）--- 58, 114, 115, 118, 167, 220, 247
電脳独語教室 --- 102, 116, 118, 246
道具的な動機（instrumentale Motivation / instrumental motivation）--- 229
動的ワークシート --- 161, 162, 165, 166, 224, 229

な行

内的な動機（intrinsische Motivation / intrinsic motivation）--- 36, 57, 58, 121, 229
日独例文コーパス DJPD（Deutsch-Japanisches Parallelkorpus für Deutschlernende）--- 167, 183-189, 205, 254, 255
日本型 CALL（Japanese-style CALL）--- 7, 82, 105, 107, 108-110, 207, 208, 210, 211, 213-215, 227, 228, 246
認知的徒弟制（kognitive Lehre / Cognitive Apprenticeship）〔モデル化/指導/足場掛け/減衰〕--- 59
能力記述（Kannbeschreibung / Can-do-statements）--- 219, 256
延べ語数（Vorkommnis / token）--- 169, 253

は行

複言語主義（Plurilingualismus / plurilingualism）--- 183, 256
分散型ネットワーク --- 12, 62-64, 68, 212
文法翻訳法（Grammatik-Übersetzungsmethode / Grammar-Translation Method）--- 13, 108, 209, 232
米国防総省高等研究計画局（ARPA: Advanced Research Projects Agency）--- 63
本物の（authentisch / authentic）--- 2, 43, 55, 56, 61, 74, 79, 98, 100, 104, 109, 114, 162, 163, 167, 175, 180, 182, 188, 190, 194, 198, 203, 208, 221, 223, 225, 228, 229
本物らしさ（Authentizität/ authenticity）--- 61, 203

ま行

最も特徴的な（salient）--- 122
物語作り（Märchenerzählung / story telling）--- 101

や行・ら行

理想の教師（idealer Lehrer / ideal teacher）--- 36, 54

著　者
岩崎克己（いわさきかつみ）
　金沢大学文学研究科修士課程修了、広島大学文学研究科博士課程後期中途退学。福井大学教育学部専任講師、助教授を経て、現在、広島大学准教授、外国語教育研究センター副センター長。博士（学術）。専門は、ドイツ語教育学、応用言語学（特にCALL・コーパス言語学）。
業績：
『ドイツ語との出会い』（共著、郁文堂、2002）。『ハンブルクの夏』（共著、郁文堂、2005）。「新しいメディアを利用したドイツ語学習－CALL、その可能性と実例－」『日本独文学会研究叢書28』(2004), „Einsatzmöglichkeiten eines deutsch-japanischen Parallelkorpus als ein Mittel für exploratives Lernen im DaF-Unterricht" Neue Beiträge zur Germanistik Band 4 / Heft 4 (2005).

日本のドイツ語教育とCALL
その多様性と可能性

2010年5月25日 第1刷発行

著　者 ── 岩崎克己
発行者 ── 前田俊秀
発行所 ── 株式会社 三修社
　　　　　〒150-0001 東京都渋谷区神宮前2-2-22
　　　　　電話 03-3405-4511
　　　　　FAX 03-3405-4522
　　　　　http://www.sanshusha.co.jp/
　　　　　振替 00190-9-72758
　　　　　編集担当 永尾真理

印刷・製本 ── 萩原印刷株式会社

©2010 Printed in Japan　ISBN978-4-384-05600-6 C1037

装　丁 ── やぶはなあきお

＜日本複写権センター委託出版物＞
本書を無断で複写複製（コピー）することは、著作権法上での例外を除き、禁じられています。本書をコピーされる場合は、事前に日本複写権センター（JRRC）の許諾を受けてください。
JRRC <http://www.jrrc.or.jp> e-mail:info@jrrc.or.jp TEL: 03-3401-2382>